1954년 10월 발행된 대한민국 『등대표』에 「관계구역색인도」를 게재하고
울릉도 도동 방파제의 등주(燈柱)와 함께 독도등대를 등재하였다.

1954년 8월 12일 관보에 독도등대 고시

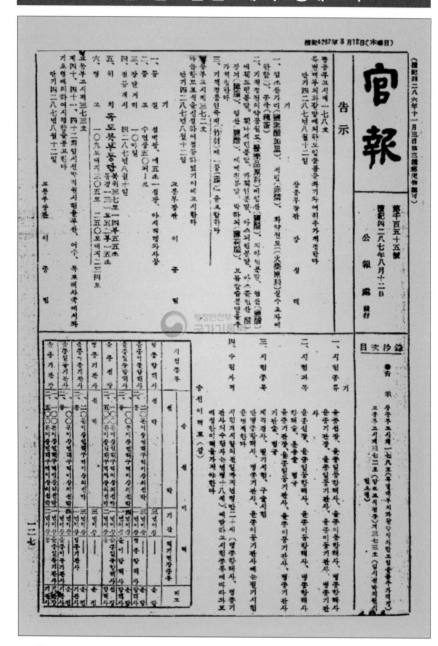

1954년 8월12일 대한민국 관보에 교통부 고시
제372호로 고시된 독도등대.

1954년 한국등대표에 처음으로 등재된 독도 등대

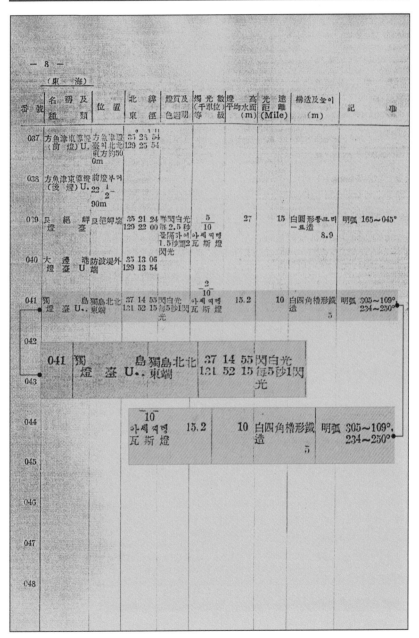

（東　海）

番號	名稱及種類	位置	北緯 東徑	燈質及色週明	燭光數(千呎位)等級	燈高平均水面(m)	光遠距離(Mile)	構造及놀이(m)	記事
037	方魚津東嶑燈(前燈)U.	方魚津燈臺의北北東方約50 0m	35 25 54 129 25 54						
038	方魚津東嶑燈(後燈)U.	前燈부의 22 1/2 90m							
039	卵 絕 岬燈 臺	卵絕岬端	35 21 24 129 22 00	毎閃白光毎2.5秒을隔하여1.5秒間2瓦斯燈閃光	5/10 아세띡령	27	15	白圓形롱그리一토造 8.9	明弧 165~045°
040	大 邊 港燈 臺 U	防波堤外端	35 13 06 129 13 54						
041	獨 島燈 臺 U.	獨島北北東端	37 14 55 121 52 15	閃白光毎5秒1閃瓦斯燈光	-2/10 아세띡령	15.2	10	白四角櫓形鐵造 5	明弧 305~109°, 234~250°
042									
043	**041 獨　島　燈　臺 U.**	**獨島北北東端**	**37 14 55 121 52 15**	**閃白光毎5秒1閃光**					
044				10 아세띡령瓦斯燈	15.2	10	白四角櫓形鐵造 5		明弧 305~109°, 234~250°
045									
046									
047									
048									

1954년 10월 대한민국 해군 수로부에서 발행된 서지 제1251호 『등대표』에 독도등대가 처음으로 등재되었다.

미국 대사관의 문서에 Tokto(Liancourt Rocks)로 명기

FOREIGN SERVICE DESPATCH

DO NOT TYPE IN THIS SPACE

Korea

995ё.542/8-2354

Transportation
Lighthouse
August 23, 1954

FROM : AMEMBASSY, SEOUL   36
                                         DESP. NO.

TO   : THE DEPARTMENT OF STATE, WASHINGTON.

REF   : Embassy's telegram 215, August 20, 1954

15 For Dept. Use Only	ACTION	DEPT.					
	TR-5	REP-2 OLI-6 FE-4 E-4					OSD-4
	REC'D 9/1	COM-10 NAVY-3 CIA-5 FOA-10 ARMY-4 AIR-2					

SUBJECT: Erection of Lighthouse by ROK on Tokto

    Enclosed is a copy of a note from the Ministry of Foreign Affairs of the Republic of Korea notifying this Embassy of the erection by the ROK Government of a lighthouse on Tokto (Liancourt Rocks) and requesting that the detailed description of the lighthouse be transmitted to the appropriate US Government authorities for inclusion on navigational charts.

    The Embassy requests instructions as to what, if any, acknowledgment should be made of the enclosed note.

                  For the Charge d'Affaires, a.i.:

                      John A. Calhoun
                    First Secretary of Embassy

Enclosures:
    1. Note from the Ministry of Foreign Affairs,
       Republic of Korea, dated August 20, 1954

ccs G-2, 8th Army
    JACK
    Naval Attache, Pusan
    CINCUNC

4

... of a lighthouse on Tokto (Liancourt Rocks)

1954년 8월 18일 대한민국 정부가 미국 대사관에 독도등대 건립을 통고하며, 해도에 독도등대를 등재해줄 것을 요청받은 주한 미국 대사관에서 1954년 8월 20일 본국으로 송부한 문서에 독도를 Tokto(Liancourt Rocks)로 명기했다.

미국등대표에 독도를 Tok To(Liancourt Rocks)로 등재

N.O. 112

(1) No.	(2) Name and location	(3) Position lat. long.	(4) Characteristic and power	(5) Height	(6) Range (miles)	(7) Structure, height (feet)	(8) Sectors. Remarks. Fog signals
						KOREA	
		N. E.					
18843 F 4444	ULLUNG DO: — Dong, N. of town	37 29 130 55	Fl. W. .... period 4ª	664 202	15	White square concrete structure; 14.	
18849 F 4443	— NE. side of island	37 33 130 54	Gp. Fl. W. (2) ...... period 7ª	362 110	7	White square iron structure; 17.	Visible 77°–302°.
18849.5	— Ch'odo Hang, head of breakwater.	37 33 130 52	F. G.	27 8	6	White quadrangular iron framework structure; 23.	
18850 F 4444	— Tae Pung Gam	37 31 130 43	Fl. W. .... period 25ª	398 121	27	White concrete tower; 25...	Visible from 2°–246°. Siren; 1 bl. ev. 50ª.
18852	— Kadobong, on Kanyong Mal.	37 27 130 52	Fl. W. .... period 5ª Cp. 151	105 32	7	White circular concrete structure; 16.	Visible 270°–110°.
18853	— — Toegguni	37 28 130 52	Fl. W. .... period 3ª	43 13	6	White circular iron plate structure; 26.	Visible 245°–207°, 183°–122°.
18855 F 4440	**Tok to (Liancourt Rocks)**	37 15 131 52	Fl. W. .... period 6ª	420 128	7	White circular concrete structure; 14.	Visible 147°–148°, 150°–179°, 187°–205°, 217°–116°.
18860 F 4451	Chukpyon Man (Yongduo Gap), N. point of Chukpyon Man.	37 03 129 26	Fl. W. .... period 20ª fl. 1ª, ec. 19ª Cp. 100	161 49	19	White octagonal concrete structure; 52.	Visible 162°–352°. Horn; 1 bl. ev. 50ª.
18863	— W. breakwater	37 03 129 25	Fl. G. .... period 3ª	33 10	4	White quadrangular iron framework; 27.	
18865	HUP'O HANG: — Hup'o	36 41 129 28	Fl. W. .... period 10ª	210 64	21	White octagonal concrete tower; 34.	Visible 210°–14°.
18870 F 4456	— E. head of detached breakwater.	36 41 129 28	Fl. G. .... period 5ª Cp. 100	27 8	4	White square iron framework tower; 22.	
18880 F 4459	— W. head of detached breakwater.	....	Fl. R. .... period 3ª Cp. 300	27 8	10	Red square iron framework tower; 22.	
18890 F 4457	— Head of E. breakwater....	36 40 129 28	Fl. R. .... period 3ª	36 11	5	Red iron skeleton structure; 22.	
18910 F 4451	— Head of inner E. breakwater.	36 41 129 28	F. R. .... Cp. under 100	22 7	4	Red iron skeleton structure; 24.	
18917	— Head of W. breakwater	36 40 129 27	Fl. G. .... period 3ª Cp. 14	40 12	3	White quadrangular iron framework structure on concrete base; 36.	
18920 F 4454	Ch'uksan	36 31 129 27	Fl. W. .... period 5ª Cp. 100	287 87	6	Tower; 18	Fishing light.
18930 F 4458	— Head of S. breakwater	36 30 129 27	Fl. G. .... period 3ª Cp. 65	33 10	6	White square iron tower; 30.	

1963년 미국 등대표에 독도등대를 대한민국(KOREA) 등대로 명기하고
독도를 TokTo(Liancourt Rocks)로 등재하였다.

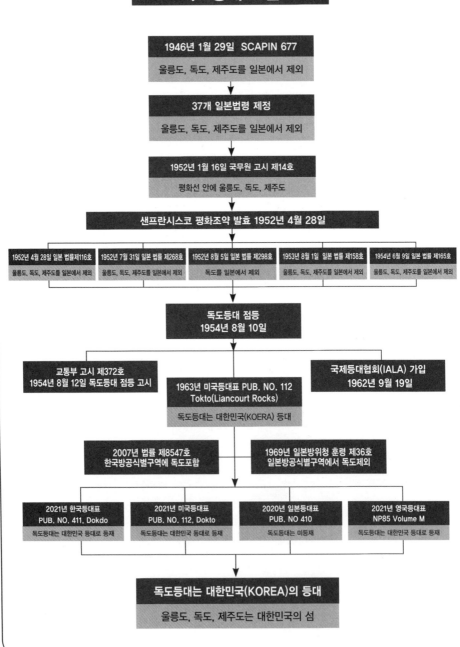

독도등대 모델

1946년 1월 29일 SCAPIN 677

울릉도, 독도, 제주도를 일본에서 제외

37개 일본법령 제정

울릉도, 독도, 제주도를 일본에서 제외

1952년 1월 16일 국무원 고시 제14호

평화선 안에 울릉도, 독도, 제주도

샌프란시스코 평화조약 발효 1952년 4월 28일

1952년 4월 28일 일본 법률제116호	1952년 7월 31일 일본 법률 제268호	1952년 8월 5일 일본 법률 제298호	1953년 8월 1일 일본 법률 제158호	1954년 6월 9일 일본 법률 제165호
울릉도, 독도, 제주도를 일본에서 제외	울릉도, 독도, 제주도를 일본에서 제외	독도를 일본에서 제외	울릉도, 독도, 제주도를 일본에서 제외	울릉도, 독도, 제주도를 일본에서 제외

**독도등대 점등
1954년 8월 10일**

**교통부 고시 제372호
1954년 8월 12일 독도등대 점등 고시**

**1963년 미국등대표 PUB. NO. 112
Tokto(Liancourt Rocks)**

독도등대는 대한민국(KOERA) 등대

**국제등대협회(IALA) 가입
1962년 9월 19일**

**2007년 법률 제8547호
한국방공식별구역에 독도포함**

**1969년 일본방위청 훈령 제36호
일본방공식별구역에서 독도제외**

2021년 한국등대표 PUB. NO. 411, Dokdo	2021년 미국등대표 PUB. NO. 112, Dokto	2020년 일본등대표 PUB. NO 410	2021년 영국등대표 NP85 Volume M
독도등대는 대한민국 등대로 등재	독도등대는 대한민국 등대로 등재	독도등대는 미등재	독도등대는 대한민국 등대로 등재

독도등대는 대한민국(KOREA)의 등대

울릉도, 독도, 제주도는 대한민국의 섬

외교문서상의 독도표기의 변화

미국

대한민국은 1954년 8월 18일 주한 미국대사관에 독도등대 건립을 통고하고,
해도에 독도등대를 표기해줄 것을 요청. 독도를 Dok-To Islet로 표기.

1954년 8월 20일 미국 대사관에서 본국으로 송부한 문서의
독도명칭은 Tokto(Liancourt Rocks).

교황사절관

1954년 8월 18일 대한민국은 주한 교황사절관에 통고한 문서에 독도를
Dok-To Islet로 표기.

1954년 8월 20일 주한 교황사절관의 독도등대 건립을 축하하는 공한에 독도를
Dok-To Island로 표기.

한국 등대표상 독도 영문 명칭의 변화과정

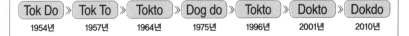

Tok Do	Tok To	Tokto	Dog do	Tokto	Dokto	Dokdo
1954년	1957년	1964년	1975년	1996년	2001년	2010년

미국 등대표상의 독도명칭의 변화

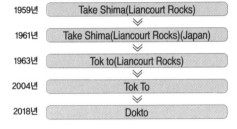

1959년	Take Shima(Liancourt Rocks)
1961년	Take Shima(Liancourt Rocks)(Japan)
1963년	Tok to(Liancourt Rocks)
2004년	Tok To
2018년	Dokto

駐 韓 敎 皇 使 節 館

Proto No. 112/54.

The Apostolic Delegation presents its compliments to the Ministry of
Foreign Affairs of the Republic of Korea and has the honour to acknowledge
its kind Communication of 16th inst.   It notes with pleasure the contents
and tenders its sincere congratulations on the establishment, by the
Government of Korea, of a light-house on Dok-To island.

The Apostolic Delegation takes this opportunity to renew
to the Ministry of Foreign Affairs the assurance of its its high esteem
and knidest consideration.

2o August 1954.

Government of Korea, of a light-house on Dok-To island.

1954년 8월 20일 주한 교황사절관의 독도등대 건립 축하 공한(Proto No. 112/54)
에서 독도를 Dok-To Island로 표기함.
이 공한은 독도등대 설치 후 처음으로 접수된 외국의 공식문서이다.

독도등대는 동해의 중심에 최초로 세워진 등대

독도등대

DOKDO LIGHT HOUSE

김 신 지음

좋은땅

저자의 글

독도등대 70주년을 기념하며

2024년은 광활한 동해 한가운데에서 독도등대가 처음으로 불을 밝힌 지 70주년이 되는 해이다.

역사적으로 독도등대는 1954년 8월 10일 건설되었다. 세계에서 처음 건설되었을 뿐 아니라 하나밖에 없으므로 그 명칭도 하나밖에 없다. 그 뿐 아니라 독도에 세워져 있기 때문에 독도등대를 영유하고 관리하는 국가는 독도를 영유하고 관리하는 국가라고 할 수 있다.

따라서 독도등대는 독도의 영유권과 불가분의 관계를 가질 수밖에 없는 것이다.

독도는 신라 지증왕 13년(512년) 이사부가 울릉도와 함께 복속(服屬)시켰으며, 대한제국 칙령 제41호(1900. 10. 25)로 울릉도를 울도군으로 승격시키면서 관할구역에 「독도」를 명시하였다

대한민국은 제2차 세계대전 종전 후 일본의 식민지로 36년 간 일본에 빼앗겼던 영토를 반환받았다. 지난 70여 년 동안 한국이 반환받은 영토 중에 독도가 들어갔다고 주장하는 한국과 안 들어갔다고 주장하는 일본의 주장이 제기 되었다.

그 주장들이 양국에서 분출되는 정점이 1952년 4월 28일의 샌프란시스코 평화조약의 발효라고 할 수 있다. 샌프란시스코 평화조약에서 모든 영토조항들이 확정되었기 때문이다.

이와 같은 관점에서 저자는 국제법적, 역사적, 지리적인 관점에 착안을 하게 되었다.

이를 밝히기 위해 국제법적, 역사적, 지리적인 관점에서 그 해결점을 찾는 시도를 하게 되었다. 이와 같은 연구과정에서 2013년에 독도의 국제법적, 역사적, 지리적인 관점을 다룬『독도학술탐사 보

고서』를 저술하게 되었고, 2015년에『일본법이 증명하는 한국령 독도』, 2018년에『독도를 지키는법』등 연구결과를 연이어 펴내게 되었다. 그 이전에도 이미 1997년에『잃어버린 동해를 찾아서』와 같은 동해에 관한 저서를 출간한 바 있는데, 이와 같은 연구의 결실로『독도 등대』란 연구결과가 나온 것이라고 할 수 있다.

아직 완성된 연구는 아니지만 독도영유권 연구에서 얻어진 결실로 생각된다.

이 책은 독도등대의 기원을 찾는데 있다. 이를 위하여 제2차 세계대전 종전 후 영유권 문제에서 중요한 역할을 하였던 미국정부와 연합국의 관계 문서들을 분석하는 연구로부터 시작하였다.

오래전부터 미국은 등대표를 발간해왔는데, 제2차 세계대전 종전 후 세계를 포괄하는 등대표의 발간이 필요하였으며, 그러한 관점에 부합하는 등대표 (PUB. NO. 31)가 발행되기 시작하였다. 세계적으로 더 오래된 역사를 가진 등대표도 있지만, 1952년의 샌프란시스코 평화조약 발효 이후부터 시작되었다는 점과 1954년에 독도등대가 처음으로 건립되어 점등되었다는 사실을 고려한다면 미국 등대표가 독도등대와 독도의 영유권을 가장 객관적으로 바라볼 수 있을 것이라고 사료된다.

독도등대의 기원을 연구하면서 많은 새로운 사실을 발견할 수 있었다.

첫째, 독도등대 명칭은 어떻게 변하여 왔느냐이다.

둘째, 독도등대가 처음에는 국제적으로 무엇으로 표준화되었는지도 중요한 발견중 하나였다.

셋째, 한국, 미국, 영국이 독도등대가 한국의 등대라고 규정하고 있는 것도 중요한 발견중 하나였다.

넷째, 또한 독도등대가 어떤 과정을 거쳐서 건립되었는지도 이제까지 상세히 알려지지 않았는데 그 과정을 규명할 수 있었다.

다섯째, 6.25전쟁으로 전 국토의 등대들이 파괴된 상태에서 무슨 재정적, 기술적 도움으로 새로운 등대가 건립될 수 있었는지도 처음으로 밝혀졌다.

여섯째, 누구의 아이디어로 독도등대 구상이 이루어졌으며,

일곱째, 그렇게 빠른 시간 안에 어떻게 기술적으로 완벽한 독도 등대건설이 이루어질 수 있었는가에 대한 의문도 일부 해소되었다.

여덟째, 독도등대 건설에 누가 직접적으로 참여하였는지도 풀어야할 문제였다.

아홉째, 독도등대는 동해의 중심에 건립된 최초의 등대다. 독도 등대 건립에 대해 세계각국은 어떻게 반응했으며, 어떤 과정을 거쳐 표준화되었으며,

열 번째, 독도등대가 가지는 실효적인 영향은 무엇인가이다.

독도등대의 기원에 대한 방대한 국내외 자료를 연구했지만 이를 일반대중에게 어떻게 전달할지에 대해서는 정답을 찾지 못했다. 이 전에 출판된 책들은 이론위주로 딱딱한 내용과 용어로 쓰여져 있어서 일반대중이 접하기에는 난해할 따름이어서, 이 책에 담긴 복잡한 내용을 어떻게 전달할 수 있는지에 대해서 선 듯 답을 낼 수 없었다.

그래서 가능하면 연구결과나 해설은 줄이고, 원 문서와 그래픽으로 단순화하고 쉬운 용어를 사용하여 이해를 돕는 방향으로 책을 내기로 했다.

본 책에서는 한국과 미국 등대표를 중심으로 연구되었으며, 이 과정에서는 국내외의 많은 전문 인력들의 도움을 받았다.

본서에서 연구된 자료는 그 동안 수집된 자료들이지만 향후 새로운 자료가 수집되면, 추가적인 연구를 하고자 한다.

귀중한 자료제공자와 연구자들에게 심심한 감사의 말씀을 올린다. 특히 국립중앙도서관, 국회도서관, 국가기록원, 경희대학교 도서관, 국립해양조사원, 국립등대박물관에 심심한 감사의 말씀을 전한다.

저자 김 신

독도등대의 기원을 찾아서

　독도영유권을 위해서 기본적으로 필요한 것은 국제법적, 역사적, 지리적으로 국내뿐만이 아니라 외국정부에서 출판된 공문서와 출판물에 독도의 영유권이 기록되는 것과 동시에 독도란 영문명칭이 지속적으로 들어가거나, 독도의 소속국가명이 공식적으로 등재되는 것이 중요하다.

　이와 같은 중요성을 알면서도 이제까지 많은 저자들이 이런 외국 증거자료들을 많이 찾아내었지만 전부 제시되지는 못한 것으로 알려져 있다.

　독도영유권에 대해서는 그간 많은 저자들에 의하여 많은 책이 출판되었다. 이는 그만큼 독도가 국민들의 사랑을 많이 받아온 증거라고 할 수 있다.

　그러나 독도등대에 대해서는 국제법적, 역사적, 지리적인 연구가 되어 있지 않았으며, 책으로 출판이 되지 않은 것 같다. 이런 관점에서 오랜 기간 조사와 연구가 진행되어왔으며, 그 결과물로 본서를 저술하게 되었다.

　본서는 독도등대의 기원을 찾아가는 과정을 그린 책이라고 할 수 있다.

　첫 번째, 독도등대는 1954년 8월 10일 독도 동도의 북쪽 끝에 세워진 등대이다. 36년간의 일제의 식민지 시대를 지내온 대부분의 역사적 기록물과 같이 제 이름을 찾지 못한 것이 독도등대라고 할 수 있다. 1954년 처음 세워질 때 분명히 '독도등대'로 이름 지어 졌지만, 5년 뒤 미국 해군 수로국에서 발행하는 세계 등대표인 PUB 31(1959년)에는 대한민국(Korea)의 등대로 Take Shima(Liancourt Rocks)란 명칭으로 처음으로 등재되었다.

그러나 그 당시에도 독도등대는 엄연히 대한민국(Korea)의 등대였다. 독도등대 역시 이름을 되찾는 데는 4년의 세월이 걸렸다. 4년 만에 이름이 Take Sima(Liancourt Rocks)에서 Tok to(Liancourt Rocks)로 바뀐 것이다. 그리고 50년이 지나 Tok To란 단독 이름을 비로소 되찾았다.

1961년의 제2판에서는 더 기막힌 사실이 일어났다. 미국 해군 수로국에서 발행한 등대표인 PUB 112 제2판(1961년)에는 독도등대의 소속이 엄연히 대한민국(Korea)인데도 'Take Shima(Liancourt Rocks) (Japan)'이라고 등재된다. 어떤 과정을 거쳐 대한민국(Korea)의 등대라고 분류해놓고, 일본(Japan)이란 명칭이 부가되었는지 그 이유는 아직 밝혀내지 못하였다.

그러나 1963년에 출판된 제3판에서는 대한민국(Korea) 등대로 Tok to(Liancourt Rocks)란 독도의 명칭을 되찾게 된다. 그리고 온전히 독도란 이름을 되 찾는 데는 독도등대가 건립된 지 50년이 지난 2004년판(PUB112)에서야 이루어지게 된다. 독도가 정식으로 대한민국(Korea)소속으로 Tok To란 단독 명칭으로 등재되기에 이른 것이다. 독도등대가 건립된 1954년부터 2004년까지 50년 동안 독도란 섬의 명칭은 여러 차례 바뀌게 된 것이다.

이 과정은 미국정부에서 발행하는 등대표인 PUB 112를 조사하였기에 5개 독도의 이름과 독도의 소속국가를 밝혀내기에 이른 것이다. 이와 같은 사실은 처음으로 밝혀진 것으로 저자는 수 년 동안의 연구, 추적 끝에 이와 같은 역사적 자료를 찾아내고 이를 연대기 순으로 주요항목을 그래픽으로 정리하게된 것이다.

두 번째, 일본이 독도를 일본의 영토로 주장하고 있는 근거중의 하나로 내세우는 것이 1905년 시마네현 고시 제40호이다. 이는 대한제국이 선포한 1900년 칙령 제41호를 우회하려는 국가적 정책이었다고 볼 수 있다.

그러나 1954년 8월 12일 대한민국은 독도에 등대를 세우면서 교통부 고시 제372호를 고시하고, 대한민국이 독도에 대한민국 소속의 등대를 세운 역사적 사실을 세계만방에 알렸다. 이뿐 만이 아니라 총 22개의 고시와 공고를 대한민국 관보에 실었다. 관보에는 독도등대의 좌표와 등고(높이), 점등일시, 광달거리(빛이 도달하는 거리) 등 자세한 정보를 기록하고 있다. 이와 같은 독도와 독도등대에 대한 정보는 대한민국 말고는 세계 어떤 국가도 할 수 없는 일인 것이다. 22개의 고시 및 공고를 관보에 공포 함므로써 대한민국만이 독도의 영유국 이라는 사실을 알 수 있게 되었다. 독도등대를 관보에 공포한 국가는 세계에서 대한민국 밖에는 없다.

세 번째는 독도등대가 세워진 역사적인 과정이다.

6.25전쟁은 한국에 비극적인 사변이었다. 수많은 비극 중에서도 경제적인 측면에서 보면 전쟁상태인 1953년의 대한민국은 세계 최빈국이었다. 부산에서 배를 타고 수일이 걸리는 외딴섬에, 격랑과 변화무상한 날씨는 전쟁 중인 것을 감안하면, 불가능에 가까운 등대 설치환경을 가지고 있었다. 내무부의 문서에도 나와 있지만 무인등대라 해도 정기적으로 연료 등 부자재를 운송해 와야 되며, 무엇보다 등대를 설치하기 위해서는 설치인력과 지원인력이 뒤따라야하는 문제를 안고 있었다.

등대설치장소는 배가 정박할 수 있는 동도 북쪽 끝이 가장 유망했는데, 문제는 깎아 지른 절벽을 면하고 있어서 등대 기자재와 기반시설을 위한 장비와 인력이 필요했을 것이 틀림없다. 또한 정부 예산은 1년 전에 책정하여 그 다음해에 집행하게 되는 것이 일반적이어서 1953년의 설치계획은 무리가 따랐던 것으로 결국 급박한 상황 속에서도 좌절될 수밖에 없었다.

1954년에는 독도 주변 환경이 급히 등대를 설치해야한다는 의견이 현지어민, 경상북도의회의 건의서, 독도학술조사, 국회의원들의 현지조사, 언론 등에서 제기되어 더는 미룰 수 없었던 상황이었던 것이다. 여기에 큰 우군이 나타나게 된다. 1950년 6.25 전쟁으로 대한민국은 너무 가난했고, 전쟁으로 파괴되어 국제적 원조가 없었다면 국민전체의 삶이 매우 어려운 위기에 내몰려 있었다.

이런 위기상황에서 극복할 밑거름을 제공한 것이 국제연합 한국 재건단(UNKRA)이다. 유엔총회 결의에 의해 세워진 UNKRA는 한국정부의 긴밀한 협조아래 사업이 이루어졌다. 6.25전쟁으로 한국 경제는 세계 최빈국 수준에 이르게 되고, 전쟁으로 모든 기간시설들이 파괴되어 제조업의 생산자체가 일어날 수 없는 구조였던 것이다. UNKRA가 본격적으로 활동을 시작한 것은 1953년 정전협정이 체결된 이후였다.

UNKRA의 전폭적인 지원으로 전후 한국부흥이 진행되었는데, 조사 결과 6.25전쟁으로 한국의 등대시설(290개)의 약 30%가 파괴되어 구호물품과 원조물품도 국내로 들어 올 수 없었다고 결론을 내리게 되었다. 한국 근해로 들어와도 항구까지 접안하는 데는 부두와 등대 등 항해표지시설이 필요한데, 이들 항해표지시설이 파괴되고, 원래 부족한 실태여서 UNKRA는 우선 원조예산 중 25만 달러의 예산으로 등대용품 등 시설 기자재가 도입되어 공사를 실시하게 되었다.

정부에서도 1953년에 예산을 설정하여 1954년에는 일정액을 집행할 수 있어서 등대건설이 급진전을 하게 된 것이다.

이와 같은 원조계획으로 들어온 등대와 시설물로 1954년 8월 10일에 독도등대가 완성되었고, 12월에는 울릉도 행남갑 등대가 신설되었고, 9월에는 오동도등대, 12월에 홍도등대가 각각 다시 불을 밝힐 수 있게 되었다.

계획대로 도입된 등대부품이 준비되어 있었기 때문에 독도등대가 8월 10일 준공될 수 있었던 것이다.

그 다음 필요한 것은 부산에서 등대와 부속시설물, 장비와 시멘트등 기자재와 이를 설치할 인력을 싣고 올 운반선의 문제가 있었다. 운반선으로 활용된 선박은 추가검증이 필요하지만 인천상륙작전을 성공적으로 운용한 바 있는 한국 해군의 상륙함인 LST 815함이 지원되었다.

이 대목에서 빠질 수 없는 것이 독도경비대의 활동이다. 1953년부터 독도를 지켜온 홍순칠 대장의 수기를 살펴보면, 이 당시의 등대건설상황을 알 수 있다.

독도등대 운송에 해군 8.15함이 운용되었다는 것과 동원인력은 300여명의 해군병력이 동원되었다는 것과 독도에 경비 중이던 독도의용수비대 등 독도경비대 병력이 동원되어 5일 만에 약10m 절벽위에 기초 포함 약 5m의 백색의 사각형 철재 등대를 성공적으로 건설하고 점등하였다는 것을 알 수 있다. 이와 같은 건설과정은 이번 연구에서 일부 조사되었지만 향후 더 상세한 조사가 이루어져야 할 것으로 생각된다.

넷째, 1952년의 샌프란시스코 평화조약의 발효는 관련국들 사이에서 조문의 해석을 둘러싸고 이견이 표출되었다. 샌프란시스코 평화조약의 발효 전까지 일본의 주된 관심은 향후 태평양상의 섬들과 오키나와 등의 반환문제였지만 발효 후에는 그 범위가 더 확대되었던 것이다.

이와는 반대로 비극적인 6.25전쟁 와중의 한국은 대외적으로 취약성을 드러내고 있었다. 이런 가운데 정전협정을 끝낸 한국으로서는 대외문제에 대해서도 적극적인 대응이 필요하였다.

이승만 대통령의 미국순방은 등대건설 완공의 모멘텀을 제공하였다고 할 수 있다. 귀로에 하와이에 들른 이대통령은 한국시간 1954년 8월 10일 오전에 독도등대 완공 사실을 보고받고, 점등을 결정한 다음 귀국을 서둘렀다.

이번 연구에서 관련문서를 분석한 결과, 8월 10일 정오(한국시간) 전에 독도등대 완성을 보고받았고, 1954년 8월 11일 제28회 차관회의가 열렸다. 그리고 다음날인 8월 12일 교통부 고시 제372호로 독도등대 건설과 점등을 고시하여 만방에 알렸다. 다음날인 8월 13일 오후 3시에 경무대에서 개최된 제39회 국무회의에서 독도등대 건립이 의결되었다. 국무회의를 주재한 것은 13일 오전 11시 여의도로 귀국한 이승만 대통령이었다. 13일부터 도하 신문들에서는 독도등대 건립과 점등 사실을 보도하였다. 이에 앞서 8월 12일에는 교통부 장관이 외무부장관에게 '8월 10일을 기하여 독도에 독도등대를 설치하고 점등하였음'을 주한 외국공관에 통고하여줄 것을 요청했다.

그리고 미국, 중국, 영국, 프랑스, 교황청에 통고되었다. 제일 먼저 8월 20일 주한 교황사절관으로 부터 축하메세지가 접수되었다. 그리고 각국 주요 해운사에도 독도등대 건립사실을 통보하여 안전 운항을 위하여 많이 이용하도록 통고했다. 일각의 지체도 없이 독도등대가 건립되었고 후속조치가 진행되었던 것이다.

특히 주한 외교사절에 대해 정부에서 독도를 Dok-To Islet로 기록하여 외교문서로 통고했는데, 주한 미국대사관에서 본국으로 송부한 문서에 독도를 Tokto(Liancourt Rocks)로 송부하고(1954년 8월 20일), 교황사절단으로부터의 독도등대 건립 축하공한에는 독도를 Dok-To Island로 표기(1954년 8월 20일)하고 있었음이 처음으로 밝혀졌다.

다섯째, 본서에서는 미국 등대표에 이어 한국등대표도 조사 분석하였다. 그리고 일본등대표도 조사하였다. 한국, 미국, 일본의 등대표는 이제까지 비교되어 공개된 적이 없었기 때문에 유익한 결과를 도출할 수 있었다.

독도등대가 완공과 점등사실을 주한 외국공관에 알린 외교문서에 처음으로 표기된 독도의 영문명칭은 Dok-To Islet였다. 그리고 한국등대표는 1953년에 초판이 발행된 이후 제2판이 1954년 10월에 발행되었는데, 여기에 독도등대가 처음으로 등재되었다. 이는 독도등대가 고시된 지 50여일 지나서이다. 한국등대표에서는 독도의 명칭, 등대의 좌표, 등대높이 등은 1954년 8월 12일자로 고시된 교통부 고시 제372호와 똑같이 등재되었다. 이후 발행된 1957년판과 1958년판도 크게 다를 바 없었다. 그러나 그 이후 발행된 등대표에서는 일관된 독도의 명칭을 이어가지 못하고 정부의 로마자 표기정책으로 일부 변화가 있었음이 이번에 밝혀졌다. 1954년 10월에 발행된 대한민국 등대표 제2판인 서지 제1251호 제1권에서는 독도를 한자로 獨島로 표기하고 영문명칭으로는 Tok Do로 등재되었다. 그러나 1957년판에서는 Tok To로 바뀌었고, 1982년판에서는

Dog Do로 등재되었다가 1996년판에서는 Tokto로 등재되고, 2001년판에는 Dokto로 등재되고, 2010년에는 Dokdo로 등재되어 오늘에 이르게 됨을 볼 수 있다. 영문으로는 6개의 명칭이 표기되었음이 밝혀진 것이다.

여섯째, 그렇다면 2021년 현재 세계의 등대표에는 독도를 어떻게 표기하고 있는지에 관심이 집중된다.

대한민국 해양조사원이 발행하는 등대표인 '등대표'에는 대한민국(Korea)소속 Dok Do, 미국 국립지리정보국에서 발행하는 LIST OF LIGHTS PUB 112는 Dokto, 영국수로국에서 발행하는 ADMIRALTY List of Lights and Fog Signals는 대한민국(Korea)등대로 Liancourt Rocks(Dokdo/Take-shima)로 등재하고 있다. 3개국 모두 독도등대의 소속국가는 대한민국(Korea)으로 등재하고 있다. 일본등대표는 일본 해상보안청이 일본국내와 외로 2권의 등대표를 발행하고 있는데, 독도등대는 1권과 2권 모두에서 독도등대가 등재되지 않았으며, 해당 좌표에는 독도등대나 등대섬이 등재되고 있지 않았다.

일곱째, 독도의 크기와 위치의 변화이다.

지금 독도에 세워진 등대는 크고 최첨단시설을 갖춘 IT형 등대이지만 1954년에 건설된 독도등대는 백사각노형철조로 매 5초에 한 번 백색섬광을 밝히는 등대였다. 등대높이는 5m였으며, 수면으로부터는 15,2m였다. 지금우리가 보는 등대와는 많은 차이가 있었음이 이번에 밝혀졌다. 지금 우리가 보는 독도등대는 백원형 콘크리트조로 15m의 높이다. 수면으로부터는 104m이다. 1954년에는 아세찌렝 아사등에 광달거리는 10마일이었지만 지금의 독도등대는 최첨단장비로 25마일에 이른다.

더큰 차이는 등대의 위치에 있다. 1954년 독도등대의 위치는 북위37도 14분 55초, 동경 131도 52분 15초의 좌표이다. 2021년 독도등대의 위치는 북위37도 14.26분, 동경131도 52.19분이다. 위치가 다른 것이다. 이것은 처음으로 독도등대를 건설할 당시에는 독도 동도 북단의 수면 약 10m의 돌출부에 건설되어 수면으로부터 등대의 높이가 15.2m로 동해전체를 관할하는데 한계가 있어서 1년 뒤인 1955년 8월 5일에 독도동도 남쪽 정상으로 새로 도로를 건설하여, 독도동도 중앙의 정상 부근으로 이동하여 수면에서 126.9m 높이의 북위 37도 14분 40초, 동경 131도 52분 20초로로 이동하였음이 밝혀졌다. 그리고 지금의 독도등대는 정상에서 남쪽으로 조금이동하여 수면으로부터 104m의 높이이며, 등대높이는 15m인 것으로 밝혀졌다.

여덟째, 독도의 글로벌화이다.

1953년 독도등대 건립에 좌절을 경험한 대한민국은 1954년에는 철저히 준비를 한 가운데 독도등대 건립 프로젝트를 추진하였다. 1954년 8월 10일 정오에 독도등대를 점등한 정부는 8월 11일 오후 4시 제28회 차관회의를 개최했다. 내무, 외무, 국방, 사회, 보건, 교통, 체신, 종무, 공보, 법제, 외자구매처, 외자관리청, 전매, 관재(14개)에서 참석하고 외자관리처 차장이 사회를 맡았으며, 교통부의 '독도등대 설치의 건'이 보고되었다.

다음날인 8월 12일에는 교통부장관이 외무부 장관에게 '1954년 8월 10일 12시를 기해 독도에 항로표식(등대)을 설치하고 점등하였음'을 주한 외국 공관에 통고해줄 것을 요망(교해 제1053호)했다.

8월 13일 오후 3시 경무대에서 이승만 대통령 주재로 개최된 제39회 국무회의에서 '독도등대 건립'이 의결되었다. 참석자는 대통령(사회), 국무총리, 내무, 외무, 재무, 법무, 문교, 농림, 상공, 사회, 보건, 교통, 체신, 총무, 공보, 법제, 기획(합16인), (국방부장관 불참), 외자구매처장, 국방부차관(배석)이었다.

이어서 8월 18일 대한민국은 독도등대 설치와 점등 사실을 주한 외국공관에 통고하고, 미국, 중국, 영국, 프랑스. 교황사절관에 통보하였다.

이때 주한 외국공관에 통고된 외교문서에는 독도를 Dok-To

Islet로 표기하였다. 제일먼저 독도등대 건립을 축하하는 메시지를 보내온 것은 주한 교황사절관으로 독도등대 설치 공한을 보내왔는데, 이때 사용된 독도의 명칭은 Dok-To Island로 표기했다. 한국 정부로부터 통고를 받은 주한 미국대사관은 본국으로 송부하는 외교문서에 독도를 Tokto(Liancourt Rocks)로 표기하였다. 이 독도 명칭은 이후 1963년 미국이 발행하는 등대표인 PUB 112(PUB 31에서 변경)에 똑같이 명기되었다. 미국 해군수로국에서 발행하는 PUB 31에 1959년판(초판)에는 Take Shima(Liancourt Rocks)로, 1961년판에는 Take Shima(Liancourt Rocks)(Japan)에서 1963년판에는 Tok to(Liancourt Rocks)으로 등재하였던 것이다. 물론 독도 등대는 초판부터 대한민국(Kotra)의 등대로 등재되었고, 그리고 점등 50년만인 2004년에는 온전히 Tokto로 등재되었다.

외무부는 미국, 중국, 영국, 프랑스, 교황청에 독도등대 건립사실을 통고하고, 세계 유수의 해운사 들에게 항행시 안전을 위하여 독도등대를 적극 활용하도록 통고하였다. 긴박했던 순간에 한국정부의 기민한 대응이 오늘날 독도등대의 글로벌 표준화에 크게 기여했을 것으로 사료되는 것이다.

아홉째, 독도등대는 태평양과 동아시아를 연결하는 동해의 중심에 최초로 건설된 등대이다. 울릉도에는 1938년부터 「울릉도 도동항 방파제 등주(燈柱)」가 세워져 있었다. 독도등대는 광활한 해양 한 가운데 건립되어, 대한민국, 일본, 러시아, 중국에 둘러싸인 광대한 해역을 매 5초 마다 1섬광을 발했는데, 광달거리는 10마일에 이르렀다. 이 해역은 상선과, 어선 등 각종 선박들의 이동의 중심에 있었으며, 태평양과 동해, 그리고 동아시아를 이어주는 글로벌 항로를 지켜주는 나침반의 역할도 하였고, 각종 항행 정보도 제공하는 국제적으로 연결된 글로벌 등대였다.

목　차
CONTENTS

머리말   2

독도등대의 기원을 찾아서   5

PART I ｜독도등대의 역사적 기반   17

  1. 독도영유권의 역사적 기반   28

  2. 연합국의 영토정의   32

  3. 평화선 선포   34

  4. 독도등대 모델   37

PART II ｜ 한국 등대표와 독도등대   39

  1. 독도등대의 역사   40

  2. 한국의 등대표   45

  3. 등대표 보는법   48

  4. 등대명칭의 변화분석   50

  5. 한국등대표와 독도등대   54

PART III ｜독도등대와 미국등대표   137

  1. 미국등대표 보는법   138

  2. 미국등대표와 독도등대   142

PART IV ｜독도등대의 기원   245

  1. 독도등대 건립사   246

  2. 독도등대의 고시 및 공고   266

  3. 독도관련 법령   298

PART V | 독도등대 점등의 순간   299

  1. 독도등대의 점등과 고시   300

  2. 독도등대 관련문서   306

  3. 독도등대의 글로벌화   314

PART VI | 세계등대표에 등재된 독도등대   321

  1. 독도등대의 글로벌표준화   322

  2. 한국등대표   326

  3. 미국등대표   334

  4. 일본등대표   340

  5. 영국등대표   344

PART VII | 독도가 일본에서 제외된 일본법령   349

  1. 왜 독도등대가 한국에는 있고, 일본에는 없나?   350

  2. 독도가 일본에서 제외된 현행 일본법령   354

  [부록] 일본법령과 독도 영유권 모델   358

참고문헌   361

색 인   364

PART I
독도등대의 역사적 기반

1. 독도등대의 역사적 기반

1. 칙령 제41호와 고시 제40호

독도는 신라 지증왕 13년(512년) 이사부가 울릉도와 함께 복속(服屬)시켰으며, 대한제국 칙령 제41호(1900. 10. 25)로 울릉도를 울도군으로 승격시키면서 관할구역에 「독도」를 명시하였다.

칙령 제41호는 1900년 대한제국이 공포한 법령이다. 1800년대 중반부터 동해해역은 고래를 잡기위한 미국, 프랑스, 영국 등의 포경선이 집결할 정도로 많은 고래가 잡혔다. 고래에서 채취되는 기름은 그 시대 도시의 불을 밝히는 오늘날의 석유와 같은 존재로 사용되었고, 고래에서 나오는 부산물은 각종 제품을 만드는 재료가 되었다.

그래서 오늘날의 석유와 같은 역할을 하는 고래를 잡기위한 포경선들이 동해바다로 몰려들었던 것이다. 고래잡이 배들은 울릉도와 독도는 물론 경상도 해안에까지 상륙하기에 이르렀다. 조선정부는 무리를 지어 들어오는 포경선들을 관리할 필요성을 느꼈고, 대한제국 칙령 제41호를 공포하여 "울릉도를 울도로 바꾸고, 도감을 군수로 개정하고, 관할구역은 울릉도와 죽도 및 석도(독도)"로 하였다.

1904년 러일전쟁 중 일본은 제1차 한일협약을 맺어 대한제국 침략을 시도하며, 1905년 시마네현 고시로 송도(松島)란 섬을 죽도(竹島)란 이름으로 바꾸고, 북위 37도 9분 30초, 동경 131도 55분의 섬을 편입시킨다. 그러나 이 가상의 섬은 독도로부터 약 11km떨어진 수역이다. 일본 마이니찌 신문 등이 그 사실을 지적하고 나서자 그 이후 일본 외무성 홈페이지에서는 북위 37도 9분 30초, 동경 131도 55분의 섬이라는 표현과 각종 홍보물에서도 지리적으로 일본영토라는 표현이 점차 사라지게 되었다.

2. 샌프란시스코 평화조약과 독도등대의 탄생

일본의 패전과 함께 독도는 '침략과 야욕'으로 탈취해간 영토로 반환대상이 되었다. 이는 카이로·포츠담선언과 무조건 항복문서로 승계되어 1951년 연합국과의 대일평화조약에서 확인되었으니, 독도가 한반도와 함께 한국영토로 회복된 것은 의심의 여지없이 당연한 일이다.[1]

1952년은 대한민국으로선 특별한 해였다고 할 수 있다. 1945년 일본의 패망으로 광복을 맞았고, 미국 등 연합국과 일본의 샌프란시스코 평화조약으로 영토 등 모든 것이 매듭지어졌기 때문이다.

제2차 세계대전 종전과 샌프란시스코 평화조약 사이에 연합국은 일본을 간접통치하기로 하고 지령을 공포하였고, 이를 받아 일본은 칙령을 발포하여 칙령에 의해서 점령기 법령들을 공포하였다. 이를 포츠담 법령이라고 이름 하였는데, 그 포츠담법령들에는 일본의 대외관계를 위해 일본과 외국의 범위를 정의할 필요성이 제기되었고, 그 결과 37개 포츠담 법령들을 공포하여 일본의 영토를 정의하게 되었다. 37개 법령 모두에서 울릉도, 독도(죽도), 제주도를 일본의 영토에서 제외시켰다.[2]

한국정부도 이에 대응하여 평화선을 공포하였다. 샌프란시스코 평화조약 발효를 앞두고 일본은 37개 일본법령들을 정리하기 시작했지만 3개 법령은 계속 존속되도록 일본 국회에서 법령을 제정하였다. 37개 법령 중 2개 법령은 현재까지도 현행법령으로 존속하고 있다. 이들 법령에서 울릉도, 독도, 제주도가 일본에서 제외되었다. 다시말하면 한국영토로 정의된 것이다.

이를 기반으로 평화선이 설정되었으며, 동해 중심부에서는 처음으로 독도에 등대가 건립되었다. 6.25전쟁은 동해에 막대한 물동량의 이동이 필요해졌고, 이를 위한 해양정보의 필요성이 제기되었던 것이다.

---

1) 이충렬, 『국제법학자, 그 사람 백충현』, 김영사, 2017, p. 138.
2) 김 신, 『독도를 지키는 법』, 지영사, 2018, p.40.

울릉도, 독도, 제주도를 일본에서 제외시킨 법령은 「조선총독부 교통국 공제조합의 본방내에 있는 재산의 정리에 관한 정령」(정령 제40호, 1951년 3월 6일)[3], 「구령에 의한 공제조합 등으로부터의 연금수급자를 위한 특별조치법」(1950년 12월 12일, 법률 제252호)과 「구일본 점령지역에 본점을 가진 회사의 본방내에 있는 재산의 정리에 관한 정령」(정령 제291호, 1949년 8월 1일)이다. 이중 정령 제40호와 법률 제252호는 현재 시행되고 있는 일본의 현행법령이다.

1954년 독도에 등대가 건설되고 한국의 동단에 위치한 독도등대는 어민들의 위험과 빈발하게 운용되는 상선들의 항해 상의 위험들로부터 보호하는 역할을 하게 되었다.

1962년 한국은 세계 등대협회에 가입하였으며, 세계 등대네트워크 구축에 일익을 담당하기 시작했다.

제2차 세계대전 승전국인 미국은 제2차 세계대전 종전 전부터 새로운 글로벌 네트워크의 구축에 힘을 기울려왔으며, 새로운 수로지와 등대표의 구축에도 심혈을 기울이기 시작했다. 미국 해군수로국은 1954년부터 PUB 30 등을 구축하기 시작했으며, 오늘날에는 시시각각 변하는 세계 등대정보를 인터넷과 출판물을 통해 전 세계에 알리고 있다.

미국 해군수로국이 발행하는 PUB 31, 1959년판에 독도등대를 한국(KOREA)소속으로, 명칭은 Takeshima(Liancourt Rocks)로 등재하기 시작하였지만, 1963년에 발행된 PUB 112(PUB 31로부터 변경)에서부터 독도등대에 관한 자세한 정보와 함께 독도등대의 관리국가를 한국(KOREA)으로 등재하고, 독도등대를 Tokto(Liancourt Rocks)로 공식적으로 등재하였다.

그리고 2004년부터는 독도등대를 Tok To로 Liancourt Rocks 없이 단독으로 등재하는 한편 현재는 한국의 로마자 정책에 부응하여 Dok To로 등재하고 있다.

---

3) 김 신, 『일본법이 증명하는 한국령 독도』, 피앤씨미디어, 2015, p. 287.

3. 1954년의 상황과 독도등대

1952년 4월 28일 샌프란시스코 평화조약의 발효는 일본으로 하여금 이제까지 보여주지않았던 강력한 조치들을 시도하는 계기가 되었다.

우선 울릉도, 독도, 제주도를 일본으로부터 제외시킨 법령들을 폐지하거나 삭제, 개정하였기 때문이다. 그러나 국제법적으로는 샌프란시스코 평화조약 이후에도 계속 존속하여 울릉도, 독도, 제주도를 일본으로부터 제외시킨 법령들이 남아있었다는 것도 사실이다.

둘째, 일본이 독도에 접근하는 것을 원천적으로 막았던(12마일 접근 금지) 맥아더 라인이 철폐되었던 점도 크게 작용하였다.

셋째로는 한국이 평화선을 선포하여 울릉도, 독도, 제주도를 평화선안에 설정하고 일본어선의 진입을 막아섰기 때문이다.

그래서 전례 없이 일본 어선들이 평화선안의 황금어장으로 침입하여 충돌이 빈발하게 발생되었던 것이다. 평화선으로 막아선 한국의 경찰들을 우회하여 독도에 침입하기 시작하였던 것이다. 맥아더 라인 이라는 울타리가 사라지고 대신 평화선이 설정되었지만 일본어선의 침입은 끊이지 않게 되었던 것이다.

한국 정부로서는 한국어민들과 국민들을 위해 무엇이던지 해야 하는 상황에 이르게 되었다.

국회, 언론, 시민단체의 노도같은 분노를 잠재우고 일본선박과 어부들의 침입에 실효적으로 대응할 수 있는 방안을 강구해야했던 것이다.

이와 같은 상황에서 1953년 7월 8일 「관계관 대책회의」가 열리게 된 것이다. 이 회의에서는 여러방안이 제시되었지만 가장 실효적인 하드웨어로는 독도에 등대를 건설하는 일이었다. 독도등대는 국내적으로는 어민들의 불안과 항해상의 위험을 일부라도 잠재울 수 있으며, 역사적으로도 고대로부터 신라 지증왕 13년(512년) 이사부의 우산국(울릉도, 독도)복속과 1900년 10월 25일에 반포된 칙령 제41호와 1952년 1월 18일 선포된 평화선으로 이어지는 역사와 국제법적으로 샌프란시스코 평화조약의 발효와 함께 일본법이 울릉도, 독도, 제주도를 일본에서 제외시키고 있는 만큼 이를 기반으로 등대를 건설하면 국제법적으로도 타당한 결과를 가져올수 있는 방안중 하나일 것으로 판단했던 것이다.

그리고 독도등대를 글로벌 표준으로 수립하면 국제법이란 소프트웨어와 등대라는 하드웨어가 잘 융합할 수 있는 정책으로 의견을 모았던 것으로 사료된다. 이제까지 누구도 생각 못한 실효적인 방안이었던 것이다.

4. 울릉도경찰서의 경찰관 파견

한국어부들을 보호하고 독도에 침입을 시도하는 외국인들을 감시하기 위하여 울릉도경찰서는 사찰주임 김진성 경위, 최헌식 경사, 최용득 순경등 3명을 독도로 파견하였다. 이들에게는 경기관총 2문이 제공되었다.

7월 11일 독도에 도착한 순라반은 1953년 7월 11일 오전 11시 울릉군 남면 도동에서 배성희 소유 발동선으로 11일 오후 7시경에 독도에 도착했다.[4] 그 시기 독도에는 작업중이던 독도의용수비대원 10여명이 있었다. 그와 같은 상황하에서 한국어민들로서는 무장한 경찰관과 독도의용수비대원은 큰 힘이 되었다.

5. 국회의원단의 독도시찰

국회 내무위원회의 김상돈, 염우양, 김동욱을 중심으로한 독도시찰단은 1954년 7월 24일 오후 2시 해경 경비선 화성호를 타고 부산을 출발했다. 출항한지 22시간이 지나 7월 25일 12시경에 독도

---

4) 「일본선박독도침범 사건에 관한 건」(內治情 제1200호, 1953. 8.11), 『독도문제, 1952-53』.

에 도착했다. 의원단은 4시간동안 독도를 조사했는데, 섬 중턱에 국회의원 시찰단을 환영하기 위해 절벽에 흰색 페인트로 "獨島檀紀四二八七年 七月二十五日 大韓民國議員視察金相敦廉友良金東旭"이라고 칠해져 있었다.[5]

독도시찰을 마친 김상돈의원은 국회본회의(1954년 8월 6일)에서 '독도에 대한 무장병 파견과 방위시설' 건설을 강조했다.[6]

한국의 독도등대 건설은 글로벌 표준화 과정을 거쳐 명실상부한 독도가 한국영토임을 전 세계에 알리는 계기가 되었다. 일본의 현행 법령인 정령 제40호(1951년 3월 6일)등에서 울릉도, 독도, 제주도가 일본에서 제외었으며, 즉 한국영토임을 증명하는 소프트웨어 뿐만 아니라 독도등대와 같은 하드웨어에서도 독도가 한국영토임을 굳건히하는 기초가 되었던 것이다.

6. 독도등대의 법제화

1954년 8월 10일 독도등대는 최초로 동해 중심부를 비추는 등대불을 밝히게 된다. 동해를 오가는 세계 각국의 선박에게 망망대해에서 나침반 역할을 하기 시작한 것이다. 교통부는 독도등대의 법제화 조치를 취하게 되는데, 그 첫 조치로 1954년 8월 12일 대한민국 관보(155호 1954년 8월 12일)에 교통부 고시 제372호를 고시하였다. 연이어 교통부장관은 외무부장관에게 독도등대 설치를 통고하며, 주한 외국 공관에 통고해달라고 요청했다.

그리고 1954년 8월 13일 오전에 미국에서 귀국한 이승만 대통령 주재하에 개최된 국무회의에서 독도등대설치가 의결되었다.

한국정부는 미국, 중국, 영국, 프랑스, 교황청 등 외국 공관에 통보했다.[7]

---

5) 조선일보,동아일보, 1954년.7월 29일.
6) 경향신문, 1954년 8월 7일.
7) 조선일보 1954년 8월 24일.

9월 3일 한국정부는 주일공사에게 독도등대가 설치되었다는 사실을 통고하고 일본정부에 송부할 것을 지시했다. 주일대표부는 9월 15일 「독도등대설치에 관한 통고서」를 일본외무성에 전달했다. 일본 외무성은 9월 24일자로 이를 승임할 수 없다는 항의서를 보내왔다.

한편 독도에는 1954년 8월 10일 무선시설이 착공되었다.[8] 9월 20일 무선시설이 완성되었는데, 독도와 울릉도간의 무선설비는 1954년 8월 27일 하오 3시부터 개통되었다.[9]

그리고 1955년에는 독도경비대에 배속된 선박에도 무선시설이 완비되었다. 경비선박에 대한 무선설비 공사는 1955년 9월 29일 착공되어 10월 5일 BC 1919 75W 송신기 1대, BC 312 수신기 1대가 설비를 마쳤다.[10] 등대점등과 함께 무선시설이 완공되었던 것이다.

7. 독도의 글로벌화

제2차 세계대전후 미국은 그동안 국내용으로 주로 발행되던 등대표를 전세계로 확대하여 발행하기로 결정하고 한국, 일본, 중국 등 아시아 구역을 PUB 31로 1958년부터 발행했다가, 1963년 3판부터 PUB 31을 PUB 112로 바꾸어 발행했다. PUB 112는 세계 등대의 표준화에 크게 기여했다. 그리고 국제표준을 정한 ISO 2000과 같이 등대를 국제적으로 표준화하였는데, 여기에 처음으로 등대의 소속 국가를 KOREA(1958년)로 하고 한국에서 사용하는 독도의 명칭인 Tokto(1963년)로 등재하여, 한국의 독도가 글로벌표준으로 자리매김하는 기초를 제공한 것으로 판단된다. 비록 1959년 초판에서 Takeshima(LIancourt Rocks)로 등재되고, 1961년 제2판에서 Takeshima(Liancourt Rock) (Japan)으로 등재하였지만, 곧 제3판(1963년)부터 Tokto(Liancourt Rocks)로 등재하고, 2004년에는 Tokto로 단독으로 등재시키고, 현재는 한국에서 사용하는 Dokto로 등재하므로써 독도의 세계화에 긍정적으로 작용하였

---

8) 내무부 치안국,「경찰 10년사」, 백조사, 1958, p.495.
9) 조선일보,1954년 8월 30일.
10) 경향신문, 1954년 7월 16일.

다고 사료되는 것이다.

독도가 Dokto로 등재되고 독도의 소속국가를 한국(Korea)으로 표준화하므로써 전 세계 어느 누구도 독도가 한국 섬이란 사실을 인지하게 되었던 것이다.

8. 관보에 고시된 교통부 고시 제372호의 독도

1953년 7월 8일 관계관 대책회의에서 독도등대 건립이 제기되고 차관회의에서 결정되었지만, 독도등대 건립은 빠르게 진행되지 못하고 좌절되고 말았다. 그러나 1954년에 와서 독도문제가 더욱 중요해지고 등대를 건립할 수 있는 요인이 발생했다. 1953년부터 UNKRA 원조자금이 지원되었는데, 그 당시 6.25전쟁 수행과 전화로부터의 복구에는 항구시설의 보완이 급선무로 떠올랐던 것이다. 그 가운데 등대건설이 급선무여서 대한민국의 예산과 UNKRA 자금의 일부가 등대 시설 기자재에 투입되고 외국으로부터[11] 수입된 그 기자재를 독도등대 건설에 투입시킬 수 있었던 것이다. 도입된 등대는 아세찌렝 와사등이었다. 크기도 작기 때문에 독도 수면상 50피트 높이 위로 끌어올릴 인력과 시멘트 등 기초자재만 확보하면 되었다.

그래서 급히 해군 815함이 동원되었고, 건설인력은 군장병과 독도를 지키고 있는 독도의용수비대의 도움을 받았을 것으로 짐작된다. 1954년 8월 초에 독도에 도착한 독도등대 건설단은 해군장병과 현지인력을 활용하여 5일 만에 독도등대 건설을 완료하였다.

독도등대 건설완료사실은 미국에서 귀로에 하와이에 기착하고 있던 이승만대통령에게 보고되었고, 1954년 8월 10일 정오 12시 역사적인 점등을 하였다.

독도등대를 점등한 교통부는 관보 1155호(1954년 8월 12일)에 「교통부 고시 제372호 항로표시점등」으로 독도등대 점등사실을 국내외에 알렸다. 그리고 교통부장관은 외무부장관에게 주한 외교사절에 통고하도록 요청했다. 그리고 8월 13일 오전에 귀국한 이승만

---

11) 수로국, 『한국수로사』, 1982, pp.254-256.

대통령 주재로 8월 13일 오후 3시에 경무대에서 국무회의를 열고 독도등대 사항을 의결했다. 3일만에 국내외에 대한 기본적인 절차를 진행시킨 것이다

1954년에 완공된 독도등대의 재원과 위치, 성능은 다음과 같다.

1. 등질(燈質) : 섬백광(閃白光), 매 5초, 1섬광, 아세찌렝 와사등
2. 등고(燈高) : 수면상 50피트
3. 점등개시 : 1954년 8월 10일
4. 광달거리(光達距離) : 10마일
5. 위치 : 독도 북부 동단, 북위 37도 14분 55초,
   동경 131도 52분 15초
6. 명호 : 109도 내지 305도, 250도 내지 234도

이와 같은 신속한 등대의 건설과 국내외에 대한 통고절차는 독도의 표준화와 글로벌화에 크게 영향을 미쳤다.

그렇다면 처음으로 세워진 독도등대는 어떤 형태였을 지에 관심이 모아진다. 공식적으로 아직까지 사진이나 실물이 발견된 적은 없다. 대한민국 수로국에서 발행한 「등대표」에 의하면 1975년 '백원형 콘크리트'로 바뀌기 전 까지는 '백색노형철조'로 제작된 2.9m 높이에 매 5초에 1 백섬광이 비치며, '아세찌렝 와사등'으로 1954년 8월 10일 점등한 독도등대와 같은 등대가 동도 정상에 건립되어있었음을 알 수 있다.

그러나 1954년의 첫 등대는 독도 동도 북단부에 현재까지 남아 있는 등대 자리에는 등대 몸체의 철판이 절단된 상태로 남아 있는 것으로 볼 때, 1955년 동도 정상으로 등대를 이동하기 위하여 등대를 옮긴 것이 아니라 새등대로 건립하였음을 알 수 있다. 1956년의 사진에는 독도등대의 밑부분에 긁힌 흔적들이 없는 것으로 볼 때, 1954년의 첫 등대는 폐기된 것으로 보인다.

폐기된 등대의 흔적을 기록들을 추적하여 조사하였지만 등대표와 관보 이외에는 찾을 수가 없었다. 그 당시 원조자금으로 도입된 똑같

은 형태의 등대가 정상에 건립되었을 것으로 추정될 뿐이다. 1956년에 독도등대를 촬영한 사진 이외에는 현재까지 발견된 독도등대 사진은 없다. 어딘가에 있을 것으로 추정되지만, 현재까지는 발견하지 못한 상태이다. 등대박물관에도 조사를 의뢰하였지만 2021년「독도 의용수비대 기념사업회 전시회」에 공개된 사진과 중앙일보에 게재된 1956년 7월 산악전문 사진가인 김근원씨가 촬영한 독도등대 사진과 해양수산부에서 발행한『대한민국 등대 100년사』에 게재된 사진 외에는 최초의 독도등대 사진을 찾지는 못했다.

앞으로 독도등대가 어떻게 건설되었으며, 폐기된 등대가 잔존하는지에 대한 연구와 탐사가 필요하다고 하겠다.

그렇다면 1954년 첫 독도등대가 어떤 형태를 가지고 있었다는 사실을 확인하는 것이 필요하다. 적어도 지금까지는 원형이나 사진이 남겨져 있지 않지만 기록물로 탐사할 수가 있을 것이다. 남아 있는 기록물은 1954년과 1957년, 1958년에 각각 간행된 대한민국 해군 수로부에서 발행한「등대표」와 관보에서 찾아볼 수밖에 없다.

첫째, 1954년에 건립된 독도등대는 '백색사각노형철조'(백색사각 철탑형)으로 등대 높이가 2.9m에 이르는 등대로 다른 곳에서는 발견하지 못한 점에 주목해야 한다. 1957년, 1958년에 대한민국 해군 수로국에서 발행한「등대표」에 의하면, 독도등대와 같이 육지가 아닌 섬에 건립된 '백색노형철조'(백색사각철탑형)로 높이가 2.9m인 등대는 없다는 점에 주목해야할 필요가 있다.

둘째, 이로 미루어 보면 UNKLA자금으로 등대 기자재가 수입되었으며, 첫 독도등대는 파기 또는 분해되어 정상부근으로 일부 옮겨졌거나, 그렇지 않으면 폐기시키고 동일한 등대를 새로 조립하여 사용되었을 가능성이 높다고 하겠다. 그 이유로는 전기식이 아닌 아세찌렝 와사등으로 등대를 가동하는 방식이 1955년에 건립된 독도등대와 똑같다는 점이다.

셋째, 1954년 첫 독도등대는 콘크리트 구조물과 등대의 높이가 5.2m이며, 1955년 등대는 기초상의 높이가 2.9m로 1956년에 촬영된 구조물과 유사한 점이 이런 사실을 말해주고 있다.

독도영유권의 역사적 기반

신라 지증왕 13년(215년) 이사부의 우산국(울릉도, 독도) 복속.
『동국문헌비고』(1770년)에 "울릉(울릉도)과 우산(독도)은
모두 우산국의 땅"이라고 기술.[12]

대한제국 칙령 제41호 1900년 10월 25일

울릉도를 울도로 바꾸고 도감을 군수로 개정한다…
구역은 울릉도와 죽도 및 석도 (독도)를 관할.

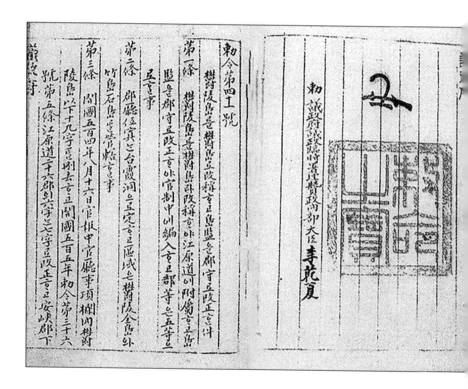

12) 외교부 홈페이지.

심흥택 보고서

1906년 3월 28일
울릉군수 심흥택이 대한 제국 영토인 독도(獨島)가
일본 영토로 강제편입 되었다는 소식을 듣고 왕에게 올린 보고.

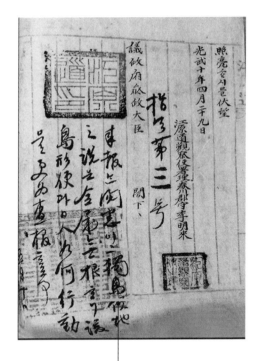

시마네현 고시 제40호

1905년 2월 22일
'오키섬에서 서북쪽으로 85해리 떨어져 있는
섬을 다케시마라고 부르고, 이제부터 본현소속
오키도사의 소관으로 한다'.

마쓰시마(松島)는 1905년 2월 22일 부로 '다케시마(竹島)로 개명하고, 이때부터 일본 소관'으로 하는 내용을 중앙정부가 아닌 지방인 시마네현 소속으로 한다고 고시 함.

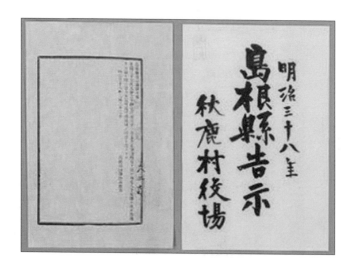

일본이 고시한 해역(북위 37도 9분 30초, 동경 131도 55분)에는 어떤 섬도 없다.

▲ 일본 외무성 홈페이지와 국토지리원 지도와는 11km 차이가 난다는 일본 每日新聞 2005년 7월 16일자.

1946

2. 연합국의 영토정의

SCAPIN 677(1946년 1월 29일)은
울릉도, 독도, 제주도가 일본으로부터 제외되는 섬으로 정의.

Liancourt Rocks (Take Is-

CENTRAL HEADQUARTERS
SUPREME COMMANDER FOR THE ALLIED POWERS

AG 091 (29 Jan 46)GS   APO 500
(SCAPIN - 677)   29 January 1946

MEMORANDUM FOR: IMPERIAL JAPANESE GOVERNMENT.

THROUGH   : Central Liaison Office, Tokyo.

SUBJECT   : Governmental and Administrative Separation of
               Certain Outlying Areas from Japan.

1. The Imperial Japanese Government is directed to cease
exercising, or attempting to exercise, governmental or adminis-
trative authority over any area outside of Japan, or over any
government officials and employees or any other persons within
such areas.

2. Except as authorized by this Headquarters, the Imperial
Japanese Government will not communicate with government officials
and employees or with any other persons outside of Japan for any
purpose other than the routine operation of authorized shipping,
communications and weather services.

3. For the purpose of this directive, Japan is defined to
include the four main islands of Japan (Hokkaido, Honshu, Kyushu
and Shikoku) and the approximately 1,000 smaller adjacent islands,
including the Tsushima Islands and the Ryukyu (Nansei) Islands
north of 30° North Latitude (excluding Kuchinoshima Island); and
excluding (a) Utsuryo (Ullung) Island, Liancourt Rocks (Take Is-
land) and Quelpart (Saishu or Cheju) Island, (b) the Ryukyu
(Nansei) Islands south of 30° North Latitude (including Kuchino-
shima Island), the Izu, Nanpo, Bonin (Ogasawara) and Volcano
(Kazan or Iwo) Island Groups, and all other outlying Pacific Is-
lands / including the Daito (Ohigashi or Oagari) Island Group,
and Parece Vela (Okino-tori), Marcus (Minami-tori) and Ganges
(Nakano-tori) Islands /, and (c) the Kurile (Chishima) Islands,
the Habomai (Hapomaze) Island Group (including Suisho, Yuri, Aki-
yuri, Shibotsu and Taraku Islands) and Shikotan Island.

4. Further areas specifically excluded from the governmental
and administrative jurisdiction of the Imperial Japanese Govern-
ment are the following: (a) all Pacific Islands seized or occu-
pied under mandate or otherwise by Japan since the beginning of
the World War in 1914, (b) Manchuria, Formosa and the Pescadores,
(c) Korea, and (d) Karafuto.

shima Island),

BASIC: Memo, GHQ SCAP, file AG 091 (29 Jan 46)GS (SCAPIN 677) dtd 29
       Jan '46, subj: "Governmental and Administrative Separation
       of Certain Outlying Areas from Japan", to IJG

5. The definition of Japan contained in this directive
shall also apply to all future directives, memoranda and
orders from this Headquarters unless otherwise specified
therein.

6. Nothing in this directive shall be construed as
an indication of Allied policy relating to the ultimate
determination of the minor islands referred to in Article 8
of the Potsdam Declaration.

7. The Imperial Japanese Government will prepare and
submit to this Headquarters a report of all governmental
agencies in Japan the functions of which pertain to areas
outside of Japan as defined in this directive. Such report
will include a statement of the functions, organization and
personnel of each of the agencies concerned.

8. All records of the agencies referred to in para-
graph 7 above will be preserved and kept available for in-
spection by this Headquarters.

FOR THE SUPREME COMMANDER:

H. W. ALLEN,
Colonel, AGD,
Asst Adjutant General.

SCAPIN 1033(1946년 6월 22일)의 영토정의
일본선박과 일본인은 독도 12마일까지 접근금지.
일본의 영역은 확대되었지만 독도는 일본의 경계선 밖에 있다.

37° 15'N, 131° 53'E로
독도의 정확한 위치를 표시

twelve (12) miles to Takeshima (37°15' North Latitude,

BASIC: Memo to IJG (SCAPIN - 1033)

(b) Japanese vessels or personnel thereof will not approach closer than twelve (12) miles to Takeshima (37°15' North Latitude, 131°53' East Longitude) nor have any contact with said island.

4. The present authorization does not establish a precedent for any further extension of authorized fishing areas.

5. The present authorization is not an expression of allied policy relative to ultimate determination of national jurisdiction, international boundaries or fishing rights in the area concerned or in any other area.

FOR THE SUPREME COMMANDER:

JOHN B. COOLEY,
Colonel, AGD,
Adjutant General.

131°53' East Longitude)

3. 평화선 선포

1952년 1월 18일 이승만 대통령은 대한민국과 주변국가 간의 수역구분과 자원 및 주권보호를 위한 경계선인 평화선을 선포하면서 울릉도, 독도, 제주도를 대한민국 영토라고 분명하게 밝혔다.

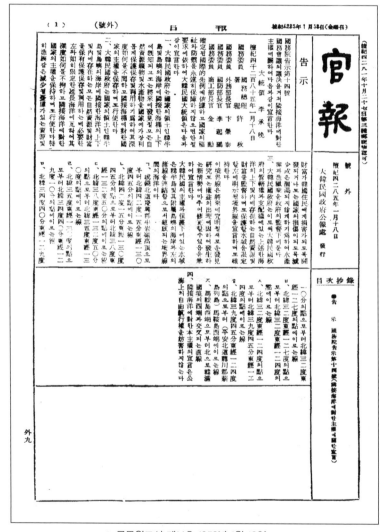

▲ 국무원고시 제14호 1952년 1월 18일

평화선에 첨부된 지도
평화선안의 울릉도, 독도와 제주도

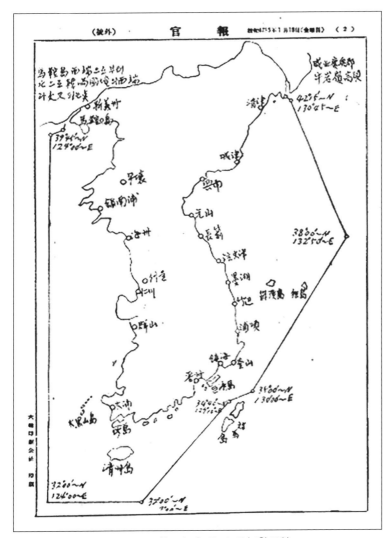

▲ 국무원고시 제14호 1952년 1월 18일

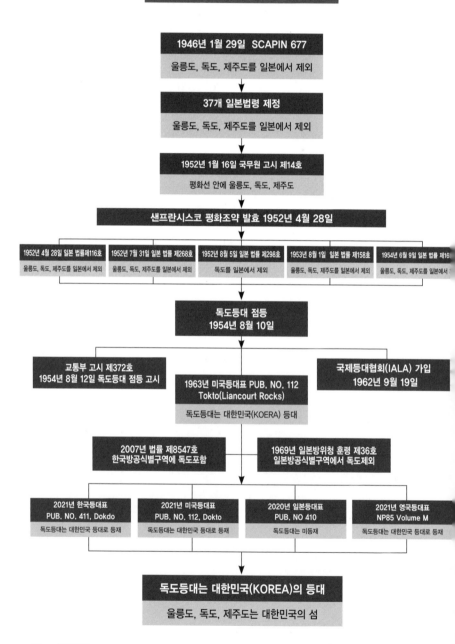

독도등대 모델

1946년 1월 29일 SCAPIN 677
울릉도, 독도, 제주도를 일본에서 제외

37개 일본법령 제정
울릉도, 독도, 제주도를 일본에서 제외

1952년 1월 16일 국무원 고시 제14호
평화선 안에 울릉도, 독도, 제주도

샌프란시스코 평화조약 발효 1952년 4월 28일

1952년 4월 28일 일본 법률제116호	1952년 7월 31일 일본 법률 제268호	1952년 8월 5일 일본 법률 제298호	1953년 8월 1일 일본 법률 제158호	1954년 6월 9일 일본 법률 제16
울릉도, 독도, 제주도를 일본에서 제외	울릉도, 독도, 제주도를 일본에서 제외	독도를 일본에서 제외	울릉도, 독도, 제주도를 일본에서 제외	울릉도, 독도, 제주도를 일본에서

독도등대 점등
1954년 8월 10일

교통부 고시 제372호
1954년 8월 12일 독도등대 점등 고시

1963년 미국등대표 PUB. NO. 112
Tokto(Liancourt Rocks)
독도등대는 대한민국(KOERA) 등대

국제등대협회(IALA) 가입
1962년 9월 19일

2007년 법률 제8547호
한국방공식별구역에 독도포함

1969년 일본방위청 훈령 제36호
일본방공식별구역에서 독도제외

2021년 한국등대표 PUB. NO. 411, Dokdo	2021년 미국등대표 PUB. NO. 112, Dokto	2020년 일본등대표 PUB. NO 410	2021년 영국등대표 NP85 Volume M
독도등대는 대한민국 등대로 등재	독도등대는 대한민국 등대로 등재	독도등대는 미등재	독도등대는 대한민국 등대로 등재

독도등대는 대한민국(KOREA)의 등대
울릉도, 독도, 제주도는 대한민국의 섬

4. 독도등대 모델

저자는 2018년에 출간된 『독도를 지키는 법』(지영사)에서 독도주권모델을 제시한바 있다. 이 「독도주권모델」을 기반으로 「독도등대모델」을 새롭게 수립하였다.

이 모델을 검증하기 위하여 대한민국, 미국, 영국, 일본의 등대표를 연구대상으로 분석하고, 관계 법령을 조사하여 실제적으로 독도등대가 대한민국의 등대임을 입증하고, 울릉도, 독도, 제주도가 대한민국의 섬임을 증명하였다.

제2차 세계대전 종전과 일본의 패망후 연합국은 일본에 진주하여 간접통치를 실시하게 된다. 연합국 총사령부는 지령을 공포하고, 일본에서는 칙령 제542호(포츠담 선언의 수락에 수반하여 발한 명령의 건, 1945년 9월 20일)를 기반으로 포츠담법령들을 공포하여 통치하였다.

그렇게 공포된 각서 중 수출입 등을 위한 영토의 범위를 규정할 필요성에 의하여 일본내와 일본외를 규정하기위헤 공포된 각서가 '일본의 정치적, 행정적 범위'를 규정한 SCAPIN 677호이다.

이 SCAPIN 677호(1946년 1월 29일)는 일본의 범위를 규정하면서 울릉도, 독도, 제주도를 일본외로 제외시켰다. 이 각서에 기초하여 공포된 포츠담법령 등 37개 법령이 제정되어 울릉도, 독도, 제주도를 일본에서 제외시켰다. 이들 법령에 의해 일본과 외국간의 수출입 등 국가의 범위와 경계선이 정의되었던 것이다. 이와 같은 법령과 연합국 총사령부 각서를 연계하여 대한민국은 1952년 1월 16일 국무원 고시 제14호(평화선)를 공포하고 울릉도, 독도, 제주도를 평화선 안에 포함시켰다. 37개 일본 법령 중 '조선총독부 교통국 공제조합의 본방 내에 있는 재산의 정리에 관한 정령'(정령 제40호 1951

년 3월 6일)과 '구 일본 점령지역에 본사를 둔 회사의 본방 내에 있는 재산의 정리에 관한 정령(정령 제291호, 1949년 8월 1일)과 '구령에 의한 공제조합 등에서의 연금수급자를 위한 특별조치법'(법률 제256호, 1950년 12월 12일)은 1952년 제13회 일본 국회에서 샌프란시스코 평화조약 발효(1952년 4월 28일)후에도 장래 계속 존치하고 유효한 법률(법률 제116호, 법률 제268호, 법률 제158호)로 각각 통과되었고, '자위대법'(법률 제165호, 1954년 6월 9일, 일본방공식별구역 설정)과 연합국 점령군으로부터 일본으로 인도된 귀금속 등의 처리를 위하여 법률 제298호(1952년 8월 5일)가 샌프란시스코 평화조약 발효(1952년 4월 28일) 이후에 새로 제정되었다. 여기서 '본방(일본) 영역'의 정의가 필요해 독도를 '일본의 영역'에서 제외시켰다.

이와 같은 국제적 환경 속에서 1954년 8월 10일 독도등대가 점등되었다.

대한민국 정부는 교통부 고시 제372호(1954년 8월 12일)를 대한민국 관보에 고시하고, 이후 21개의 독도등대관련 고시와 공고를 관보에 고시하고, 1962년에는 국제등대협회에 독도등대를 등록하였다. 한국 등대표(PUB. 1251)에는 1954년 10월에 독도를 Tok Do로 등재하였다. 미국 등대표인 PUB. NO. 31은 독도등대를 1959년에 대한민국(KOREA)의 등대로 등재하고, 1963년에는 대한민국(KOREA)의 등대로 Tok to(Liancourt Rocks)의 명칭으로 등재하였다.

현재 대한민국, 미국, 영국 등대표에는 독도등대가 대한민국(KOREA)의 등대로 등재되어 있고, 일본이 발행한 등대표에는 해당좌표에 독도와 독도등대가 등재되어 있지 않다.

독도등대 모델에 의하면 결론적으로 독도등대의 소속은 대한민국(KOREA)이고, 울릉도, 독도, 제주도는 대한민국의 부속섬인 것이다.

PART II
한국 등대표와 독도등대

1. 독도등대의 역사

1. 일본의 패망과 항로표지의 관리

우리나라 최초의 항로표지는 외국의 강권에 의해 일본 항로표지 관리소의 협조로 계획하고 건립되었으며, 근대적인 시설을 하게 된 것은 1892년 구한국 시대에 인천해관등대국을 설치하고. 그 다음해 인 1903년 6월에 소월미도를 위시하여 팔미도 등대, 북장자서(北長子嶼) 및 백암(白岩) 입표를 건설하여 점등하기 시작한 것이 항로표지의 효시라고 할 수 있다.

그러나 이러한 일본인들에 의한 한국에서의 항로표지 건설은 일본의 해운발전과 청나라와의 전쟁을 위한 국방상의 목적으로 시도된 것이 대부분으로 이에 따라서 주표 35기, 야표 182기가 설립되었다. 당시의 이러한 항로표지의 기수는 우리나라의 해안선 길이 9,325리에 비하면 아주 미미한 것으로 항로표지 1기당 주간표지(晝間標識) 23리, 야간표지 50리로서 네덜란드의 1리당 1기, 프랑스의 3리당 1기, 영국의 4리당 1기 등에 비하면 얼마나 빈약한 상태였는지를 알 수 있다.

이와 같이 근대적 항로표지의 역사는 짧은 것이었고, 그나마도 36년 동안은 일본의 통치하에 있었으며, 해방후의 치안부재의 혼란으로 행로가 평탄치 못하여 W자형의 상승과 하강이 반복되는 발전상태를 나타내었기 때문에 혼돈상태에 빠지게 되었다. 또한 다시 6.25 전쟁으로 대부분이 파괴되는 상황을 맞으면서 다시 하락코스를 그렸고, 전후 국제연합의 원조에 의하여 다시 복구의 상승코스를 그리게 되었다.

다시 말하면 해방후 10년간의 항로표지에 대한 발전노력은 신설

보다는 기존의 항로표지에 대한 정비와 복구에 주력하였던 것이다. 이러한 관점에서 볼때, 1954년의 독도등대의 설립은 크게 주목되는 것이다.

2. 항로표지의 이관

제2차 세계대전을 승전으로 이끈 연합국최고사령부(Supreme Commander for Allied Power : SCAP) 측에서 일본정부에 대하여 "한국연안에 있는 항로표지를 1945년 8월 15일 해방이전 수준으로 원상복구하라"는 명령을 하였다.

이에 따라서 일본정부는 조선총독부 교통국장에게 항로표지의 원상복구를 지시하였으나, 이 당시만 해도 대부분의 일본인 기술자들이 철수한 상태였고, 또한 자재도 부족한 상태로 별다른 성과를 기대할 수 없었다. 다만 인천 근해에 미국 군함이 출입할 수 있을 정도의 임시등만 설치하고 일본인 간수를 재배치하는 등의 소극적인 조치를 취했을 정도였으며, 1945년 12월 26일부로 항로표지 업무전반이 한국인 직원에게 인계되었다.

해방 후 미 군정청은 처음에는 일제 시대의 기구를 준용하여 표지업무를 교통국 해사과에서 관장하였다. 그러나 그후 필요에 따라서 정부조직을 개편하여 1946년 2월 5일 교통국 해사과는 교통국 해사부로 개편되어 해사부내에 총무, 해운, 표지, 해관과로 개편하였다.

1946년 3월 29일(군정법령 제64호) 교통국 해사부가 운수부 해사국으로 개편되었고, 동년 11월 30일에는 운수부 해사국을 운수부 해상운수국으로 재개편하여 해상운수국 해사과에서 항로표지 업무를 담당하였다.

또한 1946년 6월 15일(군정법령 제86호) 해군의 전신인 해안경비대가 창설되어 국방상 항로표지의 중요성이 강조됨으로써 1947년 2월 1일 해안경비대에 표지계가 신설되어 해군에서 관장하던 중 1948년 8월 4일 대한민국 정부수립과 더불어 같은 해 11월 4일(대통령령 제26호) 대한민국 교통부 해운국으로 이관되어 항로표지 시설의 보수유지는 전적으로 정부투자에 의존하게 되었다.

3. 광복과 항로표지의 폐허

세계역사를 놓고 보면, 거의 모든 피지배 국가가 다 그러했지만, 1945년 8월 15일에 우리민족은 준비되지 못한 광복으로 일본으로부터 독립되었고, 그로 인하여 일본의 지배가 우리에게 남긴 것은 빈곤과 절망뿐이었으며, 항로표지 시설분야의 경우에는 더욱 심각하였다.

제2차 세계대전 중에 일본은 항로표지를 전쟁을 위한 군사시설로 이용하였기 때문에 이것이 비록 국제적인 공기(公器)이지만 연합군으로부터 폭파당함을 면치 못하였으며, 또한 우리나라의 해방과 함께 패퇴하는 일본인들에 의하여 일부 파괴된 것들도 있어서 그 동안 한국에 설치된 항로표지의 대부분이 파괴되었다.

또한 광복 후 미군정으로부터 부족물품의 보급과 예산집행을 받기까지에는 수많은 시간을 필요로 하였다. 이에 따라서 일부지역의 항로표지는 미군측의 해무관에 의해서 직접 관리되기도 하였던 것이다.

4. 6.25전쟁 중 유엔의 원조 결정

현재 풍요를 구가하는 우리의 삶에서 불과 70여 년 전 우리가 세계 최빈국으로 국제연합(UN)으로부터 원조를 받았다는 사실은 믿기지 않는 일처럼 여겨진다. 6.25전쟁을 직접 겪은 노년층 정도나 국제원조에 대한 기억을 가지고 있을 것이다. 우리나라는 1950년대 당시 너무나 가난했고 국제적 원조가 없었다면 국민 전체의 삶이 매우 어려운 위기에 내몰려 있었다. 이런 위기 상황을 극복할 수 있도록 밑거름을 제공한 것이 국제연합 한국재건단(United Nations Korean Reconstruction Agency), 약어로 운크라(UNKRA)이다.

UNKRA는 6.25전쟁 중 파괴된 한국의 재건을 목표로 세워진

UN 산하의 특별임시 기구였다. UNKRA는 1950년 12월에 열린 UN 총회의 결의에 따라 세워졌다. UNKRA는 기존의 국제연합한국통일부흥위원단(UNCURK)과 함께 전후 한국의 복구를 도운 대표적인 UN 기구였다. 사업은 한국 정부와 긴밀한 협조 아래 이루어졌으며, 부분적으로 UNCURK의 감독 아래 있었다.

1951년 UNKRA는 미국과 UN 등이 제공한 4,200만 달러의 지원금과 3,000만 달러 규모의 구호물자, 1,000만 달러 상당의 원료물자 등을 한국에 전달하고 집행하는 것으로 활동을 시작했다.

국제연합한국재건단의 설립 목적은 6.25전쟁으로 붕괴된 한국경제를 전쟁 전 수준으로 회복시키는 재건사업이었다. 그러나 1951년 결성 당시 한창 전쟁 중이었던 한반도 땅에서 UNKRA의 지원물자를 들여올 항구와 운송시설은 거의 없다시피 하였다. 당시 전선 상황이 군사물자 운송을 우선시할 수밖에 없는 상황이었기 때문이다.

전쟁의 포화가 끊이지 않는 상황에서 결국 UNKRA의 활동은 민간인들에 대한 긴급구호에서부터 시작되었다. UNKRA의 민간 긴급구호는 당시 우리 국민들에게 가뭄의 단비 같은 일이었다.

UNKRA가 본격적으로 활동하기 시작한 것은 1953년 정전이 체결된 이후였다. 이때부터 UNKRA는 1958년 7월 1일 활동을 종료할 때까지 총 122,084,000달러의 계획된 물자를 한국에 지원하였다. UNKRA는 식량뿐만 아니라 민수물자를 들여와서 민생을 안정시켰고, 인플레이션을 수습하였다. 이들이 주력한 일은 한국의 산업·교통·통신시설의 복구와 주택·의료·교육시설의 개선이었다. UNKRA의 원조에 의해 탄광이 개발되었고, 인천판유리공장, 문경시멘트공장, 국립의료원 등이 건설되었다.[13]

---

13) 수로국, 『한국수로사』, 1982, pp.254-256.

5. UNKRA 원조로 독도등대 신속히 건립

1950년 6.25 한국전쟁으로 인하여 당시 사용하고 있던 항로표지 시설의 대부분이 파괴, 상실당하여 8.15 해방 후 그 동안의 복구와 재건이 일시에 무산되었다.

항행선박의 안전확보상 항로표지시설의 중요성은 말할 필요조차 없는 것이다.

항로표지는 국제공기로서 문명국의 표시일 뿐만 아니라 전쟁수행을 위해서도 필수불가결한 요소인 것이다.

우리나라의 영해에는 290개의 항로표지시설이 있었으나, 전쟁으로 인하여 대부분이 다시 피해를 입어 그 복구는 가장 급선무이므로 3개년 계획으로 완전 복구에 적극 노력하였다. 즉 정부의 예산 외에 운크라(UNKRA: 국제연합한국재건단) 및 대외사업(FOA)원조로서 제1차 연도인 1953년도에는 운크라(UNKRA) 원조계획으로 25만달러의 표지(등대용품) 자재가 도입되어 공사를 실시하였고, 1955년에도 대외사업(FOA) 원조계획으로 항로표지 시설로 27만 5천달러를 계상하여 계속적으로 2, 3차년도 계획을 추진하였으며, 독도등대는 1954년 8월에 신설되었다. 오동도등대는 1954년 9월, 홍도등대는 동년 12월에 각각 개축되었다. 운크라(UNKRA) 원조로 도입된 등대자재로 독도등대가 신속히 건립되었던 것이다.[14]

---

14) 해양수산부, (재) 한국항로표지 기술협회, 『대한민국 등대 100년사』, 2004, pp.136-137.

2. 한국의 등대표

書誌第1251號
Pub. No. 125·1.

燈　台　表

第　1　卷

LIST OF LIGHTS

Volume　1.

檀紀4286年　刊行

海軍本部　水路官室
HYDROGRAPHIC OFFICE
R..O.K. NAVY

▲1953년 등대표 제1권

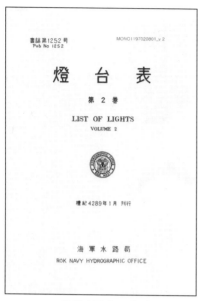

▲1956년 등대표 제2권

등대표는 육상 또는 해상에 설치된 등화나 음향신호(무신호), 전파신호를 생산하는 항로표지에 대해 상세히 기술한다. 항로표지에 대한 계략적인 정보는 해도를 통해 확인할 수 있으나 보다 자세한 정보는 등대표를 이용하여 확인할 수 있다.

한국의 등대표 초판이 출판된 것은 1953년이었다. 해군본부 수로관실(수로관 해군소령 김제욱)에서 1953년 1월 서지 제1251호(Pub 1251) 제1권이 발행되었다.

제1권이 출간된 시기(1953년)는 독도등대가 건립되기 전이어서 독도등대가 등재되지 않았다. 한국의 등대표 제2판은 1954년 10월에 간행되었으며, 여기에 독도등대가 처음으로 등재되었다.

한편 1953년 제1판 제1권 등대표 서문에는 다음과 같이 서술하고 있다.

첫째, 제1권은 1952년 1월 현재의 한국수역 전반의 항로표지를 수록하고 있다.

둘째, 배열의 순서는 고시(告示)의 배열순서로 하고, 동해(38도N 이남), 남해, 서해(38도N 이남), 동해(38도N 이북), 서해(38도N 이북) 등지의 순으로, 번호는 3자 단위의 숫자를 사용함으로써 항로표지의 종수 및 지역을 구별할 수 있도록 하였다.

셋째, 38선 이북의 항로표지에 관해서도 수록은 하였으나, 직접 조사한 것이 아니므로 정확하지는 않겠다고 할 수 있다

등대표 초판이 출판된 시기는 6.25전쟁으로 군 작전을 위해서 시급한 필요성에 의해서 긴급히 출판된 것으로 알려져 있다.

한편 한국등대표는 1953년 1월 초판이 발행된 이래 1954년 10월에 제2판, 1957년, 1958년, 1962년에 이어 1969년 10월에 제10판(개정판)이 발행되고, 1996년 4월에 제20판(전면개정판), 1999년 4월 제22판(개정판), 2000년 4월 제23판(개정판)이 발행되었으며, 2021년 4월 제43판이 발행되었다.

3. 등대표 보는법

번호	명칭	위치	등질	등고	광달거리	도색구조 ·높이	기사
1276.8 M4445.3	울릉사동항 남방파제등대 Ulleungsadong Hang	37-27.65N 130-52.96E	Fl G 4s	15	9	백 원형 콘크리트조 8.4	
1276.9 M4445.4	울릉사동항 방파호안등주 Ulleungsadong Hang	37-27.65N 130-52.80E	Fl R 4s	11	6	흥 원형 철조 7	
1277 M4445	가두봉 등대 Gadubong	37-27.21N 130-52.45E	Fl W 5s	21	19	백 8각 콘크리트조 15	명호 : 270°~110°
1277.1	울릉KT A호등부표 Ulleung	37-27.30N 130-51.96E	Fl(4) Y 8s		8	황 망대형	해저케이블
1277.2	울릉KT B호등부표 Ulleung	37-27.42N 130-51.98E	Fl(4) Y 8s		8	황 망대형	
1278 M4440	독도 등대 Dokdo	37-14.36N 131-52.19E	Fl W 10s	104	25	백 원형 콘크리트조 15	명호 : 140°~117° Racon (No.4104)
1278.1	한국해양연구원 독도해양관측등부표 Dokdo	37-14.58N 131-54.48E	Fl(5) Y 20s		6	황 망대형	태양전축용
1278.2	독도 파고부이 Dokdo	37-14.24N 131-52.17E				황 구형	

한국연안 - 동해안 East Coast of S. Korea

항로표지의 등화에 대한 정보는 위의 표와같이 8개의 열로 구성되며 각열의 내용은 다음과 같다.

• 제1열 : 번호
항로표지의 우리나라 번호와 국제번호를 부기한다. 국제번호는 영국 등대표에서 사용되는 번호를 준용하며, 국제번호 앞의 M은 우리나라 인근에 위치한 북서태평양(일본, 러시아 등)의 항로표지를 의미한다. 레이더비콘, 로란, 무신호 및 AIS 등의 특수항로표지에는 4000번대 번호가 부여되며, 관련 항로표지가 있을 경우 비고란에 해당 표지번호를 기재한다.

• 제2열 : 명칭
항로표지의 명칭은 한글과 영문을 병기하여 표기한다.

• 제3열 : 위치

항로표지의 위치는 지리적 좌표(위도와 경도, WGS-84 타원체)로 표시하며,항로표지 위치를 해도에서 쉽게 찾을 수 있도록 도(°)와 분(')으로 표시되며, 분단위는 소수 2자리까지 표시하며, 그 위치는 개략적인 위치이다

• 제4열 : 등질
항로표지의 등화의 특성인 등질, 등색, 주기 등이 세부적으로 표시된다.

• 제5열 : 등고
등고는 평균해수면 상에서 항로표지에 설치된 등화의 중심부까지의 높이를 의미하며, 그 높이는 미터(m) 단위로 표현한다. 이때, 10m 미만은 소수 1위까지, 10m이상은 정수 1위까지 기재(소수이하 절사)한다.

• 제6열 : 광달거리
광달거리는 등화가 도달하는 최대 거리를 의미하며, 해도 및 등대표 상에 표시된 광달거리는 명목적 광달거리이고, 그 거리는 해리(해상마일, M)단위로 표현된다. 광달거리가 15M이상인 것은 명칭과 광달거리를 진한 글씨체로 표시한다.

• 제7열 : 도색, 구조, 높이, 항로표지 구조물의 색, 형태(모양, 재질), 높이 등을 기술하였으며, 높이는 지면(기호, 지반제외)에서 구조물의 최상부(피뢰침, 두표 등 제외)까지 높이로 10m미만은 소수 1단위까지, 10m이상은 정수 1위까지 기재(소수 이하 절사)한다.

• 제8열 : 비고
항로표지에 대한 보충정보, 무신호 종류, 명호의 각도 등을 표시하며, 특히 명호의 각도는 해상측(선박)에서 측정된 방위각으로 표시된다.

4. 등대명칭의 변화분석

1. 1954년 판에 독도등대 첫 등재

한국등대표 1952년 3월 초판이 발행된 때에는 독도에 등대가 없었기 때문에 등대표에 독도등대가 실리지 못했다. 1950년 6월25일의 한국전쟁으로 전국적으로 등대의 건설이 필요하였으며, 1954년 8월 10일 독도등대가 건립되었다.

이해 1954년 10월 1일부로 대한민국 등대표가 발간되었다. 여기에 처음으로 독도등대가 등재되었으며, 영문으로는 Tok Do였다. 그후 1957년, 1958년판에는 TokTo로, 1960년판에서는 Tok To로 등재되었는데, 1962년 판에서는 체제가 일부 변경되었다. 등대의 기재순서도 일부 변경되었고, 색인도 넣지 않아 영문명칭도 기재되지 않았다. 1964년에는 Tok to로 등재되었다.

그러나 1975년도에 가서는 독도의 영문명칭이 Dogdo로 바뀌었다. 1978년, 1982년에도 Dogdo로 등재되었다.

그리고 1996년 4월의 개정판에서는 한국이 등대를 건립한 후 전세계에 공포한 명칭인 Tokto였다 그 이후 한국정부의 로마자 표기정책에 따라 2001년 Dokto로 변경되었다가 현재는 Dokdo로 바뀌어 등재되어 오고 있다.

2. 등대위치의 변화

1954년 8월 10일 건립된 독도등대의 위치는 37도14분55초N,

131도52분15초E였다. 그러나 그 이후 새로운 등대의 개축과 이전으로 위치가 조금씩 변하였다. 이러한 사실은 대한민국 등대표와 고시에 의해서 조금씩 변한 것을 알 수 있다.

1955년 독도 동도 정상으로 오르는 길을 정비하여 등대를 정상부근(북위 37도 14분 40초, 동경 131도 52분 20초)으로 이동하였다.

한편 독도등대의 위치는 1982년에는 북위 37도 14.9분, 동경 131도 52.3분이었다가, 1999년에는 북위 37도14.2분, 동경 131도 52.3분으로 옮겨지고, 2000년에도 북위 37도14.2, 동경 131도52.3분으로, 현재는 북위 37도14.26분, 동경 131도52.19분으로 경도와 위도가 조금씩 변한 것을 알 수 있다. 향후 연구가 필요한 부분이다.

3. 독도등대 형태의 변화

독도등대의 형태는 1954년부터 1966년까지 '백색사각노형철조'였으나, 1967년부터 '백색원형콘크리트조'로 바뀌게 된다.

1975년, 1978년에도 '백색원형콘크리트조'이었고, 1995년에는 등고가 128m에 백색원형콘크리트조(4.5m)에서 백사각콘크리트(2m)로 바뀌었다. 1998년에 등고 132m에 백색원형콘크리트조(8.3m)에서 사각철탑조(10m, 공사기간중 임시등대 운영)로 구조가 변경된다.

그리고 1999년 유인등대로 건립되면서 등고 132m, 백원형콘크리트조(8.3m)에서 등고 104m의 백원형콘크리트조(15m)로 개축된다.

4. 등대높이의 변화

1954년 8월 10일 건립된 독도등대의 수면 상 높이는 15.2m이고, 등대 구조물 높이는 5m이었다. 따라서 수면 상 약 10m 높이의 위치에 등대가 세워졌음을 알 수 있다. 이는 독도 동도 최북단의 돌출부 암석위에 약 1m의 기초 위에 독도등대가 건립되었음을 말한다.

1955년에는 정상부근으로 이전하여 기초 상 2.9m, 평균 수면 상 126.9m로 높아졌다.

1956년에는 등고(수면에서 등화까지의 높이)가 1955년과 같다. 1957년에는 등고가 127m로 높아졌다. 1955년에 독도 동도 북단에 세워진 등대가 독도정상 부근으로 이전되었기 때문이다.

1960년에는 백사각노형철조(2.9m)의 등고는 127m였으며, 1964년에도 같다. 1975년에는 백색원형콘크리트조(4.3m)이며, 등고는 128m로 조금 높아졌다.

그리고 1982년에도 등고는 128m였으며, 1997년에도 백색원형콘크리트조(4.3m)와 등고는 128m였다. 1998년에는 백색원형콘크리트조(8.3m)에 등고 132m로 높아졌다가, 공사후 1999년 백원형콘크리트조(15m), 등고 104m로 낮아졌으며, 유인 등대화 되면서 현재에 이르고 있다.

독도등대가 건축된 지 오래되어서 현재의 유인 독도등대가 건설되기 이전의 무인독도등대 시대의 자료는 수로부에서 발행된 등대표와 관보에 등재된 기초자료에 의하여 연구되었다.

미국 등대표에서는 1959년 411피트(125.3m)로 기록했으나, 현재(2023년)에는 341피트(104m)로 기록되고 있다. 현재는 한국등대표, 미국등대표, 영국등대표 모두 똑같이 독도등대의 등고를 104m로 등재하고 있다.

5. 표지수의 변화

한국등대표를 조사한 결과 독도등대는 1954년 건립 당시에는 하나의 표지만 있었으나 현재는 6개로 시대의 흐름과 해양과학의 발전에 따라 그 기능과 수가 증가되었음이 밝혀졌다. 따라서 표지의 번호도 6개로 늘어났다.

그러나 국제등대번호는 1959년 F4440에서 2008년에 M4440으로 바뀐 이래 계속 변하지 않았다. 독도등대가 시대가 변함에 따라 환경에 적응하여 그 수와 기능이 대폭 확대된 것을 알 수 있다.

5. 한국의 등대표와 독도등대

독도등대가 처음 등재된 한국등대표
서지 제1251호 1권
Pub No 1251

書誌第1251号
Pub No.1251

燈 台 表

第 1 巻

LIST OF LIGHTS

VOLUME 1

檀紀4287年10月刊行

海 軍 水 路 局
HYDROGRAPHIC OFFICE
R.O.K.NAVY

1954년 10월 해군수로국에서 발간

독도등대는 동해 중심에 세워진
최초의 글로벌 등대

독도등대가 등재되기 전에 발행된 1953년 1월에 발행된
대한민국 「등대표」에는 울릉도에 「울릉도 도동항 방파제 등주(燈柱) U.」가
등재되어 있었다.
1954년 10월에 발행된 대한민국 「등대표」에는 독도에 「독도 등대 U.」와
울릉도에 「울릉도 도동항 방파제 주등(柱燈) U.」으로 등재되었고,
1957년판부터는 「울릉도 도동항 방파제 등주(燈柱) U.」으로 등재되었다.

동해에 울릉도와 독도가 표기, 독도는 한자로 獨島로 표기,
숫자는 기재된 페이지

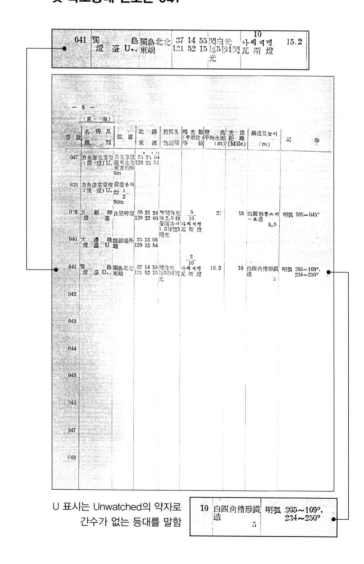

1954
한국등대표

Pub No 1251
한국등대표에 처음으로 Tok Do 獨島燈臺로 등재
북위 37도 14분 55초 동경 131도 52분 15초
등고는 15.2m 백사각노형철조 높이는 5m
첫 독도등대 번호는 041

| 041 | 獨 島 獨島北北
燈 臺 U.東端 | 37 14 55
131 52 15 | 閃白光
每5秒1閃 | 10
瓦 斯 燈
光 | 아세 띡렝 | 15.2 |

― 8 ―
（東　海）

番號	名 稱 及 種 類	位 置	北 緯 東 經	燈質及 色週明滅	燭 光 數燭 (千單位)平均水面 每 秒	高 (m)	光 距 離 (Mile)	構造及높이 (m)	記　事
037	方魚津北方魚津燈 標 (前 燈) U.高北北129 25 54 東方의50 0m		37 23 54						
038	方魚津東漁港前燈半의 (後 燈) U.高 22 1/2 90m								
039	良 絕 㟁良絕㟁燈 標 燈 臺		35 21 24 129 21 00	明閃白光 每2.5秒 瓷備가스 1.5秒1閃 閃光	5 10 瓦 斯 燈	아세 띡렝	27	15	白圓形彎亚미 一표造 8.9	明弧 165～045°
040	大 邊 雜防波港外 燈 臺 U.端		35 12 06 129 13 54						
041	獨 島 獨島北北 燈 臺 U.東端		37 14 55 131 52 15	閃白光 每5秒1閃 光	2 10 瓦 斯 燈	아세 띡렝	15.2	10	白四角槽形鐵 造 5	明弧 305～109°、 234～250°
042									
043									
044									
045									
046									
047									
048									

U 표시는 Unwatched의 약자로
간수가 없는 등대를 말함

| 10 | 白四角槽形鐵
造
5 | 明弧 305～109°、
234～250° |

색인에 독도는
영문으로 Tok Do로 표기,
한자로 獨島燈臺.

울릉도 도동항 방파제 등주와 등간

1953년 발행된 「등대표」에는 울릉도에 세워진 「울릉도 도동항 방파제 등주(燈柱) U.」로 등재.

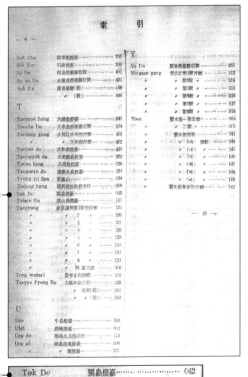

索　引

― 4 ―

Sok Cho	東草港燈臺	396
Sok Kun	石巖燈臺	350
So Do	西島港燈臺信號	401
Su un Do	水雲島港燈臺信號	421
Sok Do	鼠島燈臺(標)	489
〃	(標)	560

T

Taebyong hang	大浦港燈臺	041
Taecho Do	大草島燈臺信號	314
Taedong gang	大同江中流灯浮標	403
〃	干列燈浮標	402
Taehwa do	大和島燈臺	415
Tacroryok do	大鹿島港燈臺	222
Taepo hang	大浦港燈臺	026
Tongonyo do	漁島女島燈臺	154
Teung Gi San	登基山	034
Todeng hang	道燈立燈	006
Tok Do	獨島燈臺	042
Tolsen Do	突山島燈臺	151
Tongyong	統營阿菊燈信號浮標	124
〃	〃	125
〃	〃	127
〃	〃	128
〃	〃	129
〃	〃	130
〃	〃	131
〃	蓮花立燈	506
Tong mutari	登岸多島燈臺	163
Tacyon Fyong Do	大延坪島燈臺	539

U

Udo	牛島燈臺	166
Ulci	鬱陵燈臺	663
Ung do	熊島北方燈浮標	115
Ung gi	雄基港燈臺	206
〃	西燈臺	207

Y

Yo Do	驚島港燈臺信號	551
Yorgan garg	急山江第1號浮標	512
〃	第2號	514
〃	第3號	515
〃	第4號	516
〃	第5號	517
〃	第6號	518

Yosu	驚水港一等立燈	504
〃	二等	505
〃	驚水立燈	141
〃	〃 (燈柱)	144
〃	〃 (나)	145
〃	〃 (다)	146
〃	〃 (라)	147
〃	〃 (마)	148
〃	〃 (바)	149
〃	驚水港燈臺船浮標	142

― 終 ―

(東　海)

番號	名稱及種類	位置	北緯東經	灯質及色週期
● 001	注文津灯森	注文山上	37 53.7 128 50.2	閃白光 毎10秒 1閃光
002	注文津東灯柱	東防波堤外端	37 53.4 128 50.1	
003	注文津西灯柱	西防波堤外端	37 53.4 128 49.9	
● 004	墨湖港防灯	南防波堤頭部	37 33.0 129 07.2	不動白光
● 005	墨湖港灯標 U.	墨湖港外	37 32.5 129 07.2	閃白光 毎 6秒 1閃光
006	道洞港防波堤灯柱 U.	防波堤外端	37 29.0 130 54.6	

1939년 발행된 「일본 등대표」에는 울릉도의 「울릉도 도동항 방파제 등간(燈竿)」으로 등재.

1040	1039	1033	1037
港洞道堤波防	港浦厚堤波防新	港浦厚都頭堤波防乙	港浦厚都頭堤波防丙
竿 燈	竿 燈	竿 燈	竿 燈
突防道鬱慶 波洞陵尙 堤港島北道	厚江 浦尙 港道	厚江 浦尙 港道	厚江 浦尙 港道
37° 29′ 130° 55′	36° 40′ 129° 28′	36° 41′ 129° 29′	36° 41′ 129° 28′
昭和三十年一月	昭和三十二年二月	昭和八年四月	昭和七年四月
白角コン 色形ト造 リク	紅角四鐵 色形ク造 リ	白柱コン 色形ト造 リク	紅柱コン 色形ト造 リク

Tok Do　　　獨島燈臺 042

1957년 6월 등대표 제1권
해군 수로국 발간
Pub No 1251

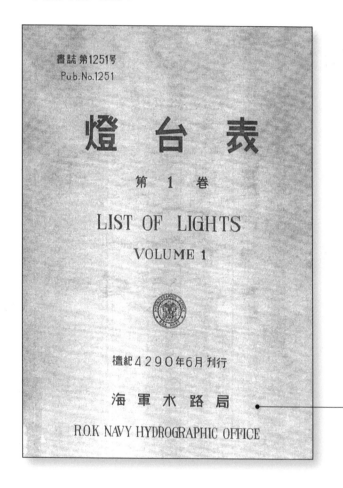

書誌 第1251号
Pub.No.1251

燈 台 表

第 1 卷

LIST OF LIGHTS

VOLUME 1

檀紀4290年6月 刊行

海 軍 水 路 局

R.O.K NAVY HYDROGRAPHIC OFFICE

해군 수로국 발간

관계구역 색인도

울릉도(2)와 독도(2)가 함께 등재되어 있다.
북한의 등대도 함께 표기되어 있다.

1957년 한국등대표

1957년 Pub No 1251

1954년판 등대표와는 변화가 있다.
좌표 북위37도 14분 40 동경 131도 52분 20초로
남동 쪽으로 이동, 등고가 127m 로 높아졌다.
등대높이는 2.9m로 기재.
독도등대 번호는 010로 바뀌었다.
울릉도에는 도동항 방파제 등주(燈柱)와
1954년 12월에 건립된 행남갑(杏南岬)등대도 등재되었다.

0 1 0	獨　島 灯　台　U.	獨島北北 東端	37 14 40 131 52 20	閃 白 光 每5秒1閃	9/10 (아세치린 까스灯)

東 海 岸

番號	名稱 種類	位置	北緯 東經	灯質炎色 週期	燭光 劃灯 (千單位) 態	平均 水面距上(m)	高光 地 離(M)	構造 및높이 (m)	記 事
0 0 1	東 草 灯 台	靑伯端上	38 12 49 128 36 00	群閃白光 每45秒4閃 21秒間24秒 間每4閃	40 (電灯)	48	20	白月形투과 미니一로造 (10.3)	明弧 213～336°
0 0 2	東草港 灯浮標	東草港	38 12 17 128 36 00	閃 綠 光 每5秒1閃	3/10 (아세치린 까스灯)	3.9	5	黑月鋼形上 鄒棒形鐵造	
0 0 3	注 文 津 灯 台	注文山上	37 53 42 128 50 10上	群閃紅白互 每15秒2閃, 6.25秒隔2, 5秒間白光 至6.25秒隔 閃紅光	16 (電灯) VI	4 0	17.5	白月形静 造 (9.1)	明弧 148～025°
0 0 4	注 文 津 東防波堤 灯 台 U.	東防波堤 外端	37 53 24 128 50 06	不動紅光	3/10燭 (石油灯)	6.6	5	紅四角檣形 鐵造 (4.8)	
0'0 5	注 文 津 西防波堤 灯 台 U.	西防波堤 外端	37 53 21 128 49 56						
0 0 6	墨湖港防波堤 灯 台 U.	南防波堤 外端	37 32 27 129 07 01	不動綠光	1/2燭 (電灯)	1 1	5	白月柱形撐 스터一로造 (9.2)	
0 0 7	墨 湖 港 灯 浮 標	港外	37 32 29 129 07 12	閃 白 光 每5秒1閃	3/10 (아세치린 까스灯)	3.9	8	黑月筒形上 鄒形形鐵造	
0 0 8	杏 南 岬 灯 台 U.	聖堀島南 西端인杏 南岬上	37 29 00 130 55 00	閃 白 光 每10秒1閃	3/10 (아세치린 까스灯)	2 0 3	1 5	白月形鐵檣 造 (2.5)	明弧 181～046°
0 0 9	道洞港防波堤 灯柱 U.	防波堤外 端	37 29 00 130 54 36	不動紅光	1/2燭 (電灯)	9.3	3	白八角形撐 스터一로造 (7.5)	
0 1 0	獨 島 灯 台 U.	島島北北 東端	37 14 40 131 52 20	閃 白 光 每5秒1閃	9/10 (아세치린 까스灯)	1 2 7	1 5	白四角檣形 鐵造 (2.9)	明弧 140～146° 150～179° 180～205° 210～116°
0 1 1	汀 繻 港 北防波堤 灯柱 U.	北防波堤 外端	37 26 08 129 11 37						
0 1 2	汀 繻 港 南防波堤 灯柱 U.	南防波堤 外端	37 26 07 129 11 35						

1 2 7	1 5	白四角檣形 鐵造 (2.9)	明弧 140～146° 150～179° 180～205° 210～116°

1957년 Pub No 1251
항로표지명색인에 독도는 영문 Tok To
한문 獨島 燈臺로 등재
등대번호는 010

— 5 —

Sŏ gi To	西歸浦導灯 (前灯)	168	Tae dong kang	大同江廣州灯浮標	420
〃 〃 (後灯)		169	Tae hwa Do	大和島灯台	422
Sŏ gŏm Do	四檢島西方浮標	649	Tae mal	大末 燈柱	149
So mae mul To	小毎勿島灯台	427	Tae no rok To	大老鹿島灯台	220
So mo Do	小茅島灯台	165	Tae Po Hang	大淸港北防波堤灯台	033
So ri Do	所里島灯台	154	〃 南防波堤灯台		034
So rok To	小鹿島燈台	162	Tae yen hong Do	大延坪島立標	538
Sŏ sura Hang	西水鎭防波堤燈台	304	〃 導標 (前)		659
〃 防波堤燈台		393	〃 〃 (後)		540
So wŏl mi Do	小月尾島燈台	251	Tae yu Do	大楸島浮標	609
Sok cho Hang	東草燈台	001	Tae yul Do	大栗島南方浮標	605
〃 港灯浮標		002	Tang gim yŏ Do	翁得汝島灯台	155
〃 第１號浮標		001	To dong Hang	道洞防波堤灯柱	009
Sŏk gun	石硯燈台	350	Tok To	獨島灯台	010
Sŏn mi Do,	舒尾島灯台	246	Tok jok To	越積島灯	245
〃 燈浮標		247	Tol san Do	突山島灯台	182
Song dae Mal	松台末燈台	040	Tong Do	東島灯台	141
Song Do	松島燈台	312	Tung gi San	登基山灯台	016
Sŏng Jin	城津燈台	327	Tung mu ta ri	登舞多利灯標	111
〃 貯木場防波堤燈台		323			
〃 北燈台		329		U	
〃 南燈台		330			
〃 導播燈台		331	U Do	牛島灯台	167
Sŏp To	摠島燈台	161	Ui gi	蔚崎灯台	042
Su un Do	水雲島燈台	428	Um Ji Do	陰地島浮標	604
Su wŏn Tan	水源端灯台	350	Un jom Do	鷦点島南方浮標	651
Su ya so	水夜嶼灯標	407	〃 西方浮標		652
			Un Do	雲島灯台	429
	T		Ung Do	鷦島北方灯浮標	116
			Ung gi Hang	雄基港東灯台	306
Tae hyŏn Hang	大遠搖灯台	061	〃 西灯台		307
Tae cho Do	大草島灯台	314	〃 甲防波堤灯台		305
Tae ch'on Hang	大川港防波堤灯台	234			
Tae dong kang	大同江下洲灯浮標	409		W	
〃 中洲灯浮標		410	Wa Am	臥岩灯標	404

Tok To	獨島灯台	010

1958
한국등대표

1958년 6월 등대표 제1권
해군 수로국 발간

書誌 第1251号
Pub. No.1251

燈 台 表

第 1 巻

LIST OF LIGHTS

VOLUME 1

檀紀4291年6月 刊行

海 軍 水 路 局

R.O.K NAVY HYDROGRAPHIC OFFICE

해군 수로국 발간

관계구역 색인도

울릉도(2)와 독도(4)가 함께
등재되어 있으며,
독도가 독도(獨島)로 등재되어 있다.
북한의 등대도 함께 부기 되어 있다.

등대표 목차

한국등대표
동해안, 남해안, 서해안,
북한의 동해안, 서해안 순으로 등재

Pub No 1251
1957년 판 등대표와는 변화
독도의 좌표가 북위37도 14.7분 동경131도 52.3분으로
바뀌고, 등고가 127m로 같고
등대높이도 2.9m로 같다.

| 0 1 4 | 獨 島
燈 台 U. | 獨島北北
東嘯 | 37 14.7F1.
131 52.3ev. 6sec. | 〻
(아세지
린까스
燈) | 127 | 15 | |

東 海 岸

番 號 F4411 種 類	名稱및 位置	北 緯 東 經	燈質및色 週 期	燭光數 (千單位) 等級	燈高平均水面上 (m)	高光距離 (M)	塔形造및높이 (m)	記 事
0 1 3 F4441	追洞港 防波堤外 燈柱 U.	防波堤外 嘯	37 29.0 F.R. 130 51 6	〻白 (電燈)	9.3	3	白角八形柱 크빌一基造 (7.3)	
0 1 4	獨 島 燈 台 U.	獨島北北 東嘯	37 14.7F1. 131 52.3ev. 6sec.	〻 (아세지 린까스 燈)	127	15	白四角橢形 鐵造 (2.9)	明弧 140~146° 150~179° 180~205° 210~116°
0 1 5 F4436	汀羅港 北防波堤 外嘯 燈柱 U.	北防波堤 外嘯	37 26.1 129 11.6					
0 1 6 F4438	汀羅港 南防波堤 燈柱 U.	南防波堤 外嘯	37 26.1 129 11.9					
0 1 7								
0 1 8 F4432	竹邊港 燈 臺	龍沈岬土	37 03.3 F1. 129 29.9ev.20sec.	46 (電撮) IV	49	19	白八角形柱 크빌一基造 (15.7)	明弧 162~352°
0 1 9 F4434	竹邊港 東防波堤 燈柱 U.	東防波堤 外嘯	37 03.1 F.R. 129 29.6	〻白 (電燈)	8.5	5	圓調形木柱 (7)	側嘯
0 2 0	登基山 燈 台	厚浦港 登基山頂	36 40.7 F 129 27.9	〻白 (電燈)	55	10	白三角橢形 鐵造 (7.5)	厚浦港電組合에서設備 器및霧報信號量行한 (畫間專用)
0 2 1 F4450	厚浦港 甲防波堤 西嘯 燈台 U.	甲防波堤 西嘯	36 40.5 F.R. 129 27.6	〻白 (電燈)	8.5	6	白四角橢形 減造 (7)	
0 2 2 F4428	厚浦港 甲防波堤 東嘯 燈台 U.	甲防波堤 東嘯	36 40.6 F.G. 129 27.8	〻白 (電燈)	8.5	5	白四角橢形 減造 (7)	
0 2 3	厚浦港 乙防波堤 燈柱 U.	乙防波堤 外嘯	36 40.6 F.G. 129 27.3	〻白 (電燈)	8	6	白圓柱形柱 크빌一基造 (6.5)	
0 2 4	厚浦港 丙防波堤 燈柱 U.	丙防波堤 外嘯	36 40.7 F.R. 129 27.7	〻白 (電燈)	7.6	6	紅圓柱形柱 크빌一基造 (6.1)	

白四角橢形 鐵造 (2.9)	明弧 140~146° 150~179° 180~205° 210~116°

색인(Index)

영문과 한문으로 표시
Pub No 1251
독도는 Tok To
獨島 燈臺로 등재

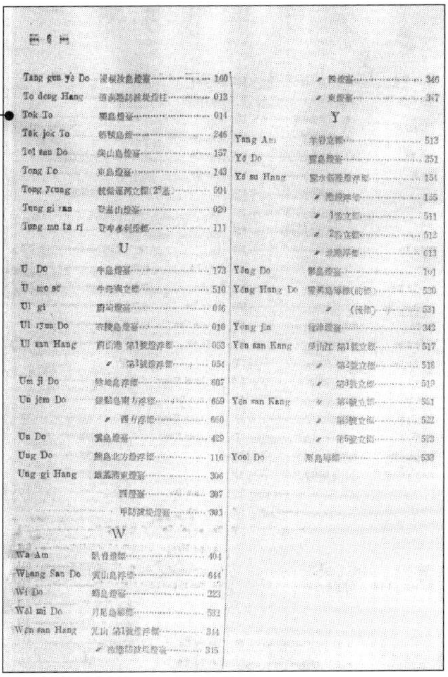

Tok To 獨島 燈臺 014

LIST OF LIGHTS
REPUBLIC OF KOREA
1962년 12월

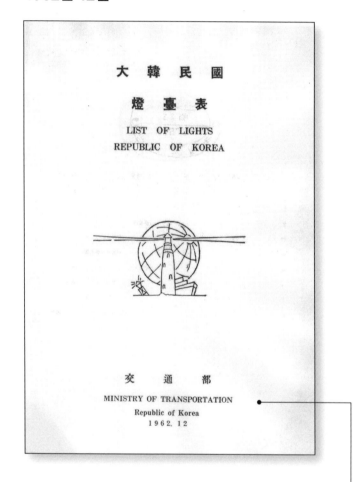

大 韓 民 國

燈 臺 表

LIST OF LIGHTS
REPUBLIC OF KOREA

交 通 部

MINISTRY OF TRANSPORTATION

Republic of Korea

1 9 6 2. 1 2

교통부 발간

Pub No와 색인도와 항로표지명색인은 없으며
목차에 북한 부분이 없다.
서해안, 남해안, 동해안 순으로 기재되어 있다.

目　　次

大韓民國航路標識의 沿革 ⋯⋯⋯⋯⋯⋯⋯⋯⋯⋯⋯⋯⋯⋯ 1

記 載 例 ⋯⋯⋯⋯⋯⋯⋯⋯⋯⋯⋯⋯⋯⋯⋯⋯⋯⋯⋯⋯ 2

解 　 說 ⋯⋯⋯⋯⋯⋯⋯⋯⋯⋯⋯⋯⋯⋯⋯⋯⋯⋯⋯⋯ 3

圖 　 表

航路標識燕數統計 ⋯⋯⋯⋯⋯⋯⋯⋯⋯⋯⋯⋯⋯⋯⋯⋯ 9

夜標(燈臺, 燈浮標, 燈標, 燈柱, 導燈, 燈等) 및 晝標(立標, 浮標, 導標)

　　　　　西海岸(仁川地方海運局) ⋯⋯⋯⋯⋯⋯⋯⋯⋯⋯ 10

　　　　　〃 (群山地方海運局) ⋯⋯⋯⋯⋯⋯⋯⋯⋯⋯ 22

　　　　　南海岸 및 西海岸(木浦地方海運局) ⋯⋯⋯⋯⋯⋯ 32

　　　　　南海岸(濟州地方海運局) ⋯⋯⋯⋯⋯⋯⋯⋯⋯⋯ 40

　　　　　〃 (麗水地方海運局) ⋯⋯⋯⋯⋯⋯⋯⋯⋯⋯ 44

　　　　　南海岸 및 東海岸(釜山地方海運局) ⋯⋯⋯⋯⋯⋯ 54

　　　　　東海岸(浦項地方海運局) ⋯⋯⋯⋯⋯⋯⋯⋯⋯⋯ 66

　　　　　〃 (墨湖地方海運局) ⋯⋯⋯⋯⋯⋯⋯⋯⋯⋯ 74

無線方位信號(無線標識局) ⋯⋯⋯⋯⋯⋯⋯⋯⋯⋯⋯⋯ 78

항로표지기수 통계
총 271기, 유간수등대 39, 무간수등대 83기

大韓民國 航路標識基數統計									
管内 名 標識 別	仁川	群山	木浦	濟州	麗水	釜山	浦項	墨湖	計
有看守灯台	6	4	8	3	5	7	4	2	39
無看守灯台	4	7	10	6	17	13	17	9	83
灯 浮 標	10	8	2	1	4	8	5	2	40
灯 標	4	5	1	1	1	6	1		19
導 灯	4	3		2					9
灯 竿		1				7	3		11
立 標	1	3	10		6	2			22
浮 標	7	3			2	4			16
導 標	3								3
霧 信 號	5	3	7	2	2	4	3		26
無 線 標 識			1		1	1			3
計	44	37	39	15	38	52	33	13	271

1962년 한국등대표

독도등대를 獨島燈臺로 등재
등고는 127m, 평균수면으로부터 높이를 m로 표시.
구조의 높이는 지상에서 2.9m.
구조물의 정상까지의 높이를 m로 표시.
등대번호와 영문은 미기재

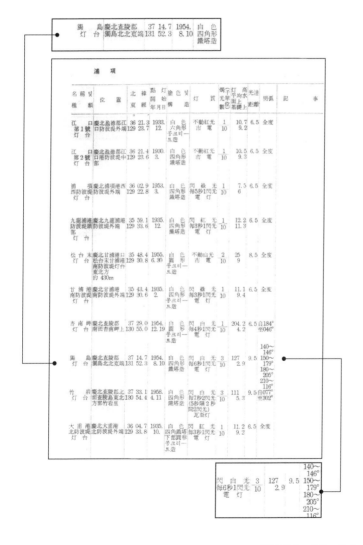

서지 제1251호
PUB. NO. 1251
대한민국 수로국에서 발간한 1982년 등대표

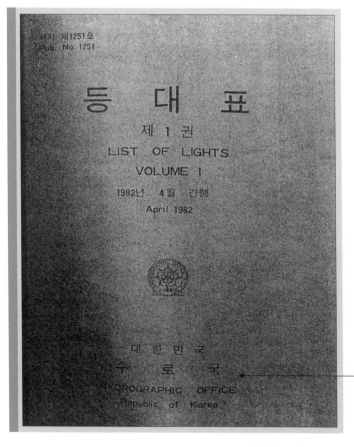

대한민국 수로국 발간 ●

1982년도 항로표지 색인도
울릉도, 독도, 제주도가 한국영토로 포함

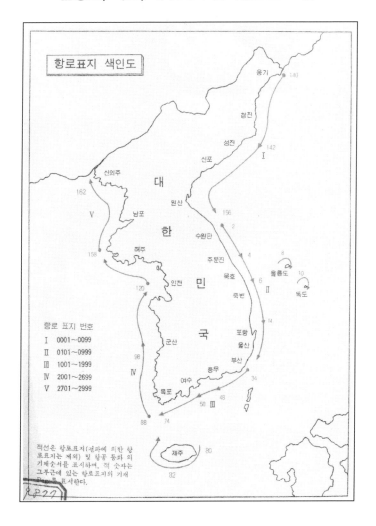

대한민국 수로국 발간
등대표

동해안, 남해안, 서해안 등대가 등재

등대표 제1권 목차

해   설 II

등   질 VI

　입표식·부표식 IX

　지리적 광달거리 환산표 X

　명목적, 광학적 광달거리 환산표 XI

　2 선수각에 의한 물표의 정확거리를 구하는 표 XII

등광·형상·채색·음향에 의한 항로표지 1

　동 해 안 2

　남 해 안 34

　서 해 안 88

북   한 139

　동 해 안 140

　서 해 안 158

전파에 의한 항로표시 165

　무선방위 신호소 - 루선표지국 166

　항공무선 표지국 167

　LORAN국 168

　DECCA국 170

　OMEGA국 171

관 계 법 규 173

　항로표지법 174

　항로표지법 시행령 176

항로표지명 색인 179

　알파벳 순 색인 180

독도등대로 등재
등대번호 0146

37° 14.9'N,
131° 52.3'E

0 1 4 6	독 도 등 대	37 14.9 131 52.3	Fl W 6s	128

```
' 10
```

동 해 안 East Coast

번 호 No.	명 칭 Name	위 치 북 위 남 위 Lat. N. 동 경 Long. E.	등 질 Character- istic	등 고 [m] Eleva- tion	광 달 거 리 (M) Range			도 색·구 조 높 이 (m) Colour, Structure & Height	기　　사 Remarks
					지리적 Geo- graph- ical	광학적 Lumi- nous	명목적 Nomi- nal		
0 1 4 1									
0 1 4 2	저 동 항 북 방 파 제 등 대	37 30.0 130 54.9	Fl R 5s	11	11	4	3	홍 원 형 콘크리이트조 7.6	
0 1 4 3	저 동 항 남 방 파 제 등 대	37 29.9 130 54.9	Fl G 5s	12	11	4	3	백 원 형 콘크리이트조 7.6	
0 1 4 4 F4446.2	도 동 등 대 (무 신 호) Do Dong	37 29.3 130 55.3	Fl W 14s	73	22	34	21	백색 8 각형 콘크리이트조 9.1	명호 183°~40° HORN 매60초에 1회 취명(취명 5초, 정명 55초.)
0 1 4 5	가 두 봉 등 대	37 27.3 130 52.5	Fl W 5s	32	16	4	3	백 원 형 콘크리이트조 5	명호 270°~110°
0 1 4 6	독 도 등 대	37 14.9 131 52.3	Fl W 6s	128	28	10	7	백 원 형 콘크리이트조 4.3	명호 140°~146° 150°~179° 180°~205° 210°~116°
0 1 4 7 F4432	죽 변 만 등 대 (무 신 호) Jogbyeon Man	37 03.3 129 25.9	Fl W 20s	49	(19)	45	22	백 8 각 형 콘크리이트조 16	명호 162°~352° HORN 매50초에 1회 취명(취명 5초, 정명45초.)
0 1 4 8	죽 변 항 동방파제 등 대	37 03.0 129 25.5	Fl R 3s	10	11	4	3	홍 원 형 콘크리이트조 8.4	
0 1 4 9	죽 변 항 서 방 파 제 등 대	37 03.1 129 25.3	Fl G 3s	11	11	3	2	백 원 형 콘크리이트조 8	
0 1 5 0 F4426	후 포 등 대 (무 신 호) Hu Po	36 40.7 129 27.9	Fl W 10s	64	21	31	19	백 8 각 형 콘크리이트조 11	명호 210°~14° AIR SIREN 매60초에 1회 취명(취명 5초, 정명 55초.)

28	10	7	백　원　형 콘크리이트조 4.3	명호 140°~146° 150°~179° 180°~205° 210°~116°

독도는 Dog Do로 등재

Dog Do   독도등대 ·······························0146

181

Cheol Do	철도등부표 ·······················2717	
Cheonbu Hang	천부항 방파제등대 ··············0139	
CheongJin	청진등대 ···························0032	
	청진북등대 ·······················0033	
	청진남등대 ·······················0040	
	청진항 남방파제등대 ··········0034	
	청진어항 방파제등대 ··········0038	
	청진서항 방파제등대 ··········0041	
	청진항로중앙안전찬부표 ·······0039	
	청진도표(전표) ··················0037	
	청진도표(후표) ··················0035	
	칭진신선부표 ·····················0036	
	청진본항도표(전표) ··············0031	
	청진본항도표(후표) ··············0030	
Cheongsan Do	청산도항 남방파제등대 ·········1216	
Chilbal Do	칠발도등대 ·······················2038	
Chongseog Dan	종석단등대 ·······················0086	
Chochi Do	초지도등대 ·······················2114	
Chori Do	초리도등대 ·······················1032	
Chugsan Hang	축산항등대 ·······················0158	
	축산항 북방파제등대 ···········0156	
	축산항 남방파제등대 ···········0157	
Chuja Do	추자도등대 ·······················1225	
	추자도등표 ·······················1226	
	추사도등부표 ·····················1228	
	추자도가막여등표 ···············1231	
	추자항 방파제등대 ··············1230	
	추자제 1 호부표 ·················1227	
	추자제 2 호부표 ·················1229	
Chungmu	충무외탈등부표 ··················1082	
	충무운하제 1 호등주 ···········1080	
	충무운하제 2 호등주 ···········1081	
	충무운하제 3 호등주 ···········1078	
	충무운하제 4 호등주 ···········1079	
	충무운하제 5 호등주 ···········1076	
	충무운하제 6 호등주 ···········1077	
	충무운하제 7 호등표 ···········1074	
	충무운하제 8 호등표 ···········1075	

D

Daebo Hang	대보항 방파제등대 ··············0194	
Daebu Do	대부도부표 ·······················2174	
Daebyeon Hang	대변항등대 ·······················0250	
	대변항입구등부표 ···············0249	

Daecheon Hang	대천항 방파제등대 ··············2093	
Daecho Do	대초도등대 ·······················0020	
Dae Do	대도등대 ·························1123	
Daedong Gang	대동강 하구등부표 ··············2707	
	대동강 중수복방등부표 ·········2709	
Daeheugsan Do	대흑산도항 방파제등대 ·········2018	
Daeheonggan Do	대청간도등표 ·····················1184	
Daehwa Do	대화도등대 ·······················2723	
Daejin	대진도등(전등) ··················0101	
	대진도등(후등) ··················0102	
	대진항 방파제등대 ··············0103	
Daemueoi	대무의 등부표 ····················2184	
Daenorog Do	대노록도등대 ·····················2043	
Daepo Hang	대포항 방파제등대 ··············0113	
Dasado Hang	다사도등대 ·······················2727	
Deog Do	덕도등대 ·························2720	
Deogjeogbugri	덕적북리 방파제등대 ···········2105	
Deungmudari	등무다리등표 ·····················1013	
Do Doong	도동등대 ·························0144	
Dog Do	독도등대 ·························0146	
Dolsan Do	돌산도등대 ·······················1183	
Dongbaeg Do	동백도등대 ·······················2106	
Dong Do	동도등대 ·························1083	
Dori Do	도리도등대 ·······················2123	
Dotumariam	돗투마리암등표 ··················1035	
Du Do	두도등대 ·························1020	
Duho	두호등부표 ·······················0166	

E

Eobuam	어부암 입표 ······················1212	
Eocheong Do	어청도등대 ·······················2088	
	어청항 방파제등대 ··············2089	
	어청도무선표지국 ···············3006	
Eodaejin Hang	어대진항등대 ·····················0042	
Eomsu Do	엄수도등대 ·······················1119	
	엄수도등부표 ·····················1120	
Eorang Dan	어랑 단등대 ······················0043	
Eoranjin Hang	어란진항 서방파제등대 ·········2004	
	어란진항제 1 호입표 ···········2002	
	어란진항제 2 호입표 ···········2003	
Eoryong Do	어룡도등대 ·······················2001	
Eungbong	응봉등부표 ·······················1127	

서지 제410호 1996년 4월
대한민국 수로국에서 간행

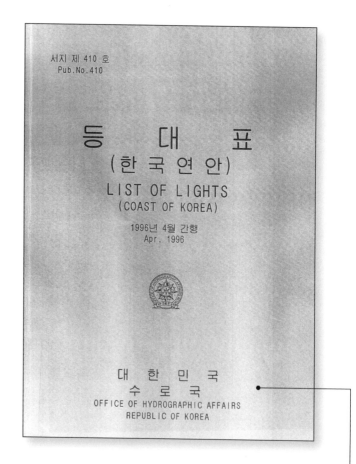

서지 제 410 호
Pub.No.410

등 대 표
(한 국 연 안)
LIST OF LIGHTS
(COAST OF KOREA)

1996년 4월 간행
Apr. 1996

대 한 민 국
수 로 국
OFFICE OF HYDROGRAPHIC AFFAIRS
REPUBLIC OF KOREA

대한민국 수로국

항로표지 색인도
Map with Page Index of Aids to Navigation Reading

한국과 북한의 항로표지 색인
울릉도(6)와 독도(7)을 함께 등재
동해와 황해, 대한해협을 표기

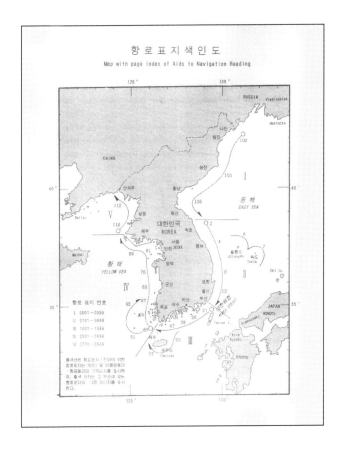

1996년 한국등대표

독도 등대번호는 0146, 국제등대번호는 F4440
동해안 (East Coast of Korea)
독도등대 Tokto로 등재
등고는 128m 구조물 높이는 4.3m

0146	독 도	37 14.9	Fl W 5s	128	28	27	17
F4440	등 대	131 52.3					
	Tokto						

동 해 안 East Coast of Korea

번호	명칭	위치	등질	등고	광달거리	도색·구조·높이	기사
0144.5	도 등 항 방 파 제 조 사 등	37 28.9 130 54.7	F W	21		백 4 각 형 철 탑 조 20	항파제끝(TTP) 구조물 높이 6m를 조명
0145	가 두 봉 등 대 Kadubong	37 27.3 130 52.5	Fl W 5s	21	14	21	14	백 8 각 형 콘크리트조 15	명호270°~110°
0146 F4440	독 도 등 대 Tokto	37 14.9 131 52.3	Fl W 5s	128	28	27	17	백 원 형 콘크리트조 4.3	명호140°~146° 150°~179° 180°~205° 210°~116°
0147 F4432	축 변 만 등 대 (무신호) Chukpyŏn- man	37 03.3 129 25.9	Fl W 20s	49	(19)	45	22	백 8 각 형 콘크리트조 16	명호162°~352° HORN 매50초에 1회취명 (취명5초, 정명45초)
0148	축 변 항 동 방 파 제 등	37 03.0 129 25.4	Fl R 4s	10	11	7	5	홍 원 형 콘크리트조 8.4	
0149	축 변 항 서 방 파 제 등	37 03.1 129 25.3	Fl G 4s	11	11	7	5	백 원 형 콘크리트조 8	
0150	화 모 말 등 대 Hwamomal	36 46.0 129 28.8	Fl W 7s	48	19	17	12	백 원 형 콘크리트조 10	
0151	진 미 말 등 대	36 53.7 129 25.2	Fl W 6s	56	20	11	8	백 원 형 콘크리트조 12	명호184°~340°
0152	후포제동항 방 파 제 등 대	36 41.0 129 28.4	Fl R 5s	15	12	7	5	홍 원 형 콘크리트조 10	
0154 F4426	후 포 등 대 (무신호) Hup'o	36 40.7 129 27.9	Fl W 10s	84	21	31	19	백 8 각 형 콘크리트조 11	명호210°~14° AIR SIREN 매60초에 1회취명 (취명5초, 정명55초)
0155	후 포 항 동 방 파 제 등	36 40.2 129 27.5	Fl R 5s	11	11	7	5	홍 4 각 형 철 조 6.5	
0156	후 포 항 서 방 파 제 등	36 40.3 129 27.5	Fl G 4s	13	12	7	5	백 원 형 콘크리트조 10	
0157	축 산 항 북 방 파 제 등	36 30.5 129 27.2	Fl R 5s	13	12	7	5	홍 원 형 콘크리트조 10	
0158	축 산 항 남 방 파 제 등 대	36 30.4 129 27.1	Fl G 4s	9.8	11	7	5	백 원 형 콘크리트조 8	

백 원 형	명호140°~146°
콘크리트조	150°~179°
4.3	180°~205°
	210°~116°

항로표지명 색인에는
동해안(East Coast of Korea)
Tokto 독도등대 0146(등대번호)으로 등재

139

	대산항 현대A도등부표	2213.16	Udo
	대산항 현대B도등부표	2213.17	
	대산항 현대C도등부표	2213.18	Uido
	대산항 현대D도등부표	2213.19	Uimsa
	대산항 현대E도등부표	2213.20	Uldo
	대산항 현대정유동원A호	2212.5	Ulgi
Taeyudo	대추도등부표	1107	
Taido	낡도립표	1336	Ullŭngdo
Tallido	달리도등대	2054.7	Ulsanhang
Talsŏ	달서등대	1400	
Tanch'ŏnhang	단천항등대	0056	
T'anggŭyŏ	당근여등대(Racon)	1300,30│2.7	
Tasado	다사도등대	2729	
Tuch'odo	도초도등대	2072.5	
	도초도등부표	2066	
Todong	도동등대	0144	
	도동항 방과제조사등	0144.5	
Toduhang	도두항북방파제등대	1587.5	
	도두A도등부표	1387.7	
	도두B도등부표	1387.8	
T'oggisŏm	토끼섬등대	1037	
T'ŏkchŏkpungni	덕적북리 방파제등대	2217	
Tŏkkdo	둑거도등대	2021	
Tŏksanhang	덕산항 남방파제등대	0134.5	
Tokto	**독도등대**	**0146**	
Tŏkto	덕도등대	2719	
Tolsando	돌산도등대	1270	
Tonamhang	도남항동방파제등대	1110	
	도남항 서방파제등대	1111	
	도남항 중앙방파제동단등대	1112	
	도남항 중앙방파제서단등대	1113	
Tunghaekio	도백도등대	2220	
Tongdo	등도등대	1126	
Tonggang	등강등대	1142.2	
Tonghaehang	동해항 동제부두등	0129.9	
	동해항 동공마사A호등	0129.11	
	동해항 북방파제등대(Racon)	0130,3008.5	
	동해항 남방파제등대	0131	
Tonghodong	동호등등대	0061	
Tonghohang	동호항 남방파제등대	1114	
	동호항 북방파제등대	1115	
T'ongsŏ	통서등표	2286.5	
Todŭuji	오이두지등대	1325.5	Ulsanman
Turido	도리도등대	2239	
Tot'umnaran	도투마입등표	1042	Umosŏ
Tusina	쓰'시바 오르한국	3213	Undo
	쓰'사 오메가국	3401	Ungbong
Tudo	두도등대	1022	Ungdo
Tŏksranggot	두생곳등대	1355.7	Unggihang
Tŭngmudari	등무다리등표	1018	
Tundo	두미도북구배치제카이둘포르등부표	1142.7	
	두미도남구배치제카이둘포르등부표	1142.8	
			Unmandae
			Unyonggot
	U		Usedo
			Usri jsk
Uan	우안등표	1134	

우도등대	1356	
우도항 방파제등대	1356.5	
우이도등대	2061	
우미항부표	2060	
울도등대	2196	
울기등대	0210	
울릉도등대	0140	
울산항 갑죽방파제등대	0220	
울산항 유공B호제유등부표	0244	
울산항 유공B호부표	0245	
울산항 유공B미사스A호부표	0205	
울산항 유공B미사스B호등대	0206	
울산항 유공B호등부표	0206.5	
울산항 유공C호등부표	0206.1	
울산항 유공D호등부표	0206.2	
울산항 유공D호등부표	0206.3	
울산항 유공E호등부표	0206.4	
울산항 유공E호부표	0206.6	
울산항 유공부두등부표	0243.5	
울산항 유공제1호등부표	0206.7	
울산항 A호등부표	0206.9	
울산항 제5호등부표	0243	
울산항 제7호등부표	0242	
울산항 제11호등부표	0216	
울산항 제12호등부표	0217	
울산항 제13호등부표	0230	
울산항 제14호등부표	0225	
울산항 제15호등부표	0224	
울산항 제16호등부표	0226	
울산항 제17호등부표	0227	
울산항 제18호등부표	0228	
울산항 제19호등부표	0229	
울산탁 제20호등부표	0231	
울산항 제22호등부표	0232	
울산항 제23호등부표	0234.5	
울산항 동방파제신호부표	0222	
울산항 동방파제신등대	0223.5	
울산항 한구리호등부표	0222.5	
울산항 다목제수출입부두A호	0218	
울산항 다목제수출입부두B호	0219	
울산항 다목제수출입2호 깨투등부표	0267.1	
울산항문무신호 기국	3014	
울산만 지주등부표	0246	
울산만 제C호제유등부표	0267	
우모서등표	1175	
운도등대	2725	
웅봉등부표	1183	
웅도 독남등부표	1035	
우기항 동방파제등대	0006	
우기항 제1방파제등대	0005	
우기항 서상파제등대	0007	
운만대등대	0045	
운동곳등대	1381.5	
우세도등대	2069	
우스리스크 포르한국	3207	

Tokto	독도등대	0146

1998년 등대표

서지 제410호
PUB. NO. 410

GOVP1199811484

서지 제410호
Pub. No.410

387.155
ㅎ174ㄷ

등 대 표

(한 국 연 안)
LIST OF LIGHTS
(COAST OF KOREA)

1998년 7월 간행
JULY 1998

대한민국 해양수산부
국립해양조사원

NATIONAL OCEANOGRAPHIC RESEARCH INSTITUTE
MINISTRY OF MARITIME AFFAIRS AND FISHERIES
REPUBLIC OF KOREA

대한민국 해양수산부 국립해양조사원 발간

항로표지 색인도

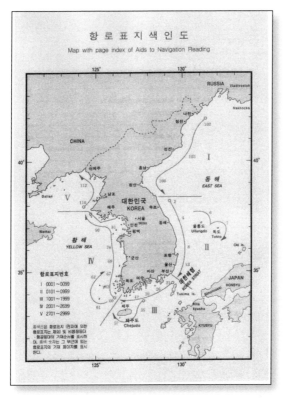

제주도, 울릉도, 독도 항로표지 색인도

독도등대 37° 14.9'N, 131° 52.3'E
독도등대 번호는 0146
국제등대번호는 F4440
구조물 높이는 8.3M

| 0146 | 독도등대 | 37 14.9 | Fl W 5s | 132 |
| F4440 | Tokto | 131 52.3 | | |

동 해 안 East Coast of Korea

7

번호	명칭	위치	등질	등고	광달거리 지리학적 명목적	도색·구조 ·높이	기사
0144 F4446.2	도동등대 (무신호) Todong	37 29.3 130 55.2	Fl W 14s	108	26 18	백8각형 콘크리트조 9.1	명호183° ~040° HORN 매60초에 1회취명 (취명5초 정명55초)
0144.5	용등항 방파제조사등	37 28.9 130 54.7	F W	21		백4각형 철탑조 20	방파제갈(TTP) 구조물 높이 6m를 조명
0145	가두봉등대	37 27.3 130 52.5	Fl W 5s	21	14 14	백8각형 콘크리트조 15	명호270° ~ 110°
0146 F4440	독도등대 Tokto	37 14.9 131 52.3	Fl W 5s	132	27 17	백원형 콘크리트조 8.3	명호140° ~ 146° 150° ~ 179° 180° ~ 205° 210° ~ 116°
0147 F4432	축변만등대 (무신호) Chukpyonman	37 03.3 129 25.9	Fl W 20s	49	(19) 22	백8각형 콘크리트조 16	명호162° ~ 352° HORN 매50초에 1회취명 (취명5초 정명45초)
0148	축변항 동방파제등대	37 03.0 129 25.4	Fl R 4s	10	7 5	홍원형 콘크리트조 8.4	
0149	축변항 서방파제등대	37 03.1 129 25.3	Fl G 4s	11	7 5	백원형 콘크리트조 8	
0150 F4431	화모말등대 Hwamomal	36 46.0 129 28.8	Fl W 7s	48	17 12	백원형 콘크리트조 10	
0151	전미말등대	36 53.7 129 25.2	Fl W 6s	58	11 8	백원형 콘크리트조 12	명호184° ~ 340°
0151.2	사동항 북방파제등대	36 49.3 129 27.3	Fl R 5s	17	7 5	홍원형 콘크리트조 10	
0151.3	사동항 남방파제등대	36 49.3 129 27.2	Fl G 5s	15	7 5	백원형 콘크리트조 10.5	
0152	후포동항 방파제등대	36 41.0 129 28.4	Fl R 5s	15	7 5	홍원형 콘크리트조 10	
0154 F4426	후포등대 (무신호) Hup'o	36 40.7 129 27.9	Fl W 10s	64	21 19	백8각형 콘크리트조 11	명호210° ~ 014° AIR SIREN 매60초에 1회취명 (취명5초 정명55초)
0155	후포항 동방파제등대	36 40.2 129 27.5	Fl R 5s	11	7 5	홍4각형협조 6.5	

| 27 | 17 | 백원형
콘크리트조
8.3 | 명호140° ~ 146°
150° ~ 179°
180° ~ 205°
210° ~ 116° |

독도는 Tokto로 표기

Toksanhang	덕산항 남방파제등대 ·············	013...
Tokto	독도등대 ·····················	01...

158

Tasado	다사도항등대	2726	Ullungdo	울릉항 방파제조사등	0144.5
Toch'odo	도초도등대	2072.5	Ullungdo	울릉도등대	0140
Toch'odo	도초도등부표	2066	Ulsanhang	울산항 유공등부표	0267.3
Todong	도동등대	0144	Ulsanhang	울산항 양측방파제등대	0220
Toduhang	도두항 북방파제등대	1387.5	Ulsanhang	울산항 SK계류A호등부표(무신호)	0244
Toduhang	도두A호등부표	1387.7	Ulsanhang	울산항SK계류B호등부표(무신호)	0245
Toduhang	두무B호등부표	1387.8	Ulsanhang	울산항 SK C호계류등부표	0245.1
T'oggisom	토끼섬등대	1037	Ulsanhang	울산항 SK 8부두등대	0205
T'okchokpungni	덕적북리 방파제등대	2217	Ulsanhang	울산항 SK 6부두등대	0206
Tokkodo	독거도등대	2021	Ulsanhang	울산항 SK B호등부표	0206.5
Toksanhang	덕산항 남방파제등대	0134.5	Ulsanhang	울산항 SK C호등부표	0206.1
Tokto	독도등대	0146	Ulsanhang	울산항 SK D호등부표	0206.2
Tokto	덕도등대	2719	Ulsanhang	울산항 SK E호등부표	0206.3
Tolsado	돌산도등대	1270	Ulsanhang	울산항 SK F호등부표	0206.4
Tonamhang	도남항 동방파제등대	1110	Ulsanhang	울산항 SK G호등부표	0206.6
Tonamhang	도남항 서방파제등대	1111	Ulsanhang	울산항 SK C호계류등부표	0245.1
Tonamhang	도남항 중앙방파제단등대	1112	Ulsanhang	울산항 SK 가스부두제1호등부표	0206.7
Tonamhang	도남항 중앙방파제시단등대	1113	Ulsanhang	울산항 SK 가스부두제3호등부표	0206.8
Tongbaekto	동백도등대	2220	Ulsanhang	울산항 A호등부표	0206.9
Tongdo	동도등대	1136	Ulsanhang	울산항 제5호등부표	0243
Tonggang	동강등대	1142.2	Ulsanhang	울산항 제7호등부표	0242
Tonggang	동양시멘트A호등부표	2058	Ulsanhang	울산항 제11호등부표	0216
Tonggang	동양시멘트B호등부표	2059	Ulsanhang	울산항 제12호등부표	0217
Tonghaehang	동해항 용제부두	0129.9	Ulsanhang	울산항 제13호등부표	0230
Tonghaehang	동해항 유공씨바스A호등	0129.11	Ulsanhang	울산항 제14호등부표	0225
Tonghaehang	동해항 북방파제등대(Racon)0130	3008.5	Ulsanhang	울산항 제15호등부표	0224
Tonghaehang	능해항 남방파제등대	0131	Ulsanhang	울산항 제16호등부표	0226
Tonghodong	동호동	0061	Ulsanhang	울산항 제17호등부표	0227
Tonghohang	동호항 남방파제등대	1114	Ulsanhang	울산항 제18호등부표	0228
Tonghaehang	동호항 북방파제등대	1115	Ulsanhang	울산항 제19호등부표	0229
T'ongso	통서등대	2286.5	Ulsanhang	울산항 제22호등부표	0232
Tooduji	도어두지등대	1325.5	Ulsanhang	울산항 제23호등부표	0234.5
Torido	모리도등대	2239	Ulsanhang	울산항 북방파제시단등부표	0222
Toryongnangdo	도룡낭도등대	1323.5	Ulsanhang	울산항 동방파제시단등대	0223.5
Tungnyangmam	득양만한국동신A호등표	1318.9	Ulsanhang	울산항 동방파제시단등대	0222.5
Tungnyangmam	득양만한국동신B호등표	1318.10	Ulsanhang	울산항 7부두A호등부표	0231
Tot'urmariam	도부마리암등표	1042	Ulsanhang	울산항 자동차부두A호등대	0218
Tusima	쓰시마 모오런국	3213	Ulsanhang	울산항 자동차부두B호등대	0219
Tusima	쓰시마 오메가국	3401	Ulsanhang	울산항 원유석유둑부표	0267.8
Tudo	두도등대	1022	Ulsanhang	울산항 한국석유E호계류등부표	0367.1
Tukseanggot	녹색골등대	1355.7	Ulsanhang	울산항 방송결휴제D호개류	
Tungmudari	등무다리등표	1019		등부표(무신호)	0367
Tumido	도이도북구해저케이블보호용부표	1142.7	Ulsanman	울산만공무선료지국	3014
Tumido	도이도남구해저케이블보호용부표	1142.8	Ulsanman	울산만 거무암등부표	0246
Tumido	두미하리화저케이블보호용부표	1142.11	Upch'onhang	울천항 북방파제등대	0203.7
			Umoso	우모소등대	1175
	U		Undo	운도등대	2725
			Ungbong	웅봉등부표	1183
Uam	우암등표	1184		웅도 북방등부표	1035
Uam	우암고가자도 1호등표	1013.29	Unggihang	웅기항 동방파제등대	0006
Uam	우암고가자도 2호등표	1013.30	Unggihang	웅기항 1방파제등대	0005
Udo	우도등표	1355	Unggihang	웅기항 서방파제등대	0007
Udohang	우도 방파제등대	1356.5	Unmandae	운만대등대	0045
Uido	우이도등대	2061	Unyonggot	운용꽃등대	1381.5
Uiman	우미만부표	2060	Usedo	우세도등대	2069
Uldo	울도등대	2196	Ussriysk	유스리스크 모오런국	3207
Ulgi	울기등대	0210			

1999
등대표

대한민국 등대표

서지 제410호
PUB. NO. 410

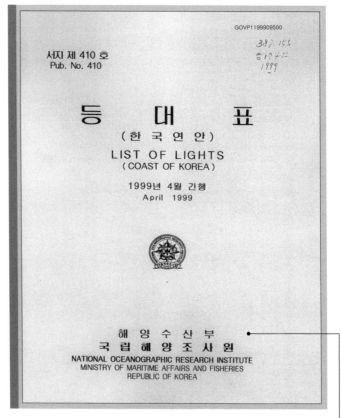

GOVP1199909500

387. 151
도17 +드
1999

서지 제 410 호
Pub. No. 410

등 대 표
(한 국 연 안)
LIST OF LIGHTS
(COAST OF KOREA)

1999년 4월 간행
April 1999

해 양 수 산 부
국 립 해 양 조 사 원
NATIONAL OCEANOGRAPHIC RESEARCH INSTITUTE
MINISTRY OF MARITIME AFFAIRS AND FISHERIES
REPUBLIC OF KOREA

대한민국 해양수산부 국립해양조사원 발간

항로표지색인도

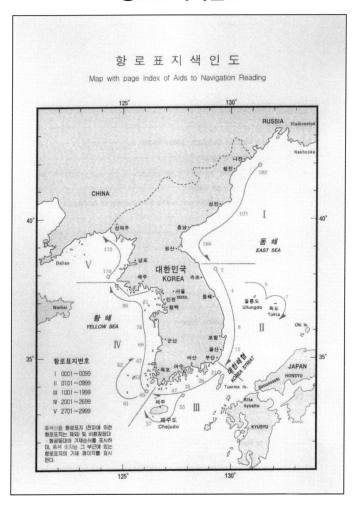

제주도, 울릉도, 독도 항로표지 색인도

독도등대(Bacon)
독도는 Tokto
등대번호 1278 국제등대번호 F4440
타원형 콘크리트조 15M

1278	독도등대	37 14.2	Fl W 10s	104
F4440	Tokto	131 52.3		
	(Racon)			

동 해 안 East Coast of Korea

7

번 호	명 칭	위 치	등 질	등고	광달거리 지리적 광학적	도색·구조 · 높이	기 사
1266	한국통신 B.호등부표	37 10.2 129 22.0	Fl (2) Y 5s		8 6	황방대형	특수표지
1267	한국통신 C.호부표	37 10.2 129 21.7				황원추형	특수표지
1268	한국통신 D.호부표	37 10.1 129 21.3	Fl Y 4s		8 6	황방대형	특수표지
1269 F4444	울릉도등대 (무신호) Ullŭngdo	37 31.1 130 47.9	Fl W 25s	171	29 18	백원형 콘크리트조 7.6	명호 002°~246° AIR SIREN 매50초에 1회취명 (취명5초 정명45초)
1270	천부항 방파제등대	37 32.6 130 52.4	Fl G 4s	8.7	7 5	백4각형 철탑조 7.7	
1271	현포항 동방파제등부표	37 31.9 130 49.7	Fl G 4s		5 4	녹방대형	공사위험표지
1272	현포항 북방파제등대	37 31.8 130 49.7	Fl R 5s	17	7 5	홍원형 콘크리트조 10	
1273	저동항 북방파제등대	37 29.9 130 54.9	Fl R 5s	15	7 5	홍원형 콘크리트조 10	
1274	저동항 남방파제등대	37 29.9 130 54.9	Fl G 5s	11	7 5	백8각형 FRP 조 7.2	
1275 F4446.2	도동등대 (무신호) Todong	37 29.3 130 55.2	Fl W 14s	108	26 18	백8각형 콘크리트조 9.1	명호 183°~040° HORN 매60초에 1회취명 (취명5초 정명55초)
1276	울릉항 방파제공사등	37 28.9 130 54.7	F W	21		백4각형 철탑조 20	방파제락(TTP) 구조물 높이 6m를 조명
1277	가두봉등대	37 27.3 130 52.5	Fl W 5s	21	14 14	백8각형 콘크리트조 15	명호 270°~110°
1278 F4440	독도등대 Tokto (Racon)	37 14.2 131 52.3	Fl W 10s	104	(25) 25	백원형 콘크리트조 15	명호 140°~117°

(25) 25	백원형 콘크리트조 15	명호 140°~117°

동해안 독도등대(무지향성)
37° 14.2'N, 131° 52.3'E
등대번호 4104

4104	동해안	독도등대 (무지향성)	37 14.2 131 52.3	K ─·─

147

번호	해안구분	무선국명	위치	부호	주파수 (MHz)	선력 (W)	측정구역 (M)	기사
4104	동해안	독도등대 (무지향성)	37 14.2 131 52.3	K ─·─	4M00L1D 9375 9410 9415 9445 3050	X-Band 0.6 S-Band 0.6	10	24시간 발사 (20초 on, 400초 off)
4105	〃	교석초등표 (무지향성)	36 05.3 129 33.6	Z ─···─	2M10P1N 9375 9410 9415 9445	1	10	24시간 발사
4106	〃	울산항 동방파제 서단등대 (무지향성)	35 27.8 129 24.1	O ───·	2M00P1N 9375 9410 9415 9445	0.6	10	24시간 발사
4107	남해안	가덕수도 중앙제1호 동부표 (무지향성)	35 01.4 128 47.3	G ──·	4M00L1D 9375 9410 9415 9445	0.6	10	24시간 발사
4108	〃	가덕수도 중앙제2호 등부표 (무지향성)	35 02.5 128 40.5	K ─·─	4M00L1D 9375 9410 9415 9445	1	3	24시간 발사
4109	〃	목도등대 (무지향성)	34 58.5 128 59.5	B ─···	4M00L1D 9375 9410 9415 9445 3050	X-Band 1 S-Band 0.4	10	24시간 발사
4110	〃	흥도등대 (무지향성)	34 32.0 128 44.1	Y ─·──	4M00L1D 9375 9410 9415 9445	0.6	10	24시간 발사
4111	〃	감천항 육도등부표 (무지향성)	35 01.7 129 01.5	N ─·	4M00L1X 9375 9410 9415 9445 3050	X-Band 1 S-Band 0.5	3	24시간 발사
4112 F4352	〃	서도등대 (무지향성)	35 01.5 128 58.5	M ──	1M00L1XXN 9375 9410 9415 9445 3050	X-Band 1 S-Band 0.5	10	24시간 발사

4M00L1D 9375 9410 9415 9445 3050	X-Band 0.6 S-Band 0.6	10	24시간 발사 (20초 on, 400초 off)

독도등대
독도를 Tokto로 등재

Tokto	독도등대 ················· 1278

168

Taesanhang	대산항면대B.B.등부표 ········3353	Tokkŏdo	독거도등대 ·········3027
	대산항면대C.B.등부표 ········3354	Tokto	독도등대 ·········1278
	대산항면대D.B.등부표 ········3355		독도등대(Racon) ·········4104
	대산항면대E.B.등부표 ········3356	Tolsandaeyo	돌산대교묘양등 ·········2466
	대산항면대F.B.등부표 ········3357	Tolsando	돌산도등대 ·········2467
Taesŏ	대서등부표 ·········2581	Tonggang	통강등대 ·········2256
Taeyudo	대유도등부표 ·········2215	Tongdo	통도등대 ·········2232
Taeilmal	대일말제2호등부표 ········3082	Tongbaekto	동백도등대 ·········3369
	대일말제3호등부표 ········3083	Tonghaehang	동해항남방파제등대 ·········1251
	대일말제4호등부표 ········3084		동해항동부두등 ·········1248
	대일말제5호등부표 ········3085		동해항북방파제등대 ·········1250
	대일말제6호등부표 ········3086		동해항남방파제(Racon) ······ 4103
	대일말제7호등부표 ········3087		동해항공공씨바스A호등 ·········1349
	대일말제8호등부표 ········3088	Tonghodong	동호등대 ·········1000
	대일말제10호등부표 ········3089	Tonghohang	동호항남방파제등대 ·········2225
Taejin	대진등대 ·········1203		동호항북방파제등대 ·········2226
Taejinhang	대진항남방파제등대 ·········1204	Tudo	두도등대 ·········2039
	대진항북방파제등대 ·········1206	Tumido	두미도남구배제케이블보호용부표2282
	대진항동방파제등부표 ·········1205		두미도북구배제케이블보호용부표2261
Taech'ŏnhang	대천항동방파제등대 ·········3367	Turmihangni	두미학리해저케이블보호용부표 ·········2265
	대천항북방파제등대 ·········3277	Tŭngnyangman	등량만련국통신A호부표 ·········2554
Taech'odo	대초도등대 ·········1022		등량만련국통신B호부표 ·········2556
Taech'o	대초등대 ·········200	Tŭksaenggot	득생곳등대 ·········2619
Taep'ot'an	대포탄등부표 ·········3069	Tŭngmudari	등무다리등대 ·········2036
Taep'ohang	대포항방파제등대 ·········1221		
Taehan	대한빌터미널씨바스등 ·········3609	**라**	
Taehangdo	대항도등대 ·········3033		
Taehwado	대화도등대 ·········3923	Rip'o	리포케이블선박기지시버스등 ·········2148
Taehwasado	대화사도등대 ·········3239		리포케이블선박기지제1호등부표 2146
Taechonggando	대청간도등대 ·········3469		리포케이블선박기지제2호등부표 2147
Taehŭksando	대흑산도항남방파제등대 ·········3038		리포케이블선박기지제A호등부표 2149
	대흑산도항방파제등대 ·········3037		
	대흑산도항목방파제등대 ·········3039	**마**	
Tŏkto	덕도등대 ·········3920	Madangsŏ	마당서등부표 ·········3094
Tŏksanhang	덕산항남방파제등대 ·········1257	Madangyŏ	마당여등부표 ·········3190
	덕산항북방파제등대 ·········1258	Marado	마라도등대 ·········2961
Togudo	덕우도등대 ·········2564		마라도등대(Racon) ·········4126
T'ŏkchŏkto	덕적도북동방파제등부표 ········3364	Maryanghang	마량항동방파제등대 ·········2577
T'ŏkchŏkpungni	덕적북리방파제등대 ·········3365		마량항중방파제등대 ·········2578
Tonamhang	도남항방파제등대 ·········2221	Masan	마산오수관A호부표 ·········2102
	도남항서방파제등대 ·········2222		마산오수관B호부표 ·········2103
	도남항중앙방파제동단등대 ·········2223		마산오수관C호부표 ·········2104
	도남항중앙방파제시단등대 ·········2224	Masanhang	마산항동방파제등단등대 ·········2112
Todong	도동등대 ·········1275		마산항동방파제시단등대 ·········2113
Toduhang	도무항남방파제등대 ·········2680		마산항동부표 ·········2111
	도무항북방파제등대 ·········2681		마산항서파제동등대 ·········2116
Todu	도무A호등부표 ·········2682		마산항서파제시단등대 ·········2117
	도무B호등부표 ·········2683		마산항제3호등부표 ·········2108
Toryongmangdo	도룡낭등대 ·········2566		마산항제6호등부표 ·········2109
Torido	도리도등대 ·········3422		마산항제7호등부표 ·········2110
Tŏdduji	도어우지등대 ·········2569		마산항중앙방파제동단등대 ·········2114
Toch'odo	도초도등대 ·········3116		마산항중앙방파제시단등대 ·········2115
	도초등부표 ·········3107	Maando	마안도등대 ·········3928
Tot'umariam	도투마리암등표 ·········2093	Mayangdo	마양도등대 ·········1063
		Majindo	마진도남방등부표 ·········3055

▲ 유인 등대로 건립된 독도 등대

경상북도 울릉군 울릉읍 독도이사부길 63번지에 위치한 독도등대는 1954년 8월 무인등대로 처음 점등되어 운영하던 중 1998년 12월 선박의 항해안전과 독도에 대한 중요성이 증대됨에 따라 유인등대로 기능 강화하여 포항지방 해양수산청에서 관리하고 있다.

현재 근무는 등대원 6명이 2개 조/1개월씩 근무하며 뱃길을 열어주고 있다. (자료 : 포항지방 해양수산청)

2000
등대표

대한민국 등대표
서지 제410호
PUB. NO. 410

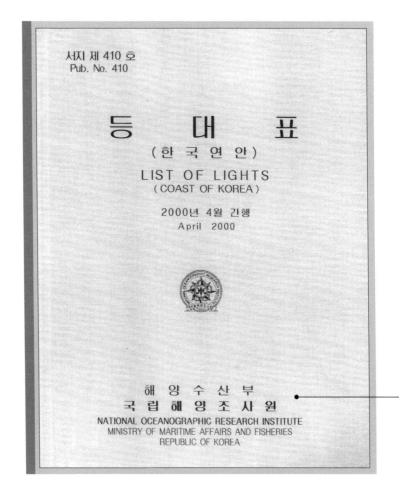

서지 제 410 호
Pub. No. 410

등 대 표
(한 국 연 안)
LIST OF LIGHTS
(COAST OF KOREA)

2000년 4월 간행
April 2000

해 양 수 산 부
국 립 해 양 조 사 원
NATIONAL OCEANOGRAPHIC RESEARCH INSTITUTE
MINISTRY OF MARITIME AFFAIRS AND FISHERIES
REPUBLIC OF KOREA

대한민국 해양수산부 국립해양조사원 발간

항로표지색인도

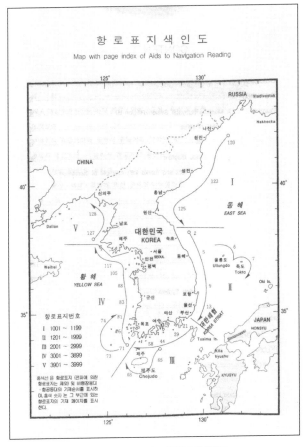

제주도, 울릉도, 독도 항로표지 색인도

1278 독도등대 Tokto
F4440 37° 14.2'N, 131° 52.3'E

1278	독도등대	37 14.2	Fl W 10s
F4440	Tokto	131 52.3	
	(Racon)		

동 해 안 East Coast of Korea

번 호	명 칭	위 치	등 질	등고	광달거리 지리적 공칭적	도색·구조 ·높이	기 사
1275 F4446.2	도동등대 (무신호) Todong	37 29.3 130 55.2	Fl W 14s	108	26 18	백4각형 콘크리트조 9.1	명호 183°~040° HORN 매60초에 1회취명 (취명5초 정명55초)
1276	울릉항 방파제조사등	37 28.9 130 54.7	F W	21		백4각형 철탑조 20	방파제끝(TTP) 구조물 높이 6m를 조명
1277	가두봉등대	37 27.3 130 32.5	Fl W 5s	21	14 14	백8각형 콘크리트조 15	명호 270°~110°
1278 F4440	독도등대 Tokto (Racon)	37 14.2 131 52.3	Fl W 10s	104	25 25	백원형 콘크리트조 15	명호 140°~117°
1279 F4432	죽변만등대 (무신호) Chukpyŏnman	37 03.3 129 25.9	Fl W 20s	49	19 22	백8각형 콘크리트조 16	명호 162°~352° HORN 매50초에 1회취명 (취명5초 정명45초)
1280	죽변항 동방파제등대	37 03.0 129 25.4	Fl R 4s	10	7 5	홍원형 콘크리트조 8.4	
1281	죽변항 서방파제등대	37 03.1 129 25.3	Fl G 4s	11	7 5	백원형 콘크리트조 8	
1282 F4431	화모말등대 Hwamomal	36 46.0 129 28.8	Fl W 7s	48	17 12	백원형 콘크리트조 10	
1283	오산항 북방파제 등대	36 53.3 129 25.4	Fl R 4s	9.6	6 5	홍원주형 철조 3	
1284	진미말등대	36 53.7 129 25.2	Fl W 6s	58	11 8	백원형 콘크리트조 12	명호 184°~340°
1285	구산항 북방파제 등대	36 45.3 129 28.6	Fl R 5s	9.6	6 5	홍원주형 철조 3	
1286	사동항 북방파제등대	36 49.3 129 27.3	Fl R 5s	17	7 5	홍원형 콘크리트조 10	
1287	사동항 남방파제등대	36 49.3 129 27.2	Fl G 5s	15	7 5	백원형 콘크리트조 10	
1288	후포제동항 방파제등대	36 41.0 129 28.4	Fl R 5s	15	7 5	홍원형 콘크리트조 10	

104	25	25	백원형 콘크리트조	명호 140°~117°
			15	

레이다 비콘(Racon)
4101 독도등대(무지향성) 37° 14.2′N, 131° 52.3′E

4104	〃	독도등대 (무지향성)	37 14.2 131 52.3	K —·—

레이다 비콘(Racon)

번호	해안구분	무선국명	위치	부호	주파수 (MHz)	전력 (W)	측정구역 (M)	기사
4101	동해안	저전등대 (지향성)	38 33.0 128 24.6	Q —·—·	2M10L1X 9375 9410 9415 9445	0.6	10	24시간 발사 이용범위 090° ~135°
4102	〃	죽도등대 (무지향성)	38 11.7 128 36.9	X —··—	2M00P1N 9375 9410 9415 9445	1	10	24시간 발사
4103	〃	동해항 북방파제등대 (무지향성)	37 29.7 129 09.1	B —···	2M10L1X 9375 9410 9415 9445 3050	X-Band 1 S-Band 1	10	24시간 발사
4104	〃	독도등대 (무지향성)	37 14.2 131 52.3	K —·—	4M00L1D 9375 9410 9415 9445 3050	X-Band 0.6 S-Band 0.6	10	24시간 발사 (20초 on, 40초 off)
4105	〃	교석초등표 (무지향성)	36 05.3 129 33.6	Z ——··	2M10P1N 9375 9410 9415 9445	1	10	24시간 발사
4106	〃	울산항 동방파제 서단등대 (무지향성)	35 27.8 129 24.1	O ———	2M00P1N 9375 9410 9415 9445	0.6	10	24시간 발사
4106.3	〃	울산항SK계류 C호등부표 (무지향성)	35 25.7 129 23.5	C —·—·	4M00L1XXN 9375 9410 9415 9445 3050	X-Band 1 S-Band 0.6	3	24시간발사 (20초 on, 40초 off)
4107	남해안	가덕수도 중앙제1호 등부표 (무지향성)	35 01.4 128 47.3	G ——·	4M00L1D 9375 9410 9415 9445	0.6	10	24시간 발사
4108	〃	가덕수도 중앙제2호 등부표 (무지향성)	35 02.5 128 40.5	K —·—	4M00L1D 9375 9410 9415 9445	1	3	24시간 발사

4M00L1D 9375 9410 9415 9445 3050	X-Band 0.6 S-Band 0.6	10	24시간 발사 (20초 on, 40초 off)

서지 제410호
PUB. NO. 410

서지 제 410 호
Pub. No. 410

발간등록번호
11-1520290-000040-14

등 대 표
(한 국 연 안)
LIST OF LIGHTS
(COAST OF KOREA)

2001년 5월 간행
May 2001

해 양 수 산 부
국 립 해 양 조 사 원
NATIONAL OCEANOGRAPHIC RESEARCH INSTITUTE
MINISTRY OF MARITIME AFFAIRS AND FISHERIES
REPUBLIC OF KOREA

대한민국 해양수산부 국립해양조사원 발간

목   차

항로표지 색인도 I
읽어보기 II
해   설 III
IALA 해상부표식(B지역)의 종류·의미·도색·형상 및 등질 IX
등질설명 X
지리학적 광달거리와 광학적 광달거리 구하는 표 XIII
명목적 광달거리 — 광학적 광달거리 환산표 XIII
교량표지의 정의 및 설치예 XIV
등광·형상·색채·음향에 의한 항로표지(비행장등대·항공등대 포함) 1
　　동　해　안 2
　　남　해　안 21
　　서　해　안 73
　[북 한 연 안] 121
　　동　해　안 122
　　서　해　안 139
전파에 의한 항로표지 131
　　라디오 비콘(RC) 132
　　레이다 비콘(Racon) 133
　　항공부신표지국 141
　　LORAN국 142
　　DECCA국 143
　　DGPS국 144
공 개 법 규 145
항로표지명 색인(가나다순) 153

CONTENTS

Map with Page Index of Aids to Navigation I
　Description II
　Explanation III
　Diagram of IALA Maritime Buoyage System(Region B) IX
　Illustration of characters of lights X
　Geographic range lag table XIII
　Luminous and Nominal range diagram XIII
　General description of Bridge light and marks with example of installation XIV
　List of Light 1
　　East Coast of Korea 2
　　South Coast of Korea 21
　　West Coast of Korea 73
　　[Coast of N. Korea] 121
　　East Coast 122
　　West Coast 139
　List of Radio Aids to Navigation System 131
　　Radio Beacons(RC) 132
　　Radar Beacons(Racon) 173
　　Radio Beacons for Air Navigation 141
　　LORAN 142
　　DECCA 143
　　DGPS 144
　Aids to Navigation Law 145
　Index of Aids to Navigation 153

[북 한 연 안] ...

동　해　안

서　해　안

독도를 Dokto로 명기

항로표지색인도

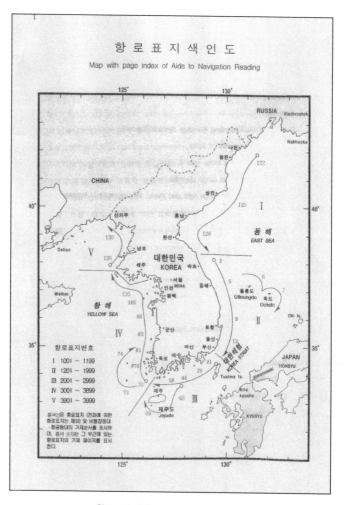

항로표지 색인도의 제주도, 울릉도, 독도

1278 독도등대 37° 14.2'N F1 W 10s
F4440 Dokto 131° 52.3'E
(Racon)

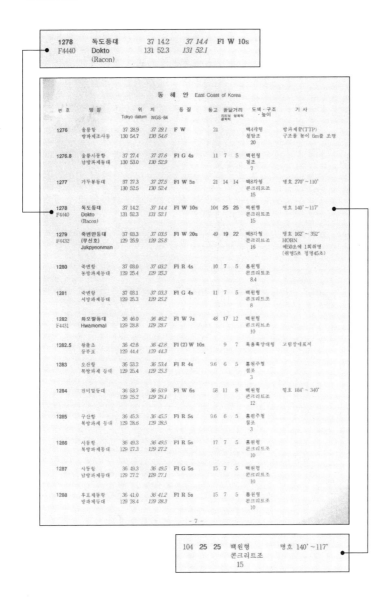

1278 F4440	독도등대 Dokto (Racon)	37 14.2 131 52.3	*37 14.4* *131 52.1*	F1 W 10s

동 해 안 East Coast of Korea

번 호	명 칭	위 치 Tokyo datum	WGS-84	등 질	등고	광달거리 지리적 암제적 광학적	도색·구조 ·높이	기 사
1276	울릉항 방파제조사등	37 28.9 130 54.7	*37 29.1* *130 54.6*	F W		21	백4각형 철탑조 20	방파제갱(TTP) 구조물 높이 6m를 조명
1276.8	울릉사동항 남방파제등대	37 27.4 130 53.0	*37 27.6* *130 52.9*	F1 G 4s		11 7 5	백원형 철조 7	
1277	가두봉등대	37 27.3 130 52.5	*37 27.5* *130 52.4*	F1 W 5s		21 14 14	백8각형 콘크리트조 15	명호 270°~110°
1278 F4440	독도등대 Dokto (Racon)	37 14.2 131 52.3	*37 14.4* *131 52.1*	F1 W 10s		104 25 25	백원형 콘크리트조 15	명호 140°~117°
1279 F4432	죽변만등대 (부선호) Jukpyeonman	37 03.3 129 25.9	*37 03.5* *129 25.8*	F1 W 20s		49 19 22	백8각형 콘크리트조 16	명호 162°~352° HORN 매50초에 1회취명 (취명5초 정명45초)
1280	죽변항 동방파제등대	37 03.0 129 25.4	*37 03.2* *129 25.3*	F1 R 4s		10 7 5	홍원형 콘크리트조 8.4	
1281	죽변항 서방파제등대	37 03.1 129 25.3	*37 03.3* *129 25.2*	F1 G 4s		11 7 5	백원형 콘크리트조 8	
1282 F4431	화모말등대 Hwamomal	36 46.0 129 28.8	*36 46.2* *129 28.7*	F1 W 7s		48 17 12	백원형 콘크리트소 10	
1282.5	왕돌초 등부표	36 42.6 129 44.4	*36 42.8* *129 44.3*	F1 (2) W 10s		9 7	흑홍흑황대형	고립장애표지
1283	오산항 북방파제 등대	36 53.2 129 25.4	*36 53.4* *129 25.3*	F1 R 4s		9.6 6 5	홍원주형 철조 3	
1284	칠비말등대	36 53.7 129 25.2	*36 53.9* *129 25.1*	F1 W 6s		58 11 8	백원형 콘크리트조 12	명호 184°~340°
1285	구산항 북방파제 등대	36 45.3 129 28.6	*36 45.5* *129 28.5*	F1 R 5s		9.6 6 5	홍원주형 철조 3	
1286	사동항 북방파제등대	36 49.3 129 27.3	*36 49.5* *129 27.2*	F1 R 5s		17 7 5	홍원형 콘크리트조 10	
1287	사동항 남방파제등대	36 49.3 129 27.2	*36 49.5* *129 27.1*	F1 G 5s		15 7 5	백원형 콘크리트조 10	
1288	후포제동항 방파제등대	36 41.0 129 28.4	*36 41.2* *129 28.3*	F1 R 5s		15 7 5	홍원형 콘크리트조 10	

104	25	25	백원형 콘크리트조 15	명호 140°~117°

2010
등대표

대한민국 등대표

서지 제410호
Pub No.410

대한민국 국토해양부 국립해양조사원 발간

항로표지색인도

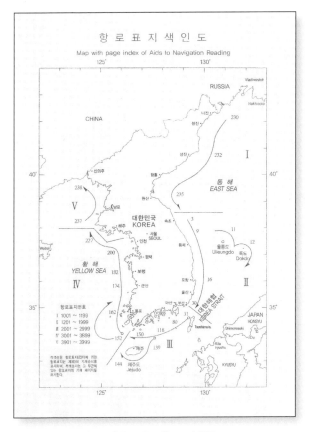

제주도, 울릉도, 독도 항로표지 색인도

한국연안과(동해안, 남해안, 서해안)과 북한연안(동해안, 서해안)수록

제1장 등광·형상·색채·음향에 의한 항로표지
한 국 연 안
　　동 　해 　안 ·······················
　　남 　해 　안 ·······················
　　서 　해 　안 ·······················
북 한 연 안
　　동 　해 　안 ·······················
　　서 　해 　안 ·······················

차　　례

항로표지 색인도 ······················· 1
읽어보기 ······················· 2
제1장 등광·형상·색채·음향에 의한 항로표지
　한 국 연 안
　　동 　해 　안 ······················· 3
　　남 　해 　안 ······················· 31
　　서 　해 　안 ······················· 152
　북 한 연 안
　　동 　해 　안 ······················· 230
　　서 　해 　안 ······················· 237
제2장 전파에 의한 항로표지
　　레이다비콘(RACON) ······················· 239
　　로란국(LORAN-C) ······················· 250
　　위성항법보정국(DGPS) ······················· 251
　　항공무선표지국 ······················· 253
제3장 특수항로표지
　　조류신호소 ······················· 255
제4장 해설 및 관계법규
　　1. 해　　설 ······················· 257
　　2. IALA 해상부표식(B지역)의 종류·의미·도색·형상·등질 ······· 262
　　3. IALA 부표·입표 표시 체계 ······················· 263
　　4. 등질설명 ······················· 264
　　5. 지리학적 광달거리의 광학적 광달거리 구하는 표 ······· 266
　　6. 명목적 광달거리 — 광학적 광달거리 환산표 ······· 267
　　7. 교량표지의 정의 및 설치 예 ······················· 268
　　8. 항로표지법 ······················· 269
제5장 항로표지별 색인(가나다순) ······················· 283

국제등대번호 M4440
1278 독도 37 °14.4'N, 131° 52.1'E

1278 M4440	독도 등대(Racon) Dokdo	37 14.4 131 52.1	Fl W 10s

한국연안 – 동해안 East Coast of S. Korea

번 호	명 칭	위치(WGS-84)	등 질	등고	광달거리	도색·구조·높이	기 사
1266.5	울진 한수원북방파제등대 Uljin	37 06.0 129 23.1	Fl R 4s	20	8	흥 원형 콘크리트구조 13	
1269 M4444	울릉도 등대(무신호,DGPS) Ulleungdo	37 31.1 130 47.9	Fl W 25s	182	27	백 원형 콘크리트조 20	명호 : 002°~246° Air Siren 배50초에 1회 취명 (취명5초 정명45초)
1270	천부항 방파제등대 Cheonbu Hang	37 32.8 130 52.3	Fl G 4s	9.8	6	백 원형 콘크리트조 8.5	
1270.5	쌍정초 등표(Racon) Ssangjeongcho	37 33.4 130 56.4	Fl(2) W 5s	17	8	흑흑흑 4각 강관조 23	고립장애표지
1271.5	현포항 동방파제등대 Hyeonpo Hang	37 31.8 130 49.7	Fl G 5s	14	5	백 원형 콘크리트조 8.0	
1272	현포항 북방파제등대 Hyeonpo Hang	37 32.0 130 49.6	Fl R 5s	17	5	흥 원형 콘크리트조 10	
1273	저동항 북방파제등대 Jeodong Hang	37 29.9 130 54.9	Fl R 5s	16	6	흥 원형 콘크리트조 8.4	
1274	저동항 남방파제등대 Jeodong Hang	37 29.8 130 54.8	Fl G 5s	16	5	백 원형 콘크리트조 8.4	
1274.1	청도 등표(Racon) Cheongdo	37 30.2 130 55.1	Fl(2) W 5s	16	8	흑흑흑 상부3각 강관조, 하부 콘크리트조 15	
1275 M4446.2	도동 등대(무신호) Dodong	37 29.2 130 55.2	Fl W 14s	116	26	백 원형 콘크리트조 13	명호 : 183°~040° Horn 매60초에1회 취명 (취명5초 정명55초)
1276	울릉항 방파제조사등 Ulleung Hang	37 29.1 130 54.6	F W	21		백 4각 철탑조 20	
1276.8	울릉사동항 남방파제등대 Ulleungsadong Hang	37 27.7 130 53.0	Fl G 4s	15	9	백 원형 콘크리트조 8.4	
1276.9	울릉사동항 방파효안등주 Ulleungsadong Hang	37 27.6 130 52.8	Fl R 4s	11	6	흥 원형 철조 7.0	
1277	가두봉 등대 Gadubong	37 27.2 130 52.5	Fl W 5s	21	19	백 원각 콘크리트조 15	명호 : 270°~110°
1278 M4440	독도 등대(Racon) Dokdo	37 14.4 131 52.1	Fl W 10s	104	25	백 원형 콘크리트조 15	명호 : 140°~117°
1278.1	한국해양연구원 독도해양관측등부표 Dokdo	37 14.6 131 54.5	Fl(5) Y 20s		6	황 양대형	해양관측용

- 11 -

104	25 ′	백 원형 콘크리트조 15	명호 : 140°~117°

1278.2 독도
파고부이
Dokdo

1278.2	독도	37 14.2
	파고부이	131 52.2
	Dokdo	

한국연안 - 동해안 East Coast of S. Korea

번 호	명 칭	위치(WGS-84)	등 질	등고	광달거리	도색·구조·높이	기 사
1278.2	독도 파고부이 Dokdo	37 14.2 131 52.2				황 구형	해양기상관측용
1279 M4432	죽변 등대(무신호) Jukbyeonman	37 03.5 129 25.8	Fl W 20s	49	20	백 8각 콘크리트조 16	명호 : 162°~352° Horn 매30초에 1회 취명 (취명5초 정명45초)
1280	죽변항 동방파제등대 Jukbyeon Hang	37 03.2 129 25.3	Fl R 4s	10	5	홍 원형 콘크리트조 8.4	
1280.1	죽변항 백산제A호등부표 Jukbyeon Hang	37 03.1 129 25.5	Fl(2) Y 6s		6	황 망대형	
1280.2	죽변항 백산제B호등부표 Jukbyeon Hang	37 03.2 129 25.1	Fl(2) Y 6s		6	황 망대형	
1280.3	죽변항 백산제C호등부표 Jukbyeon Hang	37 03.3 129 25.2	Fl(2) Y 6s		6	황 망대형	
1280.4	죽변항 백산제D호등부표 Jukbyeon Hang	37 03.2 129 25.6	Fl(2) Y 6s		6	황 망대형	
1280.5	죽변항 외제등대 Jukbyeon Hang	37 03.2 129 25.5	Fl(2) Y 6s	10	6	황 원형 철조 5.7	
1261	죽변항 서방파제등대 Jukbyeon Hang	37 03.3 129 25.2	Fl G 4s	11	5	백 원형 콘크리트조 8.0	
1281.1	죽변항 금광제A호등부표 Jukbyeon Hang	37 02.3 129 25.1	Fl(4) Y 8s		8	황 망대형	이안제 공사용
1281.2	죽변항 금광제B호등부표 Jukbyeon Hang	37 02.7 129 25.0	Fl(4) Y 8s		8	황 망대형	이안제 공사용
1282 M4431	화모말 등대 Hwamomal	36 46.0 129 28.6	Fl W 7s	48	19	백 원형 콘크리트조 10	
1282.6	왕돌초 등표 (Racon) Wangdolcho	36 43.1 129 43.9	Fl(2) W 5s	16	10	흑홍흑 4각 강관조 30	고립장애표지
1283	오산항 북방파제등대 Osan Hang	36 53.3 129 25.3	Fl R 4s	156	6	홍 원형 콘크리트조 8.4	
1283.1	오산항 남방파제등대 Osan Hang	36 53.4 129 25.2	Fl G 4s	15	6	백 원형 콘크리트조 10	
1284	진미말 등대	36 53.6 129 25.1	Fl W 6s	58	19	백 원형 콘크리트조 12	명호 : 184°~340°
1285	구산항 북방파제등대 Gusan Hang	36 45.4 129 28.5	Fl R 5x	15	5	홍 원형 콘크리트조 8.4	

황 구형	해양기상관측용

4104 동해안 독도
등대
Dokdo

| 4104 | 동해안 | 독도
등대
Dokdo | 37 14.4
131 52.2 | K
--- |
|---|---|---|---|---|

레이다비콘(RACON)

번호	해안구분	무선국	위치(WGS-84)	부호	주파수(Mhz)	전력(W)	측정구역(M)	기사
4101	동해안	저진등대
Jeojin	38 33.2
128 24.5	Q
---	2M10L1X
9375
9410
9415
9445	X-Band
0.6	10	40초 on, 20초 off
4102	동해안	조도동방표
Jodo	38 12.0
128 37.4	X
---	2M00L1D
9375
9410
9415
9445
3050	X-Band
1.0
S-Band
1.0	10	40초 on, 20초 off
4102.7	동해안	쌍정초
등표
Ssangjeongcho	37 33.4
130 56.4	C
---	2M00L1D
9375
9410
9415
9445
3050	X-Band
1.0
S-Band
0.5	10	40초 on, 20초 off
4103	동해안	동해항
북방파제등대
Donghaehang	37 29.8
129 09.0	B
---	2M00P1N
9375
9410
9415
9445
3050	X-Band
1.0
S-Band
1.0	10	20초 on, 40초 off
4103.5	동해안	임원항
방파제등대
Imwon Hang	37 13.5
129 20.7	G
---	2M10L1X
9375
9410
9415
9445
3050	X-Band
1.0
S-Band
0.5	10	20초 on, 40초 off
4103.6	동해안	청도
등표
Cheongdo	37 30.2
130 55.1	G
---	2M00L1D
9375
9410
9415
9445
3050	X-Band
1.0
S-Band
0.5		20초 on, 40초 off
4104	동해안	독도
등대
Dokdo	37 14.4
131 52.2	K
---	4M00L1D
9375
9410
9415
9445
3050	X-Band
1.0
S-Band
1.0	10	20초 on, 40초 off
4104.5	동해안	왕돌초
등표
Wangdolcho	36 43.1
129 43.9	Y
---	2M00L1D
9375
9410
9415
9445
3050	X-Band
1.0
S-Band
0.5	10	40초 on, 20초 off
4105	동해안	교석초
등표
Gyoseokcho	36 06.5
129 33.5	Z
---	2M10P1N
9375
9410
9415
9445]	X-Band
1.0	10	55초 on, 5초 off
4105.5	동해안	한국석유공사
동해-1가스전등
KNOC	35 25.9
130 00.0	D
---	2M10P1N
9375
9410
9415
9445
3050	X-Band
1.0
S-Band
1.0	20	30초 on, 30초 off

- 239 -

| 4M00L1D
9375
9410
9415
9445
3050 | X-Band
1.0
S-Band
1.0 | 10 | 20초 on, 40초 off |
|---|---|---|---|

독도 등대 ·········· 4104
독도 등대 ·········· 1278
독도파고부이 ·········· 1278.2

Danan Hang	대산항 제2항로제2호등부표	3328.5
Daesan Hang	대산항 제2항로제3호등부표	3329
Daesan Hang	대산항 제3항로제1호등부표	3332.1
Daesan Hang	대산항 제3항로제2호등부표	3332.2
Daesan Hang	대산항 제3항로제3호등부표	3332.3
Daesan Hang	대산항 제3항로제6호등부표	3328.6
Daesan Hang	대산항 제8호등부표	3327.8
Daesan Hang	대산항 현대오일뱅크지방A호등부표	3340.1
Daesan Hang	대산항 현대오일뱅크B호등부표	3340.2
Daesan Hang	대산항 현대오일뱅크C호등부표	3340.3
Daesan Hang	대산항 현대오일뱅크 계류부표 (부산표)	33340
Daesan Hang	대산항 현대오일뱅크 제1호등부표	3320
Daesan Hang	대산항 현대오일뱅크 제2호등부표	3323
Daesan Hang	대산항 현대오일뱅크 제3호등부표	3324
Daesan Hang	대산항 현대오일뱅크 제4호등부표	3325
Daesan Hang	대산항 현대오일뱅크 제5호등부표	3326
Daesan Hang	대산항 현대오일뱅크 제6호등부표	3327
Daeseo	대서 등표	2581.5
Daeseo	대서 등표	2235.10
Dseyudo	대슈도 등부표	2215
Daegeon-oa S.KOREA	대전기상청외연도시방등신	3336.8
Daejeong	대정서부와우물발제A호등부표	2663.1
Daejukdo	대죽도 대우제A호등부표	2073.11
Daejukdo	대죽도 대우제B호등부표	2073.12
Daejin	대진 등대(부산초)	1203
Daejin Hang	대진항 남방파제등대	1204
Daejin Hang	대진항 독방파제 등대	1292.5
Daejin Hang	대진항 북방파제등대	1206
Daejin Hang	대진항방파제등대	1292.6
Daejin Hang	대진항 방사제등대	1243.6
Daejin Hang	대진항 방파제등대	1243.5
Daejin Hang	대진항 방파제등대	1258.3
Daecheon Hang	대천항 동방파제등대	3227.2
Daecheon Hang	대천항 방사제등대	3267
Daecheon Hang	대천항 북방파제등대	3277
Daechodo	대초도 등대(부산초)	1022
Daecho	대초 등표	2200
Daechochido	대초지도 북방등부표	3380.1
Daepyeong	대평항 동방파제등대	2655.5
Daepotan	대포탄 등대	3068.3
Daepotan	대포탄 등부표	3069
Daepo Hang	대포항 방파제등대	2652.5
Daepo Hang	대포항 방사제등대	2178.5
Daepo Hang	대포항 방송제1호등부표	1221.1
Daepo Hang	대포항 방송제2호등부표	1221.2
Daepo Hang	대포항 방송제3호등부표	1221.3
Daepo Hang	대포항 방송제4호등부표	1221.4
Daepo Hang	대포항 제5A호등부표	2178.6
Daepo Hang	대포항 제1호등부표	2178.7
Daehan Silo	대한싸이로 등구	3608
Daehangdo	대항도 등대	3033
Daehang	대항새마이 방파제등대	2066.5
Daehang eo Hang	대항어항 북방파제등대	2067.3
Daehwado	대화도 등대	2923
Daehwasado	대화사도 등대	4136.7
Daehwasado	대화사도 등대	3239
Daeheonggando	대횡간도 등표	2469
Daeheuksando Hang	대흑산도항 남방파제등대	3038
Daeheuksando Hang	대흑산도항 동부표	3039.5
Daeheuksando Hang	대흑산도항 방파제등대	3037
Daeheuksando Hang	대흑산도항 최상단제등대	3036
Deokdo	덕도 등대	3020
Deokdong	덕동 해군제류제A호부표	2107.2
Deokdong	덕동 해군제류제B호부표	2107.3
Deokdong	덕동 해군제류제C호부표	2107.4
Deokdong	덕동 해군제류제D호부표	2107.5
Deoksan Hang	덕산항 남방파제등대	1257
Deoksan Hang	덕산항 동방파제등대	1258
Deokam	덕암 등표	3290.6
Deogudo	덕우도 등표	3504
Deokjeokdo	덕적도 북동항등부표	3364
Deokjeokdo	덕적도 남방등표	3368.8
Deokjeokdo	덕적도 해정외부등부표	3364.2
Deokjeokbukri	덕적북리 방파제등대	3365
Deokpo Hang	덕포항 잠제등부표	2155.2
Donam eo Hang	도남어항 파제제동단등대	2222.3
Donam eo Hang	도남어항 파제제서단등대	2222.4
Donam Hang	도남항 동방파제등대	2231
Donam Hang	도남항 서방파제등대	2232
Donam Hang	도남항 파제제동단등대	2223
Donaepo	도남항 파제제서단등대	2224
Donaepo	도내포 해군제류제10호부표	2135.18
Donaepo	도내포 해군제류제1호부표	2135.9
Donaepo	도내포 해군제류제2호부표	2135.10
Donaepo	도내포 해군제류제3호부표	2135.11
Donaepo	도내포 해군제류제4호부표	2135.12
Donaepo	도내포 해군제류제5호부표	2135.13
Donaepo	도내포 해군제류제6호부표	2135.14
Donaepo	도내포 해군제류제47호부표	2135.15
Donaepo	도내포 해군제류제8호부표	2135.16
Donaepo	도내포 해군제류제9호부표	2135.17
Donongtan	도농탄 등표	2659.5
Dodong	도동 등대(부산초)	1275
Dodusam Hang	도두사수항 방파제등대	2681.1
Dodu Hang	도두항 남방파제등대	2680
Dodu Hang	도두항 북방파제등대	2681
Doryongnangdo	도룡낭도 등대	2566
Dorido	도리도 등대	3422
Dorido	도리도 제A호등부표	3434
Domaseo	도마서 등부표	2090.1
Doeodhji	도어두지 등대	2569
Dojang	도장 남광제5호등부표	2570.3
Dojang	도장 남광제B호등부표	2570.4
Dojangpo	도장포 등표	2165.8
Dochodo	도초도 기상청기상관측부이	3068.1
Dochodo	도초도 등대	3116
Dochodo	도초도 등부표	3107
Dotomeorido	도토머리도 등표	3162.5
Dotumariam	도투머리암 등표	2060
Dokgeodo	독거도 등표	3027
Dokdo	독도 등대	4104
Dokdo (Racon)	독도 등대	1278
Dokdo	독도과고부이	1278.2
Domsei	돈서 등표	3051.2
Donji Hang	돈지항 방파제등대	2245.1
Chamnicho	돔넘이 등표	4108.4
Dachingreo	돔친도 등표(Racon)	2091
Dolikeuchyeo	돌김어 등표	2203.5

- 292 -

차 례

차　례

항로표지 색인도 ……………………………………………………………………… 1

읽어보기 ……………………………………………………………………………… 2

제1장 등광·형상·색채·음향에 의한 항로표지

　한 국 연 안

　　동 해 안 …………………………………………………………………… 3

　　남 해 안 …………………………………………………………………… 31

　　서 해 안 …………………………………………………………………… 152

　북 한 연 안

　　동 해 안 …………………………………………………………………… 230

　　서 해 안 …………………………………………………………………… 237

제2장 전파에 의한 항로표지

　　레이다비콘(RACON) ……………………………………………………… 239

　　로란국(LORAN-C) ………………………………………………………… 250

　　위성항법보정국(DGPS) …………………………………………………… 251

　　항공무선표지국 …………………………………………………………… 253

제3장 특수항로표지

　　조류신호소 ………………………………………………………………… 255

제4장 해설 및 관계법규

　　1. 해　설 …………………………………………………………………… 257

　　2. IALA 해상부표식(B지역)의 종류·의미·도색·형상·등질 … 262

　　3. IALA 부표·입표 표시 체계 …………………………………………… 263

　　4. 등질설명 ………………………………………………………………… 264

　　5. 지리학적 광달거리와 광학적 광달거리 구하는 표 ………………… 266

　　6. 명목적 광달거리 — 광학적 광달거리 환산표 ……………………… 267

　　7. 교량표지의 정의 및 설치 예 …………………………………………… 268

　　8. 항로표지법 ……………………………………………………………… 269

제5장 항로표지명 색인(가나다순) ………………………………………………… 283

대한민국 등대표

서지 제410호
Pub No.410

대한민국 해양수산부 국립해양조사원 발간

머리말
차례
CONTENTS

항로표지 색인도

한국연안–동해안(East Coast of S. Korea)
울릉도 등대

번 호	명 칭	위 치	등 질	등고	광달거리	도색·구조·높이	기 사
1275 M4446.2	도동 등대 Dodong	37-29.22N 130-55.17E	Fl W 14s	116	26	백 원형 콘크리트조 13	명호 : 183°~040° Horn(No.4313)
1276	울릉항 방파제조사등 Ulleung Hang	37-28.89N 130-54.60E	F W	26		백 원형 철조 2.5	
1276.8 M4445.3	울릉사동항 남방파제등대 Ulleungsadong Hang	37-27.65N 130-52.96E	Fl G 4s	15	9	백 원형 콘크리트조 8.4	
1276.9 M4445.4	울릉사동항 방파토안등주 Ulleungsadong Hang	37-27.65N 130-52.80E	Fl R 4s	11	6	홍 원형 철조 7	
1276.10 M4445.4	울릉사동항 기상정파고관측부표 Ulleungsadong Hang	37-28.28N 130-54.02E				황 구형	
1276.11 M4444.5	남양항 남방파제등대 Namyang Hang	37-27.94N 130-50.08E	Fl G 5s	20	8	백 원형 콘크리트조 10	
1276.12	남양항 남방파제조사등 Namyang Hang	37-27.94N 130-50.08E	F W	20		조사등 10	
1276.13	사동항 포스코건설C호등부표 Sadong Hang	37-27.91N 130-53.34E	Fl G 4s		7	녹 망대형	
1276.14	사동항 포스코건설B호등부표 Sadong Hang	37-27.81N 130-53.11E	Fl(4) Y 8s		7	황 망대형	
1276.15	사동항 포스코건설A호등부표 Sadong Hang	37-27.69N 130-52.93E	Fl(4) Y 8s		7	황 망대형	
1276.16	사동항 포스코건설E호등부표 Sadong Hang	37-27.66N 130-53.12E	Fl(4) Y 8s		7	황 망대형	
1276.17	사동항 포스코건설D호등부표 Sadong Hang	37-27.78N 130-53.29E	Fl(4) Y 8s		7	황 망대형	
1276.18	사동항 포스코건설F호등부표 Sadong Hang	37-27.55N 130-52.96E	Fl(4) Y 8s		7	황 망대형	
1277 M4445	가두봉 등대 Gadubong	37-27.21N 130-52.45E	Fl W 5s	21		백 8각 콘크리트조 15	명호 : 270°~110°
1277.1	울릉 KTA초등부표 Ulleung	37-27.30N 130-51.96E	Fl(4) Y 8s		8	황 망대형 해저케이블

- 42 -

한국연안–동해안(East Coast of S. Korea)
독도 등대 Dokdo

1278 M4440	독도 등대 Dokdo	37-14.36N 131-52.19E	Fl W 10s
1278.1	한국해양연구원 독도해양관측등부표 Dokdo	37-14.58N 131-54.48E	Fl(5) Y 20s
1278.2	독도 파고부이 Dokdo	37-14.24N 131-52.17E	
1278.3	독도 기상청파고관측부표 Dokdo	37-14.32N 131-52.28E	

한국연안 – 동해안(East Coast of S. Korea)

번 호	명 칭	위 치	등 질	등고	광달거리	도색·구조 ·높이	기 사
1277.2	울릉 KTB호등부표 Ulleung	37-27.42N 130-51.98E	Fl(4) Y 8s		8	황 망대형	
1278 M4440	독도 등대 Dokdo	37-14.36N 131-52.19E	Fl W 10s	104	25	백 원형 콘크리트조 15	명호 : 140°~117° Racon(No.410d)
1278.1	한국해양연구원 독도해양관측등부표 Dokdo	37-14.58N 131-54.48E	Fl(5) Y 20s		6	황 망대형	해양관측용
1278.2	독도 파고부이 Dokdo	37-14.24N 131-52.17E				황 구형	
1278.3	독도 기상청파고관측부표 Dokdo	37-14.32N 131-52.28E				황 구형	
1278.4	울릉도 북동 해양관측등부표 Ulleungdo	38-00.30N 131-32.69E	Fl(5) Y 20s		2	황 원주형 5.2	
1278.5	울릉도 북서 해양관측등부표 Ulleungdo	37-43.56N 130-34.77E	Fl(5) Y 20s		2	황 원주형 5.2	
1278.6	골장항 동방파제등대 Goljang Hang	37-01.89N 129-24.92E	Fl R 5s	14	8	홍 원형 강관조 10	
1279 M4432	죽변 등대 Jukbyeon	37-03.49N 129-25.77E	Fl W 20s	49	20	백 8각 콘크리트조 16	명호 : 162°~352° Horn(No.4314)
1280 M4432.6	죽변항 동방파제등대 Jukbyeon Hang	37-03.17N 129-25.24E	Fl R 4s	10	5	홍 원형 콘크리트조 8.4	
1280.1	죽변항 백산A호등부표 Jukbyeon Hang	37-03.00N 129-25.25E	Fl(2) Y 6s		6	황 망대형	암파제 연장공사용
1280.2	죽변항 백산B호등부표 Jukbyeon Hang	37-02.94N 129-25.41E	Fl(2) Y 6s		6	황 망대형	암파제 연장공사용
1280.3	죽변항 백산C호등부표 Jukbyeon Hang	37-03.03N 129-25.53E	Fl(2) Y 6s		6	황 망대형	암파제 연장공사용
1280.4	죽변항 백산D호등부표 Jukbyeon Hang	37-03.13N 129-25.53E	Fl(2) Y 6s		6	황 망대형	암파제 연장공사용
1280.5 M4432.3	죽변항 익제등대 Jukbyeon Hang	37-03.18N 129-25.47E	Fl(2) Y 6s	10	6	황 원형 철조 5.7	

- 43 -

레이다 비콘(RACON)
4104 동해안 독도등대
Dokdo

4104	동해안	독도 등대 Dokdo		37-14.36N 131-52.19E	K - - -

레이다 비콘 (RACON)

련 호	해 안 구 분	무선국 명칭	위 치	부 호	주파수 (Mhz)	전력 (W)	측정구역 (M)	기 사
4101	동해안	저진 등대 Jeojin	38-33.16N 128-24.50E	Q - - - -	2M10L1X 9375 9410 9415 9445	X-Band 0.6	10	40초 on, 20초 off
4102	동해안	죠도동방 등표 Jodo	38-11.97N 128-37.37E	X - - - -	2M00L1D 9375 9410 9415 9445 3050	X-Band 1.0 S-Band 1.0	10	40초 on, 20초 off
4102.7	동해안	쌍정초 등표 Ssangjeongcho	37-33.41N 130-56.40E	C - - - -	2M00L1D 9375 9410 9415 9445 3050	X-Band 1.0 S-Band 0.5	10	40초 on, 20초 off
4103	동해안	동해항 북방파제등대 Donghae Hang	37-29.85N 129-08.97E	B - - - -	2M00P1N 9375 9410 9415 9445 3050	X-Band 1.0 S-Band 1.0	10	20초 on, 40초 off
4103.5	동해안	임원항 방파제등대 Imwon Hang	37-13.49N 129-20.71E	G - - -	2M10L1X 9375 9410 9415 9445 3050	X-Band 1.0 S-Band 0.5	10	20초 on, 40초 off
4103.6	동해안	청도 등표 Cheongdo	37-30.23N 130-55.12E	G - - -	2M00L1D 9375 9410 9415 9445 3050	X-Band 1.0 S-Band 0.5		20초 on, 40초 off
4103.7	동해안	호산항 가스공사 남방파제 등대 Hosan Hang	37-09.92N 129-21.93E	C - - - ·	2M00L1X 9375 9410 9415 9445 3050		10	
4104	동해안	독도 등대 Dokdo	37-14.36N 131-52.19E	K - - -	4M00L1D 9375 9410 9415 9445 3050	X-Band 1.0 S-Band 1.0	10	20초 on, 40초 off

4M00L1D 9375 9410 9415 9445 3050	X-Band 1.0 S-Band 1.0	10	20초 on, 40초 off

선박자동 식별장치(AIS)
4451/36 동해안 독도등대
Dokdo

4451.36	동해안 독도
	등대
	Dokdo

선박자동 식별장치(AIS)

번 호	해안 구분	명 칭	위 치	MMSI 번 호	주파수 (Mhz)	출 력 (W)	측정구역 (M)	기 사
4451.31	동해안	송대말 등대 Songdaemal	35-48.44N 129-30.69E	994403569	16K0F1D 161.975 162.025	12.5	25	
4451.32	동해안	쌍정초 등표 Ssangjeongcho	37-33.41N 130-56.4E	994403583	16K0F1D 161.975 162.025	12.5	25	
4451.33	동해안	울릉도 등대 Ulleungdo	37-31.08N 130-47.86E	994403580	16K0F1D 161.975 162.025	12.5	25	
4451.34	동해안	도동 등대 Dodong	37-29.22N 130-55.17E	994403582	16K0F1D 161.975 162.025	12.5	25	
4451.35	동해안	가두봉 등대 Gadubong	37-27.21N 130-52.45E	994403581	16K0F1D 161.975 162.025	12.5	25	
4451.36	동해안	독도 등대 Dokdo	37-14.36N 131-52.19E	994403584	16K0F1D 161.975 162.025	12.5	25	
4452	동해안	울산항 14호등부표 Ulsan Hang	35-30.89N 129-23.54E	994401560	16K0F1D 161.975 162.025	12.5	20	3분주기 발사
4453	동해안	울산항 13호등부표 Ulsan Hang	35-30.83N 129-23.35E	994401559	16K0F1D 161.975 162.025	12.5	20	3분주기 발사
4454	동해안	울산항 10호등부표 Ulsan Hang	35-30.30N 129-23.60E	994401558	16K0F1D 161.975 162.025	12.5	20	3분주기 발사
4455	동해안	울산항 양죽방파제등대 Ulsan Hang	35-30.27N 129-23.37E	994401547	16K0F1D 161.975 162.025	12.5	20	3분주기 발사
4456	동해안	장생포항 2호등부표 Jangsaengpo Hang	35-29.90N 129-23.33E	994401562	16K0F1D 161.975 162.025	12.5	20	3분주기 발사
4457	동해안	장생포항 1호등부표 Jangsaengpo Hang	35-29.75N 129-23.29E	994401561	16K0F1D 161.975 162.025	12.5	20	3분주기 발사
4458	동해안	울기 등대 Ulgi	35-29.57N 129-26.58E	994401546	16K0F1D 161.975 162.025	12.5	20	3분주기 발사
4459	동해안	울산항 2호등부표 Ulsan Hang	35-29.27N 129-23.75E	994401557	16K0F1D 161.975 162.025	12.5	20	3분주기 발사
4460	동해안	울산항 1호등부표 Ulsan Hang	35-29.25N 129-23.55E	994401556	16K0F1D 161.975 162.025	12.5	20	3분주기 발사

- 451 -

37-14.36N 131-52.19E	994403584	16K0F1D 161.975 162.025	12.5	25

독도등대 1278
4개 표지

독도 등대 ··· 1278
독도 등대(AIS) ··· 4451.36
독도 등대(Racon) ··· 4104
독도 파고부이 ··· 1278.2

도내포 해군계선7호부표	2135.15	울산도등대(AIS)	4259.3
도내포 해군계선8호부표	2135.16	울산항 동방파제등대	2469.5
도내포 해군계선9호부표	2135.17	울산항 동방파제등대(AIS)	4562.3
도농탄 등표	2659.5	동강 등대	2256
도동 등대	1275	동귀항 동방파제등대	2678.7
도동 등대(AIS)	4451.34	동김녕항 북방파제등대	2699.1
도동 등대(무신호)	4313	동도 등대	2232
도두사수항 방파제등대	2681.1	동리항 방파제등대	2067.89
도두항 남방파제등대	2680	동반도 등부표	3670.3
도두항 북방파제등대	2681	동백도 등대	3369
도룡남도 등대	2566	동백도 등대(Racon)	4146.5
도리도 A호등부표	3434	동백섬 등표	2001.19
도리도 등대	3422	동백여항 남방파제등대	1439.7
도마서 등부표	2090.1	동백여항 북방파제등대	1439.6
도어우지 등대	2569	동복항 방파제등대	2698.5
도장남항 A호등부표	2570.3	동빈큰다리 교량등	1318
도장남항 B호등부표	2570.4	동산항 남방파제등대	1223.3
도장포 등표	2165.8	동산항 방파제등대	1223.2
도장항 남방파제등대	2555.4	동선항 방파제등대	2066.3
도장항 북방파제 남단등대	2555.3	동송리 북동방등표	2557.1
도장항 북방파제북단등대	2555.2	동안어항 방파제등대	1443
도초도 등대	3116	동월항 방파제 등대	2555.1
도초도 등부표	3107	동작대교 교량등	3738
도토머리도 등표	3162.5	등전교 교량등	2137.5
도투마리항 등표	2093	둔한서 등표	2296.3
독거도 등대	3027	동해대진항 방사제등대	1243.6
독거도 등대(AIS)	4601.14	동해대진항 방파제등대	1243.5
독도 기상청파고관측부표	1278.3	동해율봉부지 서울대A호등대	1281.1
독도 등대	1278	동해항 SK시비스A호등	1249
독도 등대(AIS)	4451.36	동해항 남방파제등대	1251
독도 등대(Racon)	4104	동해항남방파제등대(AIS)	4451.16
독도 파고부이	1278.2	동해항 남방파제조사등	1251.1
돈서 등표	3051.2	동해항 돌제부두등대	1248
돈서 등표(AIS)	4601.48	동해항 북방파제등대	1250
돈지항 방파제등대	2245.1	동해항 북방파제등대(Racon)	4103
돈한여 등표	2091	동해항 북방파제조사등	1250.1
돈한여 등표(Racon)	4108.4	동해항 학림A호등부표	1248.1
돌끝여 등표	2203.5	동해항 학림B호등부표	1248.2
돌산 여수시A호부표	2469.6	동호대교 교량등	3741
돌산 여수시B호부표	2469.7	동호동 등대	1060
돌산 한진A호등부표	2471.1	동호항 남방파제등대	2225
돌산 한진B호등부표	2471.2	동호항 방파제등대	2166.1
돌산 한진C호등부표	2471.3	동호항 방파제등대	3147.4
돌산 한진D호등부표	2471.4	동호항 북방파제등대	2226
돌산대교 교량등	2466	두도 등대	2039
돌산도 등대	2467	두량서 등표	3018.3

2019
등대표

대한민국 등대표
서지 제410호
Pub No.410

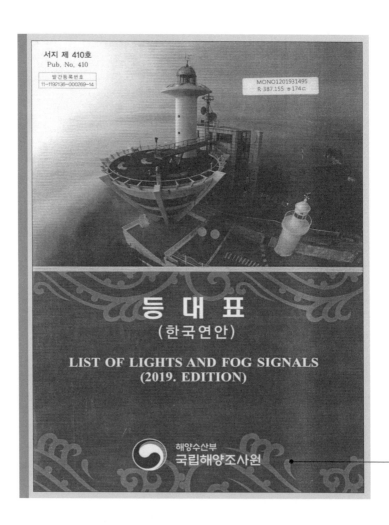

서지 제 410호
Pub. No. 410

발간등록번호
11-1192136-000269-14

MONO1201931495
R 387.155 ㅎ174ㄷ

등 대 표
(한국연안)

LIST OF LIGHTS AND FOG SIGNALS
(2019. EDITION)

해양수산부
국립해양조사원

대한민국 해양수산부 국립해양조사원 발간

항로표지의 번호는 이용자의 편의를 위하여 우리나라 동·남·서해안의 순서로 정리하였으며, 외국 선박들을 위하여 항로표지의 명칭을 한글과 영문으로 병기하였습니다.

머 리 말

선박의 안전한 항해목적을 달성하기 위해서는 바다의 길을 안내하는 해도와 해도상에 구체적으로 표현 할 수 없는 항해목표물, 항로, 해양현상 등에 대한 내용을 자세히 수록한 수로서지를 함께 사용해야 종합적인 효력을 발휘할 수 있습니다.

다양한 수로서지 중 등대표는 해도에 상세하게 표현할 수 없는 육상이나 해상의 구조물에 설치된 항로표지의 자세한 정보를 수록한 간행물로 항해 시 해도에 표기된 각종 등화, 음파 및 전파신호를 파악하는데 유용하게 사용할 수 있습니다.

이 등대표에는 설치기간이 1년 이내이거나 공사구역 변경 등에 의해 잦은 이동이 있는 항로표지를 제외하고 우리나라 연안에 설치된 항로표지에 관한 정보를 수록하였습니다. 다만, 북한연안의 항로표지는 국내·외 관련자료를 참고하여 수록하였으므로 실제와 차이가 있을 수 있어 사용에 주의해야 합니다.

이 등대표에 수록된 전파에 의한 항로표지 중 위성항법보정시스템, 항공무선표지국, 로란국은 우리나라에 설치되어 있는 것만 수록하였습니다.

항로표지의 번호는 이용자의 편의를 위하여 우리나라 동·남·서해안의 순서로 정리하였으며, 외국 선박들을 위하여 항로표지의 명칭을 한글과 영문으로 병기하였습니다.

이 등대표는 해양수산부의 각 지방해양수산청에서 수집된 정보를 근거로 수록하였으며, 등대표의 최신화를 위해 항행통보를 참고하여 변경사항을 반영해야 하며, 또한 수록된 내용 중 개정할 사항이 확인되면 국립해양조사원 해도수로과(☎ 051-400-4331~3) 혹은 이메일(ntmkhoa@korea.kr)로 알려주시기 바랍니다.

색인도
Map with Page Index

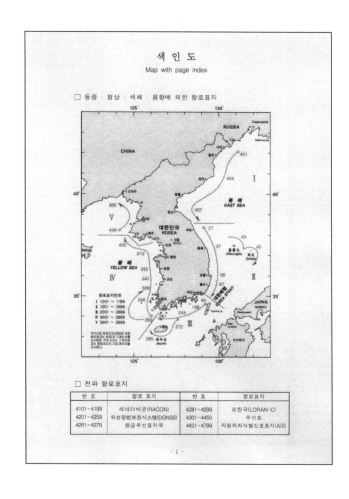

한국연안 - 동해안〔East Coast of S. Korea〕

1278 M4440	독도 등대 Dokdo	37-14.36N 131-52.19E	Fl W 10s

한국연안 - 동해안〔East Coast of S. Korea〕

번 호	명 칭	위 치	등 질	등고	광달 거리	도색·구조 ·높이	기 사
1276.1 M4445.55	사동1리항 방파제등주 Sadong Hang	37-28.49N 130-53.74E	Fl G 5s	9.5	8	백 원형 강관조 6	
1276.2 M4445.55	사동1리항 방파제조사등 Sadong Hang	37-28.49N 130-53.74E	F W	9.5		조사등 6	
1276.8 M4445.3	울릉사동항 동방파제등대 Ulleungsadong Hang	37-27.88N 130-53.28E	Fl G 4s	21	10	백 원형 콘크리트조 10.8	
1276.9 M4445.4	울릉사동항 방파호안등주 Ulleungsadong Hang	37-27.65N 130-52.80E	Fl R 4s	11	8	홍 원형 철탑조 7	
1276.10	울릉사동항 기상청파고관측부표 Ulleungsadong Hang	37-28.28N 130-54.02E				황 구형	
1276.11 M4444.5	남양항 남방파제등대 Namyang Hang	37-27.94N 130-50.08E	Fl G 5s	20	8	백 원형 콘크리트조 10	
1276.12 M4444.5	남양항 남방파제조사등 Namyang Hang	37-27.94N 130-50.08E	F W	20		조사등 10	
1276.19	사동항 동양A호등부표 Sadong Hang	37-27.92N 130-53.20E	Fl(2) Y 6s		7	황 망대형	
1276.20	사동항 동양B호등부표 Sadong Hang	37-27.82N 130-53.02E	Fl(2) Y 6s		7	황 망대형	
1276.21	사동항 동양C호등부표 Sadong Hang	37-28.04N 130-53.07E	Fl(2) Y 6s		7	황 망대형	
1277 M4445	가두봉 등대 Gadubong	37-27.21N 130-52.45E	Fl W 5s	21	19	백 8각 콘크리트조 15	명호 : 270°~110° 항해 목표용 표지
1277.1	퉁구미 A호등부표 Tonggumi	37-27.30N 130-51.96E	Fl(4) Y 8s		8	황 망대형	특수표지
1277.2	퉁구미 B호등부표 Tonggumi	37-27.42N 130-51.98E	Fl(4) Y 8s		8	황 망대형	특수표지
1277.3	울릉도 남서방기상청파고부표 Ulleungdo	37-26.53N 130-29.99E				황 구형	
1278 M4440	독도 등대 Dokdo	37-14.36N 131-52.19E	Fl W 10s	104	25	백 원형 콘크리트조 15	명호 : 140°~117° 레이콘(No.4104)

- 45 -

104	25	백 원형 콘크리트조 15	명호 : 140°~117° 레이콘(No.4104)

한국연안 – 동해안(East Coast of S. Korea)

1278.1	독도 한국해양과학기술원 해양관측등부표 Dokdo	37-14.58N 131-54.48E	Fl(5) Y 20s

한국연안 – 동해안(East Coast of S. Korea)

번 호	명 칭	위 치	등 질	등고	광달 거리	도색구조 높이	기 사
1278.1	독도 한국해양과학기술원 해양관측등부표 Dokdo	37-14.58N 131-54.48E	Fl(5) Y 20s		5	황 망대형	해양관측용
1278.2	독도 파고부이 Dokdo	37-14.24N 131-52.17E				황 구형	
1278.3	독도 기상청파고관측부표 Dokdo	37-14.32N 131-52.28E				황 구형	
1278.4	울릉도 북동해양관측부이 Ulleungdo	38-00.44N 131-33.16E	Fl(5) Y 20s		2	황 원추형	
1278.5	울릉도 북서해양관측부이 Ulleungdo	37-44.56N 130-36.07E	Fl(5) Y 20s		2	황 원추형	
1278.6 M4431.7	골장항 동방파제등대 Goljang Hang	37-01.89N 129-24.92E	Fl R 5s	14	8	홍 원형 강판조 10	
1278.8	대포근포항 북방파제북단등주 Daepogeunpo Hang	34-43.15N 128-35.17E	Fl(4) Y 8s	5.3	4	황 원형 강판조 4	
1278.9	대포근포항 북방파제남단등주 Daepogeunpo Hang	34-43.11N 128-35.13E	Fl(4) Y 8s	5.3	4	황 원형 강판조 4	
1279 M4432	죽변 등대 Jukbyeon	37-03.49N 129-25.77E	Fl W 20s	49	25	백 8각 콘크리트조 16	명호 : 162°~352° Horn(No.4314)
1279.1	죽변항 화성A호등부표 Jukbyeon Hang	37-04.48N 129-25.23E	Fl(4) Y 8s		7	황 망대형	
1279.2	죽변항 화성B호등부표 Jukbyeon Hang	37-04.62N 129-25.12E	Fl(4) Y 8s		7	황 망대형	
1279.3	죽변항 화성C호등부표 Jukbyeon Hang	37-04.65N 129-24.95E	Fl(4) Y 8s		7	황 망대형	
1280 M4432.6	죽변항 내측동방파제등대 Jukbyeon Hang	37-03.21N 129-25.28E	Fl(2) R 6s	7	8	홍 원형 강판조 6	
1280.5 M4432.3	죽변항 동방파제등대 Jukbyeon Hang	37-02.98N 129-25.27E	Fl R 4s	17	9	홍 원형 콘크리트조 8.65	

- 46 -

				5	황 망대형	해양관측용

레이다 비콘(RACON)

4104	동해안 독도	37-14.36N	K
M4440	등대	131-52.19E	- · -
	Dokdo		

레이더 비콘 (RACON)

번 호	해안 구분	무선국 명칭	위 치	부 호	주파수 (Mhz)	전력 (W)	측정구역 (M)	기 사
4102	동해안	조도 동방등표 Jodo	38-11.97N 128-37.37E	X - · · -	2M00L1D 9375 9410 9415 9445 3050	X-Band 1.0 S-Band 1.0	10	40초 on, 20초 off
4102.1 M4452	동해안	주문진항 동방파제등대 Jumunjin Hang	37-53.15N 128-50.08E	Z - - · ·	2M00L1D 9375 2M00L1D 3050	X-Band/ 1 S-Band/ 1	10	
4102.7	동해안	쌍정초 등표 Ssangjeongcho	37-33.41N 130-56.40E	C - · - ·	2M00L1D 9375 9410 9415 9445 3050	X-Band 1.0 S-Band 0.5	10	40초 on, 20초 off
4103	동해안	동해항 북방파제등대 Donghae Hang	37-29.85N 129-08.97E	B - · · ·	2M00P1N 9375 9410 9415 9445 3050	X-Band 1.0 S-Band 1.0	10	20초 on, 40초 off
4103.5	동해안	임원항 방파제등대 Imwon Hang	37-13.49N 129-20.71E	G - - ·	2M10L1X 9375 9410 9415 9445 3050	X-Band 1.0 S-Band 0.5	10	20초 on, 40초 off
4103.6 M4445.6	동해안	죽도 등표 Cheongdo	37-30.23N 130-55.12E	G - - ·	2M00L1D 9375 9410 9415 9445 3050	X-Band 1.0 S-Band 0.5		20초 on, 40초 off
4103.7	동해안	호산항 한국남방파제등대 Hosan Hang	37-09.92N 129-21.93E	C - · - ·	2M00L1X 9375 9410 9415 9445 3050		10	30s On, 30s Off
4104 M4440	동해안	독도 등대 Dokdo	37-14.36N 131-52.19E	K - · -	4M00L1D 9375 9410 9415 9445 3050	X-Band 1.0 S-Band 1.0	10	20초 on, 40초 off

- 463 -

4M00L1D	X-Band	10	20초 on, 40초 off
9375	1.0		
9410	S-Band		
9415	1.0		
9445			
3050			

자동위치식별신호표지 (AIS)

| 4451.36
M4440 | 동해안 독도
동대
Dokdo | | | | 37-14.36N
131-52.19E | 994403584 |

자동위치식별신호표지 (AIS)

번호	해안 구분	명칭	위치	MMSI 번호	주파수 (Mhz)	출력 (W)	측정구역 (M)	기사
4451.32 M4446.4	동해안	쌍정초 등표 Ssangjeongcho	37-33.41N 130-56.4E	994403583	16K0F1D 161.975 162.025	12.5	25	
4451.33 M4444	동해안	울릉도 등대 Ulleungdo	37-31.08N 130-47.86E	994403580	16K0F1D 161.975 162.025	12.5	25	
4451.34	동해안	도동 등대 Dodong	37-29.22N 130-55.17E	994403582	16K0F1D 161.975 162.025	12.5	25	
4451.35 M4445	동해안	가두봉 등대 Gadubong	37-27.21N 130-52.45E	994403581	16K0F1D 161.975 162.025	12.5	25	
4451.36 M4440	동해안	독도 등대 Dokdo	37-14.36N 131-52.19E	994403584	16K0F1D 161.975 162.025	12.5	25	
4451.37 M4432	동해안	죽변 등대 Jukbyeon	37-03.49N 129-25.77E	994403586	16K0F1D 161.975 162.025	12.5	25	3분주기 발사
4451.38 M4406	동해안	호미곶 등대 Homigot	36-04.66N 129-34.14E	994403591	16K0F1D 161.975 162.025	12.5	25	3분주기 발사
4451.39 M4426	동해안	후포 등대 Hupo	36-40.86N 129-27.72E	994403585	16K0F1D 161.975 162.025	12.5	25	3분주기 발사
4451.40 M4404.1	동해안	사라말 등방등표 Saramal	35-59.50N 129-34.43E	994403593	16K0F1D 161.975 162.025	12.5	25	3분주기 발사
4451.41 M4430.2	동해안	왕돌초 등표 Wangdolcho	36-43.14N 129-43.94E	994403587	16K0F1D 161.975 162.025	12.5	25	3분주기 발사
4451.42 M4403.85	동해안	석마암 등표 Seongmaam	35-55.73N 129-32.41E	994403594	16K0F1D 161.975 162.025	12.5	25	3분주기 발사
4451.43 M4411.4	동해안	포항신항 도등(전등) Pohangsin Hang	36-01.26N 129-25.43E	994403567	16K0F1D 161.975 162.025	12.5	25	3분주기 발사
4451.44 M4411.41	동해안	포항신항 도등(후등) Pohangsin Hang	36-00.90N 129-24.66E	994403566	16K0F1D 161.975 162.025	12.5	25	3분주기 발사
4451.45 M4410.9	동해안	영일만항 북방파제남단등대 Yeongilmansin Hang	36-05.36N 129-27.83E	994403568	16K0F1D 161.975 162.025	12.5	25	3분주기 발사
4451.46 M4410.94	동해안	영일만항 남방파제북단등대 Yeongilman Hang	36-05.47N 129-27.23E	994403592	16K0F1D 161.975 162.025	12.5	25	

| 16K0F1D
161.975
162.025 | 12.5 | 25 |

1278 독도등대

독도 기상청파고관측부표	1278.3
독도 등대	1278
독도 등대(AIS)	4451.36
독도 등대(Racon)	4104
독도 파고부이	1278.2

대포항 삼건사A호등부표	1221.1	도내포 계선6호부표	2135.14
대포항 삼건사A호등부표	1221.2	도내포 계선7호부표	2135.15
대한 싸이로등주	3608	도내포 계선8호부표	2135.16
대한해협 해양관측부이	2004.1	도내포 계선9호부표	2135.17
대항 세바지방파제동대	2066.5	도내포 계선10호부표	2135.18
대항도 등대	3033	도농탄 등대	2659.5
대항어항 동방파제남단동대	2067.3	도동 등대	1275
대항어항 동방파제북단동대	2067.1	도동 등대(무신호)	4313
대화도 등대	3923	도동 등대(AIS)	4451.34
대화사도 등대	3239	도두사수항 방파제동대	2681.1
대화사도 등대(Racon)	4136.7	도두항 남방파제동대	2680
대청간도등표	2469	도두항 북방파제동대	2681
덕 등대	3920	도룡남도 등대	2566
덕동 계선A호부표	2107.2	도리도 A호등부표	3434
덕동 계선B호부표	2107.3	도리도 등대	3422
덕동 계선C호부표	2107.4	도마서 등부표	2090.1
덕동 계선D호부표	2107.5	도어두지 등대	2569
덕산항 계선동부표	1256.1	도장 남광제A호등부표	2570.3
덕산항 남방파제동대	1257	도장 남광제B호등부표	2570.4
덕산항 북방파제동대	1258	도장로 등대	2165.8
디알 등표	3290.6	도장항 남방파제동대	2555.4
디쿠도 등대	2564	도장항 북방파제남단동대	2555.3
더월항 남방파제동대	2306.1	도장항 북방파제북단동대	2555.2
더월항 북방파제동대	2306.2	도초도 등대	3116
딕적도 남방등표	3366.8	도초도 등부표	3107
딕적도 북방등부표	3364	도토머리도 등표	3162.5
딕적도 서방해양기상관측동부표	3366	도투마리암 등표	2093
딕적도 해경계선동부표	3364.2	독거도 등대	3027
디적도 방제제동대	3365	독거도 등대(AIS)	4601.14
더적소야교 교량등	3364.5	독도 기상청파고관측부표	1278.3
덕천 해양관측동부표	1266.6	독도 등대	1278
덕촌항 장룡1호동주	2566.7	독도 등대(AIS)	4451.36
덕촌항 장룡2호동주	2566.8	독도 등대(Racon)	4104
덕촌항 장룡8호동주	2566.11	독도 파고부이	1278.2
머포항 잠제동부표	2155.2	돈서 등표	3051.2
도남어항 파제제동단동대	2222.3	돈서 등표(AIS)	4601.48
도남어항 파제제서단동대	2222.4	돈지항 방파제동대	2245.1
도남항 동방파제동대	2221	돌헌여 등표	2091
도남항 서방파제동대	2222	돌헌여 등표(AIS)	4532.1
도남항 파제제동단동대	2223	돌헌여 등표(Racon)	4108.4
도남항 파제제서단동대	2224	돌물여 등표	2203.5
도내포 계선1호부표	2135.9	울산 삼부토건A호등부표	2469.8
도내포 계선2호부표	2135.10	울산 삼부토건B호등부표	2469.9
도내포 계선3호부표	2135.11	울산 삼부토건C호등부표	2469.10
도내포 계선4호부표	2135.12	울산 여수시A호부표	2469.6
도내포 계선5호부표	2135.13	울산 여수시B호부표	2469.7

등대표(한국연안)

등 대 표
(한국연안)

LIST OF LIGHTS AND FOG SIGNALS
(2020. EDITION)

해양수산부
국립해양조사원

대한민국 해양수산부 국립해양조사원 발간

색인도(Index Map)

- 시각에 의한 항로표지(of Visual AtoN)

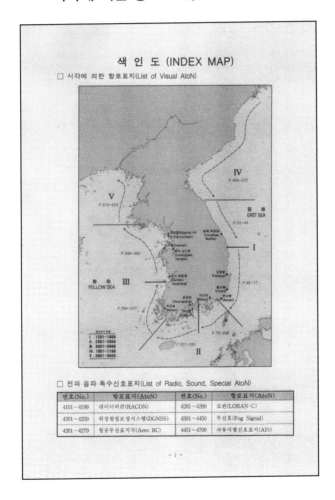

색 인 도 (INDEX MAP)

☐ 시각에 의한 항로표지(List of Visual AtoN)

☐ 전파·음파·특수신호표지(List of Radio, Sound, Special AtoN)

번호(No.)	항로표지(AtoN)	번호(No.)	항로표지(AtoN)
4101~4199	레이더비콘(RACON)	4281~4299	로란(LORAN-C)
4201~4259	위성항법보정시스템(DGNSS)	4301~4450	무선호(Fog Signal)
4261~4279	항공무선표지국(Aero RC)	4451~4799	자동식별신호표지(AIS)

- i -

색인도(Index Map)

• 동해안 색인도(Index Map of East Coast) 울릉도 독도

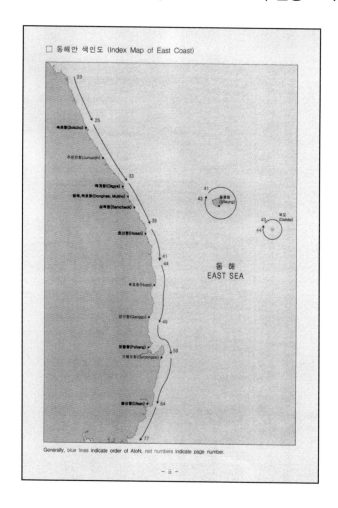

독도(dokdo)

한국연안 – 동해안(East Coast of S. Korea)

1278	독도	37-14.36N	Fl W 10s
M4440	등대	131-52.19E	
	Dokdo		

한국연안 – 동해안(East Coast of S. Korea)

번 호	명 칭	위 치	등 질	등고	광달 거리	도색·구조 ·높이	기 사
1276.8 M4445.3	울릉사동항 동방파제등대 Ulleungsadong Hang	37-27.88N 130-53.28E	Fl G 4s	21	10	백 원형 콘크리트조 10.8	
1276.9 M4445.4	울릉사동항 방파호안등주 Ulleungsadong Hang	37-27.65N 130-52.80E	Fl R 4s	11	8	흑 원형 철탑조 7	
1276.10	울릉사동항 기상청파고관측부표 Ulleungsadong Hang	37-28.26N 130-54.02E				황 구형	
1276.11 M4444.5	남양항 남방파제등대 Namyang Hang	37-27.94N 130-50.08E	Fl G 5s	20	8	백 원형 콘크리트조 10	
1276.12 M4444.5	남양항 남방파제조사등 Namyang Hang	37-27.94N 130-50.08E	F W	20		조사등 10	
1276.19	사동항 동양A호등부표 Sadong Hang	37-27.92N 130-53.20E	Fl(2) Y 6s		7	황 망대형	
1276.20	사동항 동양B호등부표 Sadong Hang	37-27.82N 130-53.02E	Fl(2) Y 6s		7	황 망대형	
1276.21	사동항 동양C호등부표 Sadong Hang	37-28.04N 130-53.07E	Fl(2) Y 6s		7	황 망대형	
1277 M4445	가두봉 등대 Gadubong	37-27.21N 130-52.45E	Fl W 5s	21	19	백 8각 콘크리트조 15	명호 : 270°~110° 항해 목표용 표지
1277.1	통구미 A호등부표 Tonggumi	37-27.30N 130-51.96E	Fl(4) Y 8s		8	황 망대형	특수표지
1277.2	통구미 B호등부표 Tonggumi	37-27.42N 130-51.98E	Fl(4) Y 8s		8	황 망대형	특수표지
1277.3	울릉도 남서방기상청파고부표 Ulleungdo	37-26.53N 130-29.99E				황 구형	
1278 M4440	독도 등대 Dokdo	37-14.36N 131-52.19E	Fl W 10s	104	25	백 원형 콘크리트조 15	명호 : 140°~117° 레이콘(No.4104)
1278.1	독도 한국해양과학기술원 해양관측등부표 Dokdo	37-14.58N 131-54.48E	Fl(5) Y 20s		5	황 망대형	해양관측용(ODAS)

104	25	백 원형 콘크리트조 15	명호 : 140°~117° 레이콘(No.4104)

한국연안 – 동해안(East Coast of S. Korea)
독도(dokdo)

| 1278.2 | 독도
파고부이
Dokdo | 37-14.24N
131-52.17E |
| 1278.3 | 독도
기상청파고관측부표
Dokdo | 37-14.32N
131-52.28E |

한국연안 – 동해안[East Coast of S. Korea]

번 호	명 칭	위 치	등 질	등고	광달 거리	도색·구조 ·높이	기 사
1278.2	독도 파고부이 Dokdo	37-14.24N 131-52.17E				황 구형	
1278.3	독도 기상청파고관측부표 Dokdo	37-14.32N 131-52.28E				황 구형	
1278.4	울릉도 북동해양관측부이 Ulleungdo	38-00.44N 131-33.16E	Fl(5) Y 20s		2	황 원추형	해양관측용(ODAS)
1278.5	울릉도 북서해양관측부이 Ulleungdo	37-44.56N 130-36.07E	Fl(5) Y 20s		2	황 원추형	해양관측용(ODAS)
1278.6 M4431.7	골장항 동방파제등대 Goljang Hang	37-01.89N 129-24.92E	Fl R 5s	14	8	흥 원형 강관조 10	
1279 M4432	죽변 등대 Jukbyeon	37-03.49N 129-25.77E	Fl W 20s	49	25	백 8각 콘크리트조 16	명호 : 162°~352° Horn(No.4314)
1279.1	죽변항 화성A호등부표 Jukbyeon Hang	37-04.48N 129-25.23E	Fl(4) Y 8s		7	황 망대형	
1279.4	죽변항 씨엔등부표 Jukbyeon Hang	37-03.19N 129-25.11E	Fl(4) Y 8s		7	황 망대형	
1280 M4432.6	죽변항 내측동방파제등대 Jukbyeon Hang	37-03.21N 129-25.28E	Fl(2) R 6s	7	8	흥 원형 강관조 6	
1280.5 M4432.3	죽변항 동방파제등대 Jukbyeon Hang	37-02.98N 129-25.27E	Fl R 4s	17	9	흥 원형 콘크리트조 8.65	
1280.9	죽변항 학위A호등부표 Jukbyeon Hang	37-03.11N 129-25.29E	Fl(2) Y 6s		7	황 망대형	
1280.12 M4432.4	죽변항 남방파제등대 Jukbyeon Hang	37-03.05N 129-25.19E	Fl G 4s	16	8	백 원형 콘크리트조 8.6	
1281 M4433	죽변항 내측남방파제등대 Jukbyeon Hang	37-03.31N 129-25.20E	Fl(2) G 6s	7	8	백 원형 강관조 6	
1281.3 M4431.95	죽변항 레드랜드북단등주 Jukbyeon Hang	37-02.57N 129-24.90E	Fl(4) Y 8s	9.4	8	황 원형 철조 5.7	
1281.4 M4431.94	죽변항 레드랜드남단등주 Jukbyeon Hang	37-02.14N 129-25.02E	Fl(4) Y 8s	11	8	황 원형 철조 7.8	

- 44 -

황 구형

황 구형

레이다 비콘(RACON)

4104	동해안 독도	37-14.36N
M4440	등대	131-52.19E
	Dokdo	

레이더 비콘 (RACON)

번호	해안구분	무선국 명칭	위 치	부호	주파수 (Mhz)	전력 (W)	측정구역 (M)	기 사
4102	동해안	조도 동방등표 Jodo	38-11.97N 128-37.37E	X ·-·	2M00L1D 9375 9410 9415 9445 3050	X-Band 1.0 S-Band 1.0	5	40초 on, 20초 off
4102.1 M4452	동해안	주문진항 동방파제등대 Jumunjin Hang	37-53.15N 128-50.08E	Z --··	2M00L1D 9375 3050	X-Band 1.0 S-Band 1.0	5	30초 on, 30초 off
4102.7	동해안	쌍정초 등표 Ssangjeongcho	37-33.41N 130-56.40E	C -·-·	2M00L1D 9375 9410 9415 9445 3050	X-Band 1.0 S-Band 0.5	10	40초 on, 20초 off
4103	동해안	동해항 북방파제등대 Donghae Hang	37-29.85N 129-08.97E	B -···	2M00P1N 9375 9410 9415 9445 3050	X-Band 1.0 S-Band 1.0	5	20초 on, 40초 off
4103.5	동해안	임원항 방파제등대 Imwon Hang	37-13.49N 129-20.71E	G --·	4M00L1D 3050 9375 9410 9415 9445	X-Band 1.0 S-Band 0.5	5	20초 on, 40초 off
4103.6 M4445.6	동해안	청도 등표 Cheongdo	37-30.23N 130-55.12E	G --·	2M00L1D 9375 9410 9415 9445 3050	X-Band 1.0 S-Band 0.5		20초 on, 40초 off
4103.7	동해안	호산항 한국남방파제등대 Hosan Hang	37-09.92N 129-21.93E	C -·-·	2M00L1X 9375 9410 9415 9445 3050		10	30s On, 30s Off
4104 M4440	동해안	독도 등대 Dokdo	37-14.36N 131-52.19E	K -·-	4M00L1D 9375 9410 9415 9445 3050	X-Band 1.0 S-Band 1.0	10	20초 on, 40초 off

- 475 -

K	4M00L1D	X-Band	10	20초 on, 40초 off
-·-	9375	1.0		
	9410	S-Band		
	9415	1.0		
	9445			
	3050			

2020
등대표

독도(dokdo)
자동위치식별신호표지 (AIS)

4451.36	동해안	독도			37-14.36N	994403584
M4440		등대			131-52.19E	
		Dokdo				

자동위치식별신호표지 [AIS]

번호	해안구분	명칭	위치	MMSI 번호	주파수 (Mhz)	출력 (W)	측정구역 (M)	기사
4451.32 M4446.4	동해안	쌍정초 등표 Ssangjeongcho	37-33.41N 130-56.4E	994403583	16K0F1D 161.975 162.025	12.5	25	
4451.33 M4444	동해안	울릉도 등대 Ulleungdo	37-31.08N 130-47.86E	994403580	16K0F1D 161.975 162.025	12.5	25	
4451.34 M4444	동해안	도동 등대 Dodong	37-29.22N 130-55.17E	994403582	16K0F1D 161.975 162.025	12.5	25	
4451.35 M4445	동해안	가두봉 등대 Gadubong	37-27.21N 130-52.45E	994403581	16K0F1D 161.975 162.025	12.5	25	
4451.36 M4440	동해안	독도 등대 Dokdo	37-14.36N 131-52.19E	994403584	16K0F1D 161.975 162.025	12.5	25	
4451.37 M4432	동해안	죽변 등대 Jukbyeon	37-03.49N 129-25.77E	994403586	16K0F1D 161.975 162.025	12.5	25	3분주기 발사
4451.38 M4406	동해안	호미곶 등대 Homigot	36-04.66N 129-34.14E	994403591	16K0F1D 161.975 162.025	12.5	25	3분주기 발사
4451.39 M4426	동해안	후포 등대 Hupo	36-40.86N 129-27.72E	994403585	16K0F1D 161.975 162.025	12.5	25	3분주기 발사
4451.40 M4404.1	동해안	사라말 동방등표 Saramal	35-59.50N 129-34.43E	994403593	16K0F1D 161.975 162.025	12.5	25	3분주기 발사
4451.41 M4430.2	동해안	왕돌초 등표 Wangdolcho	36-43.14N 129-43.94E	994403587	16K0F1D 161.975 162.025	12.5	25	3분주기 발사
4451.42 M4403.85	동해안	석마암 등표 Seongmaam	35-55.73N 129-32.41E	994403594	16K0F1D 161.975 162.025	12.5	25	3분주기 발사
4451.43 M4411.4	동해안	포항신항 도등(전등) Pohangsin Hang	36-01.26N 129-25.43E	994403567	16K0F1D 161.975 162.025	12.5	25	3분주기 발사
4451.44 M4411.41	동해안	포항신항 도등(후등) Pohangsin Hang	36-00.90N 129-24.66E	994403566	16K0F1D 161.975 162.025	12.5	25	3분주기 발사
4451.45 M4410.9	동해안	영일만항 북방파제남단등대 Yeongilmansin Hang	36-05.36N 129-27.83E	994403568	16K0F1D 161.975 162.025	12.5	25	3분주기 발사
4451.46 M4410.94	동해안	영일만항 남방파세북단등대 Yeongilman Hang	36-05.47N 129-27.23E	994403592	16K0F1D 161.975 162.025	12.5	25	

16K0F1D	12.5	25
161.975		
162.025		

항로표지명 및 번호색인
INDEX OF AIDS TO NAVIGATION
독도등대 1278

독도 기상청파고관측부표	1278.3
독도 등대	1278
독도 등대(AIS)	4451.36
독도 등대(Racon)	4104
독도 파고부이	1278.2

덕산항 남방파제등대	1257	도장 남광제B호등부표	2570.4
덕산항 북방파제등대	1258	도장포 등표	2165.8
덕암 등대	3290.6	도장항 남방파제등대	2555.4
덕우도 등대	2564	도장항 북방파제남단등대	2555.3
덕월항 남방파제등대	2318.2	도장항 북방파제북단등대	2555.2
덕월항 북방파제등대	2318.3	도장항 위븐A호등부표	2563.2
덕적도 남방등표	3366.8	도청항 위븐B호등부표	2563.3
덕적도 북동방등부표	3364	도초도 등표	3116
덕적도 서방해양기상관측부표	3366	도초도 등표	3107
덕적도 해경계선등부표	3364.2	도토머리도 등표	3162.5
덕적도항 방파제등대	3365	도투마리암 등대	2093
덕적소야교 교량등	3364.5	독거도 등대	3027
덕천 해양관측부표	1266.6	독거도 등대(AIS)	4601.14
덕촌항 장흥1호등주	2566.7	독도 기상청파고관측부표	1278.3
덕촌항 장흥2호등주	2566.8	독도 등대	1278
덕촌항 장흥8호등주	2566.11	독도 등대(AIS)	4451.36
덕포항 잠제등부표	2155.2	독도 등대(Racon)	4104
도남어항 파제제등단등대	2222.3	독도 파고부이	1278.2
도남어항 파제제서단등대	2222.4	돈서 등표	3051.2
도남항 동방파제등대	2221	돈서 등표(AIS)	4601.48
도남항 서방파제등대	2222	돈지항 방파제등대	2245.1
도남항 파제제등단등대	2223	돈힌여 등표	2091
도남항 파제제서단등대	2224	돈헌여 등표(AIS)	4532.1
도내포 계선1호부표	2135.9	돈헌여 등표(Racon)	4108.4
도내포 계선2호부표	2135.10	돌끝여 등표	2203.5
도내포 계선3호부표	2135.11	돌산 삼부토건A호등부표	2469.8
도내포 계선4호부표	2135.12	돌산 삼부토건B호등부표	2469.9
도내포 계선5호부표	2135.13	돌산 삼부토건C호등부표	2469.10
도내포 계선6호부표	2135.14	돌산 여수시A호부표	2469.6
도내포 계선7호부표	2135.15	돌산 여수시B호부표	2469.7
도내포 계선8호부표	2135.16	돌산 여수해양A호등부표	2455.9
도내포 계선9호부표	2135.17	돌산 여수해양B호등부표	2455.10
도내포 계선10호부표	2135.18	돌산대교 교량등	2466
도농단 등표	2659.5	돌산도 등대	2467
도동 등대	1275	돌산항 동방파제등대	2469.5
도동 등대(무신호)	4313	돔고항 방파제등대	2568.8
도동 등대(AIS)	4451.34	동강 등대	2256
도두사수항 방파제등대	2681.1	동강 등대(AIS)	4539.1
도두항 남방파제등대	2680	동귀항 동방파제등대	2678.7
도두항 북방파제등대	2681	동김녕항 북방파제등대	2699.1
도룡남도 등대	2566	동도 등표	2232
도리도 A호등부표	3434	동도 등대(AIS)	4538
도리도 등대	3422	동리항 방파제등대	2067.89
도마서 등표	2139.3	동만도 등부표	3670.3
도이두지 등대	2569	동대대교 교량등	3206.1
도장 남광제A호등부표	2570.3	동백도 등대	3369

등대표
(한국연안)

등 대 표
(한국연안)

LIST OF LIGHTS AND FOG SIGNALS
(2021. EDITION)

해양수산부
국립해양조사원

등대표 색인도(INDEX MAP)

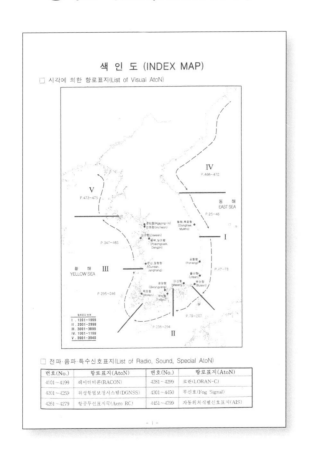

Index Map of East Coast
동해안 색인도(울릉도, 독도)

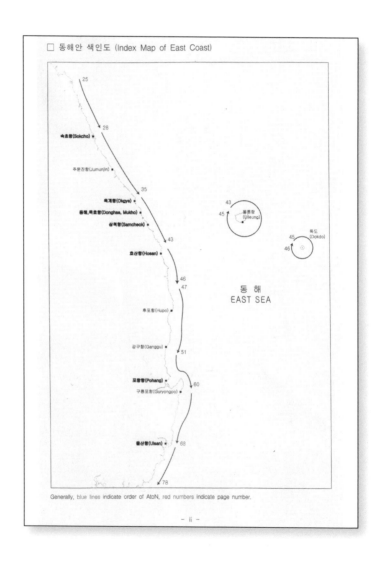

Dokdo로 명기된 독도등대
Dokdo(37° 14.26'N, 131° 52.19'E)
독도 등대번호 : 1278 국제등대번호 : M4440

에 의한 항로표지

제2장
시각에 의한 항로표지

1278	독도		37-14.36N	Fl W 10s
M4440	등대		131-52.19E	
	Dokdo			

한국연안 - 동해안[East Coast of S. Korea]

번 호	명 칭	위 치	등 질	등고	광달 거리	도색·구조 높이	기 사
1276.2 M4445.55	사동1리항 방파제조사등 Sadong Hang	37-28.49N 130-53.74E	F W	9.5		조사등 6	
1276.3	통구미 울릉군A호등부표 Tonggumi	37-27.50N 130-51.45E	Fl(2) Y 6s		7	황 망대형	
1276.4	통구미 울릉군B호등부표 Tonggumi	37-27.57N 130-51.37E	Fl(2) Y 6s		7	황 망대형	
1276.5	울릉사동항 북방파제등대 Ulleungsadong Hang	37-27.88N 130-53.07E	Fl R 4s	11	8	홍 원형 강관조 7.5	
1276.8 M4445.3	울릉사동항 동방파제등대 Ulleungsadong Hang	37-27.88N 130-53.28E	Fl G 4s	21	10	백 원형 콘크리트조 10.8	
1276.9 M4445.4	울릉사동항 방파호안동주 Ulleungsadong Hang	37-27.65N 130-52.80E	Fl R 4s	11	9	홍 원형 철조 7	
1276.10	울릉사동항 기상청파고관측부표 Ulleungsadong Hang	37-28.28N 130-54.02E				황 구형	
1276.11 M4444.5	남양항 남방파제등대 Namyang Hang	37-27.94N 130-50.08E	Fl G 5s	20	8	백 원형 콘크리트조 10	
1276.12 M4444.5	남양항 남방파제조사등 Namyang Hang	37-27.94N 130-50.08E	F W	20		조사등 10	
1277 M4445	가두봉 등대 Gadubong	37-27.21N 130-52.45E	Fl W 5s	21	20	백 8각 콘크리트조 15	명호 : 270°~110° 항해 목표용 표지
1277.1	통구미 A호등부표 Tonggumi	37-27.28N 130-52.03E	Fl(4) Y 8s		8	황 망대형	특수표지
1277.2	통구미 B호등부표 Tonggumi	37-27.38N 130-52.05E	Fl(4) Y 8s		8	황 망대형	특수표지
1277.3	울릉도 남서방기상청파고부표 Ulleungdo	37-26.53N 130-29.99E				황 구형	
1278 M4440	독도 등대 Dokdo	37-14.36N 131-52.19E	Fl W 10s	104	25	백 원형 콘크리트조 15	명호 : 140°~117° 레이콘(No.4104)

104	25	백 원형 콘크리트조 15	명호 : 140°~117° 레이콘(No.4104)

독도 Dokdo
한국해양과학기술원
해안관측등부표
파고부이
기상청 파고 관측부표

1278.1	독도 한국해양과학기술원 해안관측등부표 Dokdo	37-14.58N 131-52.48E	Fl(5) Y 20s
1278.2	독도 파고부이 Dokdo	37-14.24N 131-52.17E	
1278.3	독도 기상청파고관측부표 Dokdo	37-14.32N 131-52.28E	

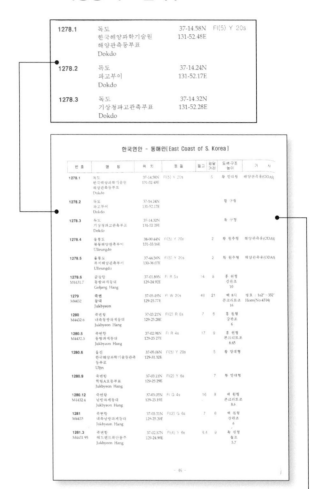

파에 의한 항로표지

제3장

전파에 의한 항로표지
LIST OF RADIO AIDS TO NAVIGATION

4104	동해안	독도		37-14.36N	K
M4440		등대		131-52.19E	- - -
		Dokdo			

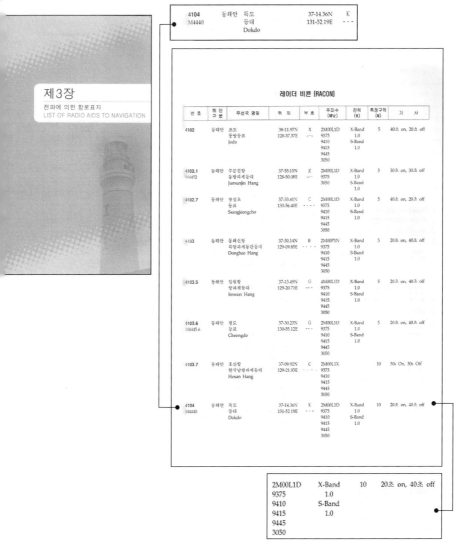

레이더 비콘 (RACON)

번호	해안구분	무선국 명칭	위치	부호	주파수 (Mhz)	전력 (W)	측정구역 (M)	기사
4102	동해안	조도 동방등표 Jodo	38-11.97N 128-37.37E	X ····	2M00L1D 9375 9410 9415 9445 3050	X-Band 1.0 S-Band 1.0	5	40초 on, 20초 off
4102.1 M4452	동해안	주문진항 동방파제등대 Jumunjin Hang	37-53.15N 128-50.08E	Z ···	2M00L1D 9375 3050	X-Band 1.0 S-Band 1.0	5	30초 on, 30초 off
4102.7	동해안	쌍정초 등표 Ssangjeongcho	37-33.41N 130-56.40E	C	2M00L1D 9375 9410 9415 9445 3050	X-Band 1.0 S-Band 1.0	5	40초 on, 20초 off
4103	동해안	동해신항 북방파제등단등대 Donghae Hang	37-30.14N 129-09.85E	B	2M00P1N 9375 9410 9415 9445 3050	X-Band 1.0 S-Band 1.0	5	20초 on, 40초 off
4103.5	동해안	임원항 방파제등대 Imwon Hang	37-13.49N 129-20.71E	G ···	4M00L1D 9375 9410 9415 9445 3050	X-Band 1.0 S-Band 1.0	5	20초 on, 40초 off
4103.6 M4445.6	동해안	청도 등표 Cheongdo	37-30.25N 130-55.12E	G ···	2M00L1D 9375 9410 9415 9445 3050	X-Band 1.0 S-Band 1.0	5	20초 on, 40초 off
4103.7	동해안	호산항 한국남방파제등대 Hosan Hang	37-09.92N 129-21.93E	C	2M00L1X 9375 9410 9415 9445 3050		10	30s On, 30s Off
4104 M4440	동해안	독도 등대 Dokdo	37-14.36N 131-52.19E	K ···	2M00L1D 9375 9410 9415 9445 3050	X-Band 1.0 S-Band 1.0	10	20초 on, 40초 off

2M00L1D	X-Band	10	20초 on, 40초 off
9375	1.0		
9410	S-Band		
9415	1.0		
9445			
3050			

특수 항로표지

제5장

특수 항로표지
SPECIAL AIDS TO NAVIGATION

4451.36	동해안	독도			37-14.36N	994403584
M4440		등대			131-52.19E	
		Dokdo				

자동위치식별신호표지 [AIS]

번 호	해안구분	명 칭	위 치	MMSI 번호	주파수 (Mhz)	출력 (W)	측정구역 (M)	기
4451.32 M4446.4	동해안	쌍정초 등표 Ssangjeongcho	37-33.41N 130-56.4E	994403583	16K0F1D 161.975 162.025	12.5	25	
4451.33 M4444	동해안	울릉도 등대 Ulleungdo	37-31.08N 130-47.86E	994403580	16K0F1D 161.975 162.025	12.5	25	
4451.34	동해안	도동 등대 Dodong	37-29.22N 130-55.17E	994403582	16K0F1D 161.975 162.025	12.5	25	
4451.35 M4445	동해안	가두봉 등대 Gadubong	37-27.21N 130-52.45E	994403581	16K0F1D 161.975 162.025	12.5	25	
4451.36 M4440	동해안	독도 등대 Dokdo	37-14.36N 131-52.19E	994403584	16K0F1D 161.975 162.025	12.5	25	
4451.37 M4432	동해안	죽변 등대 Jukbyeon	37-03.49N 129-25.77E	994403586	16K0F1D 161.975 162.025	12.5	25	3분주기 발사
4451.38 M4406	동해안	호미곶 등대 Homigot	36-04.66N 129-34.14E	994403591	16K0F1D 161.975 162.025	12.5	25	3분주기 발사
4451.39 M4426	동해안	후포 등대 Hupo	36-40.86N 129-27.72E	994403585	16K0F1D 161.975 162.025	12.5	25	3분주기 발사
4451.40 M4404.1	동해안	사라말 동방향표 Saramal	35-59.50N 129-34.43E	994403593	16K0F1D 161.975 162.025	12.5	25	3분주기 발사
4451.41 M4430.2	동해안	왕돌초 등표 Wangdolcho	36-43.14N 129-43.94E	994403587	16K0F1D 161.975 162.025	12.5	25	3분주기 발사
4451.42 M4403.85	동해안	석마암 등표 Seongmaam	35-55.73N 129-32.41E	994403594	16K0F1D 161.975 162.025	12.5	25	3분주기 발사
4451.43 M4411.4	동해안	포항신항 도등(전등) Pohangsin Hang	36-01.26N 129-25.43E	994403567	16K0F1D 161.975 162.025	12.5	25	3분주기 발사
4451.44 M4411.41	동해안	포항신항 도등(후등) Pohangsin Hang	36-00.90N 129-24.66E	994403566	16K0F1D 161.975 162.025	12.5	25	3분주기 발사
4451.45 M4410.9	동해안	영일만신 북방파제남단등대 Yeongilmansin Hang	36-05.36N 129-27.83E	994403568	16K0F1D 161.975 162.025	12.5	25	3분주기 발사
4451.46 M4410.94	동해안	영일만항 남방파제북단등대 Yeongilman Hang	36-05.47N 129-27.23E	994403592	16K0F1D 161.975 162.025	12.5	25	

16K0F1D 161.975 162.025	12.5	25

PART Ⅲ
독도등대와 미국등대표

1. 미국등대표 보는법

1. 등대표

등대표(List of Lights)는 등대 및 기타 해상 항해 보조 장치를 설명하는 간행물이다. 등대표는 대부분 국가 수로국에서 발행하며, 미국과 영국을 비롯한 일부 국가에서는 전 세계를 포괄하는 등대표를 여러 권으로 발행한다. 일부 국가에서는 자국 해안만 포함하는 등대표를 발행하고 있다.

영국 : 일반적으로 "The Admiralty"로 알려진 영국 수로국(United Kingdom Hydrographic Office)은 14권으로 전 세계를 포괄하는 등대표를 발행하고 있으며 지리적으로 구분되어 있다. 등대표는 1년 주기로 발행되고 있다.

2. 미국 등대표

미국의 등대표는 미국 본토와 관련 제도를 포함한 총 7권으로 발행하고 있다. 각권(Vol)의 항로표지 배치는 우선적으로 해안항로표지(Seacoast Marks)를 배치하고, 그 다음 항입구 접근수역, 그리고 항만내 항로표지를 외해로부터 항해의 종착지점 순으로 기재하고 있다. 등대표는 1년 주기로 발행되고 있다.

등대표 앞에는 미국의 항법 시스템 보조 장치에 대한 설명, 등화범위 도표, 지리적 방위표및 기타 정보가 개재되어 있다. 미국정부의 기구개편에 따라 현재 NGA(미국국립지리정보국)가 전 세계를 포괄하는 등대표를 간행하고 있는데, 한국, 일본, 중국 등은 PUB 112 구역에 포함되어 있다

미국등대표 구역도

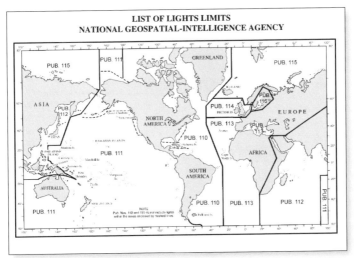

PUB 112에 한국 중국, 일본 인도와 동남아시아,
중동국가 등이 포함되어 있다.

3. PUB NO. 112에서의 독도등대

미국 해군수로국은 미국을 중심으로한 PUB NO. 30을 발행해왔으나 제2차 세계대전 종전과 함께 전세계적인 항해환경의 변화에 따라 전세계를 포괄하는 등대표를 발행하였다.

독도가 포함되는 PUB. NO. 31은 초판이 1958년부터 발행되었으며, 제3판인 1963년부터는 PUB NO. 112로 바뀌어 발행하고 있다.

PUB. NO. 31(1959년판)에 1954년 8월 10일 점등한 독도등대가 처음으로 대한민국의 등대로 Takeshima(Liancout Rocks)로 등재되었고, PUB. NO.31(1961년판)에는 대한민국의 등대로

LiancoutRocks(Takeshima)(Japan)이란 명칭으로 등재되었다가 대한민국이 세계등대협회에 1962년 가입한 이후 발행된 1963년판에는 PUB. NO.31이 PUB. NO.112로 바뀌고 독도등대가 Tokto(Liancourt Rocks)로 정정되어 등재되었다. 3판 만에 독도가 제이름을 찾게된 것이다.

그 이후 매년 새로운 판이 발행되었다.

독도등대가 건설된지 50년만인 2004년에 독도가 Tokto로 단독으로 등재되었으며, 현재는 한국의 로마자 정책에 따라 독도가 Dokdo로 사용하는 것을 따라 Dokto로 등재되어 있다.

4. 등대표는 주요 지역별로 발행

미국등대표는 간행물 numbers 110부터 116까지 7권으로 발행되고 있다. 각 권에는 외국 정부가 관리하거나 해당 권한 하에 있는 항법에 대한 등화 및 기타 보조 장치가 포함되어 있다.

각 권은 정의된 지리적 영역에 해당하며 항해 차트에 편리하게 표시할 수 있는 것보다 항해 보조 장치에 대한 더 완전한 정보를 포함하고 있다. 새로운 판은 모든 권(Vol)을 매년 발행하고 있다.

5. 미국등대표에서의 독도명칭 변천

1959년 미국 등대표인 PUB. NO. 31은 독도등대를 대한민국(Korea)의 등대로 최초로 등재하였다. 그러나 명칭은 Take Shima(Liancourt Rocks)로 표기하였다.

그 뒤 1961년 6월 3일 제 2판을 발행하면서 독도등대를 대한민국(Korea)의 등대로 등재하면서 명칭은 TakeShima(Liancourt Rocks)(Japan)로 표기하면서 (Japan)을 부가하였다. 원인은 밝혀지지 않았지만 독도등대를 대한민국(Korea)의 등대로 등재한 상태에서 TakeShima(Liancourt Rocks)(Japan)라고 표기한 것이다.

그러나 1963년에 제3판을 발행하면서 독도등대의 명칭을 바꾸었다. 대한민국이 1954년 독도등대의 건립사실을 전세계에 통고할 때 사용되었던 Tokto란 독도명칭이 독도등대의 명칭으로 등재되었다.

그 이면에는 1962년에 대한민국이 세계등대협회에 가입하고 독도등대 건립사실을 전세계에 알린 결과로 사료된다.

그 이후 1963년에는 Tokto(Liancourt Rocks)란 독도등대의 명칭이 등재되었고, 이 명칭은 매년 계속 등재되었고, 2004년부터는 Liancourt Rocks없이 Tokto로 단독으로 등재되었다. 2018년도 부터는 한국등대표의 로마자화 정책의 영향으로 Dokdo를 사용한 것과 같은 독도명칭인 Dokto로 바뀌었고, 이 명칭은 지금현재도 등재되고 있다.

한편 독도등대는 최초로 미국 등대표에 등재된 1959년부터 현재까지 65년간 변함없이 대한민국(Korea)의 등대로 등재되었다.

6. 미국등대표에서의 독도등대의 위치

독도등대의 위치는 1959년 초판에서 37도15N, 131도 52분E가 등재된 이래 1994년까지 35년간 똑같은 위치로 등재되었다.

1994년판에서 37도14.9분N, 131도 52.3분E으로 바뀌고, 2000년에 37도14.2분N, 131도 52.2분E로, 2018년에 37도14.4분N, 131도 52.2분E로 바뀌어 지금에 이르고 있다.

그리고 독도등대 번호는 1959년에 18855, 국제번호는 F4440으로 등재되고, 그 후 독도등대번호는 1994년에 18855에서 16548로 바뀌며 국제등대번호인 F4440은 2008년에 M4440으로 바뀌어 현재에 이르고 있다. 현재에도 M4440으로 등재되어 있다.

2. 미국등대표와 독도등대

1958년 6월 28일 미 해군 수로국 발행
H.O. PUB. NO. 31

H.O. PUB. NO. 31

PART III
FIRST EDITION

UNIVERSITY
OF MICHIGAN

MAR 25 1959

LIBRARY

LIST OF LIGHTS
AND FOG SIGNALS

ISLANDS OF THE PACIFIC AND INDIAN OCEANS
AUSTRALIA, ASIA, AND THE EAST COAST
OF AFRICA

January 24, 1959
(Including Notice to Mariners No. 4 of 1959)

Published by the U. S. Navy Hydrographic Office under
the authority of the Secretary of the Navy

UNITED STATES
GOVERNMENT PRINTING OFFICE
WASHINGTON: 1959

Parts for sale by authorized Sales Agents of the U.S. Navy Hydrographic Office.

Price 60 cents

[출처] 미 해군 수로국 H.O. PUB. NO. 31

미 해군 수로국 발행

제2차 세계대전 후 미국이 주도하는 새로운 국제환경에 적응하고,
세계적인 등대의 중요성에 부응하기 위해 새로운 등대표를 발행했다.
미국의 LIST OF LIGHTS AND FOG SIGNALS은 1958년 6월 28일 초판이
발행되었다. LIST OF LIGHTS AND FOG SIGNALS은
세계를 6개 구역으로 나누고, 한국은 NO.31에 속하게 되었다.
LIST OF LIGHTS AND FOG SIGNALS HO. PUB. NO. 31(초판)은
PART Ⅰ에서 PART Ⅷ까지 발행되었으며, 한국이 속한 PART Ⅲ은
1959년 1월 24일 초판이 발행되었다.

PUB. NO. 31

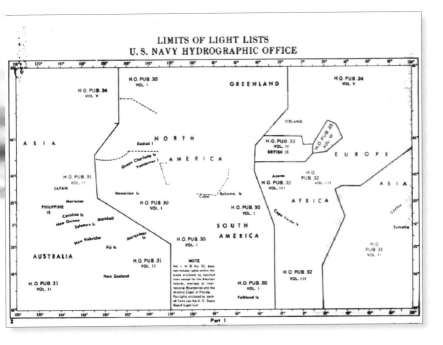

등대 세계 구역도

등대가 설치된 세계를 크게 6개 지역으로 나누었다. 그중 한국이 소속된 지역은
H. O. PUB 31(VOL Ⅱ)이며, 나중에 PUB 112로 바뀌었다. 이 구역에는 아시아 국가
들이 포함되어 있으며, 한국, 일본, 중국, 필리핀 등이 포함되어있다.

1959년 1월 24일 미 해군 수로국 발행
H.O. PUB. NO. 31
처음으로 독도등대 등재

울릉도(Uruon To at Hongnangap), 독도 등 한국의 등대들이 1959년 1월24일 미 해군 수로국이 발행한 H.O. PUB. NO. 31에 대한민국 등대로 등록되었다.

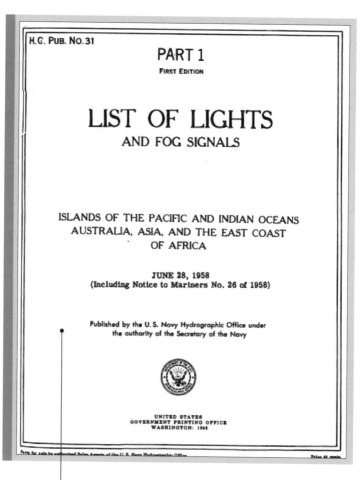

H.O. PUB. NO. 31

PART 1
FIRST EDITION

LIST OF LIGHTS
AND FOG SIGNALS

ISLANDS OF THE PACIFIC AND INDIAN OCEANS
AUSTRALIA, ASIA, AND THE EAST COAST
OF AFRICA

JUNE 28, 1958
(Including Notice to Mariners No. 26 of 1958)

Published by the U. S. Navy Hydrographic Office under
the authority of the Secretary of the Navy

UNITED STATES
GOVERNMENT PRINTING OFFICE
WASHINGTON: 1958

Parts for sale by authorized Sales Agents of the U. S. Navy Hydrographic Office.   Price 45 cents

미 해군 수로국 발행

PUB. NO. 31

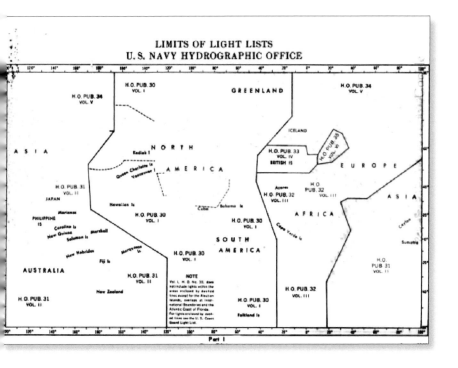

1959 등대 세계 구역도

등대가 설치된 세계를 크게 6개 지역으로 나누었다. 그중 한국이 소속된 지역은
H. O. PUB 31(VOL II)이며, 나중에 PUB 112로 바뀌었다. 이 구역에는 아시아 국가
들이 포함되어 있으며, 한국, 일본, 중국, 필리핀 등이 포함되어있다.

1959년 1월 24일 미 해군 수로국 발행
H.O. PUB. NO. 31

독도등대의 소속은 KOREA로 등재
처음으로 H.O.PUB. NO.31에 등재

13855 F7379	Take Shima (Liancourt Rocks).	37 15 131 52	Fl. W............ period 5ˢ

KOREA ¹

H. O. 31

No.	Name and location	Position. lat. long.	Characteristic and power	Height of light above high water (feet)	Visibility (nautical miles)	Structure, height (feet)	Sectors. Remarks. Fog signals
		N. E.				KOREA ¹	
18730 F 4488	Chongsik Tan (Chonsoku Kutchi). U.	38 58 127 55	F. W............ Cp. 2,200	109	10	White square iron framework structure; 32.	
18740 F 4496	Kojo P'o, head of breakwater. U.	38 58 127 53	F. W............ Cp. 1,200	36	10	White square iron framework structure, 27.	
18750 F 4491	Changjŏn Hang (Chosen Ko), N. side of entrance. U.	38 45 128 12	Occ. W......... period 6ˢ lt. 3ˢ, ec. 3ˢ Cp. 1,200	267	20	White square iron framework structure, concrete base; 21.	Visible 158°–47° and 265°–279° over lowland S. of Chogadai Tan.
18760 F 4500	Suwŏn Dan (Suigen Tan).	38 41 128 22	Gp. Fl. W. (2)... period 15ˢ 2 fl. 3ˢ, ec. 12ˢ Cp. 1,500	134	17	White octagonal concrete structure; 50.	Visible 138°–348°. Siren: blast 5ˢ, silent 55ˢ.
18761	A Ya Jin...........	38 16 128 33	Fl. W........... period 6ˢ	73	8	White concrete column; 23.	Visible 175°–327°.
18762	Kuh Jin...........	38 27 128 28	Fl. W........... period 3ˢ	275	20		Visible 160°–333°.
18764	Sokch'o...........	38 13 128 36	Gp. Fl. W. (4).. period 45ˢ Cp. 40,000	157	20	White cylindrical tower; 33.	Visible 156°–33°.
18780 F 4509	CHUMUNJIN HANG (CHUMONSHIN KO): — Chumun Jin..... (Chumonshin) Tan N. of town.	37 54 128 50	Alt. W–R....... period 6ˢ Cp. 200	131	17	White cylindrical brick structure; 36.	Visible 148°–25°.
18790 F 4508	— S. head of E. breakwater. U.		Fl. R........... period 4ˢ	21	5	Red square iron framework structure; 18.	
18800 F 4514	— E. head of S. breakwater. U.		F. G........... Cp. under 100	21	4	White square iron framework structure; 13.	
18810 F4512	Mukho Hang, head of S. breakwater.	37 32 129 07	F. G............	36	3	White square iron structure; 33.	
18820 F 4500	CHOKOKA HANG (TEIKA KO): — Head of N. breakwater. U.	37 26 129 12	F. R........... Cp. under 100	16	5	Red concrete pillar; 16.	
18830 F 4526	— Head of S. breakwater. U.	37 26 129 12	F. W...........	16	3	White concrete column; 15.	
18840 F 4520	Soyari, on Sail Tan.. U.	37 19 129 18	F. W...........	367	5	White square wooden structure.	
18848 F5486	Ururyon Tō at Hyongnangap.	37 29 130 53	Fl. W........... period 4ˢ	664	17	Square concrete structure; 13.	
18849 F4444	Jook Am...........	37 33 130 54	Gp. Fl. W. (3)... period 7ˢ	262	12	White square iron structure; 17.	Visible 77°–302°.
18850 F4444	Wool Nung Do......	37 31 130 48	Fl. W........... period 12ˢ	398	27	White concrete tower; 25.	Visible from 2°–346°.
13855 F7379	Take Shima (Liancourt Rocks).	37 15 131 52	Fl. W........... period 5ˢ	411	15		Visible 140°–146°, 150°–179°, 180°–205°, 210°–116°.

¹Lights on the coast of Korea are unreliable, being frequently extinguished and of irregular characteristics.

Jan. 1959   PART III   171
First Edition

411	15	....	Visible 140°–146°, 150°–179°, 180°–205°, 210°–116°.

독도등대의 소속은 한국

1954년 건립된 독도등대가 울릉도와 함께 한국(KOREA)등대에
처음으로 미국 해군수로국이 발행하는 등대표에 등재되었다.
독도등대의 소속국가이며 관할국가는 Korea로 등재.
독도등대의 미국등대번호는 18855, 국제등대번호는 F4440으로
등재되었다. 그러나 등대의 명칭은 Take Shima(Liancourt Rocks)였다.

명칭이 Take Shima(Liancourt Rocks)로 등재된 것은
한국이 세계등대협회에 가입되기 전이었기 때문으로 사료된다.

H.O. PUB. NO. 112
1959년 1월24일 미 해군 수로국 발행

H. O. 31

Name	No.	Name	No.	Name	No.
Kisakata Ko	4068	Kosta Misaki	1422	Kwajalein	14018
Kinatsu Ko	5580	Kostian	42860	Kwak Tan	18410
Kishiwada Ko	7934	Kowa	6660	Kwae Tao	21797
Kisai ch	13590	Koyagi Seto Naka Se	12332	Kwantung	20657
Kita-Shiretoko Misaki	480	Koza Kawaguchi	7490	Kyobun To	19380
Kitadomari	7900	Kozusima	6020	Kyoga Misaki	2860
Kitsura Ko	4235	Kosny Partizan, Mys	17540	Kyonojom Shima	8708
Kitsune Shima	2090	Kosstvoudvishenskiy, Mys	17570	Kyusubu Sima	4346
Kiyobe Ko	1355	Krestovyy, Mys	16950	Kyuryupo Ko	19029
Klabat Bay	26850	Krigugse Mys	16590		
Klah Island	25860	Krishna Lightship	42210		
Klerks	18224	Kroe	27010	**L**	
Klikov Shoal Buoy	18280	Koolichiy, Ostrov	18200		
Klooster Kamp, Wya	13440	Kosnetskiy, Mys	16790	Labian, Tanjong	28724
Ko Saki	12870	Arui Bay	27020	Laha, Pulau	27270
Ko Seto	10920	Kuala Selangor	1960	Lahuan	28630
Ko Shima	7340	Kuala Selangor	25310	Lachlan	35170
Ko To	19270	Kuang-lu Tao	20250	Lady Bay	39680
Ko-saki Shima	9090	Kuantan, Sungei	24420	Lady Elliot Island	36890
Kobe Ko	8170	Kubu Batu Belayar	24850	Laen—see proper name	
Kobe Saki	4628	Kuchinotsu Ko	12270	Lahata	44175
Kobura Se	11995	Kudako Shima	9730	Lajat, Taedjung	27460
Kochi Ko	11340	Kudako Sudo	9730	Lakaria Hill	48061
Kadomari Ko	7450	Koji Kawaguchi	5100	Lamap Point	31162
Kudomari Wan	4290	Kuji Ko	5101	Lambert, Cape	30910
Koeala Nioeor	26640	Kuji Ushi Shima	4550	Lambert, Pointe	31370
Koge Saki	12390	Kukaka	10240	Lamu	46690
Kogashi Ko	1950	Kukuhan Island	28674.1	Langkawi, Pulau	26920
Kobaku Shi	20340	Komanishi Ko	1400	Langoy Island	15140
Kohama	2065	Kumihana Ko	2801	Langnam	24120
Koho Ko	18870	Kumpta Point	43570	Louis Ledge	15830
Kojii Hana	3470	Kunashiri Shima	700	Laut Strait	29001
Koki To	19341	Kundur Island	43860	Lava, Nos	49130
Kokutan Zaki	570	Kung-tung Tao	20980	Lava, Nosy	49034
Kokuzan To	19705	Kunisaki	10050	Lavrentiya Bukhta	16570
Kolanbugan	16230	Kunjit, Pulau	29070	Laznaeva, Mys	17570
Konaki	6820	Kupeng	30070	Le Bou's Bay	34530
Komainas Den	18480	Kara Saki	3288	Leeuwin, Cape	40960
Konatsujima Ko	10980	Kusabu Zaki	630	Legaspi	14370
Kosenotsu Ko	12020	Kusanan, Palau	28610	Legendre Island	41390
Komo Saki	11370	Kusasaki	11650	Lelari, Taudjung	26750
Komsan De	19180	Kurikawa	9340	Lemery	14580
Komasansai Shima	9590	Kuro Saki	3035	Lenn, Tg.	29730
Kone Shima	9400	Kuro Saki	4560	Lesovskogo Mys	16600
Kono Iahi	8930	Kuro Saki	12260	Leverson, Mys	571
Kono Se	9290	Kuro Shima	12760	Leveque, Cape	41530
Kono Shima	10155	Kuroso Se	12870	Lilnan Harbor	15980
Koeose Hana	3835	Kusakaki Shima	13050	Limasawa Island	15998
Kosotom Misaki	180	Kushi Shima	12950	Lin-Kao	20660
Kooura	12910	Kushiga Hana	11250	Linao, Point	14120
Koosaru Ko	4080	Kushikino Ko	11910	Lincoln, Port	40640
Kori Saki	4650	Kushikmo Ko	11960	Ling Sui Chiao	20795
Koro Island	31990	Kushima Ko	7495	Lingga, Pulau	36478
Korowaring Reef Buoy	27850	Kushiro Ko	857	Liptap, Cape	38575
Korsakovatiy	342	Kushiro Ko Buoy	857	Liras, Pulau	30130
Kosa—see proper name		Kutani Hana	8740	Lisa Mys	16660
Koshiki Naka Se	11984	Kutaka Jima	13195	Lisse, Ostrov	16840
Koshiki Shima	12860	Kute Ko	2145	Little Basses Rocks	43016
Koshika—see proper name		Katsugata Ko	1860	Little Fitzroy Island	36290
Koshine Syu	4810	Kutsugoto Saki	1870	Little Patienastan Islands	28970
Kosuji Hana	7458	Kutubdia	42310	Little Ocean Island	44730
Koisuake Se	12480	Kuwait	45180	Little Santa Cruz Island	16430
Kottoi	1970	Kuwana Ko	7000	Lochia Shan	21623
Kotoura Ko	8756	Kumetsova	40	Loetai	15670
Kouzume Jima	9530	Kwae Do	18420	Loganao, Point	47990

색인(INDEX)에는 Liancourt Rocks, TakeShima가 등재되지 못하였다.

H.O. PUB. NO. 112
(FORMERLY H.O. 31)

PART III
SECOND EDITION

LIST OF LIGHTS
AND FOG SIGNALS

ISLANDS OF THE PACIFIC AND INDIAN OCEANS
AUSTRALIA, ASIA, AND THE EAST COAST
OF AFRICA

3 June 1961
(Including Notice to Mariners No. 22 of 1961)

Published by the U. S. Navy Hydrographic Office under
the authority of the Secretary of the Navy

UNITED STATES
GOVERNMENT PRINTING OFFICE
WASHINGTON: 1961

미 해군 수로국 발행

미국수로국이 발행하는 LIST OF LIGHTS AND FOG SIGNALS H.O.
PUB. NO. 31이 NO. 112로 바뀌어 1960년 9월 24일 제2판이 발행되었다.
한국의 등대가 등재된 PART Ⅲ은 1961년 6월 3일 발행되었다.

PUB. NO. 112

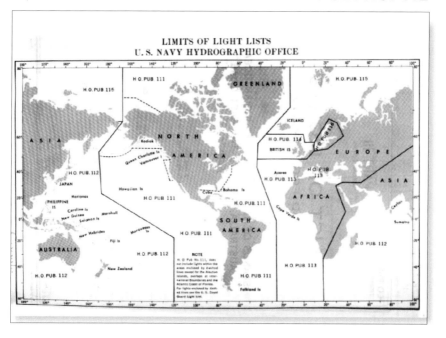

1961년 등대 세계 구역도
1961년 6월 3일 제2판 제3부에서는 구역지도가 세밀하게 묘사되고 한국지도가 들어가 있다.
등대가 설치된 세계를 크게 6개 구역으로 나누었다.
그 중 한국이 소속된 지역은 H.O. PUB 112이다. 이 구역에는 아시아 국가들이 포함되어
있으며, 한국, 중국, 일본, 호주, 필리핀 등이 포함되어 있다.

1961년 6월 3일 제2판 Part III
H.O. PUB. NO. 112

독도등대는 대한민국(KOREA)의 등대

독도등대는 대한민국(KOREA)의 등대로 한국영역에
울릉도, 독도가 함께 등재되었다.
그러나 한국소속(Korea)으로 등재되어 있지만 초판에는 없었던 일본
(Japan)이란 표시가 추가적으로 첨부되어 있는 이유는 알 수가 없다.

18855	Take Shima (Liancourt	37 15	Fl. W ....
F 7319	Rocks) (Japan).	131 52	period 5ˢ

H.O. 112

No.	Name and location	Position lat. long. ° ′	Characteristic and power	Height of light above high water (feet)	Visibility (nautical miles)	Structure, height (feet)	Sectors. Remarks. Fog signals
			KOREA¹				
18840 F 6436	Sail Tan	N. E. 37 18 U. 129 18	F. W	366	5	White square wooden structure.	
18848 F 6446	ULLUNG DO: — Dong, N. of town	37 29 130 55	Gp. Fl. W. (2) ...... period 4ˢ	664	17	White square concrete structure, 14.	
18849 F 6462	— NE. side of island ...	37 33 130 54	Gp. Fl. W. (2) ...... period 7ˢ	362	12	White square iron structure; 17.	Visible 77°–302°.
18850 F 6464	Tae Pung Gam	37 31 130 48	Fl. W .... period 25ˢ	398	27	White concrete tower; 25..	Visible from 2°–246°.
18855 F 7319	Take Shima (Liancourt Rocks) (Japan).	37 15 131 52	Fl. W .... period 5ˢ	416	15	White square metal column; 10.	Visible 140°–146°, 150°–179°, 180°–305°, 210°–116°.
18860 F 6632	Chakpyon Man (Yongdae Gap), N. point of Chak-pyou Man.	37 03 129 26	Fl. W .... period 15ˢ Cp. 100	360	8	White octagonal concrete structure, 52.	Visible 162°–352°.
18865	Chakpyou Man Bell Buoy ...	37 03 129 26	Fl. R		8		
18870 F 6478	HUP'O HANG: — E. head of detached breakwater. U.	36 41 129 28	Fl. G .... period 5ˢ Cp. 100	27	6	White square iron frame-work tower; 22.	
18880 F 6429	— W. head of detached breakwater. U.	....	Fl. R .... period 5ˢ	27	6	White square iron frame-work structure; 22.	
18890 F 6427	— Head of E. breakwater...	36 41 129 28	F. R .... Cp. under 100	33	6	Red iron skeleton struc-ture; 23.	
	— Auxiliary light	....	Fl. W .... period 4ˢ		......	Same structure.	
18900 F 6430	— Head of W. inner break-water. U.	....	F. G .... Cp. under 100	26	3	Red circular column, con-crete base; 22.	
18910 F 6431	— Head of inner E. break-water. U.	36 41 129 28	F. R .... Cp. under 100	23	4	Red iron skeleton struc-ture; 24.	
18920 F 6438	Ch'oksom	36 31 129 27	Fl. W .... period 5ˢ Cp. 100	287	10	Tower; 18	Fishing light.
18930 F 6420	— Head of S. breakwater ... U.	36 30 129 27	F. G .... Cp. under 100	33	5	White square iron tower; 30.	
18950 F 6414	KANGGU HANG: — Head of W. mole	36 21 129 24	F. W .... Cp. 200	27	10	White octagonal concrete structure; 24.	
18960 F 6410	— Spur of E. breakwater ...	....	F. R	34	5	White square iron frame-work structure; 30.	
18970 F 6416	— Head of E. breakwater ...	....	F. R .... Cp. under 100	36	9	White square iron frame-work structure; 32.	
18985 F 6412	— Head of W. breakwater ...	36 03 129 23	Fl. G .... period 5ˢ	24	10		

¹ Lights on the coast of Korea are unreliable, being frequently extinguished and of irregular characteristics.

Part III
including H.M. 22/61.

Second Edition
3 June 1961

176

416	15	White square metal column; 10.	Visible 140°–146°, 150°–179°, 180°–205°, 210°–116°.

Index에서 Take Shima와 Liancourt Rocks 모두 없다.

H. O. 31

Kisakata Ko	4068	
Kisarazu Ko	5580	
Kishiwada Ko	7934	
Kissi shi	13590	
Kita-Shiretoko Misaki	480	
Kitadomari	7900	
Kitsura Ko	4235	
Kitsune Shima	2000	
Kiyobe Ko	1355	
Klabat Bay	26850	
Klah Island	25860	
Klerks	18224	
Klikov Shoal Buoy	18280	
Kloster Kamp, Mys	17440	
Ko Saki	12820	
Ko Seto	10920	
Ko Shima	7340	
Ko To	19270	
Ko-saki Shima	9390	
Kobe Ko	8170	
Kobe Saki	4628	
Kobin Se	11995	
Kochi Ko	11140	
Kodomari Ko	7450	
Kodomari Wan	4290	
Koeala Nioer	26540	
Kogo Saki	12390	
Kogashi Ko	1950	
Kohaku Shi	20340	
Kohama	2065	
Kobo Ko	18870	
Kojin Hana	3470	
Koki To	19341	
Kokutan Zaki	570	
Kokuzan To	19705	
Kolumbugan	16230	
Komaki	6880	
Komalsan Dan	18480	
Komatsujima Ko	10980	
Komenotsu Ko	12020	
Komo Saki	11370	
Komun Do	19380	
Konagsami Shima	9590	
Kone Shima	9400	
Kono Ishi	8930	
Kono Se	9290	
Kono Shima	10155	
Konose Hana	3835	
Konotoro Misaki	180	
Kooura	12910	
Kooura Ko	4080	
Kori Saki	4650	
Koro Island	31990	
Korewelang Reef Buoy	27850	
Korsakorskiy	342	
Kosa—see proper name	
Koshiki Naka Se	11964	
Koshiki Shima	12860	
Koshka—see proper name	
Kosikine Syo	4810	
Kosugi Hana	7458	
Kotasuke Se	12480	
Kottoi	1970	
Kotoura Ko	8736	
Kourune Jima	9530	
Kouta Misaki	1422
Kovilan	42860
Kowa	6660
Koyagi Seto Naka Se	12332
Koza Kawaguchi	7490
Korusima	6020
Kresny Partizan, Mys	17540
Krestovozdvizhenskly, Mys	17570
Krestovyy, Mys	16950
Krisgeon Mys	16950
Krishna Lightship	42210
Kroe	27010
Krolichiy, Ostrov	18200
Kronotskiy, Mys	16790
Krui Bay	27020
Ku Do	19610
Kuala Selangor	25310
Kuang-lu Tao	20250
Kuantan, Sungei	24420
Kubu Bets Belayar	24850
Kuchinotsu Ko	12270
Kudako Shima	9730
Kudako Ssido	9730
Kuji Kawaguchi	5100
Kuji Ko	5101
Kuji Unhi Shima	4550
Kukuban Island	10240
Kukubas Island	28674. 1
Kumaishi Ko	1400
Kunihama Ko	2801
Kampta Point	43570
Kanashiri Shima	700
Kunderi Island	43860
Kungdung Tao	20980
Kunisaki	10050
Kunjit, Pulau	29070
Kupeng	30070
Kura Saki	3288
Kuraba Zaki	630
Kuraman, Pulau	28610
Kurasaki	11650
Kurikuwa	9340
Kuro Saki	3035
Kuro Saki	4565
Kuro Saki	12260
Kuro Shima	12780
Kuromo Se	12870
Kusakaki Shima	13050
Kushi Shima	12950
Kushiga Hana	11250
Kushikino Ko	11910
Kushikino Ko	11960
Kushimoto Ko	7495
Kushiro Ko	857
Kushiro Ko Buoy	857
Kusushi Hana	8740
Kutaka Jima	13195
Kute Ko	2145
Kutsugata Ko	1860
Kutsugato Saki	1870
Kutubdia	42310
Kuwait	45180
Kuwana Ko	7000
Kuznetsova	40
Kwae Do	18420
Kwajalein	14010
Kwak Tan	18410
Kwan Too	21797
Kwenteng	20650
Kyobun To	19380
Kyoga Misaki	2860
Kyonojoro Shima	8700
Kyuroku Sima	4246
Kyuryupo Ko	19020
L	
Labian, Tanjoeng	28724
Labu, Pulau	27270
Labuan	28630
Lachlan	35170
Lady Bay	39600
Lady Elliot Island	36890
Laem—see proper name	
Lahava	44170
Lajor, Tandjung	27460
Lakaria Hill	48861
Lamap Point	31182
Lambert, Cape	30910
Lambert, Pointe	3130
Lamu	46890
Langkuas, Pulau	26900
Langoy Island	15140
Langsuan	24120
Lauis Ledge	15830
Laut Strait	29001
Lava, Nosi	49130
Lava, Nosy	49034
Lavnentiya Ilukhta	16570
Lazarevo, Mys	17370
Le Bon's Bay	34530
Leeuwin, Cape	40950
Legaspi	14370
Legendre Island	41390
Lelari, Tandjung	26750
Lenery	14590
Lens, Tg	29790
Lenovokeon Mya	16680
Levenorn, Mys	371
Leveque, Cape	41530
Liloan Harbor	15980
Limasewa Island	15995
Lie-Kao	22660
Lisec, Point	14120
Lincoln, Port	40640
Ling Sui Chiao	22895
Lingga, Pulau	26470
Liptrap, Cape	38570
Liran, Pulau	30130
Lisa Nys	16640
Litke, Ostrov	16580
Little Basses Rocks	43010
Little Fitzroy Island	36290
Little Patenoster Islands	28970
Little Quoin Island	44730
Little Santa Cruz Island	16430
Lo-chia Shan	21650
Loay	15870
Logano, Point	47590

1963년 독도를 Tok to로 첫 등재

독도등대의 소속 및 관할국가인 Korea로 등재

1954년 8월 10일 등불을 밝힌지 9년만인 1963년 미 해군 수로국 발행
PUB NO. 112에 한국등대로 독도가 최초로 Tok to로 등재되었다.

H.O. PUB. NO. 112

LIST OF LIGHTS
AND FOG SIGNALS

WESTERN PACIFIC AND INDIAN OCEANS
INCLUDING THE PERSIAN GULF
AND RED SEA

Published by the U. S. Naval Oceanographic Office under
the authority of the Secretary of the Navy.

UNITED STATES
GOVERNMENT PRINTING OFFICE
WASHINGTON: 1963

For sale by authorized Sales Agents of the U. S. Naval Oceanographic Office.　　　Price: Including ring binder................$5.00
Contents only　　　$3.50

H.O. PUB. NO.31에서 NO. 112로 바뀌었다.

PUB. NO. 112

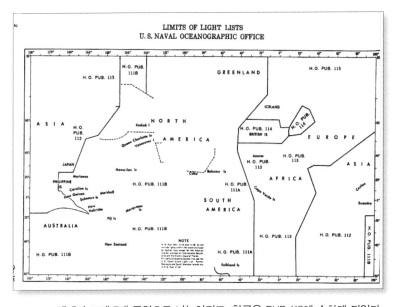

LIMITS OF LIGHT LISTS
U. S. NAVAL OCEANOGRAPHIC OFFICE

세계가 크게 7개 구역으로 나누어지고, 한국은 PUB 112에 속하게 되었다.

LIST OF LIGHTS
AND FOG SIGNALS

목 차
처음으로 contets 삽입

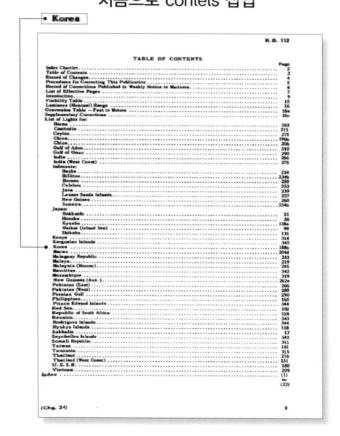

독도등대의 소속은 한국(Korea)으로 등재

1954년 8월 10일 독도등대에 등불을 밝힌지 9년만인 1963년 미국 해군 수로국이 발행한 PUB. NO. 112에 한국등대로 독도의 명칭이 최초로 Tokto로 등재되었다.

Tokto란 독도의 명칭은 1954년 8월 주한 미대사관이 본국으로 보낸 문서에 처음으로 표기된 독도의 명칭이다.

1963년 판부터는 PART Ⅰ, PART Ⅱ, PARTⅢ으로 나누지 않고 한책으로 발행되었고, 목차 등 새로운 체제로 발행되었다.

광달거리 환산표

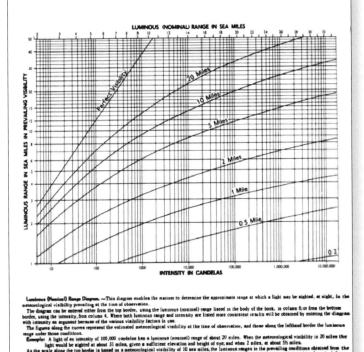

한국의 등대에 독도가
Tok to(Liancourt Rocks)로 최초로 등재

한국(KOREA) 등대에 독도가 Tok to(Liancourt Rocks)로 등재되었다.
위치는 37° 15'N, 131° 52'E로 독도등대의 미국 등대번호는 18855이며,
국제공인번호는 F 4440으로 등재되었다.

18855 F 4440	Tok to(Liancourt Rocks)	37 15 131 52	FL. W............... period 6ˢ

H.O. 112

(1) No.	(2) Name and location	(3) Position lat. long.	(4) Characteristic and power	(5) Height	(6) Range (miles)	(7) Structure, height (feet)	(8) Sectors. Remarks. Fog signals
		N. E.				**KOREA**	
18848 F 4444	ULLUNG DO: — Dong, N. of town	37 29 130 55	FL. W. period 4ˢ	664 202	15	White square concrete structure; 14.	
18849 F 4443	— NE. side of island	37 33 130 54	Gp. Fl. W. (2) period 7ˢ	362 110	7	White square iron structure; 17.	Visible 77°–302°.
18849.5	— Ch'onbu Hang, head of breakwater.	37 33 130 52	F. G.	27 8	6	White quadrangular iron framework structure; 23.	
18850 F 4446	— Tao Pung Gam	37 31 130 48	FL. W. period 25ˢ	398 121	27	White concrete tower; 25...	Visible from 2°–240°. Siren; 1 bl. ev. 50ˢ.
18852	— Kadabong, on Kaeyong Mal.	37 27 130 52	FL. W. period 5ˢ Gp. 151	105 32	7	White circular concrete structure; 16.	Visible 270°–110°.
18853	— Taeggumi	37 28 130 52	FL. W. period 3ˢ	43 13	6	White circular iron plate structure; 26.	Visible 245°–207°, 183°–122°.
18855 F 4440	Tok to(Liancourt Rocks)	37 15 131 52	FL. W. period 6ˢ	420 128	7	White circular concrete structure; 14.	Visible 147°–146°, 150°–179°, 187°–205°, 210°–116°.
18860 F 4432	Chukpyon Hun (Yongcho Gap), N. point of Chukpyon Hun.	37 03 129 26	FL. W. period 20ˢ fl. 1ˢ, ec. 19ˢ Gp. 100	161	19	White octagonal concrete structure; 52.	Visible 162°–352°. Horn; 1 bl. ev. 50ˢ.
18863	— W. breakwater	37 03 129 25	FL. G. period 3ˢ	33 10	4	White quadrangular iron framework; 27.	
18865	HUP'O HANG: — Hup'o	36 41 129 28	FL. W. period 10ˢ	210 64	21	White octagonal concrete tower; 34.	Visible 210°–14°.
18870 F 4430	— E. head of detached breakwater.	36 41 129 28	FL. G. period 5ˢ Gp. 100	27 8	4	White square iron framework tower; 22.	
18880 F 4429	— W. head of detached breakwater.	....	FL. R. period 3ˢ Gp. 300	27 8	10	Red square iron framework tower; 22.	
18890 F 4427	— Head of E. breakwater.	36 40 129 28	FL. R. period 3ˢ	36 11	5	Red iron skeleton structure; 22.	
18910 F 4425	— Head of inner E. breakwater.	36 41 129 28	F. R. Gp. under 100	22 7	4	Red iron skeleton structure; 34.	
18917	— Head of W. breakwater.	36 40 129 27	FL. G. period 3ˢ Gp. 14	40 12	3	White quadrangular iron framework structure on concrete base; 36.	
18920 F 4424	Ch'uksam	36 31 129 27	FL. W. period 9ˢ Gp. 100	287 87	6	Tower; 18	Fishing light.
18930 F 4420	— Head of S. breakwater	36 30 129 27	FL. G. period 3ˢ Gp. 65	33 10	6	White square iron tower; 30.	

Change No. 26, Including H. N. 9/73.   192   3 March 1973

420 128	7	White circular concrete structure; 14.	Visible 147°–146°, 150°–179°, 187°–205°, 210°–116°.

Index에는 Tokto, Liancourt Rocks 모두 등재되지 않았다.

H.O. 112

The Brothers	26240	Toks Shima	7929	Trincomalee	32140
The Brothers'	36190	Tokugo	6740	Tromelin Island	40260
Thethaikwia	31180	Tokuno Shima	13159	Trombe Karimun	24960
Thilawa	31160	Tokuno Shine	13150	Tuacheed-yo To	21684
Thinlwet	31190	Tokushima Ko	10940	Tsing Chau	22180
Three Brothers	17400	Tokuum	11410	Tsing I	22189
Theriyt Lightship	31230	Tokuyama Ko	10315	Tsing Yi Island	22189.5
Txing, Sungei	25355	Tokyo Wan	5490	Tsiof Island	30498
Tidepole Point	15150	Toledo	15675	Tsivil'ka, Ostrov	18170
Tins Pak Harbor	22616	Tulkenhvsv Point	33090	Tsu Keng	22712
Tint Sha	23250	Tolo Channel	22050	Tsu-Tiog	13585
Tiguro Ko	6445	Tolo Channel	15960	Tsu Ko	7140
Tignion River	14490	Tomakomai	1015	Tsu Saki	12530
Tikio Breakwater	10330	Tomanae Ko	1740	Tsubeki Ko	4208
Tikugs Hyakime	12265	Tomanae Saki	1750	Tsubura Kaye	12947
Tikure	5320	Tomri Aniva Kurshoweitiy, Mys	342	Tsubura Saki	11885
Tikure	5330	Tomari Ko	2530	Tsuchiaski Minato	4160
Tiksa, Pulas	25630	Tomi	13350	Tsuda Ko	8515
Tiksa, Pulau	27050	Tomie Ko	13000	Tsugaru Kaikyo	4310
Tiksam No So	13695	Tomino Ko	1930	Tsugaru Kaikyo	4430
Tilic, Port	14625	Tomike	10060	Tsuiki	10850
Timber, Ilha	38390	Tomioe Hana	12739	Tsuiyama	2770
Timoloovria	17651	Tomioe Hara Ko	7030	Tsuku Jima	13200
Timu	30970	Tominia	12060	Tsukumi Ko	11390
Tineca Point	16040	Tomioka Ko	13006	Tsukumi Shirs Ishi	11388
Tinou	16074	Tomls Ko Besih	7040	Tsukimo Wan	3360
Tjikonong, Tandjoong	27490	Tono Ko	8940	Tsumeki Ko	7266
Tjimiring	28400	Tomogs Shima	7680	Tsumeki Saki	5980
Te, Mya	17442	Tonyo Saki	13520	Tsunetani Saki	2991
To-No-Hana	11134	Tonda	11584	Tsuno Ko	11582
To Shima	12010	Tondi	21980	Tsuno Shima	1960
To Shinoye	690	Tong Lo Wan	22184	Tsurehene Deri	8058
Tobe Ko	6490	Tongbaru Yo	19995	Tsurmodai	2020
Tobe Ko	17230	Tongul Point	22034	Tsuriheko Yama	2245
Tobese Shima	12140	Tonoei	390	Tsurikabe Saki	11890
Tobate Kakuchi	16842	Tonoura Ko	11648	Tsure Shime	9860
Tobata Passage	10841	To Harbor	16070	Tsuraga Ko	3010
Tobi Shima	4060	Toryo Saki	1999	Tsuruga Han	3000
Tobi-Se	8990	Tortmoro Sho	9395	Tsuragi Saki	5480
Tobiga Sn Buoy	10560	Tori De	19880	Tsuruti Geun Oki	5730
Tobiishi	9635	Toriga Kaki	9715	Tsurushime Hana	7893
Tobintae, Mys	18090	Toriga Shima	2600	Tsushi Ko	7860
Tobo Ko	12391	Torigakshi Saki	3770	Tsushima	12745
Tobosli	26790	Torii Saki	4284	Tsushima Misaki	342
Tobechi Ko	360	Torn Ko	290	Tsutso Zaki	12838
Tobutan Saki	840	Torn Murotsu To	11120	Tsutsuishi Ko	3738
Todai Se	12610	Toss Nagasaka Bana	11385.5	Tsutsuishi Ko U Shime	3740
Toddeh Point	30190	Tosa Shimizu	11230	Tsutsumi Kawe	4380
Todo Jima	11450	Tosaka River	20260	Tsuwa Zaki	13875
Todo Saki	4590	Tosaki Hana	11590	Tsuyazaki Hana	12733
Todo Shima	1902	Tosha Hahashima	11248	Tsuyoshi Ko	12457
Todobokke Ko	1180	Toshi Ko	7280	Tubigon Point	15550
Todoro Ko	11540	Toshkin	13585	Tubof Sho	8582
Toga Ko	4212	Tottori Ko	2990	Tucier Beacon	33330
Togasae Ko	2099	Towantic Reef	36370	Tuji Harbor	30730
Togashio Shime	7442	Toyama Ko	3620	Tukisi	6970
Togawa Ko	5250	Toyama Sinko	3614	Tulhar	39800
Togi Ko	3230	Toyama Wan	3590	Tumen River	18330
Togucki Ko	13356	Toyama Wan	3620	Tumpat	24210
Tohac, Tanjoong	25029	Toyo Shima Se	9321	Tundjuk, Pulau	26350
Tohi Noga Ko	7282	Toyo Soda	10015	Tung Chiang	20570
Toi Ko	1205	Toyohama Ko	6750	Tung-hai-liau Tso	21310
Toi Misaki	11660	Toyokite Ko	7170	Tung-ku Tani	22837
Tojima Saki	7490	Tiyominaki Se	1795	Tung Kua Han	21790
Tojinga Hana	11050	Toyowm Ko	1130	Tung Kwu	22260
Tokanevabonga, Mya	28090	Tomberokungo, Ostrov	17820	Tung-pora Han	21738
Tokati Otua	897	Traog, Tanjoeng	28720	Tung-sha Chien-Tan	21360
Tokotoh Pu Kai	19995	Transverl Cove	40330	Tung-ting Han	21980
Tokousone Ko	6830	Transverse Range	40020	Tung-r'ing Shan	21660
Tokomseni Ko	10432	Tree Island	24690	Tung-shih Chien-Tan	22690
Tolonog, Tg	28910	Tri Sosta	17400	Tung-Yin Shan	21830
Tokoro Ko	535	Triad Beacon	35510	Tungto	22031

1966년 8월 20일

PUB. NO. 112에 독도가
Tok to(Liancourt Rocks)로 등재

CHANGE NO. 11 TO H.O. PUB. NO. 112

August 20, 1966
(Including N. M. 34, 1966)

LIST OF LIGHTS
AND FOG SIGNALS

WESTERN PACIFIC AND INDIAN OCEANS INCLUDING THE PERSIAN GULF AND RED SEA

Published by the U. S. Naval Oceanographic Office under
the authority of the Secretary of the Navy.

UNITED STATES
GOVERNMENT PRINTING OFFICE
WASHINGTON: 1966

For sale by authorized Sales Agents of the U. S. Naval Oceanographic Office.　　　　Price 50 cents

미국 해군해양국 발행

변경사항을 사용하기위한 권장절차

간행물 수정 변경사항

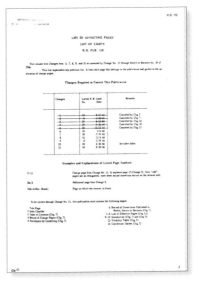

독도의 명칭은 Tok to

1954년 건립된 독도등대가 울릉도와 함께 한국(KOREA) 소속으로 등재되어 있
독도등대의 소속은 KOREA로 등재.
독도등대의 미국등대번호는 18855, 국제등대번호는 F4440으로 등재되었다.
등대의 명칭은 Tok to(Liancourt Rocks)로 등재되었다.

| 18855
F 4440 | Tok to (Liancourt Rocks)... | 37 15
131 52 | Fl. W..............
period 6ˢ | 416 |

H. O. 112

(1) No.	(2) Name and location	(3) Position lat. long.	(4) Characteristic and power	(5) Height (feet)	(6) Range (miles)	(7) Structure, height (feet)	(8) Sectors. Remarks. Fog signals
			KOREA				
		N. E.					
18848 F 4446	ULLUNG DO: — Dong, N. of town	37 29 130 55	Fl. W.............. period 4ˢ	664	15	White square concrete structure; 14.	
18849 F 4442	— NE. side of island	37 33 130 54	Gp. Fl. W. (2) .... period 7ˢ	362	7	White square iron structure, 17.	Visible 77°–302°.
18850 F 4444	— Tee Pung Gam	37 31 130 48	Fl. W.............. period 25ˢ	398	27	White concrete tower, 25...	Visible from 2°–246°. Siren: 1 bl. ev. 50ˢ.
18852	— Kadubong, on Kanyong Mal. U.	37 27 130 52	Fl. W.............. period 5ˢ Cp. 151	105	7	White circular concrete structure. 16.	Visible 270°–110°.
18855 F 4440	Tok to (Liancourt Rocks)...	37 15 131 52	Fl. W.............. period 6ˢ	416	7	White square metal column; 10.	Visible 140°–146°, 150°–179°, 189°–205°, 210°–116°.
18860 F 4432	Chukpyon Hon (Yongche Gop), N. point of Chukpyon Man.	37 03 129 26	Fl. W.............. period 20ˢ fl. 1ˢ, ec. 19ˢ Cp. 100	161	8	White octagonal concrete structure; 52.	Visible 162°–352°.
18862	— E. breakwater	....	Fl. R.............. period 3ˢ	39	5	Red iron quadrangular structure on concrete base, 32.	
18870 F 4438	HUP'O HANG: — E. head of detached breakwater. U.	36 41 129 28	Fl. G.............. period 5ˢ Cp. 100	27	4	White square iron frame- work tower; 22.	
18880 F 4439	— W. head of detached breakwater. U.	....	Fl. R.............. period 3ˢ Cp. 300	27	10	Red square iron framework- tower. 22.	
18855 F 4440	Tok to (Liancourt Rocks)...	37 15 131 52	Fl. W.............. period 6ˢ	436	7	White square metal column; 10.	Visible 140°–146°, 150°–179°, 189°–205°, 210°–116°.
18890 F 4427	— Head of E. breakwater.... U.	36 40 129 28	Fl. R.............. period 3ˢ	36	5	Red iron skeleton struc- ure, 32.	
18910 F 4431	— Head of inner E. break- water. U.	36 41 129 28	F. R.............. Cp. under 100	22	4	Red iron skeleton struc- ture, 24.	
18915	— Tonggi Sen	36 41 129 28	F. W..............	205	10	....	
18917	— Head of W. breakwater ..	36 40 129 27	Fl. G.............. period 3ˢ Cp. 14	40	3	White quadrangular iron framework structure on concrete base, 36.	

Change No. 12, Including N. M. 45/66.

192

5 November 1966

| 7 | White square metal column;
10. | Visible 140°–146°, 150°–179°,
180°–205°, 210°–116°. |

Index

H.O. 112

1–8	102a–9(Rev. Blank)	187–6	261–7
3–7	103–11	188a–6	262a–11
5–7	105–11	189–10	262c–11
7–11	106a–11 (Rev. Blank)	190a–10(Rev. Blank)	263–11
9–9	107–10	191–10	265–11
11–7	109–9	192a–8	267–11
13–7	111–10	193–7	269–8
15–7	112a–11	194a–11	271–11
17–11	113–11	194c–8	273–7
19–11	115–11	195–11	275–11
21–8	117–11	196a–10	277–11
23–9	119–9	197–10	279–11
25–11	121–11	198a–7	281–11
27–11	123–11	199–10	283–6
28a–9	125–10	200a–11	285–11
29–9	127–11	201–11	287–10
31–10	129–11	202a–11	289–10
33–11	131–11	203–8	291–9
35–10	132a–11	204a–11	293–10
37–11	133–11	204c–10	295–11
39–9	135–11	205–7	297–10
40a–5	137–11	207–9	299–10
41–10	138a–11(Rev. Blank)	209–9	301–11
43–9	139–10	211–11	303–7
45–11	141–11	212a–10 (disacrd)	305–11
47–9	143–11	213–11	307–9
49–11	145–11	215–11	309–11
51–11	147–11	217–11	311–11
52a–10	149–11	219–11	313–11
53–11	150a–11	221–11	315–8
55–9	151–11	223–9	317–6
57–9	153–10	225–11	319–6
59–10	154a–11	227–11	321–7
61–11	155–10	228a–9(Rev. Blank)	323–11
63–11	157–11	229–11	325–10
65–11	158a–11	231–11	327–10
67–10	158c–11	232a–11	329–9
69–11	159–10	232c–11	331–11
71–9	161–10	232e–9(Rev.Blank)	333–7
73–10	163–11	233–8	335–11
75–10	165–8	234a–8	337–10
77–11	167–10	235–11(Rev. Blank)	339–11
79–11	169–11	237–10	341–10
81–11	171–10	239–8	343–11
83–9	173–11	241–7	345–10
85–9	174a–11(Rev. Blank)	243a–11	347–10
87–11	175–11	245–8	349–10
89–8	177–9	247–11	351–10
91–9	179–11	249–11	353–10
93–11	181–11	250a–11(Rev. Blank)	355–10
94a–11(Rev. Blank)	182a–6	251–10	357–10
95–6	183–6	253–9	359–10
97–10	184a–6	255–11	361–10
99–10	185–10	257–10	363–10
101–11	186a–10	259–11	365–10

8

(Chg. 11)

1972
미국 등대표

1972년 5월 27일
PUB. NO. 112에 독도가
Tok to(Liancourt Rocks)로 등재

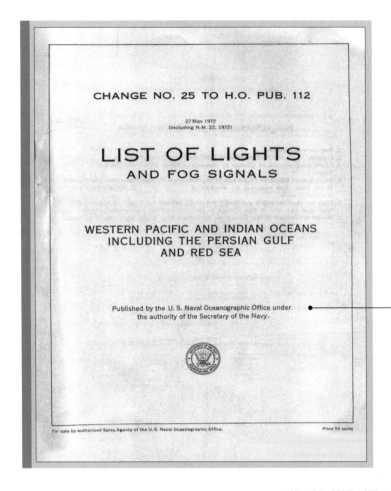

CHANGE NO. 25 TO H.O. PUB. 112

27 May 1972
(Including N.M. 22, 1972)

LIST OF LIGHTS
AND FOG SIGNALS

WESTERN PACIFIC AND INDIAN OCEANS
INCLUDING THE PERSIAN GULF
AND RED SEA

Published by the U. S. Naval Oceanographic Office under
the authority of the Secretary of the Navy.

For sale by authorized Sales Agents of the U.S. Naval Oceanographic Office.　　　Price 50 cents

미국 해군해양국 발행 ●

독도의 표준명칭은 Tok to

1954년 건립된 독도등대가 울릉도와 함께 한국(KOREA)등대에 등재되었다.

독도등대의 소속국이 KOREA로 등재되고

독도등대의 미국등대번호는 18855, 국제등대번호는 F4440로 등재되어 있다.

등대의 명칭은 Tok to(Liancourt Rocks)로 표기되었다.

변경사항을 사용하기위한 권장절차

SUGGESTED PROCEDURE FOR USING THIS CHANGE

1. Remove wire fastener.
2. Separate "List of Effective Pages" from remaining Change Pages.
3. Check completeness of Change by comparing Change Pages with List of Effective Pages.
4. Using List of Effective Pages as a guide, insert each Change Page in its proper place in the book, first removing the obsolete page being replaced. Set obsolete pages temporarily aside.
5. From the obsolete pages previously set aside, transfer the Notice to Mariners dated later than the date of this Change to the corresponding replacement pages.
6. Record application of this Change on the Record Page in the front part of the book.

1972
미국 등대표

H.O. 112에 있는 한국(KOREA)소속의 등대에 ULLUNG DO가 등재되어 있고
독도 Tok to(Liancourt Rocks)가 37° 15'N, 131° 52'E 위치에
미국 등대번호 18855와 독도의 국제번호인 F 4440으로 등재되어 있다.

18855 F 4440	Tok to(Liancourt Rocks) ...	37 15 131 52	Fl. W. period 6ˢ	420 128

H.O. 112

(1) No.	(2) Name and location	(3) Position lat. long.	(4) Characteristic and power	(5) Height	(6) Range (miles)	(7) Structure, height (feet)	(8) Sectors. Remarks. Fog signals
						KOREA	
	ULLUNG DO:	N. E.					
18848 F 4444	— Dong, N. of town ,.....	37 29 130 55	Fl. W. period 4ˢ	664 202	15	White square concrete structure, 14.	
18849 F 4442	— NE. side of island	37 33 130 54	Gp. Fl. W. (2) .... period 7ˢ	362 110	7	White square iron structure, 17.	Visible 77°–302°.
18849.5	— Ch'onbu Hang, head of breakwater.	37 33 130 52	F. G.	27 8	8	White quadrangular iron framework structure, 23.	
18850 F 4444	— Tae Pung Gam	37 31 130 48	Fl. W. period 25ˢ	398 121	27	White concrete tower, 25...	Visible from 2°–246°. Siren: 1 bl. ev. 50ˢ.
18852	— Kadubong, on Kanyong Mai. U.	37 27 130 52	Fl. W. period 5ˢ Cp. 151	105 32	7	White circular concrete structure, 16.	Visible 270°–110°.
18853	— Tongguni	37 28 130 52	Fl. W. period 3ˢ	43 13	6	White circular iron plate structure, 26.	Visible 245°–207°, 183°–122°.
18855 F 4440	Tok to(Liancourt Rocks) ...	37 15 131 52	Fl. W. period 6ˢ	420 128	7	White circular concrete structure, 14.	Visible 140°–146°, 150°–179°, 180°–205°, 210°–116°.
18860 F 4452	Chukpyon Han (Yongchu Gap), N. point of Chukpyon Han.	37 03 129 26	Fl. W. period 20ˢ fl. 1ˢ. ev. 19ˢ Cp. 100	361 49	19	White octagonal concrete structure, 52.	Visible 162°–352°. Horn: 1 bl. ev. 50ˢ.
18861	— W. breakwater	37 03 129 25	Fl. G. period 3ˢ	33 10	4	White quadrangular iron framework, 27.	
	HUP'O HANG:						
18865	— Hup'o	36 41 129 28	Fl. W. period 10ˢ	210 64	21	White octagonal concrete tower, 34.	Visible 210°–14°.
18870 F 4428	— E. head of detached breakwater. U.	36 41 129 28	Fl. G. period 5ˢ Cp. 100	27 8	4	White square iron framework tower, 22.	
18880 F 4429	— N. head of detached breakwater. U.	....	Fl. R. period 3ˢ Cp. 300	27 8	10	Red square iron framework tower, 22.	
18890 F 4427	— Head of E. breakwater. U.	36 40 129 28	Fl. R. period 3ˢ	36 11	5	Red iron skeleton structure, 22.	
18910 F 4431	— Head of inner E. breakwater. U.	36 41 129 28	F. R. Cp. under 100	22 7	4	Red iron skeleton structure, 24.	
18917	— Head of W. breakwater ...	36 40 129 28	Fl. G. period 3ˢ Cp. 14	40 12	3	White quadrangular iron framework structure on concrete base, 36.	
18920 F 4434	Ch'uksan	36 31 129 27	Fl. W. period 3ˢ Cp. 100	287 87	6	Tower, 18	Fishing light.
18930 F 4420	— Head of S. breakwater. U.	36 30 129 27	Fl. G. period 3ˢ Cp. 65	33 10	6	White square iron tower, 30.	

Change No. 25, Including N. M. 22/72.

192

27 May 1972

7	White circular concrete structure; 14.	Visible 140°–146°, 150°–179°, 180°–205°, 210°–116°.

수정 변경사항

H.O. 112

LIST OF EFFECTIVE PAGES
CHANGE 25 TO H. O. PUB. 112, LIST OF LIGHTS

Change 25 along with previous changes in effect corrects H. O. Pub. 112 through Notice to Mariners 22 dated 27 May 1972.

This list supersedes any previous list. It lists each page that belongs in the publication and guides in the application of change pages. Only "odd" page numbers are listed. Their reverse sides, or "even" pages, are taken for granted unless otherwise noted.

Changes Required to Correct This Publication

Changes	Latest N. M. Used		Remarks
	No.	Date	
15	39	9-28/67	Canceled by Chg. 25.
16	5	1/20/68	
17	12	3/23/68	
18	28	6-29-68	Canceled by Chg. 25.
19	42	10/19/68	
20	5	3/1/69	Canceled by Chg. 25.
21	30	7/26/69	
22	3	1/17/70	Includes complete new index.
23	29	7/18/70	
24	13	4/3/71	
25	22	5/27/72	

Examples and Explanations of Listed Page Numbers

43--25   Change page from Change No. 25. It replaces page 43 (Change 24). Only "odd" pages are so designated, even when actual correction occurs on the reverse side.

28a--25   Additional page from Change 25. To be inserted after page 28. Pages 28b, 28c, etc., if applicable, follow in alphabetical order.

64a--25 (Rev. Blank)   Page on which the reverse side is blank.

To be correct through Change No. 25, this publication must contain the following pages:

Title Page
2 Index Chartlet
3 Table of Contents
4 Record of Change Pages
5 Procedures for Correcting
6 Record of Corrections Published in
  Weekly Notice to Mariners

7--8 List of Effective Pages
9--14 Introduction
15 Visibility Table
16 Luminous Range Diagram
16a Conversion Table --
   Feet to Meters

1994년 3월 19일
Tok to(Liancourt Rocks)
PUB. NO. 112

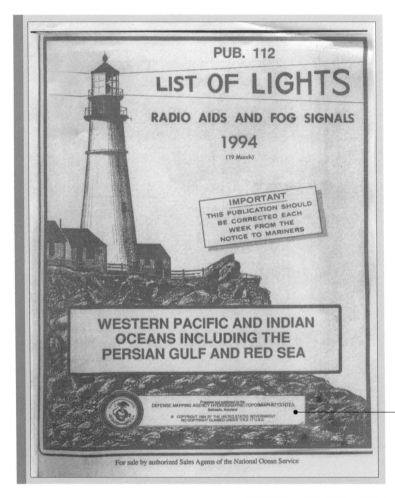

미국 국방부 지도제작국 수로센터 ●

독도의 명칭은 Tok To

1954년 건립된 독도등대가 울릉도와 함께 한국(KOREA)등대로 등재되었다.
독도등대의 소속국가인 KOREA로 등재.
독도등대의 미국등대번호는 18855, 국제등대번호는 F4440으로 등재되었다.
등대의 명칭은 Tok To(Liancourt Rocks)로 등재되었다.

독도의 위치는 37 13.9 N, 131 52.3 E
Index에 Tok To와 Liancourt Rocks 모두 등재되지 않았다.

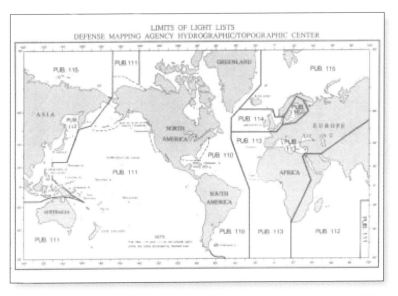

세계가 크게 7개 구역으로 나누어지고, 한국은 PUB. 112에 속해있다.
1990년대의 해양환경의 변화로 상세한 세계지도가 등장하였다.

목차의 전파비콘에 한국이 등재

● Korea... 441

Table of contents

Russia..180
Ryukyu Islands...150
Sakhalin...1
Seychelles..424
Singapore...257
Somalia...400
South Africa...411
Sri Lanka (Ceylon)...344
Taiwan..158
Tanzania...403
Thailand-East Coast...247
Thailand-West Coast..268
Vietnam..243
List of Radiobeacons:
Andaman Islands:
Bangladesh...436
Burma...436
China..440
Cocos Islands...437
Comoro Islands..433
Djibouti..433
Egypt..434
Ethiopia..433
Hong Kong...439
India...435
Indian Ocean..433
Indonesia..437
Iran...434
Japan...441
Kenya...433
● Korea..441
Madagascar..432
Malaysia...437, 438
Maldives...435
Mauritius..433
Mozambique...432
Nicobar Islands..436
Okinawa Gunto..439
Oman..434
Pakistan..434
Persian Gulf...434
Pescadores Islands...439
Philippines..439
Russia...443
Somalia...433
South Africa...431
Sri Lanka (Ceylon)...436
Sudan..434
Taiwan..439
Thailand..436
United Arab Emirates...434
Vietnam..438
Index-Lights...451
Index-Radiobeacons...475
Cross Reference-International vs. U.S. Light Number...............................477

IV

IALA의 부표와 비콘

1994
미국 등대표

H.O. 112에 있는 한국(KOREA)소속의 등대부분에
ULLUNG DO(37° 29'N, 130° 54'E)가 등재되어 있고
독도 Tok To(Liancourt Rocks)가 37° 14.9'N, 131° 52.3'E 위치에
독도의 미국 등대번호 16548와 국제번호인 F 4440으로 등재되어 있다.

16548 Tok To (Liancourt Rocks).   37 14.9   Fl.W.
F 4440   131 52.3   period 5ˢ

(1) No.	(2) Name and location	(3) Position	(4) Characteristic	(5) Height	(6) Range	(7) Structure	(8) Remarks
			KOREA				
	N/E						
	ULLUNG DO:						
16528 F 4440.5	--S. breakwater, head.		Fl.G. period 5ˢ	36 11		5 White octagonal structure; 21.	
16536 F 4443	-Ch'onbu Hang, head of breakwater.	37 32.6 130 52.4	Fl.G. period 4ˢ	29 9		5 White round concrete column; 25.	
16540 F 4444	-Tong'sng Gem.	37 31 130 48	Fl.W. period 25ˢ	561 171		18 White tower; 25.	Visible from 2°, 246°. Siren; 1 bl. ev. 50ˢ.
16544 F 4445	-Kanyong Mal.	37 27.3 130 52.5	Fl.W. period 5ˢ	70 21		14 White circular structure; 16.	Visible 270°-110°.
16548 F 4440	Tok To (Liancourt Rocks).	37 14.9 131 52.3	Fl.W. period 5ˢ	420 128		17 White circular concrete structure; 14.	Visible 140°-146°, 150°-179°, 180°-205°, 210°-116°.
16552 F 4432	Chalpyeo Dong, N. point Chulpyon Man.	37 03 129 26	Fl.W. period 20ˢ fl. 1ˢ, ec. 19ˢ	161 49		22 White octagonal concrete structure; 52.	Visible 162°-352°. Horns 1 bl. ev. 50ˢ.
16556 F 4432.6	-Head of E. breakwater.	37 03.0 129 25.4	Fl.R. period 4ˢ	33 10		5 Red round concrete tower; 27.	
16560 F 4433	-W. breakwater.	37 03.1 129 25.3	Fl.R. period 4ˢ	36 11		5 White quadrangular iron framework; 27.	
16564 F 4431.5	Chirmi Mal.	36 54 129 25	Fl.W. period 6ˢ	190 58		8 White round concrete tower; Visible 184°-340°. 39.	
16568 F 4431	Hwamo Mal.	36 45.9 129 28.7	Fl.W. period 7ˢ	157 48		12 White round concrete tower; 33.	
	HUP'O HANG:						
16572 F 4426	-Hup's.	36 41 129 28	Fl.W. period 10ˢ	210 64		19 White octagonal concrete tower; 54.	Visible 210°-14°. Siren 1 bl. ev. 60ˢ.
16574 F 4427	-Hup'o Chedong.	36 41.0 129 28.4	Fl.R. period 5ˢ	49 15		5 Red round concrete tower; 33.	
16576 F 4429	-E. breakwater, head.	36 40.2 129 27.3	Fl.R. period 5ˢ	36 11		5 Red square framework tower; 27.	
16580 F 4430	-W. breakwater, head.	36 40.3 129 27.5	Fl.W. period 5ˢ	43 13		5 White round concrete tower; 33.	
16584 F 4424	Ch'uksan Hang.	36 30.1 129 27.2	Fl.W. period 5ˢ	282 86		18 White octagonal concrete tower; 30.	Fishing light.
16588 F 4420	-Head of S. breakwater.	36 30.4 129 27.1	Fl.G. period 4ˢ	33 10		5 White square iron tower; 26.	
16592 F 4421	-Head of N. breakwater.	36 30.5 129 27.1	Fl.R. period 5ˢ	43 13		5 Red round concrete structure; 33.	
16596 F 4418	Changp'o Mal.	36 25.3 129 26.2	Fl.W. period 5ˢ	200 61		14 White round concrete tower; Visible 197°-010°. 39.	
	GANGGU HANG:						
16600 F 4415	-E. breakwater.	36 21.2 129 23.7	Fl.R. period 5ˢ	49 15		11 Red round metal tower; 36.	
16604 F 4414	-W. breakwater light.		Fl.G. period 5ˢ	30 9		5 White square iron framework structure; 32.	
16608	-Spur of E. breakwater.		F.R.	34 10		5 White square iron framework structure; 30.	
	KUKYE HANG:						
16609 F 4413.7	-Kukye Hang breakwater.	36 18.9 129 23.0	Fl.W. period 5ˢ	56 17		8 White round concrete tower; 33.	
16610 F 4413.75	-E. breakwater.	36 18.9 129 22.9	Fl.R. period 5ˢ	42 13		5 Red round concrete tower; 33.	
16611 F 4413.8	-S. breakwater.	36 18.9 126 22.9	Fl.G. period 5ˢ	42 13		5 White round concrete tower; 33.	
16612 F 4413.6	Weolpo Man.	36 10.7 129 23.7	Fl.W. period 6ˢ	79 24		13 White round concrete tower; 33.	

191

---

420 128	17 White circular concrete structure; 14.	Visible 140°-146°, 150°-179°, 180°-205°, 210°-116°.

Index에 Tok To만 등재

Index에 Tok to는 등재되어 있고,
Liancourt Rocks, Takeshima는 없다.
독도의 미국등대번호인 16548이 명기되어 있다.

1995년 4월 1일
Tok To(Liancourt Rocks)
PUB. NO. 112

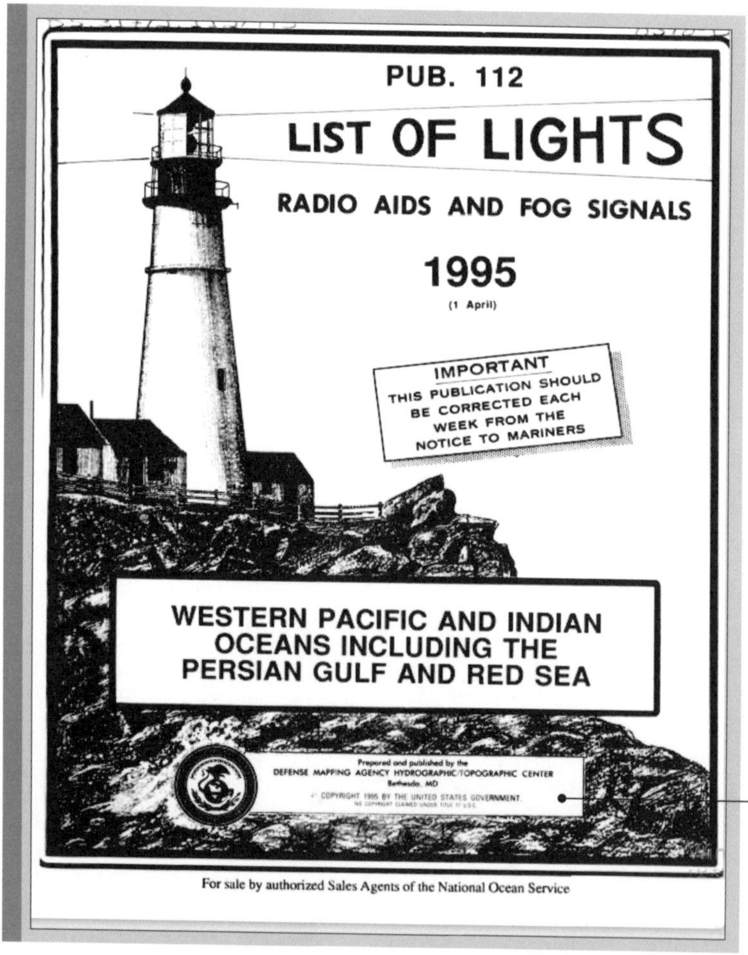

PUB. 112

LIST OF LIGHTS

RADIO AIDS AND FOG SIGNALS

1995
(1 April)

IMPORTANT
THIS PUBLICATION SHOULD
BE CORRECTED EACH
WEEK FROM THE
NOTICE TO MARINERS

**WESTERN PACIFIC AND INDIAN
OCEANS INCLUDING THE
PERSIAN GULF AND RED SEA**

Prepared and published by the
DEFENSE MAPPING AGENCY HYDROGRAPHIC/TOPOGRAPHIC CENTER
Bethesda, MD
COPYRIGHT 1995 BY THE UNITED STATES GOVERNMENT
NO COPYRIGHT CLAIMED UNDER TITLE 17 U.S.C.

For sale by authorized Sales Agents of the National Ocean Service

미국 국방부 지도제작국 수로센터

독도의 명칭은 Tok To

1954년 건립된 독도등대가 울릉도와 함께 대한민국(KOREA) 등대로 등재되었다.
독도등대는 대한민국(KOREA)로 등재.
독도등대의 미국등대번호는 18855, 국제등대번호는 F4440으로 등재되었다.
등대의 명칭은 Tok To(Liancourt Rocks)로 등재되어 있다.

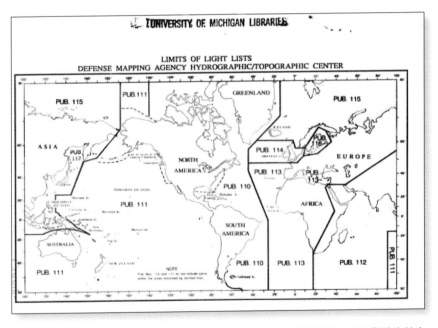

PUB 112에 한국 중국, 일본 인도와 동남아시아, 중동국가 등이 포함되어 있다.

PUB. 112에 등재된
아시아, 중동, 서아프리카 국가들
목차에 Korea로 분류

TABLE OF CONTENTS

Index Chartlet ....Back of front cover
Preface and Record of Corrections Published in Weekly Notice to Mariners I
Introduction VII
IALA Buoyage System VIII
Navigation Information Network IX
Description (Lights, Buoys, RACONs, RAMARKs) XI
Characteristics of Lights XII
Nomenclature of Lights XIV
Lightships, Superbuoys, and Offshore Light Stations XVI
Fog Signals XVIII
Visibility Table XIX
Conversion Table – Feet to Whole Meters XX
Radiobeacons XXI
Description (Radiobeacons) XXVI
Table Symbols XXVII

List of Lights for:
    Bangladesh 352
    Brunei 310
    Burma 349
    Cambodia 255
    Chagos Archipelago 443
    China 223, 245, 248
    Comoros 438
    Gulf of Aden 412
    Gulf of Oman 375, 398
    Hong Kong 238
    Ile Amsterdam (Fr.) 444
    Iles Crozet (Fr.) 444
    Iles de Kerguelen (Fr.) 444
    India 347, 353, 359
    Indonesia:
        Bangka 289
        Billiton 291
        Borneo 317
        Jawa 297
        Lesser Sunda Islands 333
        New Guinea 339
        Sulawesi (Celebes) 325
        Sumatera 279, 291
    Japan:
        Hokkaido 3, 6
        Honshu 20, 60
        Kyushu 124, 128
        Nampo Shoto 60
        Seto Naikai 83
        Shikoku 120
    Kenya 417
    Korea 193
    Kuril Islands 4
    Macao (P.) 247
    Madagascar 432

III

Korea.....

Malaysia-West Coast 270
Malaysia (Sabah)...312
Malaysia (Sarawak)...306
Mauritius...440
Mozambique...420
Papua New Guinea...344
Pakistan...374
Parcel Islands..252
Persian Gulf...376
Philippines...171
Red Sea..398
Reunion (Fr.)...441
Rodrigues Island..187
Russia..157
Ryukyu Islands...1
Sakhalin...439
Seychelles..266
Singapore...266
Somalia..414
South Africa..426
Sri Lanka (Ceylon)..357
Taiwan...165
Tanzania..417
Thailand-East Coast...256
Thailand-West Coast..278
Vietnam...251
List of Radiobeacons:
Andaman Islands..450
Bangladesh...450
Burma..454
China...451
Cocos Islands...447
Comoro Islands...447
Djibouti...448
Egypt..448
Ethiopia...453
Hong Kong..449
India...447
Indian Ocean...451
Indonesia...448
Iran..448
Japan..456
Kenya...455
Korea...448
Madagascar..451
Malaysia..449
Maldives..447
Mauritius...445
Mozambique..450
Nicobar Islands...453
Okinawa Gunto...448
Oman...448
Pakistan...448
Pescadores Islands...453

Philippines...452
Russia..457
Somalia..445
South Africa..450
Sri Lanka (Ceylon)..447
Sudan...453
Taiwan...450
Thailand...448
United Arab Emirates...452
Vietnam...465
Index–Lights..489
Index–Radiobeacons..491
Cross Reference–International vs. U.S. Light Number................

IV

INTRODUCTION

The Defense Mapping Agency Hydrographic/Topographic Center publishes a List of Lights, Radio Aids and Fog Signals in seven volumes divided geographically as shown on the index chartlet on the inside front cover of this book. Major fixed and outermost floating aids to navigation, such as sea buoys, safety fairway buoys, traffic separation buoys, etc., are listed. Other floating aids to navigation are not generally listed. Storm signals, signal stations, radio direction finders, radiobeacons, RACONs and RAMARKs located at or near lights are found in this List. Radiobeacons are listed in a separate section in the back of this publication.

The date to which this publication has been corrected can be found in the Preface. In the interval between new editions, corrective information affecting this publication will be published in Section II of Notice to Mariners, and must be applied to keep this publication current. All of these corrections should be applied in the appropriate places and their insertion noted in the "Record of Corrections."

Mariners and other users are requested to forward new or corrective information useful in the correction of this publication to:

NAVIGATION DIVISION
ST D 44
DMA HYDROGRAPHIC/TOPOGRAPHIC CENTER
4600 SANGAMORE ROAD
BETHESDA MD 20816-5003

H.O. 112에 소속국을 표시하는 한국(KOREA)의 등대에
ULLUNG DO가 등재되어 있고,
독도 Tok To(Liancourt Rocks)가 37° 14.9'N, 131° 52.3'E 위치에
미국 등대번호 16548와 독도의 국제번호인 F 4440으로 등재되어 있다.

16548 Tok To (Liancourt Rocks)	37 14.9	Fl.W.
F 4440	131 52.3	period 5s

(1) No.	(2) Name and location	(3) Position	(4) Characteristic	(5) Height	(6) Range	(7) Structure	(8) Remarks
			KOREA				
		N/E					
16528	ULLUNG DO: --S. breakwater, head.		Fl.G. period 5s	36 11	5	White octagonal structure; 21.	
16536 F 4443	-Ch'orbu Hang, head of breakwater.	37 32.6 130 52.4	Fl.G. period 4s	29 9	5	White round concrete column; 25.	
16540 F 4444	-Tosp'ung Gam.	37 31 130 49	Fl.W. period 29s	561 171	18	White tower; 25.	Visible from 2°- 246°. Siren; 1 bl. ev. 50s.
16544 F 4445	-Kanyong Mal.	37 27.3 130 52.5	Fl.W. period 5s	70 21	14	White circular structure; 16.	Visible 270°-110°.
16548 F 4440	Tok To (Liancourt Rocks).	37 14.9 131 52.3	Fl.W. period 5s	420 128	17	White circular concrete structure; 14.	Visible 140°-146°, 150°-179°, 180°-205°, 210°-116°.
16552 F 4432	Chukpyon Dong, N. point Chukpyon Man.	37 03 129 26	Fl.W. period 20s fl. 1s, ec. 19s	161 49	22	White octagonal concrete structure; 52.	Visible 162°-352°. Horn; 1 bl. ev. 50s.
16556 F 4432.6	-Head of E. breakwater.	37 03.0 129 25.4	Fl.R. period 4s	33 10	5	Red round concrete tower; 27.	
16560 F 4433	-W. breakwater.	37 03.1 129 25.3	Fl.G. period 4s	36 11	5	White quadrangular iron framework; 27.	
16564 F 4431.5	Chinmi Mal.	36 54 129 25	Fl.W. period 6s	190 58	8	White round concrete tower; 39.	Visible 184°-340°.
16568 F 4431	Hwamo Mal.	36 45.9 129 28.7	Fl.W. period 7s	157 48	12	White round concrete tower; 33.	
16572 F 4426	HUP'O HANG: -Hup'o.	36 41 129 28	Fl.W. period 10s	210 64	19	White octagonal concrete tower; 34.	Visible 210°-14°. Siren; 1 bl. ev. 60s.
16574 F 4427	-Hup'o Chedong.	36 41.0 129 28.4	Fl.W. period 5s	49 15	5	Red round concrete tower; 33.	
16576 F 4429	-E. breakwater, head.	36 40.2 129 27.5	Fl.R. period 5s	36 11	5	Red square framework tower; 21.	
16580 F 4430	-W. breakwater, head.	36 40.3 129 27.5	Fl.G. period 4s	43 13	5	White round concrete tower; 33.	
16584 F 4424	Ch'uksan Hang.	36 30.3 129 27.2	Fl.W. period 5s	282 86	18	White octagonal concrete tower; 30.	Fishing light.
16588 F 4420	-Head of S. breakwater.	36 30.4 129 27.1	Fl.G. period 4s	33 10	5	White square iron tower; 26.	
16592 F 4421	-Head of N. breakwater.	36 30.5 129 27.1	Fl.R. period 5s	43 13	5	Red round concrete structure; 33.	
16596 F 4418	Changp'o Mal.	36 25.3 129 26.2	Fl.W. period 6s	200 61	14	White round concrete tower; 39.	Visible 197°-010°.
16600 F 4415	GANGGU HANG: -E. breakwater.	36 21.2 129 23.7	Fl.R. period 5s	49 15	11	Red round metal tower; 36.	
16604 F 4414	-W. breakwater light.		Fl.G. period 5s	30 9	11	White square iron framework structure; 32.	
16609 F 4413.7	KUKYE HANG: -Kukye Hang breakwater.	36 18.9 129 23.0	Fl.W. period 5s	56 17	8	White round concrete tower; 33.	
16610 F 4413.75	-E. breakwater.	36 18.9 129 22.9	Fl.R. period 5s	42 13	5	Red round concrete tower; 33.	
16611 F 4413.8	-S. breakwater.	36 18.9 129 22.9	Fl.G. period 5s	42 13	5	White round concrete tower; 33.	
16612 F 4413.6	Weolpo Man	36 10.7 129 23.7	Fl.W. period 6s	79 24	13	White round concrete tower; 33.	

---

420 128	17 White circular concrete structure; 14.	Visible 140°-146°, 150°-179°, 180°-205°, 210°-116°.

Index에 Tok To만 등재

Index에 Tok To는 등재되어 있고, Takeshima는 없다. 독도의 미국등대번호인 16548이 명기되어 있다.

INDEX - LIGHTS

Tekra ... 28380	Tg Selokan ... 22872	Tokotan Ko ... 502
Telaga Besar ... 25374	Tg Sigep, Pulau Siberut ... 23153	Toksan Hang ... 16505
Tellicherry ... 27664	Tg Tambuntulang ... 22471	Tokugo ... 6080
Teluk Adang ... 24924	Tg Telan ... 25012	Tokuno Shima ... 13196
Teluk Apar ... 24928	Tg Terabeling ... 21076	Tokushima Ko ... 7116
Teluk Balikpapan ... 24884	Tg Tenggaroh ... 21168	Tokusima ... 7136
Teluk Bayur ... 23172	Tg Tuing ... 22956	Tokuyama Gyoko ... 9504
Teluk Beo ... 25204	Tg Tungku ... 24628	Tokuyama Wan (Japan-Seto Naikai-Western Part (I)... 9524
Teluk Bungus ... 23161	Tg Tutpaleh ... 25719	Tokuyama Wan (Japan-Seto Naikai-Western Part (I)... 9544
Teluk Cilauteureum ... 23871	Tg Woka ... 26096	Tokyo ... 5264
Teluk Dalam ... 23232	Thamihla Kyun ... 26692	Tokyo Wan (Japan-Honshu-East Coast) ... 5056
Teluk Kimi ... 26104	Thanta ... 26728	Tokyo Wan (Japan-Honshu-South Coast) ... 5096
Teluk Krui ... 23096	The Bluff ... 31977	Toledo ... 14760
Teluk Kuandang ... 25132	Thetkaikwin ... 26660	Tolehu ... 25790
Teluk Manado ... 25144	Thilawa ... 26640	Tolkoshwar ... 27888
Teluk Padang ... 25144	Thitu Island And Reefs ... 13980	Tolosa ... 14928
Teluk Palu ... 25508	Thuriya ... 26684	Tolsan-Do ... 17076
Teluk Sabang ... 22240	Tiba ... 5308	Tomakomai ... 676
Teluk Sibolga ... 23288	Tiba Ko ... 5324	Tomamae ... 1316
Teluk Sinabeng ... 23308	Tidore ... 25224	Tomari Ko (Japan-Honshu-Northwest Coast) ... 2236
Teluk Tempoyak Besar ... 22004	Tierberg ... 32264	Tomari Ko (Nu Sima) ... 7192
Teluk Tempoyak Kechil ... 22000	Tigaro Ko ... 5900	Tomari Yama ... 11278
Teluk Tomini ... 25232	Tihase Ko ... 1130	Tomari-ga-Hana ... 1896
Tenaga Shima ... 12636	Tikko (Yuasahiro Ko) ... 6954	Tomariganti ... 10556
Tenau ... 25700	Tikko (Tokuyama Wan) ... 9536	Tomi ... 10684
Teng-sha Ho ... 18204	Tikuzen No Se ... 12284	Tomie Ko ... 12880
Tengi Hana ... 10504	Tiladhanmati ... 27400	Tomiso Ko ... 1516
Teppu Gyoko ... 1433	Tilic ... 14252	Tomiku Ko ... 9432
Tera Shima ... 11552	Timor (Singapore) ... 21360	Tomioka (Japan-Seto Naikai-Eastern Part ... 7066
Tera Sima ... 8078	Timor (Indonesia (Lesser Sunda Islands)) ... 25688	Tomioka (Japan-Kyushu) ... 11444
Terabe ... 5932	Tinaca Point ... 15184	Tomioka Ko ... 7072
Teradomari Ko ... 3340	Tinau ... 15000	Tomisaki Ko ... 5000
Terahama ... 4292	Tinggi ... 23310	Tomisuhara Ko ... 6160
Ternate (Manila Bay) ... 14280	Titti Misaki ... 2160	Tomiura Wan ... 5030
Ternate (Indonesia (Halmahera-Sulawesi (C)... 25208	Tjirnanoek ... 23036	Tommae Ko ... 1308
Terumbu Selegi ... 21300	To Saki ... 7172	Tomo Ko ... 8412
Teshio Kawa ... 1368	To Shima (Maizuru Wan) ... 2520	Tomori ... 25264
Teuchi Ko ... 11100	To Shima (Japan-Honshu-South Coast) ... 5552	Tomoura ... 10044
Teuri To ... 1336	To Shima (Japan-Kyushu) ... 11192	Tonaki Shima ... 13476
Tg Bankalanutara ... 25275.5	To Wan ... 4272	Tonam Hang ... 16914
Tg Komnali ... 25262	To-No Hama ... 10120	Tonbetu Ko ... 202
Tg Pising ... 25333	To-No Saki ... 6276	Tone Ko ... 10760
Tg Salonggaka ... 25198.5	Tobase Shima ... 11556	Tonen Sea Berth ... 5676
Tg Tobo ... 25275	Tobasa Koro ... 9888	Tongchon Ko ... 5236
Tg Ambon ... 25202	Tobelo ... 25222	Tonghesan-To ... 18056
Tg Awarawar ... 23574	Tobeu Ko ... 932	Tongsu Zui ... 20120
Tg Balai ... 22548	Tobi Shima (Naruto Kaikyo) ... 7164	Tonghae Hang (Korea) ... 16478
Tg Batang Marau ... 24056	Tobi Shima (Tosa Shimizu) ... 10308	Tonghae Hang (Korea) ... 16486
Tg Batu (Sungri Sarawak) ... 23940	Tobiuo Ko ... 12260	Tonghodong ... 16307
Tg Batu (Indonesia (Borneoi)) ... 25088	Tohoali ... 22908	Tongso ... 17934
Tg Batu Mati ... 25816	Tobutsu Saki ... 492	Tonotyo ... 7922
Tg Batu Sori ... 25330	Toddeh ... 25696	Tonomae Ko ... 10864
Tg Bunabungi ... 25340	Toden Hukusima ... 4500	Tonosima ... 17303
Tg Bungi ... 22940	Todo Hana ... 10580	Toodugi ... 8492
Tg Buton ... 25311	Todo Saki ... 4028	Toramaru Syo ... 17928
Tg Dehekalano ... 25742	Todo Shima ... 1452	Tori Do ... 2276
Tg Karaso ... 25653.2	Tooch'o Do ... 16232	Toriga Shima ... 3192
Tg Kelian ... 22864	Toga Ko ... 3596	Torigakubi Misaki ... 3664
Tg Kluang ... 25046	Togane Ko ... 1852	Torikai Ko ... 7972
Tg Labuan Compenie ... 25172	Togashin Shima ... 6620	Torinosu Yama ... 11084
Tg Labuan Dedeh ... 25116	Togawa Ko ... 4788	Torisima Ko ... 13490
Tg Leiding ... 22486	Toggi Seom ... 16792	Toro Besi ... 25628
Tg Lero ... 25476	Toguchi Ko ... 13424	Toro Jampang ... 25628
Tg Melaban ... 24032	Toi Ko (Japan-Hokkaido-South Coast) ... 868	Toronagamuri ... 25616
Tg Memon ... 26032	Toi Ko (Japan-Honshu-South Coast) ... 5612	Tosa ... 10516
Tg Muaraberau ... 24868	Toi Misaki ... 10876	Tosa Shimizu ... 10296
Tg Murung ... 22978	Tojima Saki ... 6752	Tosa Wan Murotsu Ko ... 10100
Tg Paciman ... 23710	Tok To ... 16548	Tosa-Moshima Ko ... 10328
Tg Paligisan ... 25121	Tokachi Ko ... 560	Tosaki Bana ... 10776
Tg Pemancingan ... 24952	Tokachi Oto ... 552	Tosasimoda Ko ... 10258
Tg Piandang ... 21984	Tokai ... 4700	Tosi ... 13328
Tg Pinangpinang ... 2135.5	Tokchok Pukni ... 18048	Toshi Ko ... 6312
Tg Putri ... 25044	Tokko-do ... 17548	Tosi Ko ... 6308
Tg Putun ... 25926	Tokoname Ko (Japan-Honshu-South Coast) ... 6114	Tosima Ko ... 7936
Tg Rainbowa ... 26108	Tokoname Ko (Japan-Honshu-South Coast) ... 6116	Totopela Reef ... 25472
Tg Raja ... 22952	Tokonami Ko ... 9632	Touch'ado ... 17650
Tg Rangas ... 25500	Tokoro Ko ... 272	Toyama Sinko ... 3092
Tg Sanggarag ... 23500		
Tg Sari ... 25544		
Tg Sedi ... 24088		
Tg Selalang ... 24076		

485

Tok To ...	16548
Tokachi Ko ...	560

INDEX에 Liancourt Rocks은 등재되지 않았다.

INDEX - LIGHTS

Kudahavadhoo	27448	Kusimoto Ko'	6748	Lemen Boedi	25064
Kudamatu Ko.	9528	Kusimoto Ko.	6720	Lemery	14236
Kudat Harbor	24540	Kusiro Ko.	544	Lempuyang	23108
Kudingareng Lompo	25432	Kusumi Hana	8114	Leok	25124
Kudo Ko.	1104	Kusumoto	7636	Leonan Reef	24589
Kugi Shima	12112	Kusyu Ko.	9280	Lianshan	19832
Kuh-e Mubarak	28556	Kutama Ura	11362	Liansyun Gang	18760
Kun-shan Tao	13682	Kute Ko.	1904	Lilang	25168
Kuji Ko	4684	Kuti-no-Sima	13092	Liloan	14936
Kuka Ko (Japan-Seto Naikai-		Kutsugata Saki	1400	Limasawa	14944
Western Part (I)	9100	Kutugata Ko.	1404	Lin-Hai Tao	20024
Kuka Ko (Japan-Seto Naikai-		Kuuala Perak	21904	Linao	14008
Western Part (I)	9104	Kuwahata	5928	Linao Island	19006
Kukedo Hana	2000	Kuwana Ko.	6152	Lindi	31512
Kukhlyn	15569	Kuwanohama	4898	Lindi River	31500
Kuki Ko.	12690	Kuzu Ko.	1604	Lingao	20148
Kuki Ko Kutu Saki	6624	Kuzuwa Ko	11390	Lingch	28756
Kukidono Saki	3856	Kuzyvkusima Wan	11958	Lingshan Dao	18680
Kukra Island	27748	Kvala Matu	24116	Linkiat	24764
Kukup	21687	Kwak Tan	16228	Little Andaman	26484
Kukse Hang	16609	Kwangpotan	17483	Little Nicobar	26440
Kuma Saki	13556	Kwangsungotchi	16323	Little Santa Cruz Island	15200
Kumaishi Ko.	1060	Kwawa Reef	31328	Liu-ch'iu Hsu	13776
Kumano Ko.	13036	Kyaukpyn Kyun	26588	Lki Shoto	2164
Kumbetsu	400	Kyoden Ko.	3140	Lloyd	24680
Kumdang Do.	17301	Kyodomari Ko.	11732	Lo Chau	19372
Kume Sima	13492	Kyoga Misaki	2480	Lo Hsu	19000
Kumihama Ko.	2444	Kyongch'i Do.	17648	Loay	14872
Kuman	17096	Kyongin Energy	17984	Loba Ketan	24080
Kumta Point	27740	Kyongnyolbi	17844	Loli Qgeh	25516
Kung Am	19432	Kyonnaeryong Haehyop	16936	Lolong	14112
Kunigami Saki	13224	Kyonozyoro Sima	8074	Lombok	25552
Kunimi Tahira Ko.	27748	Kyuroku Shima	3640	Longkou Gang	18533
Kunsaki Ko.	9428			Longoantou	19052
Kunpi	23052			Lontiha	26708
Kunsan	17784	**L**		Loo Foo Fat	19316
Kunsan Hang Ulho.	17772	La Dgue	32840	Looc	14584
Kuo-sheng Kang	13840	La Possession	32944	Loyana	21216
Kupakupa	25220	Labu Labu Kecil	23269	Lu Yu	19208
Kupang	25688	Lach Huyen	20240	Lu-Shun Chiang	18284
Kurahasi Ko.	8912	Ladd Reef	24378	Luhani	24564
Kura Se.	8064	Lae	26200	Lubuan Boroko	25136
Kurakake Hana	8064	Laem Chabang	20661	Luhara	28128
Kurakake Sima	7864	Laem Ko Pu	20564	Luk Chau Wan	19545
Kuramai Ko	5892	Laem Ngop	20568	Luk Keng	19670
Kurara Se.	12404	Laem Pu Chau	20648	Lulaysah	28600
Kurasaki	10668	Laem Sui	20848	Lumut	21912
Kure ko.	10210	Laem Ta Chi	20896	Lung Kwu Chau	19776
Kurihama	5060	Laem Talumphuk	20860	Lung Shan Pai	19552
Kurii Ko.	2100	Laem Wat	20668	Lunn	26225
Kurikuwa Zowai	8440	Laem Yai	20820	Luojiashan	18932
Kurinokami Sho.	12328	Lahata	30252	Lusaran	14708
Kuriya	2648	Lahewa	23261	Luwuk	25252
Kuro Guri	2576	Lakania Hill	32456	Luz do Cais	31896
Kuro Iso	18118	Lakshadweep	27572	Luzon	14340
Kuro Saki	3796	Lambasina Besar	24378		
Kuro Shima (Orise Hana)	12544	Lambasina Keeil	25370		
Kuro Shima (Ryukyu		Lan Kok Tsui	19776.5	**M**	
Islands)	12990	Lan Yu	13764	Ma (Kuro) Saki	3992
Kuro Shima (Ryukyu		Lanang Point	15166	Ma Chai Pai	19352
Islands)	13407	Lang Suan	20808	Mo Saki (Japan-Honshu-East	
Kuro Shima (Ryukyu		Langgang Shan	18902	Coast)	4008
Islands)	13552	Langi Bajo	25300	Ma Saki (Yui Ko)	5700
Kuromi Saki	1864	Langoy	14516	Ma Wan	19640
Kuromohama Ko.	12620	Lansdown	30820	Maan Do.	18176
Kurose Hana	11176	Lantau Island	19756	Maasin	14948
Kurose Ko.	13972	Lanthaya	26604	Maavaru	27432
Kuru Sima (Japan-Seto	12896	Lantesheun	18312	Mabana Shima	6460
Naikai-Western Part (I)	2048	Larantuka	25640	Mabini	15040
Kuru Sima (Japan-Seto	8724	Latu Lata	25771	Macalelon	14212
Naikai-Western Part (I)		Luuis	14848	Machese	31756
Kuruhe Ko.	8772	Laushan T'ou	18664	Machami Saki	13188
Kurumi Se.	3144	Layang-Layang	24376	Machinato Wan	13414
Kurugaki Shima	1540	Lazi	14792	Macomuna	31840
Kusakai Ko.	12988	Le Meule	22260	Mactan	14836
Kusatu Gyoko.	6148	Le Port	32898	Macuse	31724
Kusayama Saki	9024	Le Porte Fanal	20232	Madang	26164
Kushi Jima	9608	Lebutan	25328	Madara Shiam	12760
Kushiga Hana	17324	Legaspi	14140	Madote	30728
Kushikino Ko.	10332	Lei Yue Mun	19440	Madras Harbor	27972
Kushimoto	11116	Leksula	25744	Madura Tanjung	25724
Kushma Ko.	6736	Lembar	25560	Mac Am	16824
	10358	Lembeh	25160	Mae Nam Chao Phraya	20700

CROSS REFERENCE에
독도의 국제등대번호인 F4440과
미국등대번호인 16548이 등재되어 있다.

CROSS REFERENCE · INTERNATIONAL vs. U.S. LIGHT NUMBER

Inter.	U.S.	Inter.	U.S.	Inter.	U.S.	Inter.	U.S.
F4262	17516	F4298	17296	F4322	17032	F4377	16716
F4263	17512	F4299	17300	F4322.2	17024	F4378	16712
F4263.5	17518	F4299.2	17298	F4322.3	17028	F4379	16704
F4264	17520	F4299.4	17299	F4322.4	16960	F4379.2	16708
F4265	17524	F4299.6	17298.5	F4322.5	16954	F4379.4	16710
F4265.2	17528	F4300	17280	F4322.8	16888	F4379.5	16711
F4265.3	17528.5	F4300.2	17288	F4322.85	16886	F4379.6	16711.3
F4265.7	17393	F4300.3	17282	F4322.9	16884	F4381.3	16690
F4266	17376	F4300.4	17232	F4322.95	17016	F4381.4	16692
F4266.5	17380	F4300.6	17264	F4323	16952	F4381.5	16696
F4267	17381	F4301	17284	F4323.1	16942	F4382	16700
F4267.5	17382	F4302	17268	F4323.2	16940	F4382.5	16698
F4268	17384	F4304	17272	F4323.6	16920	F4383	16702
F4269	17396	F4305	17220	F4323.8	16924	F4383.2	16702.5
F4269.3	17397	F4305.5	17218	F4324	16892	F4385	16688
F4269.5	17400	F4306	17216	F4325	16908	F4388	16676
F4270	17404	F4307	17224	F4325.5	16914	F4389	16686
F4270.2	17408	F4307.3	17068	F4326	16912	F4390	16684
F4271	17412	F4307.5	17072	F4326.5	16916	F4394	16680
F4272	17420	F4307.7	17074	F4327	16928	F4396	16682
F4272.2	17416	F4307.8	17075	F4328	16936	F4396.5	16681
F4272.3	17424	F4308	17076	F4329	16932	F4398	16672
F4272.35	17434	F4308.2	17080	F4330	16880	F4398.5	16670
F4272.36	17435	F4308.3	17084	F4330.7	16898	F4400	16668
F4272.4	17428	F4308.4	17088	F4330.8	16896	F4402	16664
F4272.42	17432	F4308.4	17156	F4331	16900	F4403	16662
F4272.5	17436	F4308.5	17066	F4331.5	16896	F4404	16656
F4272.54	17440	F4308.5	17062	F4331.7	16876	F4405	16660
F4272.57	17448	F4308.6	17212	F4332	16872	F4405.2	16661
F4272.6	17444	F4308.72	17148	F4332.5	16875	F4406	16654
F4272.7	17452	F4308.74	17152	F4335	16864	F4409	16652
F4272.8	17456	F4308.8	17100	F4336	16860	F4410	16648
F4272.9	17455	F4308.9	17092	F4337.3	16857	F4410.5	16614
F4273	17468	F4308.94	17096	F4337.4	16857.5	F4411	16636
F4273.5	17472	F4308.96	17076	F4338	16852	F4411.2	16640
F4274.2	17462	F4309	17104	F4340	16856	F4411.4	16626
F4274.5	17460	F4309.4	17108	F4340.3	16848	F4411.41	16627
F4274.55	17476	F4309.8	17120	F4340.4	16846	F4412	16624
F4274.6	17492	F4310	17116	F4340.45	16847	F4412.5	16632
F4274.65	17372	F4310.2	17112	F4340.5	16840	F4412.6	16628
F4274.7	17368	F4310.3	17126	F4340.6	16844	F4412.7	16634
F4274.85	17366.5	F4310.4	17128	F4340.7	16836	F4412.72	16633
F4275	17360	F4310.5	17132	F4340.75	16838	F4412.8	16642
F4276	17348	F4310.54	17140	F4340.8	16824	F4413	16616
F4277	17352	F4310.57	17136	F4341	16828	F4413.6	16620
F4277.8	17344	F4310.6	17124	F4341.4	16832	F4413.6	16612
F4277.9	17364	F4310.7	17144	F4342	16820	F4413.7	16609
F4278	17532	F4310.86	17172	F4343	16808	F4413.75	16610
F4278.15	17531	F4310.9	17188	F4344	16796	F4413.8	16611
F4278.2	17530	F4310.91	17192	F4345	16792	F4414	16560
F4278.3	17529	F4310.94	17196	F4346	16804	F4415	16600
F4278.4	17544	F4310.95	17200	F4347	16800	F4416	16596
F4279	17536	F4311	17056	F4348	16816	F4420	16588
F4279.3	17540	F4311.4	17060	F4349.3	16813	F4421	16592
F4279.4	17320	F4311.6	17048	F4349.3	16814	F4424	16584
F4279.5	17324	F4311.8	17046	F4351	16780	F4426	16572
F4279.7	17326	F4312	17052	F4352	16776	F4427	16574
F4280	17332	F4314	17044	F4353.5	16772	F4429	16576
F4280.5	17328	F4315	17040	F4354	16768	F4430	16580
F4281	17304	F4317	16972	F4354.7	16769	F4431	16568
F4281.2	17312	F4317.5	16974	F4355	16760.5	F4431.5	16564
F4281.4	17308	F4318	16976	F4355.5	16760.5	F4432	16552
F4281.6	17302	F4319	17000	F4356	16728	F4432.6	16556
F4281.65	17303	F4319.5	16978	F4356.4	16734	F4433	16560
F4281.7	17301	F4320.2	16986	F4356.5	16735	F4433.7	16508
F4281.8	17306	F4320.4	16984	F4358	16740	F4433.8	16516
F4281.9	17307	F4320.45	16966	F4360	16748	F4433.9	16518
F4282	17340	F4320.5	16996	F4368	16752	F4434	16500
F4283.4	17336	F4320.6	16988	F4368	16756	F4434.3	16504
F4283.6	17338	F4320.61	16992	F43724.2	16733	F4434.7	16506
F4284	17316	F4321	16964	F4374.3	16733.1	F4434.75	16505
F4286	17244	F4321.12	16965	F4374.4	16724.4	F4435	16496
F4287	17252	F4321.2	17004	F4374.6	16725.2	F4436	16488
F4290.2	17250	F4321.45	17020	F4374.6	16725.6	F4437	16492
F4292	17248	F4321.45	17012	F4374.7	16724.8	F4440	16548
F4293	17260	F4321.47	17013	F4374.8	16725.8	F4443	16536
F4294	17260	F4321.55	17008	F4374.83	16726.1	F4444	16544
F4294.5	17240	F4321.55	16962	F4374.85	16725.9	F4446.2	16520
F4295	17236	F4321.58	16961	F4375.6	16724	F4446.5	16484
F4295.5	17290	F4321.59	16961.1	F4376	16720	F4446.6	16480
F4296	17292	F4321.6	17036			F4446.8	16478
F4297	17228	F4321.8	16963				
F4297.4	17230						

503

F4440	16548

2000년
Tok To(Liancourt Rocks)
PUB. NO. 112

PUB. 112
LIST OF LIGHTS
RADIO AIDS AND FOG SIGNALS

2000

IMPORTANT
THIS PUBLICATION
SHOULD BE CORRECTED
EACH WEEK FROM THE
NOTICE TO MARINERS

WESTERN PACIFIC AND
INDIAN OCEANS INCLUDING THE
PERSIAN GULF AND RED SEA

Prepared and published by the
NATIONAL IMAGERY AND MAPPING AGENCY
Bethesda, MD

© COPYRIGHT 2000 BY THE UNITED STATES GOVERNMENT.
NO COPYRIGHT CLAIMED UNDER TITLE 17 U.S.C.

For sale by U.S. Government Printing Office
Superintendant of Document, Mail Stop: SSOP, Washington, DC 20402-9328

미국 국립화상지도국 발행

독도의 명칭은 Tok To

1954년 건립된 독도등대가 울릉도와 함께 한국(KOREA)등대에 등재되었다.
독도등대의 소속국가는 KOREA로 등재.
독도등대의 미국등대번호는 16548, 국제등대번호는 F4440으로 등재되었다.
등대의 명칭은 Tok To(Liancourt Rocks)로 등재되어있다.

세계등대구역도

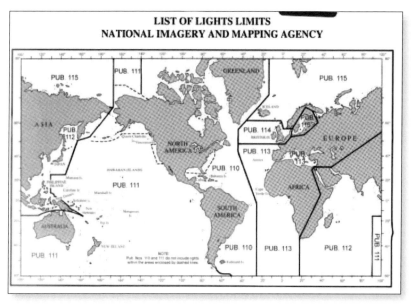

PUB 112에 한국 중국, 일본 인도와 동남아시아, 중동국가 등이 포함되어 있다.

2000
미국 등대표

H.O. 112에 있는 한국(KOREA)의 등대에
ULLUNG DO가 등재되어 있고
독도 Tok To(Liancourt Rocks)가 37° 14.2'N, 131° 52.2'E 위치에
미국 등대번호 16548와 독도의 국제번호인 F 4440로 등재되어 있다.

● Korea │ PUB. NO.. 112에 Section 10으로
분류된 KOREA

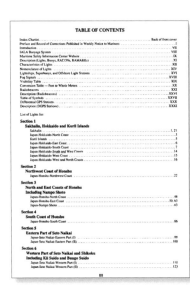

TABLE OF CONTENTS

Index Chartlet .... Back of front cover
Preface and Record of Corrections Published in Weekly Notice to Mariners I
Introduction VII
IALA Buoyage System VIII
Maritime Safety Information Center Website IX
Description (Lights, Buoys, RACONs, RAMARKs) XI
Characteristics of Lights XII
Nomenclature of Lights XIV
Lightships, Superbuoys, and Offshore Light Stations XVI
Fog Signals XVIII
Visibility Table XIX
Conversion Table — Feet in Whole Meters XX
Radiobeacons XXI
Description (Radiobeacons) XXVI
Table of Symbols XXVII
Differential GPS Station XXX
Description (DGPS Stations) XXXI

List of Lights for:

Section 1
Sakhalin, Hokkaido and Kuril Islands
  Sakhalin 1, 21
  Japan-Hokkaido-North Coast 3
  Kuril Islands 5
  Japan-Hokkaido-East Coast 6
  Japan-Hokkaido-South Coast 7
  Japan-Hokkaido-South and West Coasts 14
  Japan-Hokkaido-West Coast 15
  Japan-Hokkaido-West and North Coasts 16

Section 2
Northwest Coast of Honshu
  Japan-Honshu-Northwest Coast 22

Section 3
North and East Coasts of Honshu
Including Nampo Shoto
  Japan-Honshu-North Coast 48
  Japan-Honshu-East Coast 50, 63
  Japan-Nampo Shoto 63

Section 4
South Coast of Honshu
  Japan-Honshu-South Coast 86

Section 5
Eastern Part of Seto Naikai
  Japan-Seto Naikai-Eastern Part (I) 88
  Japan-Seto Naikai-Eastern Part (II) 100

Section 6
Western Part of Seto Naikai and Shikoku
Including Kii Suido and Bungo Suido
  Japan-Seto Naikai-Western Part (I) 110
  Japan-Seto Naikai-Western Part (II) 123

III

Japan-Shikoku 125
Japan-Shikoku and Kyushu 130

Section 7
Kyushu
  Japan-Kyushu 134
  Japan-Kyushu-Outlying Islands 156

Section 8
Ryukyu Islands and Taiwan
  Ryukyu Islands 164
  Taiwan 172

Section 9
Philippines and Pacific Coast of Russia
  Philippines 180
  Russia 201

Section 10
● Korea
  Korea 209, 213

Section 11
China
  China 230, 260
  China-Ch'Ang Chiang (Yangtze River) 250

Section 12
Vietnam, Gulf of Thailand and South China Sea
  Vietnam 281, 283
  South China Sea 283
  Cambodia-Thailand 286
  Thailand-East Coast 287

Section 13
Singapore Strait and Strait of Malacca
  Malaysia-Singapore-Indonesia (Singapore Strait) 299
  Singapore-Indonesia 301
  Malaysia-West Coast 305
  Thailand-West Coast 313
  Indonesia (Sumatera-North Coast and Adjacent Islands) 315
  Indonesia (Sumatera-East Coast and Adjacent Islands) 319

Section 14
Sumatera and Jawa
  Indonesia (Sumatera-East Coast and Adjacent Islands) 323
  Indonesia (Bangka) 325
  Indonesia (Belitung) 327
  Indonesia (Sumatera-South Coast) 328
  Indonesia (Sumatera-South Coast) 329
  Indonesia (Sumatera-West Coast) 330
  Indonesia (Jawa-Adjacent Islands) 336

Section 15
Borneo
Including Sarawak, Sabah and Brunei
  Malaysia (Sarawak) 348

IV

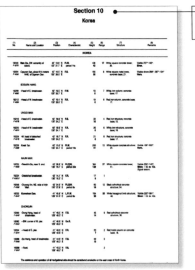

Section 10 ●
Korea

Section 10
Korea

182 ◆독도등대

Tok To(Liancourt Rocks)
미국등대번호 16548과 등대국제번호 F4440

| 16548 | Tok To, (Liancourt Rocks). | 37° 14.2′ N | Fl.W. |
| F 4440 | | 131° 52.2′ E | period 10s |

(1) No.	(2) Name and Location	(3) Position	(4) Characteristic	(5) Height	(6) Range	(7) Structure	(8) Remarks
			KOREA				
16484 F 4440.5	Buggyeong Hang, S. breakwater, head.	37° 29.7′ N 129° 08.9′ E	Fl.G. period 4s	52 16	8	White round tower; 32.	
16486	Tonghae Hang, Seaberth.	37° 29.6′ N 129° 06.8′ E	Fl.(4)Y. period 8s	23 7	6	Yellow pillar; 13.	Private.
16487	Samchok Hang.	37° 26.1′ N 129° 11.5′ E	Dir.F.W.R.G.	105 32	W. 21 R. 17 G. 17	White steel tower.	R. 317°36′-319°12′, W-320°48′, G.-322°24′.
16488 F 4436	-Head of S. breakwater.	37° 25.8′ N 129° 11.8′ E	Fl.G. period 4s	46 14	8	White round concrete structure; 33.	
16492 F 4437	-Head of N. breakwater.	37° 25.8′ N 129° 11.9′ E	Fl.R. period 4s	46 14	6	Red round concrete tower; 28.	
16496 F 4435	Pi Mal.	37° 22.7′ N 129° 15.5′ E	Fl.W. period 5s	236 72	12	White round concrete structure; 28.	
16500 F 4434	Changho.	37° 17.1′ N 129° 19.3′ E	Fl.W. period 5s	184 56	8	White round tower; 23.	
16502 F 4434.3	-Groin.	37° 17.1′ N 129° 19.0′ E	Fl.R. period 5s	31 9	5	White round concrete tower; 26.	
16504 F 4434.2	-Breakwater, head.	37° 17.1′ N 129° 19.0′ E	Fl.G. period 5s	39 12	5	White round steel tower; 18.	
16505 F 4434.75	Toksan Hang, N. breakwater.	37° 22.4′ N 129° 15.4′ E	Fl.R. period 5s	52 16	6	Red round concrete tower; 33.	
16506 F 4434.7	-S. breakwater.	37° 22.3′ N 129° 15.4′ E	Fl.G. period 5s	46 14	5	White round concrete tower; 36.	
16508 F 4433.7	Imunse Hang.	37° 13.9′ N 129° 21.5′ E	Fl.W. period 8s	197 80	14	White round concrete tower; 33.	
16516 F 4433.8	-Breakwater, head.	37° 13.5′ N 129° 20.8′ E	Fl.G. period 6s	36 11	5	White round concrete tower; 31.	
16518 F 4433.9	--Breakwater, head.	37° 13.6′ N 129° 20.7′ E	Fl.R. period 4s	36 11	6	Red square metal tower; 23.	
	ULLUNG DO:						
16520 F 4440.2	-Hyongnangap.	37° 29.0′ N 130° 55.0′ E	Fl.W. period 14s	354 108	18	White octagonal tower; 30.	Visible 183°-40°. Horn: 1 bl. ev. 60s.
16524	-Jeodong Hang, N. breakwater, head.	37° 29.9′ N 130° 54.9′ E	Fl.R. period 5s	49 16	5	Red round concrete tower; 33.	
16528	---S. breakwater, head.	37° 29.9′ N 130° 54.9′ E	Fl.G. period 5s	36 11	5	White octagonal structure; 21.	
16536 F 4443	-Chronbu Hang, head of breakwater.	37° 32.6′ N 130° 52.4′ E	Fl.G. period 4s	29 9	5	White round concrete column; 25.	
16540 F 4444	-Taep'ung Gam.	37° 31.0′ N 130° 48.0′ E	Fl.W. period 25s	561 171	18	White tower; 25.	Visible 002°-246°. Siren: 1 bl. ev. 50s.
16542	-N. breakwater.	37° 31.8′ N 130° 49.7′ E	Fl.R. period 5s	56 17	5	STARBOARD (B) R. tower; 33.	
16544 F 4445	-Kanyong Mal.	37° 27.3′ N 130° 52.5′ E	Fl.W. period 5s	70 21	14	White circular structure; 18.	Visible 270°-110°.
16548 F 4440	Tok To, (Liancourt Rocks).	37° 14.2′ N 131° 52.2′ E	Fl.W. period 10s	341 104	25	White round concrete tower; 49.	Visible 000°-117°, 140°-000°.
	RACON		K(− • −)		10		
16552 F 4432	Chukpyon Dong, N. point Chukpyon Man.	37° 03.0′ N 129° 26.0′ E	Fl.W. period 20s fl. 1s, ec. 19s	161 49	22	White octagonal concrete structure; 52.	Visible 162°-352°. Horn: 1 bl. ev. 50s.

The existence and operation of all navigational aids should be considered unreliable on the east coast of North Korea.

| 341 104 | 25 | White round concrete tower; 49. | Visible 000°-117°, 140°-000°. |

Index에 Tok To는 있고,
Liancourt Rocks는 없다.

Tok To 18548

INDEX – LIGHTS

Tg. Kai ... 25502	To Saki ... 7172	Tomioka ... 7066, 11444
Tg. Kamdara ... 26119	To Shima ... 2520, 5552, 11192	Tomioka Ko ... 7072
Tg. Karaso ... 25653.2	To Sima ... 10430	Tomsaki Ko ... 5000
Tg. Keian ... 22864	To Wan ... 4272	Tomsuhara Ko ... 6160
Tg. Kembani ... 25274.3	TOBA KO ... 6276	Tomiura Wan ... 5030
Tg. Kinapet ... 23135.7	Tobase Jima ... 11556	TOMMAE KO ... 1308
Tg. Kluang ... 25046	Tobata Koro ... 9868	Tomo Ko ... 8412
Tg. Labuan Compenie ... 25172	Tobelo ... 25222	Tomori ... 25264
Tg. Labuan Dedeh ... 25116	Tobetu Ko ... 932	Tomoshiri Ko ... 470
Tg. Leding ... 22486	Tobi Shima ... 3504, 7164, 10308	Tomoura ... 10044
Tg. Leru ... 25476	Tobo Ko ... 12260	Tonaki Shima ... 13478
Tg. Lubuh ... 22602	Toboali ... 22908	Tonam Hang ... 16914
Tg. Memon ... 26032	Toddeh ... 25696	Tonbetu Ko ... 202
Tg. Muaraberan ... 24868	Toden Hukusima ... 4500	Tonda ... 10760
Tg. Murung ... 22978	Todo Hana ... 10580	Tonen Sea Berth ... 5676
Tg. Paciman ... 23710	Todo Saki ... 4028	Tonen-Ogsima ... 5236
Tg. Paligsan ... 25121	Todo Shima ... 1452	Tongbaek To ... 18056
Tg. Pale ... 25197.8	Toech'o Do ... 16232	Tonggu Zui ... 20120
Tg. Pasir ... 24090	Toga Ko ... 3596	Tonghae Hang ... 18478, 16486
Tg. Pemancingan ... 24952	Togane Ko ... 1852	Tonghodong ... 16307
Tg. Piandang ... 21984	Togashira Shima ... 8620	Tongso ... 17934
Tg. Pinangpinang ... 23135.5	Togawa Ko ... 4788	To-No Hama ... 10120
Tg. Putri ... 25044	Toggi Seom ... 16792	Tonosyo ... 7922
Tg. Putus ... 25926	Toguchi Ko ... 13424	Tonoura Ko ... 10864
Tg. Rantawa ... 26108	Togudo ... 17309	Tooduji ... 17303
Tg. Raya ... 22952	Tohokundennyoku ... 4497	Toramaru Syo ... 8492
Tg. Rangas ... 25500	Toi Ko ... 868, 5612	Ton Do ... 17926
Tg. Sanggarang ... 23500	Toi Misaki ... 10876	Tonga Shima ... 2276
Tg. Sedi ... 24088	Tojima Saki ... 6752	Tongakubi Misaki ... 3192
Tg. Selalang ... 24076	Tok Bali ... 20938	Tonisaki ... 3664
Tg. Selokan ... 22872	Tok To ... 18548	Tonkai Ko ... 7972
Tg. Sigeo, Pulau Siberut ... 23153	TOKACHI KO ... 560	Tonnosu Yama ... 11084
Tg. Sikabai ... 23148	Tokachi Otu ... 552	Toro Ko ... 13490
Tg. Simaruisu ... 23209.2	Tokai ... 4700	Toro Basi ... 25629
Tg. Tambuntulang ... 22471	Tokashiki ... 13462	Toro Jampang ... 25628
Tg. Tembeling ... 21076	Tokchok Pukni ... 18048	Toronaganuri ... 25616
Tg. Tenggaroh ... 21168	Tokko-do ... 17548	Tororo ... 11440.5
Tg. Tuing ... 22956	Tokoname Ko ... 6114	Tosa ... 10518
Tg. Tungku ... 24628	Tokonami Ko ... 9632	Tosa Shimizu ... 10296
Tg. Tutpaiah ... 25719	Tokong Malangbiru ... 21097.5	TOSA WAN MUROTSU KO ... 10100
Tg. Woka ... 26096	Tokoro Ko ... 272	Tosaki Bana ... 10776
Thai Duong Thuong ... 20278	Tokotan Ko ... 502	Tosa-Moshima Ko ... 10328
Thamiha Kyun ... 26692	Toksan Hang ... 16505	Tosasimodsi Ko ... 10258
Thanta ... 26728	Tokugo ... 6080	Toseki ... 13328
The Bluff ... 31877	TOKUNO SHIMA ... 13196	Toshi Ko ... 6312
Thekkaikwin ... 26660	TOKUSHIMA KO ... 7116	Tosi Ko ... 6308
Thilawa ... 26640	Tokusima ... 7136	Tosikara ... 11443
Thitu (Pagasa) Island ... 20289.6	Tokuyama Gyoko ... 9504	Tosima Ko ... 7936
THURIYA ... 26684	TOKUYAMA WAN ... 9524, 9544	Totopela Reef ... 25472
Tiaoduo Shi ... 20093.55	Tokyo ... 5264	Touch'ado ... 17650
Tiba ... 5308	TOKYO WAN ... 5056, 5096	Toyama Sinko ... 3092
Tiba Ko ... 5324	Toledo ... 14760	TOYAMA WAN ... 3036
Tibao Point ... 14725	Tolehu ... 25790	TOYAMA WAN-Toyama Ko ... 3112
Tidore ... 25224	Tolkashwar Point ... 27888	Toyohama ... 1474
Tierberg ... 32264	Tolosa ... 14928	Toyohama Ko ... 6088
Tigaro Ko ... 5900	Tolsan-Do ... 17076	Toyohasi Ko ... 5875
Tihase Ko ... 1130	Tomakomai ... 676	Toyoma Ko ... 4550, 4556
Tikko ... 6954, 9536	Tomamae ... 1318	Toyomisaki Ko ... 1360
Tikuzen No Se ... 12284	Tomari Ko ... 2236, 7192	Toyosima Ko ... 8864
Tiladummati ... 27400	Toman Yama ... 11278	Toyosoda ... 9556
Tilc ... 14252	Tomari-ga-Hana ... 1896	Toyoura Ko ... 796, 8292
Tilanchang Island ... 26451.2	Tomariganti ... 10556	Tozi ... 5548
TIMOR ... 25688	Tomi ... 10584	Tozyusi ... 12510
Tinaca Point ... 15184	Tome Ko ... 12860	Trewangan ... 25554
Tinau ... 15000	Tomiso Ko ... 1516	TRINCOMALEE ... 27244
Tinggi ... 23310	Tomku Ko ... 9432	Trinkat ... 26451.1
Tai Misaki ... 2160		Trivandrum ... 27496

551

등대국제번호 F4440과 미국등대번호 16548

CROSS REFERENCE - INTERNATIONAL vs. U.S. LIGHT NUMBER

Inter.	U.S.	Inter.	U.S.	Inter.	U.S.	Inter.	U.S.
F4360	16748	F4413.6	16612	F4458.4	16408	F4556	16248
F4366	16752	F4413.7	16609	F4458.6	16412	F4556	16232
F4368	16756	F4413.75	16610	F4459	16380	F4560.8	16234
F4374	16732	F4413.8	16611	F4459.1	16384	F4568	16228
F4374.2	16727	F4414	16604	F4459.15	16385	F4570	16290
F4374.3	16727.1	F4415	16600	F4459.2	16366	F4574	16220
F4374.4	16724.4	F4417	16596.5	F4459.3	16378	F4576	16224
F4374.5	16725.2	F4418	16596	F4459.4	16379	F4578	16216
F4374.6	16725.6	F4420	16588	F4459.5	16388	F4582	16208
F4374.7	16724.8	F4421	16592	F4459.54	16396	F4584	16212
F4374.8	16725.8	F4424	16584	F4459.6	16392	F4590	16204
F4374.81	16725.9	F4426	16572	F4459.7	16376	F4602	13768
F4374.82	16726	F4427	16574	F4459.75	16374	F4603.04	13769
F4375.6	16724	F4429	16576	F4459.8	16369	F4603.06	13769.5
F4376	16720	F4430	16580	F4460	16365	F4610	13780
F4377	16716	F4431	16568	F4460.1	16365.1	F4612	13776
F4378	16712	F4431.2	16566	F4461	16364	F4618	13796
F4379	16704	F4431.4	16566.2	F4462	16359	F4620	13800
F4379.2	16708	F4431.5	16564	F4464	16360	F4621	13804
F4379.4	16710	F4432	16552	F4464.5	16362	F4622	13806
F4379.5	16711	F4432.6	16560	F4465	16358	F4623.4	13807
F4379.6	16711.3	F4433	16560	F4466	16356	F4624.4	13788
F4379.7	16711.5	F4433.7	16508	F4468	16352	F4624.42	13792
F4381.3	16690	F4433.8	16516	F4472	16332	F4624.5	13793
F4381.36	16691	F4433.9	16518	F4474	16328	F4624.51	13793.1
F4381.4	16692	F4434	16505	F4480	16340	F4625	13808
F4381.5	16696	F4434.2	16504	F4484	16348	F4625.2	13812
F4382	16700	F4434.3	16502	F4484.5	16344	F4625.4	13816
F4382.5	16698	F4434.7	16506	F4485	16326	F4626	13820
F4382.7	16699	F4434.75	16505	F4487	16325	F4626.1	13824
F4383	16702	F4435	16496	F4488	16324	F4626.3	13825
F4383.2	16702.5	F4436	16488	F4490	16323	F4626.4	13825.1
F4385	16688	F4437	16492	F4492	16316	F4626.45	13825.2
F4386	16676	F4440	16548	F4494	16320	F4626.5	13826
F4389	16686	F4443	16536	F4495	16322	F4629	13829
F4390	16684	F4444	16540	F4506	16312	F4629.2	13832
F4394	16690	F4445	16544	F4506.5	16308.5	F4629.3	13836
F4397	16674	F4446.2	16520	F4507	16310	F4629.3	13837
F4397.4	16673	F4446.5	16484	F4508	16309	F4629.35	13837.2
F4397.5	16673.1	F4446.6	16480	F4510	16308	F4629.4	13837.4
F4398	16672	F4446.8	16478	F4510.4	16306	F4629.5	13838
F4398.5	16670	F4447	16484	F4510.6	16307	F4629.55	13838.2
F4400	16668	F4448	16466	F4511.4	16306.1	F4629.6	13838.4
F4402	16664	F4448.4	16467	F4512	16304	F4630	13840
F4403	16656	F4449	16456	F4512.2	16305	F4640	13864
F4404	16656	F4449.1	16454	F4513	16303	F4642	13868
F4405	16660	F4449.2	16454.1	F4514	16301	F4646	13892
F4405.2	16644	F4449.3	16449	F4514.4	16301	F4650	13880
F4406	16644	F4449.35	16450	F4516	16294	F4651	13876
F4408	16643	F4449.5	16451.7	F4520	16296	F4652	13864
F4409	16652	F4449.65	16451.7	F4522	16288	F4653	13864
F4410	16648	F4449.8	16451	F4524	16292	F4653.2	13868
F4410.5	16614	F4449.85	16451.5	F4526	16300	F4654	13860
F4411	16640	F4450	16436	F4530	16280	F4658	13856
F4411.2	16640	F4452	16440	F4531	16277	F4658.5	13844
F4411.4	16626	F4452.5	16444	F4532	16278	F4659.5	13912
F4411.41	16627	F4453	16448	F4533	16276.5	F4659.7	13913
F4412	16632	F4455	16432	F4534	16272	F4660.15	13916
F4412.5	16632	F4455.4	16433	F4536	16270	F4660.2	13940
F4412.6	16628	F4456.5	16424	F4540	16252	F4660.6	13900
F4412.7	16608	F4457	16428	F4542	16260	F4660.6	13906
F4412.72	16633	F4458	16404	F4543	16262	F4660.64	13908
F4412.8	16642	F4458.2	16416	F4546	16264	F4660.68	13910
F4413	16616			F4546	16268	F4660.69	13910.1
F4413.2	16620			F4547	16269		

577

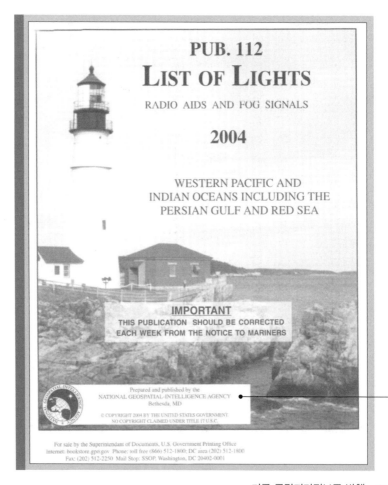

2004
미국 등대표

2004년
Tok To
PUB. NO. 112

건립 50년 만에
독도를 Tok To로 단독 명기

PUB. 112
LIST OF LIGHTS
RADIO AIDS AND FOG SIGNALS

2004

WESTERN PACIFIC AND
INDIAN OCEANS INCLUDING THE
PERSIAN GULF AND RED SEA

IMPORTANT
THIS PUBLICATION SHOULD BE CORRECTED
EACH WEEK FROM THE NOTICE TO MARINERS

Prepared and published by the
NATIONAL GEOSPATIAL-INTELLIGENCE AGENCY
Bethesda, MD

© COPYRIGHT 2004 BY THE UNITED STATES GOVERNMENT.
NO COPYRIGHT CLAIMED UNDER TITLE 17 U.S.C.

For sale by the Superintendant of Documents, U.S. Government Printing Office
internet: bookstore.gpo.gov Phone: toll free (866) 512-1800; DC area (202) 512-1800
Fax: (202) 512-2250 Mail Stop: SSOP, Washington, DC 20402-0001

미국 국립지리정보국 발행

독도의 Global Standard 명칭은 Tok To

1954년 건립된 독도등대가 울릉도와 함께 한국(KOREA)소속으로 등재되었다.
독도등대의 소속국가는 KOREA로 등재.
독도등대의 미국등대번호는 16548, 국제등대번호는 F4440로 등재되었다.
등대의 명칭은 Tok To로 단독 등재되었다.

1954년 등대건설로부터 50년만에
독도를 Tok To로 단독으로 명기

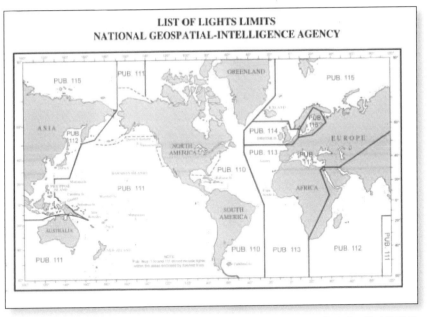

PUB 112에 한국 중국, 일본 인도와 동남아시아, 중동국가 등이 포함되어 있다.

2004
미국 등대표

점등한지 50년만에
Tok To로 명기

H.O. 112에 있는 한국(KOREA)의 등대에
ULLUNG DO가 등재되어 있고
독도 Tok To가 37° 14.2'N, 131° 52.2'E 위치에 대한민국 등대번호 16548과
독도의 국제번호인 F 4440으로 등재되었다.
1954년 독도등대가 불을 밝힌후 50년만에 독도가 Tok To로 등재된 것이다.

〈목차〉

TABLE OF CONTENTS

Index Chartlet .... Back of front cover
Preface and Record of Corrections Published in Weekly Notice to Mariners I
Introduction V
IALA Buoyage System VII
Maritime Safety Information Division Website VIII
Description (Lights, Buoys, RACONs, RAMARKs) IX
Characteristics of Lights XI
Nomenclature of Lights XII
Lightships, Superbuoys, and Offshore Light Stations XIV
Fog Signals XVI
Visibility Table XVIII
Conversion Table — Feet to Whole Meters XIX
Radiobeacons XX
Description (Radiobeacons) XXI
Table of Symbols XXVI
Differential GPS XXVII
Description (DGPS Stations) XXX
                                                                                                    XXXI

List of Lights for:

Section 1
Sakhalin, Hokkaido and Kuril Islands
Sakhalin 1, 71
Kuril Islands 3
Japan-Hokkaido-North Coast 5
Japan-Hokkaido-East Coast 6
Japan-Hokkaido-South Coast 7
Japan-Hokkaido-South and West Coasts 14
Japan-Hokkaido-West Coast 15
Japan-Hokkaido-West and North Coasts 16

Section 2
Northwest Coast of Honshu
Japan-Honshu-Northwest Coast 22

Section 3
North and East Coasts of Honshu
Including Nampo Shoto
Japan-Honshu-North Coast 48
Japan-Honshu-East Coast 50, 65
Japan-Nampo Shoto 63

Section 4
South Coast of Honshu
Japan-Honshu-South Coast 66

Section 5
Eastern Part of Seto Naikai
Japan-Seto Naikai-Eastern Part (I) 88
Japan-Seto Naikai-Eastern Part (II) 100

Section 6
Western Part of Seto Naikai and Shikoku
Including Kii Suido and Bungo Suido
Japan-Seto Naikai-Western Part (I) 110
Japan-Seto Naikai-Western Part (II) 123

III

Japan-Shikoku 125
Japan-Shikoku and Kyushu 130

Section 7
Kyushu
Japan-Kyushu 134
Japan-Kyushu-Outlying Islands 156

Section 8
Ryukyu Islands and Taiwan
Ryukyu Islands 164
Taiwan 172

Section 9
Philippines and Pacific Coast of Russia
Philippines 181
Russia 202

Section 10
Korea
Korea 213, 217

Section 11
China
China 255, 262, 266, 270, 285
China-Ch'Ang Chiang (Yangtze River) 265

Section 12
Vietnam, Gulf of Thailand and South China Sea
Vietnam 289, 291
South China Sea 291
Cambodia-Thailand 294
Thailand-East Coast 295

Section 13
Singapore Strait and Strait of Malacca
Malaysia-Singapore-Indonesia (Singapore Strait) 307
Singapore-Indonesia 309
Malaysia-West Coast 313
Thailand-West Coast 321
Indonesia (Sumatera-North Coast and Adjacent Islands) 323
Indonesia (Sumatera-East Coast and Adjacent Islands) 327

Section 14
Sumatera and Jawa
Indonesia (Sumatera-East Coast and Adjacent Islands) 332
Indonesia (Bangka) 334
Indonesia (Belitung) 336
Indonesia (Sumatera-East Coast) 337
Indonesia (Sumatera-South Coast) 338
Indonesia (Sumatera-West Coast) 339
Indonesia (Jawa-Adjacent Islands) 345

Section 15
Borneo
Including Sarawak, Sabah and Brunei
Malaysia (Sarawak) 358

IV

독도를 Tok To로 단독 명기

| 16548 Tok To. | 37' 14.2' N   Fl.W. |
| F 4440 | 131' 52.2' E   period 10s |

(1) No.	(2) Name and Location	(3) Position	(4) Characteristic	(5) Height	(6) Range	(7) Structure	(8) Remarks
			KOREA				
16540 F 4444	-Taep'ung Gam.	37' 31.0' N 130' 48.0' E	Fl.W. period 25s	561 171	18	White tower; 25.	Visible 002°-246°. Siren: 1 bl. ev. 50s. Radiobeacon. DGPS Station.
16542	-N. breakwater.	37' 31.6' N 130' 49.7' E	Fl.R. period 5s	56 17	5	STARBOARD (B) R. tower; 33.	
16544 F 4445	-Kanyong Mal.	37' 27.3' N 130' 52.5' E	Fl.W. period 5s	70 21	14	White round structure; 16.	Visible 270°-110°.
16548 F 4440	Tok To.	37' 14.2' N 131' 52.2' E	Fl.W. period 10s	341 104	25	White round concrete tower; 49.	Visible 000°-117°, 140°-000°.
	RACON		K(- • -)		10		
16551	Hosan Hang.	37' 10.5' N 129' 21.1' E	Fl.R. period 5s	46 14	5	Red round steel tower; 33.	
16551.1	-Hosan groin.	37' 10.5' N 129' 21.0' E	Fl.G. period 5s	46 14	5	White round steel tower; 33.	
16552 F 4432	Chukpyon Dong.	37' 03.0' N 129' 26.0' E	Fl.W. period 20s fl. 1s, ec. 19s	161 49	22	White octagonal concrete structure; 52.	Visible 162°-352°. Horn: 1 bl. ev. 50s.
16558 F 4432.6	-E. breakwater, head.	37' 03.0' N 129' 25.4' E	Fl.R. period 4s	33 10	5	Red round concrete tower; 27.	
16560 F 4433	-W. breakwater.	37' 03.1' N 129' 25.3' E	Fl.G. period 4s	36 11	5	White quadrangular metal framework; 27.	
16564 F 4431.5	Chinmi Mal.	36' 54.0' N 129' 25.0' E	Fl.W. period 6s	190 58	8	White round concrete tower; 39.	Visible 184°-340°.
16565 F 4431.45	Osan Hang, N. breakwater, head.	36' 53.4' N 129' 25.3' E	Fl.R. period 5s	33 10	5	Red tower; 10.	
16566 F 4431.2	Sadong, N. breakwater.	36' 49.3' N 129' 27.3' E	Fl.R. period 5s	56 17	5	Red round concrete tower; 33.	
16566.2 F 4431.4	-S. breakwater.	36' 49.3' N 129' 27.2' E	Fl.G. period 5s	49 15	5	White round concrete tower; 34.	
16568 F 4431	Hwamo Mal.	36' 45.9' N 129' 28.7' E	Fl.W. period 7s	157 48	12	White round concrete tower; 33.	
16569 F 4430.5	Kusan Hang, N. breakwater.	36' 46.4' N 129' 28.5' E	Fl.R. period 5s	33 10	5	Red tower; 10.	
16570	Jiksan Hang, E. breakwater.	36' 43.4' N 129' 28.5' E	Fl.R. period 4s	33 10	6	White round steel tower; 19.	
16570.1	Jiksan Hang, S. breakwater.	36' 43.4' N 129' 28.4' E	Fl.G. period 4s	33 10	5	White round metal tower; 19.	
	HUPO HANG:						
16572 F 4428	-Hup'o.	36' 41.0' N 129' 28.0' E	Fl.W. period 10s	210 64	19	White octagonal concrete tower; 34.	Visible 210°-14°. Siren: 1 bl. ev. 60s.
16574 F 4427	-Hup'o Chedong.	36' 41.0' N 129' 28.4' E	Fl.R. period 5s	49 15	5	Red round concrete tower; 33.	
16576 F 4429	-E. breakwater, head.	36' 40.3' N 129' 27.4' E	Fl.R. period 4s	36 11	5	Red round steel tower; 20.	
16580 F 4430	-W. breakwater, head.	36' 40.3' N 129' 27.5' E	Fl.G. period 4s	43 13	5	White round concrete tower; 33.	
16584 F 4424	Ch'uksan Hang.	36' 30.3' N 129' 27.2' E	Fl.W. period 5s	282 86	18	White octagonal concrete tower; 30.	Fishing light.

The existence and operation of all navigational aids should be considered unreliable on the east coast of North Korea.

219

| 341 | 25 | White round concrete tower; 49. | Visible 000°-117°, 140°-000°. |
| 104 | | | |

2004
미국 등대표

PUB. 112 목차에 KOREA가 Section 10으로 분류

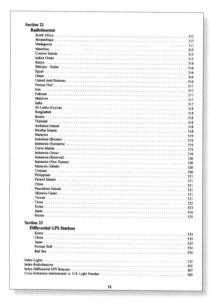

Section 22
Radiobeacons
South Africa 515
Mozambique 515
Madagascar 515
Mauritius 515
Comoro Islands 515
Indian Ocean 515
Kenya 516
Ethiopia - Sudan 516
Egypt 516
Oman 516
United Arab Emirates 516
Persian Gulf 517
Iran 517
Pakistan 517
Maldives 517
India 517
Sri Lanka (Ceylon) 518
Bangladesh 518
Burma 518
Thailand 518
Andaman Islands 518
Nicobar Islands 518
Malaysia 519
Indonesia (Borneo) 519
Indonesia (Sumatera) 519
Cocos Islands 519
Indonesia (Jawa) 519
Indonesia (Sulawesi) 520
Indonesia (New Guinea) 520
Malaysia (Sabah) 520
Vietnam 520
Philippines 521
Paracel Islands 521
China 521
Pescadores Islands 521
Okinawa Gumo 521
Taiwan 521
China 522
Korea 523
Japan 524
Russia 525
Section 23
Differential GPS Stations
Korea 533
China 533
Japan 533
Persian Gulf 534
Red Sea 534

Index-Lights 535
Index-Radiobeacons 567
Index-Differential GPS Beacons 567
Cross Reference-International vs. U.S. Light Number 569

VI

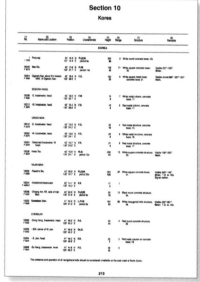

Section 10

Korea

(1) No.	(2) Name and Location	(3) Position	(4) Characteristic	(5) Height	(6) Range	(7) Structure	(8) Remarks
			KOREA				
1 F 1300	Pozang	34° 16.0' N 127° 14.4' E	Fl.(2)W. period 6s	262 80	8	White round concrete tower, 33.	
16306 F 4492	Nam Do.	42° 13.8' N 130° 31.7' E	Fl.W. period 14s	138 36	17	White square concrete tower, 36.	Visible 237°-126°. Siren.
16304 F 4494	Ogeum Sae, about 514 meters WNE. of Digeum Gan.	42° 18.5' N 130° 38.0' E	F.G.	160 53	6	White square metal tower, concrete base, 21.	Visible shore-266°. 027°-124°. Horn.
	SOSURA HANG.						
16308 F 4498	-E. breakwater, head.	42° 18.0' N 130° 38.7' E	F.W.	19 7	7	White metal column, concrete base, 17.	
16312 F 4500	-W. breakwater, head.	42° 18.4' N 130° 38.0' E	F.R.	19 6	6	Red metal column, concrete base, 17.	
	UNGGI MAN.						
16314 F 4510	-E. breakwater, head.	42° 19.0' N 130° 24.2' E	F.G.	23 13	4	Red metal structure, concrete base, 15.	
16290 F 4504	-W. breakwater, head.	42° 19.4' N 130° 24.3' E	F.R.	25 8	5	White metal structure, concrete base, 16.	
16324 F 4508	Detached breakwater, W. head.	42° 19.7' N 130° 24.2' E	F.R.	21 6	5	Red metal structure, concrete base, 17.	
16328 F 4506	Kesa Tan.	42° 15.0' N 130° 24.1' E	Fl.W. period 12s	200 61	13	White square concrete structure, 20.	Visible 196°-092°. Horn.
	NAJIN MAN.						
16330 F 4558	-Rawolli's Do.	42° 05.0' N 129° 19.7' E	Fl.(2)W. period 20s	394 120	27	White square concrete tower, 41.	Visible 229°-142°. Siren. 1 bl. ev. 40s. Signal station.
16334	-Detached breakwater	42° 14.1' N 130° 18.0' E	F.R.	17 7	1		
16346 F 4560	Chipong son, NE. side of Injin Man.	42° 04.5' N 130° 07.6' E	Fl.(3)W. period 6s	39 18	12	Black round concrete structure. 54.	
16352 F 4564	Sunwolteon Dan.	41° 48.0' N 130° 24.2' E	L.Fl.W. period 8s	204 61	20	White hexagonal brick structure, 49.	Visible 222°-081°. Horn. 1 bl. ev. 45s.
	CHONGJIN.						
16360 F 4540	Chong Hang, breakwater, head.	41° 46.5' N 129° 49.3' E	F.G.	45 14	3	Red round concrete structure.	
16362 F 4544	-SW. corner of W. pier.	41° 46.0' N 129° 49.8' E	Oc.R.	35 9	2		
16364 F 4508	-So Hang, breakwater, head.	41° 46.0' N 129° 49.8' E	F.G.	33 10	2	Red metal column on concrete base, 18.	

The existence and operation of all navigational aids should be considered unreliable on the east coast of North Korea.

213

Index에 Tok To만있다.

● Tok To 16548

INDEX – LIGHTS

Todo Saki	4028	Tonghae Hang	16478, 16486	Tsunoshima Ko	1570
Todo Shima	1452	Tonghodong	16307	Tsurasaki	9348
Toech'o Do	16232	Tongso	17934	Tsurenodai	1716
Toga Ko	3596	To-No Hama	10120	Tsuriboko Yama	2020
Togane Ko	1852	Toncsyo	7922	Tsurikake Saki	11096
Togashira Shima	6620	Toncura Ko	10864	Tsuruga Ko	2604
Togawa Ko	4788	Tooduji	17303	Tsurugi Saki	5044
Toggi Seom	16792	Toramaru Syo	8492	Tsushima suido bridge	11870
Toguchi Ko	13424	Tori Do	17928	Tsushimase Hana	12716
Togudo	17309	Toriga Shima	2276	Tsutsuishi Ko U Shima	3180
Tchokundenryoku	4497	Torigakubi Misaki	3192	Tsuwa Zaki	12728
Toi Ko	868, 5612	Torisaki	3664	Tsuyanagi	12468
Toi Misaki	10676	Torikai Ko	7972	Tsuyazaki Hana	12416
Tojima Saki	6752	Torinosu Yama	11084	Tsuyoshi Ko	11980
Tok Bali	20938	Torisima Ko	13490	Tuai	25832
Tok To	16548	Toro Besi	25629	Tuan Dao	18692
TOKACHI KO	560	Toro Jampang	25628	Tubalan Head	15181
Tokachi Ottu	552	Toronaganuri	25616	Tubbatsha Reefs	14528
Tokai	4700	Tororo	11440.5	Tubigan Point	14724
Tokashiki	13462	Tosa	10516	Tuboge Se	12808
Tokchok Pukni	18048	Tosa Shimizu	10296	Tubune Hana	6980
Tokko-do	17548	TOSA WAN MUROTSU KO	10100	Tubusi Syo	8052
Tokonami Ko	9632	Tosaki Hana	10776	Tucker	28004
Tokong Malangbiru	21097.5	Tosa-Moshima Ko	10328	Tudi	7112
Tokoro Ko	272	Tosasimoda Ko	10258	Tuda Ko	8031
Tokotan Ko	502	Toseki	13328	Tudo	16764
Toksan Hang	16505	Toshi Ko	6312	Tudo Ko	2070
Tokugo	6080	Tosi Ko	6308	Tuelomanai Point	1536
TOKUNO SHIMA	13196	Tosikara	11443	TUFI HARBOR	26236
TOKUSHIMA KO	7116	Tosima Ko	7936	Tugas Point	14877
Tokusima	7136	Totopela Reef	25472	Tugela Bluff	31972
Tokuyama Gyoko	9504	Touch'ado	17650	Tuki	9734
TOKUYAMA WAN	9524, 9544	Toyama Sinko	3092	Tukinokawa Ko	12088
Tokyo	5264	TOYAMA WAN	3036	Tuko Iguratu	6224
TOKYO WAN	5056, 5096	TOYAMA WAN-Toyama Ko	3112	Tukuga Sima	8828
Toledo	14760	Toyohama	1474	Tukumi Ko	10534
Tolehu	25790	Toyohama Ko	6088	Tulai	21096.7
Tolkeshwar Point	27868	Toyohasi Ko	5875	Tulang	14958
Tolosa	14928	Toyohasi Ko	4550, 4588	Tuleer	32580
Tomakomai	676	Toyomisaki Ko	1360	Tumun Saki	8812
Tomamae	1316	Toyosima Ko	8864	Tuna Ko	7596
Tomari Ko	2236, 7192	Toyosoda	9556	Tunagi Wan	11228
Tomari Yama	11278	Toyoura Ko	796, 8292	Tunekami Saki	2580
Tomari-ga-Hana	1896	Tozi	5546	Tung Lung Island	19342
Tomariganti	10556	Tozyusi	12510	Tung Tao	18864
Tomi	10684	Trewangan	25554	Tungchu Tao	19132
Tomie Ko	12680	TRINCOMALEE	27944	Tunggo Point	14473
Tomiao Ko	1516	Trinkat	26451.1	Tung-ting Tao	19196
Tomiku Ko	9432	Trivandrum	27496	Tung-yin Tao	19090
Tomioka	7086, 11444	Tsing Chau	19460	Turakuna	27394
Tomioka Ko	7072	Tsing Shan Wan	19729.2	Turnabout Reach	23964
Tomisaki Ko	5000	TSO-YING	13820	Turshian	28422
Tomsuhara Ko	6160	Tso-ying	13806	Turtle Rock	24595
Tomura Wan	5030	Tsu Ko	6216	Turu Shima	9128
TOMMAE KO	1308	Tsu Saki	12064	Turumi Passage	5210
Tomo Ko	8412	Tsubaki Ko	3584	Turumi Saki	10608
Tomori	25264	Tsubaki Shima	4216	Turusima Hana	7176
Tomoshiri Ko	470	Tsubota Ko	4932	Turuuti Ko	8204
Tomoura	10044	Tsubura Saki	11068	Tusi Ko	7968
Tonaki Shima	13476	TSUIYAMA KO	2426	Tusima Hitoe	12520
Tonam Hang	16914	Tsuken Jima	13316	Tusicorin	27180
Tonbetu Ko	202	Tsukumi Sinais	10536	Tuto Ko	12582
Tonda	10780	Tsukumo Wan	2932	Tuto Saki	12586
Tonen Sea Berth	5676	Tsuma Ko	2080	Tuyodayu	8472
Tonen-Ogisima	5236	Tsumeki Saki	5524	Tyohu	9770
Tongbeok To	18056	Tsuna Ko	7610	Tyosi Ko	4764
Tonggu Zui	20120	Tsuno Shima	1568		

574

2004
미국 등대표

Korea로 분류

Index에 Liancourt Rocks은 없다.

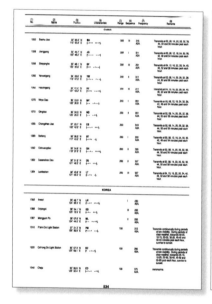

CROSS REFERENCE인 INTERNATIONAL과
U.S. LIGHT NUMBER에는 F4440과 16548로 각각 등재되어 있다.

CROSS REFERENCE - INTERNATIONAL vs. U.S. LIGHT NUMBER

Inter.	U.S.	Inter.	U.S.	Inter.	U.S.	Inter.	U.S.
F4368	16756	F4413.7	16609	F4457	16420	F4543	16262
F4374	16732	F4413.75	16610	F4458	16404	F4544	16264
F4374.2	16727	F4413.8	16611	F4458.2	16416	F4546	16268
F4374.3	16727.1	F4414	16604	F4458.4	16408	F4547	16269
F4374.4	16724.4	F4415	16600	F4458.6	16412	F4556	16248
F4374.5	16725.2	F4417	16596.5	F4459	16380	F4558	16232
F4374.6	16725.6	F4418	16596	F4459.1	16384	F4560.8	16234
F4374.7	16724.8	F4420	16588	F4459.15	16385	F4568	16228
F4374.8	16725.8	F4421	16592	F4459.2	16396	F4570	16200
F4374.81	16725.9	F4424	16584	F4459.3	16378	F4574	16220
F4375.6	16724	F4426	16572	F4459.4	16379	F4576	16224
F4376	16720	F4427	16574	F4459.43	16377	F4578	16216
F4377.6	16714	F4429	16576	F4459.5	16388	F4582	16206
F4377.9	16713	F4430	16580	F4459.54	16396	F4584	16212
F4378	16712	F4430.5	16568	F4459.6	16392	F4590	16204
F4379.2	16708	F4431	16566	F4459.7	16376	F4602	13768
F4379.4	16710	F4431.2	16568	F4459.75	16374	F4603.04	13769
F4379.5	16711	F4431.45	16566.2	F4459.9	16369	F4603.06	13769.5
F4379.6	16711.3	F4431.5	16564	F4460	16365	F4610	13780
F4379.7	16709, 16711.5	F4432	16552	F4460.1	16365.1	F4612	13776
F4381.3	16690	F4432.6	16556	F4461	16364	F4618	13796
F4381.36	16691	F4433	16560	F4462	16359	F4620	13800
F4381.4	16692	F4433.7	16508	F4464	16360	F4621	13804
F4381.5	16696	F4433.8	16516	F4464.5	16362	F4622	13806
F4382	16700	F4433.9	16500	F4465	16358	F4624	13807
F4382.5	16698	F4434	16500	F4466	16356	F4624.4	13788
F4382.7	16699	F4434.2	16504	F4468	16352	F4624.42	13792
F4383	16702	F4434.3	16502	F4472	16332	F4624.5	13793
F4383.2	16702.5	F4434.7	16506	F4474	16328	F4624.51	13793.1
F4385	16688	F4434.75	16505	F4480	16340	F4625	13808
F4388	16676	F4435	16496	F4484	16348	F4625.2	13812
F4389	16686	F4436	16488	F4484.5	16344	F4625.4	13816
F4390	16684	F4437	16492	F4485	16326	F4626	13820
F4394	16680	F4440	16548	F4487	16325	F4626.1	13824
F4397	16674	F4443	16536	F4488	16324	F4626.3	13825
F4397.4	16673	F4444	16540	F4490	16323	F4626.4	13825.1
F4397.5	16673.1	F4445	16544	F4492	16316	F4626.45	13825.2
F4398	16672	F4446.2	16520	F4494	16320	F4626.5	13826
F4400	16668	F4446.5	16484	F4495	16322	F4628	13828
F4402	16664	F4446.6	16480	F4506	16312	F4629	13832
F4403	16662	F4446.8	16478	F4506.5	16308.5	F4629.2	13836
F4404	16656	F4447	16464	F4507	16310	F4629.3	13837
F4405	16660	F4448	16466	F4508	16309	F4629.38	13837.2
F4405.5	16661	F4448.4	16467	F4510	16306	F4629.4	13837.4
F4406	16644	F4449	16456	F4510.4	16306	F4629.5	13838
F4408	16643	F4449.1	16454	F4510.6	16307	F4629.55	13838.2
F4409	16652	F4449.2	16454.1	F4511.4	16306.1	F4629.8	13838.4
F4410	16648	F4449.3	16449	F4512	16304	F4630	13840
F4410.1	16648.6	F4449.35	16450	F4512.2	16305	F4640	13864
F4410.5	16614	F4449.5	16452	F4513	16303	F4642	13868
F4411	16636	F4449.6	16451.7	F4514	16301	F4646	13882
F4411.2	16626	F4449.55	16451.8	F4514.4	16302	F4650	13860
F4411.4	16627	F4449.8	16451	F4516	16294	F4651	13878
F4411.41	16627	F4449.85	16451.5	F4520	16296	F4652	13872
F4412	16624	F4450	16436	F4522	16288	F4653	13864
F4412.5	16632	F4452	16440	F4524	16292	F4653.2	13868
F4412.6	16633	F4452.5	16444	F4526	16300	F4654	13860
F4412.7	16634	F4453	16448	F4530	16280	F4658	13856
F4412.72	16633	F4455	16432	F4531	16277	F4658.5	13844
F4412.8	16642	F4455.4	16433	F4532	16278	F4659.415	13854
F4413	16616	F4455.6	16430	F4533	16276.5	F4659.5	13852
F4413.2	16620	F4456	16428	F4534	16272	F4659.7	13893
F4413.4	16621	F4456.2	16429	F4536	16276	F4660.15	13896
F4413.6	16612	F4456.5	16424	F4540	16252	F4660.2	13940
				F4542	16260	F4660.4	13900

602

| F4440 | .... | 16548 |

2005년
Tok To
PUB. NO. 112

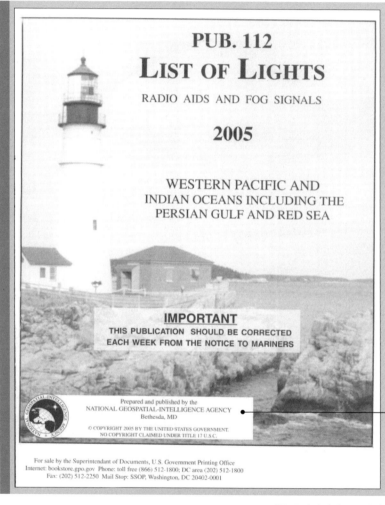

PUB. 112
LIST OF LIGHTS
RADIO AIDS AND FOG SIGNALS
2005

WESTERN PACIFIC AND
INDIAN OCEANS INCLUDING THE
PERSIAN GULF AND RED SEA

IMPORTANT
THIS PUBLICATION SHOULD BE CORRECTED
EACH WEEK FROM THE NOTICE TO MARINERS

Prepared and published by the
NATIONAL GEOSPATIAL-INTELLIGENCE AGENCY
Bethesda, MD

© COPYRIGHT 2005 BY THE UNITED STATES GOVERNMENT.
NO COPYRIGHT CLAIMED UNDER TITLE 17 U.S.C.

For sale by the Superintendant of Documents, U.S. Government Printing Office
Internet: bookstore.gpo.gov Phone: toll free (866) 512-1800; DC area (202) 512-1800
Fax: (202) 512-2250 Mail Stop: SSOP, Washington, DC 20402-0001

미국 국립지리정보국 발행

독도의 Global Standard 명칭은 Tok To

954년 건립된 독도등대가 울릉도와 함께 한국(KOREA)소속으로 등재되었다.
독도등대의 소속국가는 KOREA로 등재.
독도등대의 미국등대번호는 16548, 국제등대번호는 F4440로 등재되었다.
등대의 명칭은 Tok To로 등재되었다.

세계등대 구역도

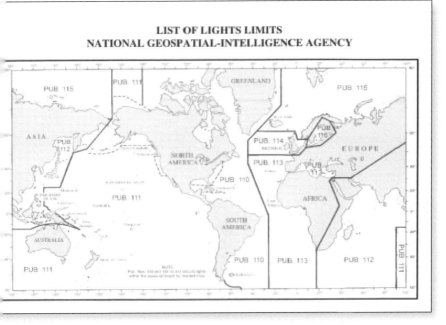

PUB 112에 한국, 중국, 일본, 인도와 동남아시아, 중동국가 등이 포함되어 있다.

2005
미국 등대표

H.O. 112에 있는 한국(KOREA)의 등대에
ULLUNG DO가 등재되어 있고
독도 Tok To가 37° 14.2'N, 131° 52.2'E 위치에 미국 등대번호 16548과
독도의 국제번호인 F 4440으로 등재되었다.
독도가 Tok To로 등재

TABLE OF CONTENTS

Preface and Record of Corrections Published in Weekly Notice to Mariners 1
Index Chartlet .... back of front cover
Introduction VII
IALA Buoyage System VIII
Maritime Division Website IX
Description (Lights, Buoys, RACONs, RAMARKs) XI
Characteristics of Lights XII
Nomenclature of Lights XIV
Lightships, Superbuoys, and Offshore Light Stations XVI
Fog Signals XVII
Visibility Table XIX
Conversion Table — Feet to Whole Meters XX
Radiobeacons XXI
Description (Radiobeacons) XXVI
Table of Symbols XXVIII
Differential GPS XXX
Description (DGPS Stations) XXXI

List of Lights for:

Section 1
Sakhalin, Hokkaido and Kuril Islands
Sakhalin 1,22
Japan-Hokkaido-North Coast 4
Kuril Islands 5
Japan-Hokkaido-East Coast 6
Japan-Hokkaido-South Coast 7
Japan-Hokkaido-South and West Coasts 14
Japan-Hokkaido-West Coast 15
Japan-Hokkaido-West and North Coasts 16

Section 2
Northwest Coast of Honshu
Japan-Honshu-Northwest Coast 23

Section 3
North and East Coasts of Honshu Including Nampo Shoto
Japan-Honshu-North Coast 48
Japan-Honshu-East Coast 50,63
Japan-Nampo Shoto 63

Section 4
South Coast of Honshu
Japan-Honshu-South Coast 66

Section 5
Eastern Part of Seto Naikai
Japan-Seto Naikai-Eastern Part (I) 88
Japan-Seto Naikai-Eastern Part (II) 100

Section 6
Western Part of Seto Naikai and Shikoku Including Kii Suido and Bungo Suido
Japan-Seto Naikai-Western Part (I) 110

Japan-Seto Naikai-Western Part (II) 123
Japan-Shikoku 125
Japan-Shikoku and Kyushu 129

Section 7
Kyushu
Japan-Kyushu 133
Japan-Kyushu-Outlying Islands 155

Section 8
Ryukyu Islands and Taiwan
Ryukyu Islands 162
Taiwan 170

Section 9
Philippines and Pacific Coast of Russia
Philippines 179
Russia 200

Section 10
Korea
Korea 211

Section 11
China
China 258,269,283,285
China-Ch'Ang Chiang (Yangtze River) 268
Hong Kong 283,285

Section 12
Vietnam, Gulf of Thailand and South China Sea
Vietnam 293,295
South China Sea 295
Cambodia-Thailand 298
Thailand-East Coast 299

Section 13
Singapore Strait and Strait of Malacca
Malaysia-Singapore-Indonesia (Singapore Strait) 311,318
Singapore-Indonesia 313
Malaysia-West Coast 317
Thailand-West Coast 325
Indonesia (Sumatera-North Coast and Adjacent Islands) 331
Indonesia (Sumatera-East Coast and Adjacent Islands) 331

Section 14
Sumatera and Jawa
Indonesia (Sumatera-East Coast and Adjacent Islands) 337,342
Indonesia (Bangka) 341
Indonesia (Belitung) 341
Indonesia (Sumatera-South Coast) 342
Indonesia (Sumatera-West Coast) 344
Indonesia (Jawa-Adjacent Islands) 351

Section 15
Borneo Including Sarawak, Sabah and Brunei
Malaysia (Sarawak) 364

III

IV

한국(KOREA)구역내에 울릉도 등이 등재되어 있다.

ULLUNG DO:

(1) No.	(2) Name and Location	(3) Position	(4) Characteristic	(5) Height	(6) Range	(7) Structure	(8) Remarks
			KOREA				
16469	-S. groin.	37° 32.4′ N 129° 07.0′ E	Fl.G. period 4s	46 14	5	White round concrete tower; 33.	
16478 F 4448.8	Tonghae Hang, wharf.	37° 29.8′ N 129° 08.3′ E	Fl.(2)G. period 5s	28 9	5	White pillar; 19.	
16480 F 4448.6	Bugpyeong Hang, N. breakwater, head.	37° 29.8′ N 129° 09.2′ E	Fl.(2)R. period 5s	46 14	9	Red round concrete tower; 28.	
	RACON		B(- • • •)		10		
16484 F 4448.5	Bugpyeong Hang, S. breakwater, head.	37° 29.7′ N 129° 08.9′ E	Fl.G. period 4s	52 16	8	White round tower; 36.	
16485	-S. breakwater.	37° 29.6′ N 129° 08.7′ E	F.W.	49 15			Visible 023°–045°.
16486	Tonghae Hang, Seaberth.	37° 29.6′ N 129° 08.8′ E	Fl.(4)Y. period 8s	23 7	6	Yellow pillar; 13.	Private.
16487 F 4437.2	Samchok Hang.	37° 26.1′ N 129° 11.5′ E	Dir.F.W.R.G.	105 32	W. 21 R. 17 G. 17	White steel tower; 102.	R. 317°36′-319°12′, W.-320°48′, G.-322°24′.
16488 F 4436	-S. breakwater, head.	37° 25.8′ N 129° 11.8′ E	Fl.G. period 4s	46 14	8	White round concrete structure; 33.	
16492 F 4437	-N. breakwater, head.	37° 25.9′ N 129° 11.8′ E	Fl.R. period 4s	39 12	5	Red round concrete tower; 28.	
16496 F 4435	Pi Mal.	37° 22.7′ N 129° 15.5′ E	Fl.W. period 5s	236 72	12	White round concrete structure; 28.	
16500 F 4434	Changho.	37° 17.1′ N 129° 19.3′ E	Fl.W. period 5s	184 56	8	White round tower; 23.	
16502 F 4434.3	-Groin.	37° 17.1′ N 129° 19.0′ E	Fl.R. period 5s	36 11	5	Red round concrete tower; 32.	
16504 F 4434.2	-Breakwater, head.	37° 17.1′ N 129° 19.0′ E	Fl.G. period 5s	56 17	5	White round steel tower; 33.	
16505 F 4434.75	Toksan Hang, N. breakwater.	37° 22.4′ N 129° 15.4′ E	Fl.R. period 5s	52 16	6	Red round concrete tower; 33.	
16506 F 4434.7	-S. breakwater.	37° 22.3′ N 129° 15.4′ E	Fl.G. period 5s	46 14	5	White round concrete tower; 36.	
16508 F 4432.7	Imunae Hang.	37° 13.9′ N 129° 21.5′ E	Fl.W. period 8s	197 60	14	White round concrete tower; 33.	
16516 F 4433.8	-Breakwater, head.	37° 13.5′ N 129° 20.8′ E	Fl.G. period 6s	36 11	5	White round concrete tower; 31.	
16518 F 4432.9	--Breakwater, head.	37° 13.6′ N 129° 20.7′ E	Fl.R. period 4s	36 11	6	Red square metal tower; 23.	
	ULLUNG DO:						
16520 F 4446.2	-Hyongnangap.	37° 29.0′ N 130° 55.0′ E	Fl.W. period 14s	354 108	18	White octagonal tower; 30.	Visible 183°–40°. Horn: 1 bl. ev. 60s.
16524	--Jeodong Hang, N. breakwater, head.	37° 29.9′ N 130° 54.8′ E	Fl.R. period 5s	52 16	6	Red round concrete tower; 28.	
16528	---S. breakwater, head.	37° 29.8′ N 130° 54.8′ E	Fl.G. period 5s	52 16	5	White round concrete tower; 28.	
16536 F 4443	-Chonbu Hang, breakwater, head.	37° 32.5′ N 130° 52.4′ E	Fl.G. period 4s	29 9	5	White round concrete column; 25.	

The existence and operation of all navigational aids should be considered unreliable on the east coast of North Korea.

독도의 소속국가인 KOREA에 Tok To로 등재

| 16548 | Tok To. | 37° 14.2' N | FL.W. | | | | |
| F 4440 | | 131° 52.2' E | period 10s | | | | |

(1) No.	(2) Name and Location	(3) Position	(4) Characteristic	(5) Height	(6) Range	(7) Structure	(8) Remarks
			KOREA				
16540 F 4444	-Taep'ung Gam.	37° 31.0' N 130° 48.0' E	FL.W. period 25s	561 171	18	White tower; 25.	Visible 002°-246°. Siren: 1 bl. ev. 50s. Radiobeacon. DGPS Station.
16542	-N. breakwater.	37° 31.8' N 130° 49.7' E	FL.R. period 5s	56 17	5	STARBOARD (B) R. tower; 33.	
16544 F 4445	-Kanyong Mal.	37° 27.3' N 130° 52.5' E	FL.W. period 5s	70 21	14	White round structure; 16.	Visible 270°-110°.
16548 F 4440	Tok To.	37° 14.2' N 131° 52.2' E	FL.W. period 10s	341 104	25	White round concrete tower; 49.	Visible 000°-117°, 140°-000°.
	RACON		K(-·-)		10		
16551	-Hosan Hang.	37° 10.5' N 129° 21.1' E	FL.R. period 5s	46 14	5	Red round steel tower; 33.	
16551.1	-Hosan groin.	37° 10.5' N 129° 21.0' E	FL.G. period 5s	46 14	5	White round steel tower; 33	
16552 F 4432	Chukpyon Dong.	37° 03.0' N 129° 26.0' E	FL.W. period 20s fl. 1s, ec. 19s	161 49	22	White octagonal concrete structure; 52.	Visible 162°-352°. Horn: 1 bl. ev. 50s
16556 F 4432 d	-E. breakwater, head.	37° 03.0' N 129° 25.4' E	FL.R. period 4s	33 10	5	Red round concrete tower; 27.	
16560 F 4433	-W. breakwater.	37° 03.1' N 129° 25.3' E	FL.G. period 4s	36 11	5	White quadrangular iron framework; 27	
16564 F 4431.5	Chinmi Mal.	36° 54.0' N 129° 25.0' E	FL.W. period 6s	49 15	8	White round concrete tower; 39.	Visible 184°-340°.
16565 F 4431 45	Osan Hang, N. breakwater, head.	36° 53.4' N 129° 25.3' E	FL.R. period 4s	33 10	5	Red tower; 10.	
16566 F 4431.2	Sadong, N. breakwater.	36° 49.3' N 129° 27.3' E	FL.R. period 5s	56 17	5	Red round concrete tower; 33.	
16566.2 F 4431.4	-S. breakwater.	36° 49.3' N 129° 27.2' E	FL.G. period 5s	49 15	5	White round concrete tower; 34.	
16568 F 4431	Hwamo Mal.	36° 45.9' N 129° 28.7' E	FL.W. period 7s	157 48	12	White round concrete tower; 33.	
16569 F 4430.5	Kusan Hang, N. breakwater.	36° 45.4' N 129° 28.5' E	FL.R. period 5s	33 10	5	Red tower; 10.	
	HUP'O HANG.						
16572 F 4426	-Hup'o.	36° 41.0' N 129° 28.0' E	FL.W. period 10s	210 64	19	White octagonal concrete tower; 34.	Visible 210°-14°. Siren: 1 bl. ev. 60s
16574 F 4427	-Hup'o Chedong.	36° 41.0' N 129° 28.4' E	FL.R. period 5s	49 15	5	Red round concrete tower; 33.	
16576 F 4429	-E. breakwater, head.	36° 40.3' N 129° 27.4' E	FL.R. period 4s	46 14	5	Red round steel tower; 20.	
16580 F 4430	-W. breakwater, head.	36° 40.3' N 129° 27.5' E	FL.G. period 4s	43 13	5	White round concrete tower; 33.	
16584 F 4424	Ch'uksan Hang.	36° 30.3' N 129° 27.2' E	FL.W. period 5s	282 86	18	White octagonal concrete tower; 30.	Fishing light.
16588 F 4429	-S. breakwater, head.	36° 30.4' N 129° 27.1' E	FL.G. period 4s	33 10	5	White square iron tower; 26.	
16592 F 4421	-N. breakwater, head.	36° 30.6' N 129° 27.2' E	FL.R. period 5s	49 15	6	Red round concrete structure; 26.	

The existence and operation of all navigational aids should be considered unreliable on the east coast of North Korea.

217

| | 341 104 | 25 | White round concrete tower; 49. | Visible 000°-117°, 140°-000°. |

Section 23
Differential GPS Stations
Korea ·······························

Section 10
Korea

Section 10
Korea

Section 22
Radiobeacons
South Africa 527
Mozambique 527
Mauritius 527
Comoro Islands 527
Indian Ocean 527
Ethiopia - Sudan 528
Egypt 528
Oman 528
United Arab Emirates 528
Persian Gulf 528
Iran 528
Pakistan 528
Maldives 529
India 529
Sri Lanka (Ceylon) 530
Bangladesh 530
Burma 530
Thailand 530
Andaman Islands 530
Nicobar Islands 530
Malaysia 530
Indonesia (Borneo) 531
Indonesia (Sumatera) 531
Cocos Islands 531
Indonesia (Jawa) 531
Indonesia (Sulawesi) 531
Indonesia (New Guinea) 531
Malaysia (Sabah) 532
Vietnam 532
Philippines 532
China 533
Prescadores Islands 533
Okinawa Gunto 533
Taiwan 533
China 533
Korea 534
Japan 535
Russia 537

Section 23
Differential GPS Stations
Korea 543
China 543
Japan 543
Singapore 544
Persian Gulf 544
Red Sea 544

Index-Lights 547
Index-Radiobeacons 579
Index-Differential GPS Stations 581
Cross Reference-International vs. U.S. Light Number ... 583

2005 미국 등대표

Index에 Tok To만 명기되어 있다.

● Tok To 16548

INDEX – LIGHTS

Togane Ko ... 1852	Tonosyo ... 7922	Tsurikake Saki ... 11096
Togashira Shima ... 6620	Tonoura Ko ... 10864	Tsuruga Ko ... 2504
Togawa Ko ... 4788	Tooduji ... 17303	Tsurugi Saki ... 5044
Toggi Seom ... 16792	Toramaru Syo ... 8492	Tsushima suido bridge ... 11870
Toguchi Ko ... 13424	Tori De ... 17926	Tsushimasan Hana ... 12716
Togude ... 17309	Toriga Shima ... 2276	Tsutauishi Ko U Shima ... 3180
Tohokundenryoku ... 4497	Torigakubi Misaki ... 3192	Tsuwa Zaki ... 12728
Toi Ko ... 868, 5612	Torisaki ... 3664	Tsuyanagi ... 12468
Toi Misaki ... 10876	Torikai Ko ... 7972	Tsuyazaki Hana ... 12416
Tojima Saki ... 6752	Torinosu Yama ... 11084	Tsuyoshi Ko ... 11980
Tok Bali ... 20938	Torisima Ko ... 13490	Txel ... 25632
Tok To ... 16546	Turo Besi ... 25629	Tuan Dao ... 18692
TOKACHI KO ... 560	Toro Jampang ... 25626	Tubalan Head ... 15181
Tokachi Olu ... 552	Toronagariuri ... 25516	Tubbataha Reefs ... 14528
Tokai ... 4700	Tororo ... 11440.5	Tubigan Point ... 14724
Tokashiki ... 13462	Tosa ... 10516	Tuboga Se ... 12808
Tokchok Pukni ... 18048	Tosa Shimizu ... 10296	Tubune Hana ... 6980
Tokko-do ... 17548	TOSA WAN MUROTSU KO ... 10100	Tubusi Syo ... 8052
Tokonami Ko ... 9632	Tosaki Hana ... 10776	Tucker ... 28004
Tokong Malangbiru ... 21087.5	Tosa-Moshima Ko ... 10328	Tuds ... 7112
Tokoro Ko ... 272	Tosasimoda Ko ... 10258	Tuda Ko ... 8031
Tokotan Ko ... 502	Toseki ... 13328	Tudo ... 16764
Toksan Hang ... 16505	Toshi Ko ... 6312	Tudo Ko ... 2070
Tokugo ... 6080	Tosi Ko ... 6308	Tuetomanai Point ... 1536
TOKUNO SHIMA ... 13196	Tosikara ... 11443	TUFI HARBOR ... 26236
TOKUSHIMA KO ... 7116	Tosima Ko ... 7936	Tugas Point ... 14877
Tokusima ... 7136	Tolopela Reef ... 25472	Tugela Bluff ... 31972
Tokuyama Gyoko ... 9504	Touch'ado ... 17650	Tuiki ... 9734
TOKUYAMA WAN ... 9524, 9544	Toyama Sinko ... 3092	Tukinokawa Ko ... 12088
Tokyo ... 5264	TOYAMA WAN ... 3036	Tuko Iguratu ... 5224
TOKYO WAN ... 5056, 5096	TOYAMA WAN-Toyama Ko ... 3112	Tukuga Sima ... 8828
Toledo ... 14760	Toyohama ... 1474	Tukumi Ko ... 10534
Tolehu ... 25790	Toyohama Ko ... 6088	Tulai ... 21096.7
Tolkeshwar Point ... 27888	Toyohasi Ko ... 5875	Tulang ... 14958
Tolosa ... 14928	Toyoma Ko ... 4550, 4556	Tulear ... 32580
Tomakomai ... 676	Toyomisaki Ko ... 1360	Tumuri Saki ... 8812
Tomamae ... 1316	Toyosima Ko ... 8864	Tuna Ko ... 7596
Tomari Ko ... 2236, 7192	Toyosoda ... 9556	Tunagi Wan ... 11228
Tomari-ga-Hana ... 11278	Toyoura Ko ... 796, 8292	Tunekami Saki ... 2580
Tomari-ga-Hana ... 1896	Tozi ... 5546	Tung Lung island ... 19342
Tomariganti ... 10556	Tozyusi ... 12510	Tung Tao ... 18864
Tomi ... 10684	Trewangan ... 25554	Tungchu Tao ... 19132
Tomie Ko ... 12880	TRINCOMALEE ... 27244	Tunggo Point ... 14473
Tomisato Ko ... 1516	Trinkat ... 26451.1	Tung-ting Tao ... 19196
Tomiku Ko ... 9432	Trivandrum ... 27496	Tung-yin Tao ... 19090
Tomioka ... 7066, 11444	Tsing Chau ... 19460	Turakuna ... 27394
Tomioka Ko ... 7072	Tsing Shan Wan ... 19729.2	Turnabout Reach ... 23964
Tomisaki Ko ... 5000	TSO-YING ... 13820	Turshian ... 28422
Tomisuhara Ko ... 6160	Tso-ying ... 13808	Turtle Rock ... 24595
Tomura Wan ... 5030	Tsu Ko ... 6216	Turu Shima ... 9128
TOMMAE KO ... 1308	Tsu Saki ... 12084	Turumi Passage ... 5210
Tomo Ko ... 8412	Tsubaki Ko ... 3584	Turumi Saki ... 10608
Tomori ... 25264	Tsubaki Shima ... 4216	Turusima Hana ... 7176
Tomoshiri Ko ... 470	Tsubota Ko ... 4832	Turuuzi Ko ... 8204
Tomoura ... 10044	Tsubura Saki ... 11088	Tusi Ko ... 7968
Tonaki Shima ... 13476	TSUIYAMA KO ... 2428	Tusima Hitoe ... 12520
Tonam Hang ... 16914	Tsuken Jima ... 13316	Tuticorin ... 27180
Tonbetu Ko ... 202	Tsukumi Sirais ... 10536	Tuto Ko ... 12582
Tonda ... 10760	Tsukumo Wan ... 2932	Tutu Saki ... 12588
Tonen Sea Berth ... 5676	Tsuma Ko ... 2080	Tyodayu ... 8472
Tonen-Ogisima ... 5236	Tsumeki Saki ... 5524	Tychu ... 9770
Tongbaek To ... 18056	Tsuna Ko ... 7610	Tyosi Ko ... 4764
Tonggu Zui ... 20120	Tsuno Shima ... 1568	
Tonghae Hang ... 16478, 16486	Tsunoshima Ko ... 1570	
Tonghodong ... 16307	Tsurasaki ... 9348	U
Tongso ... 17934	Tsurenodai ... 1716	U Am ... 17106
To-No Hama ... 10120	Tsuriboko Yama ... 2020	U Do ... 17420

574

CROSS REFERENCE에 INTERNATIONAL과
U.S. LIGHT NUMBER에는 F4440과 16548이 등재되어 있다.

F4440 16548

CROSS REFERENCE - INTERNATIONAL vs. U.S. LIGHT NUMBER

Inter.	—	U.S.	Inter.	—	U.S.	Inter.	—	U.S.	Inter.	—	U.S.
F4355.5		16760.5	F4412		16624	F4449.85		16451.5	F4522		16288
F4356		16728	F4412.5		16632	F4450		16438	F4524		16292
F4356.4		16734	F4412.6		16628	F4452		16440	F4526		16300
F4356.5		16735	F4412.7		16634	F4452.5		16444	F4530		16280
F4356.6		16733.1	F4412.72		16633	F4453		16448	F4531		16277
F4357.6		16749	F4412.8		16642	F4455		16432	F4532		16278
F4357.8		16749.5	F4413		16616	F4455.4		16433	F4533		16276.5
F4360		16748	F4413.2		16620	F4455.6		16430	F4534		16272
F4366		16752	F4413.4		16621	F4456		16428	F4536		16276
F4368		16756	F4413.6		16612	F4456.2		16429	F4540		16252
F4374		16732	F4413.7		16609	F4456.5		16424	F4542		16260
F4374.123		16726.5	F4413.75		16610	F4457		16420	F4543		16262
F4374.2		16727	F4413.8		16611	F4458		16404	F4544		16264
F4374.3		16727.1	F4414		16604	F4458.2		16416	F4546		16268
F4374.4		16724.4	F4415		16600	F4458.4		16408	F4547		16269
F4374.5		16725.2	F4417		16596.5	F4458.6		16412	F4556		16248
F4374.6		16725.6	F4418		16596	F4459		16380	F4558		16232
F4374.7		16724.8	F4420		16588	F4459.1		16384	F4560.8		16234
F4374.8		16725.8	F4421		16592	F4459.15		16385	F4566		16228
F4374.81		16725.9	F4424		16584	F4459.2		16386	F4570		16200
F4375.6		16724	F4426		16572	F4459.3		16378	F4574		16220
F4376		16720	F4427		16574	F4459.4		16379	F4576		16224
F4377.6		16714	F4429		16576	F4459.43		16377	F4578		16216
F4377.9		16713	F4430		16580	F4459.5		16388	F4582		16208
F4378		16712	F4430.5		16569	F4459.54		16396	F4584		16212
F4379		16704	F4431		16568	F4459.6		16392	F4590		16204
F4379.2		16708	F4431.2		16566	F4459.7		16376	F4602		13768
F4379.4		16710	F4431.4		16566.2	F4459.75		16374	F4603.04		13769
F4379.5		16711	F4431.45		16565	F4459.9		16369	F4603.06		13769.5
F4379.6		16711.3	F4431.5		16564	F4460		16365	F4610		13780
F4379.7		16709, 16711.5	F4432		16552	F4460.1		16365.1	F4612		13776
F4381.3		16690	F4432.6		16556	F4461		16364	F4618		13796
F4381.36		16691	F4433		16560	F4462		16359	F4620		13800
F4381.4		16692	F4433.7		16508	F4464		16360	F4621		13804
F4381.5		16696	F4433.8		16516	F4464.5		16362	F4622		13806
F4382		16700	F4433.9		16518	F4465		16358	F4623.4		13807
F4382.5		16606	F4434		16500	F4466		16356	F4624.4		13788
F4382.7		16699	F4434.3		16504	F4468		16352	F4624.42		13792
F4383		16702	F4434.7		16506	F4472		16332	F4624.5		13793
F4383.2		16702.5	F4434.75		16505	F4474		16328	F4624.51		13793.1
F4385		16688	F4435		16496	F4480		16340	F4625		13808
F4388		16676	F4436		16488	F4484		16348	F4625.2		13812
F4389		16688	F4437		16492	F4484.5		16344	F4625.4		13816
F4390		16684	F4437.2		16487	F4485		16326	F4626		13820
F4394		16680	F4440		16548	F4487		16325	F4626.1		13824
F4397		16674	F4444		16536	F4488		16324	F4626.3		13825
F4397.4		16673	F4445		16544	F4490		16323	F4626.4		13825.1
F4397.5		16673.1	F4446.2		16520	F4492		16316	F4626.45		13825.2
F4398		16672	F4446.5		16484	F4494		16320	F4626.5		13826
F4400		16668	F4446.6		16480	F4495		16322	F4628		13828
F4402		16664	F4446.8		16478	F4506		16312	F4629		13832
F4403		16662	F4447		16464	F4506.5		16308.5	F4629.2		13836
F4404		16656	F4448		16466	F4507		16310	F4629.3		13837
F4405		16660	F4448.4		16467	F4508		16309	F4629.35		13837.2
F4405.5		16661	F4449.1		16454	F4510		16308	F4629.4		13837.4
F4406		16644	F4449.2		16456	F4510.4		16306	F4629.5		13838
F4408		16643	F4449.3		16449	F4510.6		16307	F4629.55		13838.2
F4409		16652	F4449.35		16450	F4511.4		16306.1	F4629.6		13838.4
F4410		16648	F4449.5		16451	F4512		16304	F4630		13840
F4410.1		16648.6	F4449.6		16451.7	F4512.2		16305	F4640		13864
F4410.5		16614	F4449.65		16451.8	F4513		16303	F4642		13868
F4411		16636	F4449.8		16451	F4514		16301	F4648		13860
F4411.2		16640				F4514.4		16302	F4650		13880
F4411.4		16626				F4516		16284	F4651		13876
F4411.41		16627				F4520		16296	F4652		13872

602

2007
미국 등대표

2007년
Tok To
PUB. NO. 112

독도의 영문 명칭은 Tok To

1954년 건립된 독도등대가 울릉도와 함께 한국(KOREA)소속으로 등재되었다.
독도등대의 소속국가는 KOREA로 등재.
독도등대의 미국등대번호는 16548, 국제등대번호는 F4440로 등재되었다.
등대의 명칭은 Tok To로 등재되었다.

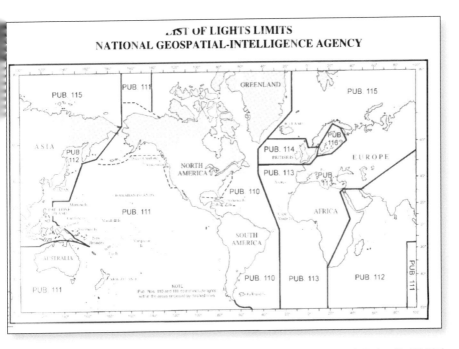

PUB 112에 한국 중국, 일본 인도와 동남아시아, 중동국가 등이 포함되어 있다.

2007
미국 등대표

TABLE OF CONTENTS

Preface and Record of Corrections Published in Weekly Notice to Mariners I
Index Chartlet. .... Back of front cover
Introduction VII
IALA Buoyage System VIII
Maritime Division Website IX
Description (Lights, Buoys, RACONs, RAMARKs) XI
Characteristics of Lights XII
Nomenclature of Lights XIV
Lightships, Superbuoys, and Offshore Light Stations XVI
Fog Signals XVII
Visibility Table XIX
Conversion Table — Feet to Whole Meters XXVIII
Radiobeacons XXVII
Description (Radiobeacons) XXVI
Table of Symbols XXVII
Differential GPS. XXX
Description (DGPS). XXXI

List of Lights for:

Section 1
  Sakhalin, Hokkaido and Kuril Islands
    Sakhalin 1, 22
    Japan-Hokkaido-North Coast 4
    Kuril Islands 5
    Japan-Hokkaido-East Coast 6
    Japan-Hokkaido-South Coast 7
    Japan-Hokkaido-South and West Coasts 14
    Japan-Hokkaido-West Coast 15
    Japan-Hokkaido-West and North Coasts 16

SSection 2
  Northwest Coast of Honshu
    Japan-Honshu-Northwest Coast 23

Section 3
  North and East Coasts of Honshu
  Including Nampo Shoto
    Japan-Honshu-North Coast 48
    Japan-Honshu-East Coast 50, 63
    Japan-Nampo Shoto 63

Section 4
  South Coast of Honshu
    Japan-Honshu-South Coast 66

Section 5
  Eastern Part of Seto Naikai
    Japan-Seto Naikai-Eastern Part (I) 88
    Japan-Seto Naikai-Eastern Part (Ii) 100

Section 6
  Western Part of Seto Naikai and Shikoku
  Including Kii Suido and Bungo Suido
    Japan-Seto Naikai-Western Part (I) 110

III

대한민국과 북한으로
Korea는 North Korea와 South Korea로
나뉘어져 있다.

Section 10
Korea
    North Korea . . . . .
    South Korea . . . . .

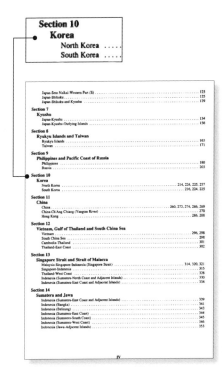

Japan-Seto Naikai-Western Part (B) 123
Japan-Shikoku 125
Japan-Shikoku and Kyushu 179

Section 7
Kyushu
    Japan-Kyushu 134
    Japan-Kyushu-Outlying Islands 156

Section 8
Ryukyu Islands and Taiwan
    Ryukyu Islands 163
    Taiwan 171

Section 9
Philippines and Pacific Coast of Russia
    Philippines 180
    Russia 203

Section 10
Korea
    North Korea 214, 224, 225, 257
    South Korea 216, 224, 225

Section 11
China
    China 260, 272, 274, 286, 289
    China-Ch'Ang Chiang (Yangtze River) 270
    Hong Kong 286, 288

Section 12
Vietnam, Gulf of Thailand and South China Sea
    Vietnam 296, 298
    South China Sea 298
    Cambodia-Thailand 301
    Thailand-East Coast 302

Section 13
Singapore Strait and Strait of Malacca
    Malaysia-Singapore-Indonesia (Singapore Strait) 314, 320, 321
    Singapore-Indonesia 315
    Thailand-West Coast 328
    Indonesia (Sumatera-North Coast and Adjacent Islands) 330
    Indonesia (Sumatera-East Coast and Adjacent Islands) 334

Section 14
Sumatera and Jawa
    Indonesia (Sumatera-East Coast and Adjacent Islands) 339
    Indonesia (Bangka) 341
    Indonesia (Belitung) 343
    Indonesia (Sumatera-East Coast) 344
    Indonesia (Sumatera-South Coast) 345
    Indonesia (Sumatera-West Coast) 346
    Indonesia (Jawa-Adjacent Islands) 353

IV

Ile Amsterdam (Fr.) 528
Iles de Kerguelen (Fr.) 528

Section 22
Radiobeacons
    South Africa 529
    Mozambique 529
    Mauritius 529
    Comoro Islands 529
    Indian Ocean 529
    Ethiopia - Sudan 530
    Egypt 530
    Iran 530
    Pakistan 531
    Maldives 531
    India 531
    Sri Lanka (Ceylon) 532
    Bangladesh 532
    Burma 532
    Thailand 532
    Andaman Islands 532
    Nicobar Islands 532
    Malaysia 532
    Indonesia (Borneo) 532
    Indonesia (Sumatera) 533
    Cocos Islands 533
    Indonesia (Jawa) 533
    Indonesia (Sulawesi) 533
    Indonesia (New Guinea) 534
    Malaysia (Sabah) 534
    Vietnam 534
    Philippines 534
    China 534
    Pescadores Islands 535
    Okinawa Gunto 535
    Taiwan 535
    China 535
    Korea 536
    Japan 537
    Russia 538

Section 23
Differential GPS Stations
    Korea 545
    China 545
    Japan 545
    Singapore 546
    Persian Gulf 546
    Red Sea 546

Index-Lights 549
Index-Radiobeacons 581
Index-Differential GPS Stations 583
Cross Reference-International vs. U.S. Light Number 585

VI

2007 미국 등대표

PUB 112에 있는 한국(KOREA)의 등대에
ULLUNG DO가 등재되어 있고
독도 Tok To가 37° 14.2'N, 131° 52.2'E 위치에 미국 등대번호 16548와
독도의 국제번호인 F 4440으로 등재되어 있다.
독도가 Tok To로 등재되었다.
한국(KOREA)안에 한국과 북한은 구별없이 등재하던 방식에서
한국(KOREA)을 South Korea와 North Korea로 나누어 등재하고 있다.

South Korea
Tok To

16548	Tok To.		37° 14.2' N	Fl.W.
F 4440			131° 52.2' E	period 10s

(1) No.	(2) Name and Location	(3) Position	(4) Characteristic	(5) Height	(6) Range	(7) Structure	(8) Remarks
			SOUTH KOREA				
16485	-S. breakwater.	37° 29.8 N 129° 06.7 E	F.W.	49 15			Visible 023°-045°.
16486	Tonghae Hang, Seaberth.	37° 29.6 N 129° 06.8 E	Fl.(4)Y. period 8s	23 7	6	Yellow pillar; 13.	Private.
16487 F 4437.2	Samcheok Hang.	37° 26.1 N 129° 11.5 E	Dir.F.W.R.G.	105 32	W. 21 R. 17 G. 17	White steel tower; 102.	R. 317°36'-319°12', W.- 320°48', G.-322°24'.
16488 F 4436	-S. breakwater, head.	37° 25.8 N 129° 11.8 E	Fl.G. period 4s	46 14	8	White round concrete structure; 33.	
16492 F 4437	-N. breakwater, head.	37° 25.9 N 129° 11.8 E	Fl.R. period 4s	39 12	5	Red round concrete tower; 26.	
16496 F 4435	Pi Mal.	37° 22.7 N 129° 15.5 E	Fl.W. period 5s	236 72	12	White round concrete structure; 26.	
16500 F 4434	Changho.	37° 17.1 N 129° 18.3 E	Fl.W. period 5s	184 56	8	White round tower; 23.	
16502 F 4434.3	-Groin.	37° 17.1 N 129° 19.0 E	Fl.R. period 5s	36 11	5	Red round concrete tower; 32.	
16504 F 4434.2	-Breakwater, head.	37° 17.1 N 129° 19.0 E	Fl.G. period 5s	56 17	5	White round steel tower; 33.	
16505 F 4434.75	Toksan Hang, N. breakwater.	37° 22.4 N 129° 15.4 E	Fl.R. period 5s	52 16	8	Red round concrete tower; 33.	
16506 F 4434.7	-S. breakwater.	37° 22.3 N 129° 15.4 E	Fl.R. period 5s	46 14	5	White round concrete tower; 36.	
16508 F 4432.7	Imunae Hang.	37° 13.9 N 129° 21.5 E	Fl.W. period 8s	197 60	14	White round concrete tower; 33.	
16516 F 4433.8	-Breakwater, head.	37° 13.5 N 129° 20.8 E	Fl.G. period 8s	36 11	5	White round concrete tower; 31.	
16518 F 4433.5	--Breakwater, head.	37° 13.6 N 129° 20.7 E	Fl.R. period 8s	36 11	6	Red square metal tower; 23.	
	ULLUNG DO:						
16520 F 4446.2	-Hyeongnangap.	37° 29.0 N 130° 55.0 E	Fl.W. period 14s	354 108	18	White octagonal tower; 30.	Visible 183°-040°. Horn: 1 bl. ev. 60s.
16524	--Jeodong Hang, N. breakwater, head.	37° 29.3 N 130° 54.8 E	Fl.R. period 5s	52 16	8	Red round concrete tower; 28.	
16528	---S. breakwater, head.	37° 29.8 N 130° 54.8 E	Fl.G. period 5s	52 16	5	White round concrete tower; 28.	
16536 F 4443	-Ch'ǒnbu Hang, breakwater, head.	37° 32.6 N 130° 52.4 E	Fl.G. period 4s	29 9	5	White round concrete column; 25.	
16540 F 4444	-Taep'ung Gam.	37° 31.0 N 130° 48.0 E	Fl.W. period 25s	561 171	18	White tower; 25.	Visible 002°-246°. Siren: 1 bl. ev. 50s. Radiobeacon. DGPS Station.
16541 F 4446.4	-Ssangjongcho.	37° 33.4 N 130° 58.4 E	Fl.(2)W. period 5s	56 17	8	ISOLATED DANGER BRB, topmark; 75.	
	RACON		O(- - -)				
16542	-N. breakwater.	37° 31.8 N 130° 49.7 E	Fl.R. period 5s	56 17	5	STARBOARD (B) R. tower; 33.	
16544 F 4445	-Kanyong Mal.	37° 27.3 N 130° 52.5 E	Fl.W. period 5s	70 21	14	White round structure; 16.	Visible 270°-110°.
16548 F 4440	Tok To.	37° 14.2 N 131° 52.2 E	Fl.W. period 10s	341 104	25	White round concrete tower; 49.	Visible 000°-117°, 140°-000°.
	RACON		K(- - -)	10			

219

341 104	25	White round concrete tower; 49.	Visible 000°-117°, 140°-000°.

2007
미국 등대표

Index에 Tok To는 있고,
Liancourt Rocks는 없다.

INDEX – LIGHTS

Telicherry 27864
Telok Air 25068.5
Telok Gong intake 21746.5
Teluk Adang 24924
Teluk Aper 24828
TELUK BALIKPAPAN 24884
Teluk Bayur 23172
Teluk Beo 25204
Teluk Bungus 23181
Teluk Clauteureum 23871
Teluk Dalam 23232
Teluk Elpaputih 25803
Teluk Hatiling 25794
Teluk Kimi 26104
Teluk Krui 23096
Teluk Kuandang 25132
Teluk Lombok 25573.5
TELUK MANADO 25144
Teluk Msumere 25639.3
Teluk Paotan 23821.5
Teluk Padang 25536
Teluk Palu 25508
Teluk Penanjung 23869
Teluk Sabang, Ujun Lho Me 22240
Teluk Segoro Wegi 23821.3
Teluk Siboiga 23288
Teluk Sido 25474
Teluk Sinabang 23308
Teluk Tempoyak Besar 22004
Teluk Tempoyak Kachil 22000
TELUK TOMINI 25232
Teluk Wabudori 26055
Teluk Wandaman 26107.7
Tenaga Shima 12636
Tenau 25700
Tengi Hana 10504
Tenryu Kawa 5782
Tepen 23625.8
Teppu Gyoko 1433
Tera Shima 11552
Tera Sima 8078
Terabe 5932
Tersdomari Ko 3340
Terahama 4292
Ternate 25208
Terumbu Selegi 21300
Terumbu Serabut 21632
Teshio Kawa 1368
Tetapoan 25142
Teuchi Ko 11100
Teuri To 1336
Tg Agaragar 25551
Tg Bankalanutara 25275.5
Tg Bio 23115
Tg Bugel 23572.5
Tg Kasolanatumbi 25346
Tg Komnali 25262
Tg Lobu 25139
Tg Losoni 25274.6
Tg Montok 25275.6
Tg Pising 25353
Tg Pudak 23569
Tg Sakaladat 23153.5
Tg Salonggaka 25198.5
Tg Sipang 23906
Tg Sirombu 23244.2
Tg Tibi 24754

Tg Tiram 22463
Tg Tobo 25275
Tg Watutembatu 25289
Tg. Ai Lancong 25602.7
Tg. Ambora 25202
Tg. Awanawar 23574
Tg. Balai 22548
Tg. Batang Marau 24056
Tg. Batu 23940, 25088
Tg. Batu Mati 25816
Tg. Batu Sori 25330
Tg. Batu Toro 25342
Tg. Bunabungi 25340
Tg. Bunga 27940
Tg. Bungkulan (Bali) 25541
Tg. Buton 25311
Tg. Cukuhbalambing 23076
Tg. Dehekalano 25742
Tg. Jalono 25711.7
Tg. Jati 22842
Tg. Kai 25502
Tg. Kamdara 26119
Tg. Kareso 25653.2
Tg. Kelapa 26119.5
Tg. Kelian 22864
Tg. Kembeni 25274.3
Tg. Kinapet 23135.7
Tg. Kluang 25046
Tg. Kolo 25602.5
Tg. Labuan Comperie 25172
Tg. Labuan Dedeh 25116
Tg. Laggaisao 23126
Tg. Laiding 22486
Tg. Lero 25476
Tg. Loleo 25218
Tg. Lubuh 22602
Tg. Maloh 25572.7
Tg. Memori 25032
Tg. Muaraberan 24868
Tg. Murung 22978
Tg. Paciman 23710
Tg. Pakjongan 25602
Tg. Paligisan 25121
Tg. Palle 25197.8
Tg. Pasir 24090
Tg. Pemancingan 24952
Tg. Piandang 21984
Tg. Pinangpinang 23135.5
Tg. Putri 25044
Tg. Putus 25926
Tg. Rainbawa 26108
Tg. Raja 22952
Tg. Rangas 25500
Tg. Sadeng 23821.6
Tg. Sanggarang 23500
Tg. Sedi 24088
Tg. Sekong 23353
Tg. Selaiang 24076
Tg. Selokan 22872
Tg. Sigep, Pulau Siberut 23153
Tg. Sikabai 23148
Tg. Simanusu 23209.2
Tg. Tambuntulang 22471
Tg. Tembeling 21076
Tg. Tenggaroh 21168
Tg. Tuing 22956
Tg. Tungku 24628

Tg. Tutpaieh 25719
Tg. Wandoswaar 26082
Tg. Woka 26096
Tg. Yanimerai 26081
Thai Duong Thuong 20278
Thamhla Kyun 26692
Thanta 26728
The Bluff 31977
Thetkaikwin 26660
Thilawa 26640
Thitu (Pagasa) Island 20289.6
THURIYA 26684
Tiaoduo Shi 20093.55
Tibi 5308
Tibiao Point 14725
Tidore 25224
Tierberg 32264
Tigaro Ko 5900
Tihase Ko 1130
Tikko 6954, 9536
Tikuzen No Se 12284
Tiladummati 27400
Tilc 14252
Tillanchang Island 26451.2
TIMOR 25688
Tinaca Point 15184
Tinau 15000
Tinggi 23310
Titi Misaki 2160
To Saki 7172
To Shima 2520, 5552, 11192
To Sima 10430
To Wan 4272
TOBA KO 6276
Tobase Jima 11556
Tobata Koro 9888
Tobelo 25222
Tobetu Ko 932
Tobi Shima 3504, 7164, 10308
Tobo Ko 12260
Toboali 22908
Tobutsu Saki 492
Toddeh 25696
Toden Hukuama 4500
Todo Hana 10580
Todo Saki 4026
Todo Shima 1452
Toechi'o Do 16232
Toga Ko 3596
Togane Ko 1852
Togashira Shima 6620
Togawa Ko 4788
Toggi Seom 16792
Toguchi Ko 13424
Togudo 17309
Tohokundenryoku 4497
Toi Ko 868, 5612
Toi Misaki 10876
Tojima Saki 6752
Tok Bali 20938
Tok To 16548
TOKACHI KO 560
Tokachi Ctu 552
Tokai 4700
Tokashiki 13462
Tokchok Pukni 18048
Tokko-do 17548

575

Tok To 16548

CROSS REFERENCE인 INTERNATIONAL과
U.S. LIGHT NUMBER에는 F4440과 16548로 등재되어 있다.

CROSS REFERENCE - INTERNATIONAL vs. U.S. LIGHT NUMBER

Inter.	U.S.	Inter.	U.S.	Inter.	U.S.	Inter.	U.S.
F4340.7	16836	F4379.8	16711.3	F4431.5	16564	F4459.9	16369
F4340.75	16838	F4379.7	16709, 16711.5	F4432	16552	F4460	16365
F4340.8	16824	F4381.3	16690	F4432.6	16556	F4460.1	16365.1
F4340.85	16823	F4381.36	16691	F4433	16560	F4461	16364
F4340.9	16830	F4381.4	16692	F4433.7	16508	F4462	16359
F4340.99	16821.1	F4381.5	16696	F4433.8	16516	F4464	16360
F4341	16828	F4382	16700	F4433.9	16518	F4464.5	16362
F4341.4	16832	F4382.5	16698	F4434	16500	F4465	16358
F4342.4	16818	F4382.7	16699	F4434.2	16504	F4466	16356
F4342.5	16817.8	F4383	16702	F4434.3	16502	F4468	16352
F4343	16908	F4383.2	16702.5	F4434.7	16506	F4472	16332
F4344	16796	F4385	16688	F4434.75	16505	F4474	16328
F4345	16792	F4388	16675	F4435	16496	F4480	16340
F4346	16804	F4389	16688	F4436	16488	F4484	16348
F4347	16800	F4390	16684	F4437	16492	F4464.5	16344
F4346	16816	F4394	16680	F4437.2	16487	F4485	16326
F4346.7	16815.9	F4397	16674	F4440	16548	F4487	16325
F4346.8	16815	F4397.4	16673	F4443	16536	F4488	16324
F4346.9	16815.5	F4397.5	16673.1	F4444	16540	F4490	16323
F4349.2	16813	F4398	16672	F4445	16544	F4492	16316
F4349.3	16814	F4402	16688	F4446.2	16520	F4494	16320
F4350.1	16780.4	F4402	16684	F4446.4	16541	F4495	16322
F4350.2	16780.5	F4403	16692	F4446.5	16540	F4506	16312
F4351	16780	F4404	16856	F4446.6	16480	F4506.5	16308.5
F4351.8	16778	F4405	16600	F4446.8	16478	F4507	16310
F4351.9	16829	F4405.5	16661	F4447	16464	F4508	16309
F4352	16776	F4406	16644	F4448	16468	F4510	16308
F4352.3	16779	F4406	16643	F4448.4	16467	F4510.4	16306
F4352.4	16774	F4409	16652	F4449	16456	F4510.6	16307
F4353.5	16772	F4410	16648	F4449.2	16454.1	F4511.4	16306.1
F4353.7	16775.5	F4410.1	16648.6	F4449.3	16449	F4512	16304
F4354	16768	F4410.5	16814	F4449.35	16450	F4512.2	16305
F4354.5	16770	F4411	16836	F4449.5	16452	F4513	16303
F4354.7	16769	F4411.2	16840	F4449.6	16451.7	F4514	16301
F4355	16764	F4411.4	16626	F4449.65	16451.8	F4514.4	16302
F4355.4	16760	F4411.41	16627	F4449.8	16451	F4516	16294
F4355.5	16780.5	F4412	16824	F4449.85	16451.5	F4520	16296
F4356	16728	F4412.5	16632	F4450	16436	F4522	16288
F4356.4	16734	F4412.6	16626	F4452	16440	F4524	16292
F4356.5	16735	F4412.7	16634	F4452.5	16444	F4526	16300
F4356.6	16733.1	F4412.72	16633	F4453	16548	F4530	16280
F4357.6	16749	F4412.8	16640	F4455	16432	F4531	16277
F4357.8	16749.5	F4413	16616	F4455.4	16433	F4532	16278
F4360	16748	F4413.2	16621	F4455.6	16430	F4533	16276.5
F4366	16752	F4413.4	16621	F4456	16612	F4534	16272
F4368	16756	F4413.6	16612	F4456.2	16429	F4536	16276
F4374	16732	F4413.7	16609	F4456.5	16424	F4540	16252
F4374.123	16726.5	F4413.75	16610	F4457	16420	F4542	16260
F4374.2	16727	F4413.8	16611	F4458	16404	F4543	16262
F4374.3	16727.1	F4414	16604	F4458.2	16418	F4544	16264
F4374.4	16724.4	F4415	16600	F4458.4	16408	F4546	16268
F4374.5	16725.2	F4417	16596.5	F4458.6	16412	F4547	16269
F4374.6	16725.6	F4418	16596	F4459	16380	F4556	16248
F4374.7	16724.8	F4420	16588	F4459.1	16384	F4558	16232
F4374.8	16725.8	F4421	16582	F4459.15	16385	F4560.8	16234
F4374.81	16725.9	F4424	16584	F4459.2	16386	F4568	16228
F4375.8	16724	F4426	16572	F4459.3	16378	F4570	16200
F4376	16720	F4427	16574	F4459.4	16378	F4574	16220
F4377.6	16714	F4429	16576	F4459.43	16377	F4576	16224
F4377.9	16713	F4430	16580	F4459.5	16388	F4578	16215
F4378	16712	F4430.5	16569	F4459.54	16396	F4582	16208
F4379	16704	F4431	16558	F4459.6	16392	F4584	16212
F4379.2	16706	F4431.2	16566	F4459.7	16376	F4590	16204
F4379.4	16710	F4431.4	16566.2	F4459.75	16374	F4602	13768
F4379.5	16711	F4431.45	16565	F4459.75	16374	F4603.04	13769

604

F4440 16548

2008년
Tok To
PUB. NO. 112

PUB. 112
LIST OF LIGHTS
RADIO AIDS AND FOG SIGNALS
2008

WESTERN PACIFIC AND INDIAN
OCEANS INCLUDING THE PERSIAN
GULF AND RED SEA

IMPORTANT
THIS PUBLICATION SHOULD BE CORRECTED
EACH WEEK FROM THE NOTICE TO MARINERS

Prepared and published by the
NATIONAL GEOSPATIAL-INTELLIGENCE AGENCY
Bethesda, MD

© COPYRIGHT 2008 BY THE UNITED STATES GOVERNMENT.
NO COPYRIGHT CLAIMED UNDER TITLE 17 U.S.C.

미국 국립지리정보국 발행

독도의 명칭은 Tok To

954년 건립된 독도등대가 울릉도와 함께 한국(KOREA)소속으로 등재되었다.
독도등대의 소속국가는 KOREA로 등재.
독도등대의 미국등대번호는 16548, 국제등대번호는 F4440로 등재되었다.
등대의 명칭은 Tok To로 등재되었다.

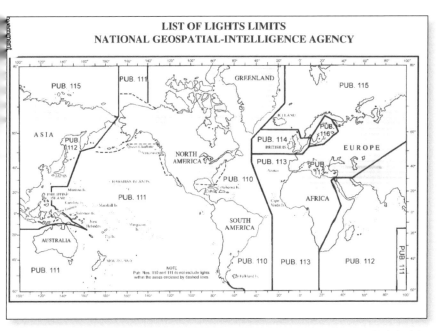

PUB 112에 한국 중국, 일본 인도와 동남아시아, 중동국가 등이 포함되어 있다.

2008
미국 등대표

PUB 112에 있는 한국(KOREA)의 등대에
ULLUNG DO가 등재되어 있고
독도 Tok To가 37° 14.2'N, 131° 52.2' 위치에
미국 등대번호 16548와
독도의 국제번호인 F 4440으로 등재되어 있다.

〈목 차〉

TABLE OF CONTENTS

Preface and Record of Corrections Published in Weekly Notice to Mariners I
Index Chartlet.. Back of front cover
Introduction VII
IALA Buoyage System VIII
Maritime Domain Website IX
Description (Lights, Buoys, RACONs, RAMARKs) XI
Characteristics of Lights XII
Nomenclature of Lights XIV
Lightships, Superbuoys, and Offshore Light Stations XVI
Fog Signals XVII
Visibility Table XIX
Conversion Table – Feet to Whole Meters XX
Radiobeacons XXI
Description (Radiobeacons) XXVI
Table of Symbols XXVII
Differential GPS. XXX
Description (DGPS) XXXI

List of Lights for:

Section 1
Sakhalin, Hokkaido and Kuril Islands
   Sakhalin 1
   Japan-Hokkaido-North Coast 4
   Kuril Islands 5
   Japan-Hokkaido-East Coast 6
   Japan-Hokkaido-South Coast 7
   Japan-Hokkaido-South and West Coasts 14
   Japan-Hokkaido-West Coast 15
   Japan-Hokkaido-West and North Coasts 16

Section 2
Northwest Coast of Honshu
   Japan-Honshu-Northwest Coast 22

Section 3
North and East Coasts of Honshu
Including Nampo Shoto
   Japan-Honshu-North Coast 48
   Japan-Honshu-East Coast 50, 63
   Japan-Nampo Shoto 63

Section 4
South Coast of Honshu
   Japan-Honshu-South Coast 66

Section 5
Eastern Part of Seto Naikai
   Japan-Seto Naikai-Eastern Part (I) 88
   Japan-Seto Naikai-Eastern Part (II) 100

Section 6
Western Part of Seto Naikai and Shikoku
Including Kii Suido and Bungo Suido
   Japan-Seto Naikai-Western Part (I) 110

III

Japan-Seto Naikai-Western Part (II) 123
Japan-Shikoku 125
Japan-Shikoku and Kyushu 129
Section 7
Kyushu
   Japan-Kyushu 134
   Japan-Kyushu-Outlying Islands 156
Section 8
Ryukyu Islands and Taiwan
   Ryukyu Islands 163
   Taiwan 171
Section 9
Philippines and Pacific Coast of Russia
   Philippines 180
   Russia 203
Section 10
Korea
   North Korea 214, 257
   South Korea 216
Section 11
China
   China 259, 271, 286, 288
   China-Ch'Ang Chiang (Yangtze River) 269, 288
   Hong Kong 286, 288
Section 12
Vietnam, Gulf of Thailand and South China Sea
   Vietnam 296, 298
   South China Sea 298
   Cambodia-Thailand 301
   Thailand-East Coast 302
   Malaysia-East Coast 308
Section 13
Singapore Strait and Strait of Malacca
   Malaysia-Singapore-Indonesia (Singapore Strait) 314, 320
   Singapore-Indonesia 215
   Malaysia-West Coast 320, 321
   Thailand-West Coast 328
   Indonesia (Sumatera-North Coast and Adjacent Islands) 330
   Indonesia (Sumatera-East Coast and Adjacent Islands) 334
Section 14
Sumatera and Jawa
   Indonesia (Sumatera-East Coast and Adjacent Islands) 340
   Indonesia (Bangka) 342
   Indonesia (Belitung) 344
   Indonesia (Sumatera-South Coast) 345
   Indonesia (Sumatera-South Coast) 346
   Indonesia (Sumatera-West Coast) 347
   Indonesia (Jawa-Adjacent Islands) 354

IV

NORTH KOREA

Section 10

Korea

(1) No.	(2) Name and Location	(3) Position	(4) Characteristic	(5) Height	(6) Range	(7) Structure	(8) Remarks
			NORTH KOREA				
16200 F 4570	Nan Do.	42° 13.8′ N 130° 31.7′ E	Fl.W. period 14s	138 42	17	White square concrete tower; 36.	Visible 237°-193°. Siren.
16204 F 4590	Oganam San, about 914 meters NNE. of Oganam Dan.	42° 16.5′ N 130° 58.0′ E	F.G.	160 55	8	White square metal tower, concrete base; 21.	Visible shore-299°,067°-124° Horn.
	SOSURA HANG:						
16208 F 4592	-E. breakwater, head.	42° 16.5′ N 130° 36.7′ E	F.W.	19 6	7	White iron column, concrete base; 17.	
16212 F 4594	-W. breakwater, head.	42° 16.4′ N 130° 36.0′ E	F.R.	19 6	6	Red iron column, concrete base; 17.	
	UNGGI MAN:						
16216 F 4578	-E. breakwater, head.	42° 19.9′ N 130° 24.2′ E	F.G.	33 10	4	Red iron structure, concrete base; 15.	
16220 F 4574	-W. breakwater, head.	42° 19.8′ N 130° 24.1′ E	F.R.	20 6	6	White iron structure, concrete base; 18.	
16224 F 4576	-Detached breakwater, W head.	42° 19.7′ N 130° 24.2′ E	F.R.	21 6	8	Red iron structure, concrete base; 17.	
16228 F 4568	Kwak Tan.	42° 15.0′ N 130° 24.1′ E	Fl.W. period 12s	200 61	13	White square concrete structure; 25.	Visible 196°-050° Horn.
	NAJIN MAN:						
16232 F 4558	-Teach'o Do.	42° 08.0′ N 130° 16.7′ E	Fl.(3)W. period 25s	394 120	27	White square concrete tower; 41.	Visible 228°-142° Siren: 1 bl. ev. 45s. Signal station.
16234 F 4560.8	-Detached breakwater.	42° 14.1′ N 130° 16.3′ E	F.R.	17 5	1		
16248 F 4556	-Oryong Am, NE. side of Injin Man.	42° 04.5′ N 130° 07.8′ E	Fl.(2)W. period 6s	60 18	12	Black round concrete structure; 54.	
16252 F 4540	Komalsan Dan.	41° 45.6′ N 129° 51.0′ E	L.Fl.W. period 6s	194 59	20	White hexagonal brick structure; 46.	Visible 222°-091° Siren: 1 bl. ev. 45s.
	CHONGJIN:						
16260 F 4542	-Dong Hang, breakwater, head.	41° 46.5′ N 129° 49.3′ E	F.G.	45 14	8	Red round concrete structure; 36.	
16262 F 4543	--SW. corner of W. pier.	41° 46.6′ N 129° 49.3′ E	Oc.R.				
16264 F 4544	--E. pier, head.	41° 46.5′ N 129° 49.8′ E	F.R.	23 7	2	Red metal column on concrete base; 18.	
16268 F 4546	-So Hang, breakwater, head.	41° 44.8′ N 129° 46.3′ E	F.G.	49 15	5		
16269 F 4547	--Root.	41° 45.3′ N 129° 46.2′ E	F.R.		2		

The existence and operation of all navigational aids should be considered unreliable on the east coast of North Korea.

214

South Korea에
Tok To로 등재

16548 Tokto 37° 14.2′ N, 131° 52.2′
M4440

16548 F 4440	**Tok To.**	37° 14.2′ N 131° 52.2′ E	**FI.W.** period 10s

---

(1) No.	(2) Name and Location	(3) Position	(4) Characteristic	(5) Height	(6) Range	(7) Structure	(8) Remarks
			SOUTH KOREA				
16486	Tonghae Hang, Seaberth.	37° 29.6′ N 129° 08.8′ E	FI.(4)Y. period 8s	23	6	Yellow pillar; 13.	Private.
16487 F 4437.2	**Samchok Hang.**	37° 26.1′ N 129° 11.5′ E	Dir.F.W.R.G.	105 32	W. 21 R. 17 G. 17	White steel tower; 102.	R. 317° 36′ -319° 12′ , W.- 320° 48′ , G.-322° 24′ .
16488 F 4436	-S. breakwater, head.	37° 25.8′ N 129° 11.8′ E	FI.G. period 4s	46 14	8	White round concrete structure; 33.	
16492 F 4437	-N. breakwater, head.	37° 25.9′ N 129° 11.8′ E	FI.R. period 4s	39 12	5	Red round concrete tower; 29.	
16496 F 4454	Pi Mal.	37° 22.7′ N 129° 15.5′ E	FI.W. period 5s	236 72	12	White round concrete structure; 28.	
16500 F 4434	Changho.	37° 17.1′ N 129° 19.3′ E	FI.W. period 5s	184 56	8	White round tower; 23.	
16502 F 4434.3	-Groin.	37° 17.1′ N 129° 19.0′ E	FI.R. period 5s	36 11	5	Red round concrete tower; 32.	
16504 F 4434.2	-Breakwater, head.	37° 17.1′ N 129° 19.0′ E	FI.G. period 5s	56 17	5	White round steel tower; 33.	
16505 F 4434.75	Toksan Hang, N. breakwater.	37° 22.4′ N 129° 15.4′ E	FI.R. period 5s	52 16	6	Red round concrete tower; 33.	
16506 F 4434.7	-S. breakwater.	37° 22.3′ N 129° 15.4′ E	FI.G. period 5s	46 14	5	White round concrete tower; 36.	
16508 F 4433.1	**Imunae Hang.**	37° 13.9′ N 129° 21.5′ E	FI.W. period 8s	197 60	14	White round concrete tower; 33.	
16515 F 4433.8	-Breakwater, head.	37° 13.5′ N 129° 20.8′ E	FI.G. period 6s	36 11	5	White round concrete tower; 31.	
16516 F 4433.9	--Breakwater, head.	37° 13.6′ N 129° 20.7′ E	FI.R. period 4s	36 11	6	Red square metal tower; 23.	
	ULLUNG DO:						
16520 F 4446.2	-Hyongnangap.	37° 29.0′ N 130° 55.0′ E	FI.W. period 14s	354 108	18	White octagonal tower; 30.	Visible 183°-040°. Horn: 1 bl. ev. 60s.
16524	--Jeodong Hang, N. breakwater, head.	37° 29.9′ N 130° 54.8′ E	FI.R. period 5s	52 16	6	Red round concrete tower; 28.	
16528	---S. breakwater, head.	37° 29.8′ N 130° 54.8′ E	FI.G. period 5s	52 16	5	White round concrete tower; 28.	
16536 F 4443	-Ch'onbu Hang, breakwater, head.	37° 32.6′ N 130° 52.4′ E	FI.G. period 4s	29 9	5	White round concrete column; 25.	
16540 F 4444	-Taep'ung Gam.	37° 31.0′ N 130° 48.0′ E	FI.W. period 25s	561 171	18	White tower; 25.	Visible 002°-248°. Siren: 1 bl. ev. 50s. Radiobeacon. DGPS Station.
16541 F 4445.4	-Ssangjongcho.	37° 33.4′ N 130° 56.4′ E	FI.(2)W. period 5s	56 17	8	ISOLATED DANGER BRB. topmark; 75.	
	RACON	C(- • -)					
16542	-N. breakwater.	37° 31.8′ N 130° 49.7′ E	FI.R. period 5s	56 17	5	STARBOARD (B) R. tower; 33.	
16544 F 4445	-Kanyong Mal.	37° 27.3′ N 130° 52.5′ E	FI.W. period 5s	70 21	14	White round structure; 16.	Visible 270°-110°.
16548 F 4440	**Tok To.**	37° 14.2′ N 131° 52.2′ E	FI.W. period 10s	341 104	25	White round concrete tower; 49.	Visible 000°-117° ,140°-000°.
	RACON	K(- • -)		10			
16551	Hosan Hang.	37° 10.5′ N 129° 21.1′ E	FI.R. period 5s	46 14	5	Red round steel tower; 33.	

219

---

341 104	25	White round concrete tower; 49.	Visible 000° -117° ,140° -000° .

Index에 Tok To는 있고,
Liancourt Rocks는 없다.

INDEX – LIGHTS

TAZIRI KO ... 2308	Tg Putak ... 23569	Tg Simanusu ... 23209.2
Tebrau ... 21240	Tg Sakaladat ... 23153.5	Tg Tambuntulang ... 22471
Te Ko ... 10140	Tg Salonggaka ... 25198.5	Tg Tembeling ... 21076
Tei Saki ... 10136	Tg Sipang ... 23906	Tg Tenggaroh ... 21168
Tekra ... 28380	Tg Sirombu ... 23244.2	Tg Tuing ... 22956
Telaga Besar ... 25374	Tg Tibi ... 24754	Tg Tungku ... 24628
Tellicherry ... 27664	Tg Tiram ... 22463	Tg Tutpateh ... 25719
Tsick Air ... 25068.5	Tg Tobo ... 25275	Tg Wandoswaar ... 26082
Telok Gong intake ... 21746.5	Tg Watutembatu ... 25299	Tg Woka ... 26096
Teluk Adang ... 24924	Tg Ai Lancong ... 25602.7	Tg Yanimerai ... 26081
Teluk Apar ... 24928	Tg Ambora ... 25202	Thai Duong Thuong ... 20278
TELUK BALIKPAPAN ... 24884	Tg Awarawar ... 23674	Thambla Kyun ... 26692
Teluk Bayur ... 23172	Tg Balai ... 22548	Thanta ... 26728
Teluk Beo ... 25204	Tg Batang Marau ... 24056	The Bluff ... 31977
Teluk Bungus ... 20161	Tg Batu ... 23940, 25088	Thetkalkwin ... 26660
Teluk Cilauteureun ... 23671	Tg Batu Mati ... 25816	Thiawa ... 26640
Teluk Dalam ... 23232	Tg Batu Sori ... 25330	Thitu (Pagasa) island ... 20289.6
Teluk Elpaputih ... 25803	Tg Batu Toro ... 25342	THURIYA ... 26684
Teluk Hatling ... 25794	Tg Bunabungi ... 25340	Tiaodui Shi ... 20093.55
Teluk Kinu ... 26104	Tg Bunga ... 22940	Tiba ... 5308
Teluk Knu ... 23096	Tg Bungkutan (Bali) ... 25541	Tibao Point ... 14725
Teluk Kuandang ... 25132	Tg Buton ... 25311	Tidore ... 25224
Teluk Lombok ... 25573.5	Tg Cukunbalambing ... 23076	Tierberg ... 32264
TELUK MANADO ... 25144	Tg Dehekalano ... 25742	Tigaro Ko ... 5900
Teluk Maumere ... 25639.3	Tg Jalono ... 25711.7	Tihase Ko ... 1130
Teluk Pacitan ... 23821.5	Tg Jati ... 22542	Tikko ... 6954, 9536
Teluk Padang ... 25536	Tg Kai ... 25602	Tikuzen No Se ... 12284
Teluk Palu ... 25508	Tg Kamdara ... 26119	Tiladummati ... 27400
Teluk Penanjung ... 23666	Tg Karaso ... 25653.2	Tiki ... 14252
Teluk Sabang, Ujun Lho Me ... 20240	Tg Kelapa ... 26119.5	Tilanchang island ... 26451.2
Teluk Segoro Wegi ... 23821.3	Tg Kelian ... 22864	TIMOR ... 25686
Teluk Sibolga ... 23398	Tg Kembuni ... 25274.3	Tinaca Point ... 15184
Teluk Sido ... 25474	Tg Kinapet ... 23135.7	Tinau ... 15000
Teluk Sinabang ... 23368	Tg Kluang ... 25046	Tinggi ... 23310
Teluk Tempoyak Besar ... 22004	Tg Kolo ... 25602.5	Tiili Misaki ... 2160
Teluk Tempoyak Kechil ... 22000	Tg Labuan Compene ... 25172	To Saki ... 7172
TELUK TOMINI ... 25232	Tg Labuan Dedeh ... 25116	To Shima ... 2520, 5552, 11192
Teluk Wabudori ... 26095	Tg Laggaisao ... 23126	To Sima ... 10430
Teluk Wandamen ... 26107.7	Tg Leiding ... 22486	To Wan ... 4272
Tenaga Shima ... 12636	Tg Lero ... 25476	TOBA KO ... 5276
Tenau ... 25700	Tg Lolec ... 25219	Tobase Jima ... 11556
Tengi Hana ... 10504	Tg Lubuh ... 22682	Tobata Koro ... 9888
Tenryu Kawa ... 5792	Tg Maich ... 25572.7	Tobelo ... 25222
Tepen ... 23625.8	Tg Memon ... 26032	Tobetu Ko ... 932
Teppu Gyoko ... 1433	Tg Muaraberan ... 24868	Tobi Shima ... 3504, 7164, 10308
Tera Shima ... 11552	Tg Murung ... 22978	Tobo Ko ... 12260
Tera Sima ... 8078	Tg Paciman ... 23710	Tobosli ... 22908
Terabe ... 5932	Tg Pakijangan ... 25602	Tobutsu Saki ... 492
Teradoman Ko ... 3340	Tg Paligsan ... 25121	Toddah ... 25696
Terahama ... 4292	Tg Palle ... 25197.8	Toden Hukusima ... 4500
Ternate ... 25208	Tg Pasir ... 24090	Todo Hana ... 10580
Terumbu Selegi ... 21300	Tg Pemancingan ... 24952	Todo Saki ... 4028
Terumbu Serebut ... 21632	Tg Plandang ... 21984	Todo Shima ... 1452
Teshio Kawa ... 1368	Tg Pinangpinang ... 23135.5	Toechi'o Do ... 16232
Tetapaan ... 25142	Tg Putti ... 25044	Toga Ko ... 3596
Teuchi Ko ... 11100	Tg Putus ... 25926	Togane Ko ... 1852
Teuri To ... 1336	Tg Rainbawa ... 26108	Togashira Shima ... 6620
Tg Agaragar ... 25551	Tg Raja ... 22952	Togawa Ko ... 4788
Tg Barkalanutara ... 25275.5	Tg Rangas ... 25500	Toggi Seom ... 16792
Tg Bio ... 23115	Tg Sareeng ... 23821.6	Toguchi Ko ... 13424
Tg Bugel ... 23572.5	Tg Sanggarang ... 23500	Togudo ... 17309
Tg Kasolanalumo ... 25346	Tg Sedi ... 24086	Tohokuideriyoku ... 4487
Tg Komnali ... 25262	Tg Sekong ... 23353	Toi Ko ... 866, 5612
Tg Lobu ... 25139	Tg Selalang ... 24076	Toi Misaki ... 10876
Tg Losom ... 25274.6	Tg Seiokan ... 22572	Tojima Saki ... 6752
Tg Montok ... 25275.6	Tg Sigep, Pulau Siberut ... 23153	Tok Bali ... 20938
Tg Pising ... 25353	Tg Sikaba ... 23148	Tok To ... 16548

577

Tok To ... 16548

독도의 명칭은 Tok To

1954년 건립된 독도등대가 울릉도와 함께 한국(KOREA)등대에 등재되었다.
독도등대의 소속국가인 KOREA로 등재.
독도등대의 미국등대번호는 16548, 국제등대번호는 F444로 등재되었다.
등대의 명칭은 Tok To로 등재되었다.

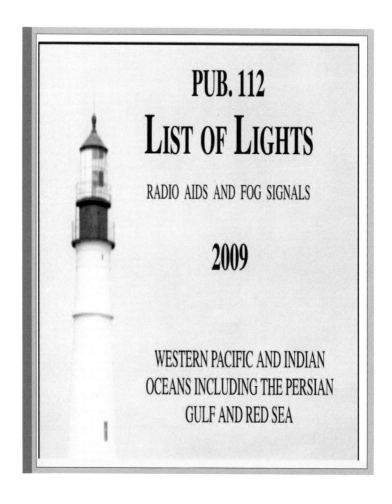

Tok To가 한국(South Korea)에 등재

16548	**Tok To.** 37° 14.2′ N		**Fl.W.**
M 4440		131° 52.2′ E	period 10s

(1) No.	(2) Name and Location	(3) Position	(4) Characteristic	(5) Height	(6) Range	(7) Structure	(8) Remarks
			SOUTH KOREA				
16541 M 4446.4	-Ssangjongcho. 37° 33.4′ N	130° 56.4′ E	**Fl.(2)W.** period 5s	56 17	8	ISOLATED DANGER BRB, topmark; 75.	
	RACON C(− • − •)						
16542	-N. breakwater. 37° 31.8′ N	130° 49.7′ E	**Fl.R.** period 5s	56 17	5	STARBOARD (B) R. tower; 33.	
16544 M 4445	-Kanyong Mal. 37° 27.3′ N	130° 52.5′ E	**Fl.W.** period 5s	70 21	14	White round structure; 16. Visible 270°-110°.	
16548 M 4440	**Tok To.** 37° 14.2′ N	131° 52.2′ E	**Fl.W.** period 10s	341 104	25	White round concrete tower; 49. Visible 000°-117°, 140°-000°.	
	RACON K(− • −) 10						
16551	Hosan Hang. 37° 10.5′ N	129° 21.1′ E	**Fl.R.** period 5s	46 14	5	Red round steel tower; 33.	
16551.1	-Hosan groin. 37° 10.5′ N	129° 21.0′ E	**Fl.G.** period 5s	46 14	5	White round steel tower; 33.	
16552 M 4432	**Chukpyon Dong.** 37° 03.0′ N	129° 26.0′ E	**Fl.W.** period 20s fl. 1s, ec. 19s	161 49	22	White octagonal concrete structure; 52.	Visible 162°-352°. **Horn**; 1 bl. ev. 50s
16556 M 4432.6	-E. breakwater. head. 37° 03.0′ N	129° 25.4′ E	**Fl.R.** period 4s	33 10	5	Red round concrete tower; 27.	
16560 M 4433	-W. breakwater. 37° 03.1′ N	129° 25.3′ E	**Fl.G.** period 4s	36 11	5	White quadrangular iron framework; 27.	

341	**25** White round concrete tower; 49. Visible 000°-117°, 140°-000°.
104	

2010
미국 등대표

2010년
Tok To
PUB. NO. 112

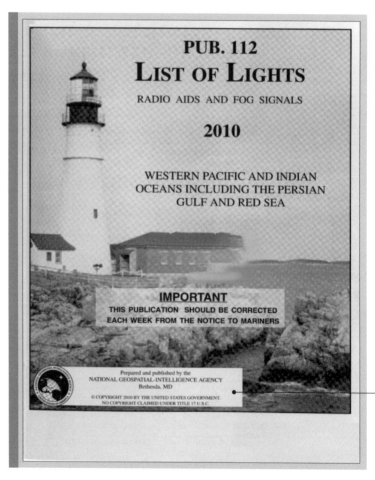

미국 국립지리정보국 발행

독도의 명칭은 Tok To

1954년 건립된 독도등대가 울릉도와 함께 한국(KOREA)등대에 등재되었다.
독도등대의 소속국가인 KOREA로 등재.
독도등대의 미국등대번호는 16548, 국제등대번호는 F4440으로 등재되었다.
등대의 명칭은 Tok To로 등재되었다.

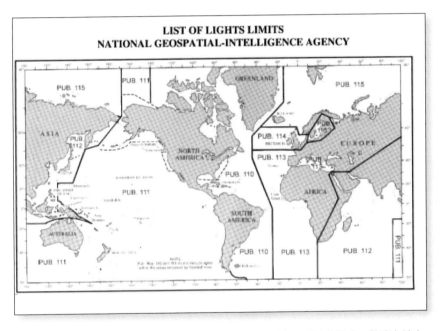

PUB 112에 한국 중국, 일본 인도와 동남아시아, 중동국가 등이 포함되어 있다.

독도가 Tok To로 등재
울릉도는 ULLUNGDO로 등재

H.O. 112에 있는 한국(KOREA)의 등대에
ULLUNG DO가 등재되어 있고
독도 Tok To가 37° 14.2'N, 131° 52.2'E 위치에 미국 등대번호 16548와
독도의 국제번호인 F 4440으로 등재되어 있다.
Korea는 South Korea와 North Korea로 세분화 되었다.

〈목 차〉

TABLE OF CONTENTS

Preface and Record of Corrections Published in Weekly Notice to Mariners I
Index Charts .... Back of front cover
Introduction ....
IALA Buoyage System VII
Maritime Domain Website VIII
Description (Lights, Buoys, RACONs, RAMARKs) IX
Characteristics of Lights XI
Nomenclature of Lights XII
Lightships, Superbuoys, and Offshore Light Stations XIV
Fog Signals XVI
Visibility Table XVIII
Conversion Table — Feet to Whole Meters XIX
Radiobeacons XX
Description (Radiobeacons) XXI
Table of Symbols XXVI
Differential Global Positioning System (DGPS) XXVII
Description (Differential GPS Stations) XXX
                                                                                                      XXXI

List of Lights for:

Section 1
Sakhalin, Hokkaido and Kuril Islands
   Sakhalin 1
   Japan-Hokkaido-North Coast 4
   Kuril Islands 5
   Japan-Hokkaido-East Coast 6
   Japan-Hokkaido-South Coast 7
   Japan-Hokkaido-South and West Coasts 14
   Japan-Hokkaido-West Coast 15
   Japan-Hokkaido-West and North Coasts 16

Section 2
Northwest Coast of Honshu
   Japan-Honshu-Northwest Coast 22

Section 3
North and East Coasts of Honshu
Including Nampo Shoto
   Japan-Honshu-North Coast 48
   Japan-Honshu-East Coast 50, 63
   Japan-Nampo Shoto 62

Section 4
South Coast of Honshu
   Japan-Honshu-South Coast 66

Section 5
Eastern Part of Seto Naikai
   Japan-Seto Naikai-Eastern Part (I) 88
   Japan-Seto Naikai-Eastern Part (II) 100

Section 6
Western Part of Seto Naikai and Shikoku
Including Kii Suido and Bungo Suido
   Japan-Seto Naikai-Western Part (I) 110

III

Japan-Seto Naikai-Western Part (II) 123
Japan-Shikoku 125
Japan-Shikoku and Kyushu 129

Section 7
Kyushu
   Japan-Kyushu 133
   Japan-Kyushu-Outlying Islands 155

Section 8
Ryukyu Islands and Taiwan
   Ryukyu Islands 162
   Taiwan 170

Section 9
Philippines and Pacific Coast of Russia
   Philippines 179
   Russia 202

Section 10
Korea
   North Korea 213, 262
   South Korea 215

Section 11
China
   China 265, 278
   China-Ch'Ang Chiang (Yangtze River) 276

Section 12
Vietnam, Gulf of Thailand and South China Sea
   Vietnam 305, 307
   South China Sea 307
   Cambodia-Thailand 310
   Thailand-East Coast 312, 322
   Malaysia-East Coast 317

Section 13
Singapore Strait and Strait of Malacca
   Malaysia-Singapore-Indonesia (Singapore Strait) 324, 330
   Singapore-Indonesia 325
   Malaysia-West Coast 329, 330
   Thailand-West Coast 338
   Indonesia (Sumatera-North Coast and Adjacent Islands) 341
   Indonesia (Sumatera-East Coast and Adjacent Islands) 345

Section 14
Sumatera and Jawa
   Indonesia (Sumatera-East Coast and Adjacent Islands) 350
   Indonesia (Bangka) 352
   Indonesia (Belitung) 354
   Indonesia (Sumatera-East Coast) 355
   Indonesia (Sumatera-South Coast) 357
   Indonesia (Sumatera-West Coast) 359
   Indonesia (Jawa-Adjacent Islands) 364

IV

Section 10

Korea

(1) No.	(2) Name and Location	(3) Position	(4) Characteristic	(5) Height	(6) Range	(7) Structure	(8) Remarks
			NORTH KOREA				
16200 M 4570	Man Do.	42° 13.8' N 130° 31.7' E	Fl.W. period 14s	138 42	17	White square concrete tower; 36.	Visible 237°-193°. Siren.
16204 M 4590	Ogeram San, about 814 meters NNE. of Ogeram Dan.	42° 16.5' N 130° 36.0' E	F.G.	190 55	8	White square metal tower, concrete base; 21.	Visible shore-298°, 087°-124° Horn.
	SOSURA HANG:						
16208 M 4592	-E. breakwater, head.	42° 16.5' N 130° 35.7' E	F.W.	19 6	7	White iron column, concrete base; 17.	
16212 M 4594	-W. breakwater, head.	42° 16.4' N 130° 36.0' E	F.R.	19 6	6	Red iron column, concrete base; 17.	
	UNGGI MAN:						
16216 M 4578	-E. breakwater, head.	42° 19.9' N 130° 24.2' E	F.G.	33 10	4	Red iron structure, concrete base; 15.	
16220 M 4574	-W. breakwater, head.	42° 19.8' N 130° 24.1' E	F.R.	20 6	6	White iron structure, concrete base; 18.	
16224 M 4576	-Detached breakwater, W head.	42° 19.7' N 130° 24.2' E	F.R.	21 6	8	Red iron structure, concrete base; 17.	
16228 M 4568	Kwak Tan.	42° 15.0' N 130° 24.1' E	Fl.W. period 12s	200 61	13	White square concrete structure; 25.	Visible 198°-050°. Horn.
	NAJIN MAN:						
16232 M 4558	-Tosch'o Do.	42° 08.9' N 130° 16.7' E	Fl.(3)W. period 25s	394 120	27	White square concrete tower; 41.	Visible 228°-142°. Siren: 1 bl. ev. 45s. Signal station.
16234 M 4560.4	-Detached breakwater.	42° 14.1' N 130° 18.3' E	F.R.	17 5	1		
16248 M 4556	-Oryong Am, NE. side of Injin Man.	42° 04.5' N 130° 07.8' E	Fl.(2)W. period 6s	60 18	12	Black round concrete structure; 54.	
16252 M 4540	Komalsan Dan.	41° 45.6' N 129° 51.0' E	L.Fl.W. period 6s	194 59	20	White hexagonal brick structure; 46.	Visible 222°-091°. Siren: 1 bl. ev. 45s.
	CHONGJIN:						
16260 M 4542	-Dong Hang, breakwater, head.	41° 46.5' N 129° 49.3' E	F.G.	45 14	8	Red round concrete structure; 36.	
16262 M 4543	-SW. corner of W. pier.	41° 46.5' N 129° 49.3' E	Oc.R.				
16264 M 4544	--E. pier, head.	41° 46.5' N 129° 49.8' E	F.R.	23 7	2	Red metal column on concrete base; 18.	
16268 M 4546	-So Hang, breakwater, head.	41° 44.8' N 129° 46.3' E	F.G.	49 15	5		
16269 M 4547	-Root.	41° 45.3' N 129° 46.2' E	F.R.		2		

The existence and operation of all navigational aids should be considered unreliable on the east coast of North Korea.

213

독도는 한국령 Tok To

16548	Tok To.	37° 14.2' N	Fl.W.
M 4440		131° 52.2' E	period 10s

(1) No.	(2) Name and Location	(3) Position	(4) Characteristic	(5) Height	(6) Range	(7) Structure	(8) Remarks
			SOUTH KOREA				
16516 M 4433.8	-Breakwater, head.	37° 13.5' N 129° 20.8' E	Fl.G. period 6s	36 11	5	White round concrete tower; 31.	
16518 M 4433.9	--Breakwater, head.	37° 13.5' N 129° 20.7' E	Fl.R. period 4s	52 16	6	Red round concrete tower; 33.	
	--RACON		G(- - -)		10		
	ULLUNG DO:						
16520 M 4446.2	-Hyongnangap.	37° 29.0' N 130° 55.0' E	Fl.W. period 14s	354 108	18	White octagonal tower; 30.	Visible 183°-040°. Horn: 1 bl. ev. 60s.
16524	--Jeodong Hang, N. breakwater, head.	37° 29.9' N 130° 54.8' E	Fl.R. period 5s	52 16	6	Red round concrete tower; 26.	
16528	---S. breakwater, head.	37° 29.8' N 130° 54.8' E	Fl.G. period 5s	52 16	5	White round concrete tower; 28.	
16536 M 4447	-Ch'onbu Hang, breakwater, head.	37° 32.6' N 130° 52.4' E	Fl.G. period 4s	29 8	5	White round concrete column; 25.	
16540 M 4444	-Taep'ung Gam.	37° 31.0' N 130° 46.0' E	Fl.W. period 25s	561 171	18	White tower; 25.	Visible 002°-246°. Siren: 1 bl. ev. 50s. Radiobeacon. DGPS Station.
16541 M 4446.4	-Ssangjongcho.	37° 33.4' N 130° 56.4' E	Fl.(2)W. period 5s	56 17	8	ISOLATED DANGER BRB, topmark; 75.	
	RACON		C(- - -)				
16542	-N. breakwater.	37° 31.8' N 130° 49.7' E	Fl.R. period 5s	56 17	5	STARBOARD (B) R. tower; 30.	
16544 M 4445	-Kanryong Mal.	37° 27.3' N 130° 52.5' E	Fl.W. period 5s	69 21	19	White octagonal concrete tower; 49.	Visible 270°-110°.
16548 M 4440	Tok To.	37° 14.2' N 131° 52.2' E	Fl.W. period 10s	341 104	25	White round concrete tower; 49.	Visible 000°-117°, 140°-000°.
	RACON		K(- · -)		10		
16551	Hosan Hang.	37° 10.5' N 129° 21.1' E	Fl.R. period 5s	48 14	5	Red round steel tower; 33.	
16551.1	-Hosan grovn.	37° 10.5' N 129° 21.0' E	Fl.G. period 5s	46 14	5	White round steel tower; 33.	
16552 M 4432	Chukpyon Dong.	37° 03.5' N 129° 25.8' E	Fl.W. period 20s fl. 1s, ec. 19s	161 49	20	White octagonal concrete structure; 52.	Visible 162°-352°. Horn: 1 bl. ev. 50s.
16556 M 4432.6	-E. breakwater, head.	37° 03.0' N 129° 25.4' E	Fl.R. period 4s	33 10	5	Red round concrete tower; 27.	
16560 M 4433	-W. breakwater.	37° 03.1' N 129° 25.3' E	Fl.G. period 4s	36 11	5	White quadrangular iron framework; 27.	
16564 M 4431.5	Jinmimal.	36° 53.6' N 129° 25.1' E	Fl.W. period 6s	190 58	19	White round concrete tower; 39.	Visible 184°-340°.
16565 M 4431.45	Osan Hang, N. breakwater, head.	36° 53.4' N 129° 25.3' E	Fl.R. period 6s	49 15	6	Red round metal tower; 26.	
16566 M 4431.2	Sadong, N. breakwater.	36° 49.3' N 129° 27.3' E	Fl.R. period 5s	56 17	5	Red round concrete tower; 33.	
16566.2 M 4431.4	-S. breakwater.	36° 49.3' N 129° 27.2' E	Fl.G. period 5s	49 15	5	White round concrete tower; 34.	
16568 M 4431	Hwamo Mal.	36° 45.9' N 129° 28.7' E	Fl.W. period 7s	157 48	12	White round concrete tower; 33.	
16569 M 4430.5	Gusan Hang, N. breakwater.	36° 45.4' N 129° 28.5' E	Fl.R. period 5s	49 15	5	Red tower; 26.	

341 104	25	White round concrete tower; 49.	Visible 000°-117°, 140°-000°.

Index에 Tok To는 있고,
Liancourt Rocks는 없다.

INDEX – LIGHTS

Tei Saki 10136	Tg Sipang 23906	Tg. Tembeling 21076
Tekra 26380	Tg Sirombu 23244.2	Tg. Tenggaroh 21168
Telaga Besar 25374	Tg Tamarong 24881	Tg. Tuing 22956
Tellicherry 27664	Tg Tibi 24754	Tg. Tungku 24628
Telok Air 25068.5	Tg Tiram 22463	Tg. Tutpsteh 25719
Telok Gong intake 21748.5	Tg Tobo. 25275	Tg. Wandoswaar 26082
Teluk Adang 24924	Tg Watutembatu 25289	Tg. Woka 26096
Teluk Apar 24928	Tg. Ai Lancong 25602.7	Tg. Yanvmerai 26081
TELUK BALIKPAPAN 24884	Tg. Ambora 25202	Tha Chin 20760
Teluk Bayur 23172	Tg. Awarawar 23574	Thai Duong Thuong 20278
Teluk Beo 25204	Tg. Balai 22548	Thamhla Kyun 26692
Teluk Bungus 23161	Tg. Batang Marau 24056	Thanta 26728
Teluk Cilautureeum 23871	Tg. Batu 23940, 25088	The Bluff 31977
Teluk Dalam 23232	Tg. Batu Mati 25816	Thetuaikwin 26660
Teluk Elpaputih 25603	Tg. Batu Sori 25330	Thiawea 26640
Teluk Haltring 25794	Tg. Batu Toro 25342	Thitu (Pagasa) Island 20289.6
Teluk Kimi 26104	Tg. Bunabungi 25340	THURIYA 26684
Teluk Krui 23096	Tg. Bunga 22940	Tiaoduo Shi 20093.55
Teluk Kuandang 25132	Tg. Bungkulan (Bali) 25541	Tiba 5308
Teluk Lombok 25573.5	Tg. Buton 25311	Tibiao Point 14725
TELUK MANADO 25144	Tg. Cukuhbalambing 23076	Tidore 25224
Teluk Maumere 25639.3	Tg. Dehekalalano 25742	Tierberg 32254
Teluk Pacitan 23821.5	Tg. Jakono 25711.7	Tigaro Ko 5900
Teluk Padang 25538	Tg. Jati 22542	Tikko 8954, 9536
Teluk Palu 25508	Tg. Kai 25502	Tikuzen No Se 12284
Teluk Penanjung 23869	Tg. Kamdara 26119	Tiladummati 27400
Teluk Sabang, Ujun Lho Me 22240	Tg. Karaso 25653.2	Tilic 14252
Teluk Segoro Wegi 23821.3	Tg. Kelapa 26119.5	Tilanchang Island 26451.2
Teluk Sboiga 23288	Tg. Kelan 22864	TIMOR 25668
Teluk Sido 25474	Tg. Kembani 25274.3	Tinaca Point 15184
Teluk Snabang 23308	Tg. Kinapel 23135.7	Tinau 15000
Teluk Tempoyak Besar 22004	Tg. Kluang 25046	Tinggi 23310
Teluk Tempoyak Kachil 22000	Tg. Koio 25602.5	Titi Misaki 2180
TELUK TOMINI 25232	Tg. Labuan Compenie 25172	To Saki 7172
Teluk Wabudori 26055	Tg. Labuan Dedeh 25116	To Shima 2520, 5552, 11192
Teluk Wandamen 26107.7	Tg. Laggasiao 23126	To Sima 10430
Tenaga Shma 12638	Tg. Leding 22488	To Wan 4272
Tenau 25700	Tg. Lero 25476	TOBA KO 6276
Tengi Hana 10504	Tg. Loleo 25218	Tobaseshima 11556
Tennyu Kawa 5792	Tg. Lubuh 22602	Tobata Koro 9888
Tepen 23625.6	Tg. Maloh 25572.7	Tobelo 25222
Teppu Gyoko 1433	Tg. Memon 26032	Tobetu Ko 932
Tera Shima 11552	Tg. Muaraberan 24868	Tobi Shima 3504, 7164, 10308
Tera Sima 8078	Tg. Murung 22978	Tobo Ko 12260
Terabe 5932	Tg. Paciman 23710	Toboali 22908
Teradomari Ko 3340	Tg. Pakipongan 25602	Tobutsu Saki 492
Terahama 4292	Tg. Palgisan 25121	Toddeh 25696
Ternate 25208	Tg. Patle 25197.8	Toden Hukusima 4500
Terumbu Selegi 21300	Tg. Pasir 24090	Todo Hana 10580
Terumbu Serebuf 21632	Tg. Pemancingan 24952	Todo Shima 1452
Tashio Kawa 1368	Tg. Pandang 21984	Todoga Saki 4028
Tetapaan 25142	Tg. Pinangpinang 23135.5	Toech'o Do 16232
Teuchi Ko 11100	Tg. Putri 25044	Toga Ko 3596
Teuri To 1336	Tg. Putus 25926	Togane Ko 1852
Tg Agaragar 25551	Tg. Rainbawa 26108	Togashira Shima 6620
Tg Bankalanutara 25275.5	Tg. Raja 22952	Togawa Ko 4788
Tg Bio 23115	Tg. Rangas 25500	Togoy Secm 16792
Tg Bugel 23572.5	Tg. Sadeng 23821.6	Toguchi Ko 13424
Tg Kasolanatumbi 25346	Tg. Sanggarang 23500	Togudo 17309
Tg Komnali 25262	Tg. Sedi 24088	Tohokundenryoku 4497
Tg Lobu 25139	Tg. Sekong 23353	Toi Ko 868, 5612
Tg Losoni 25274.6	Tg. Selalang 24076	Toi Misaki 10876
Tg Montok 25275.6	Tg. Selokan 22872	Tojima Saki 6752
Tg Ptsing 25353	Tg. Sigep, Pulau Siberut 23153	Tok To 16548
Tg Pudak 23569	Tg. Sikabai 23148	TOKACHI KO 560
Tg Sakaladat 23153.5	Tg. Simanutsu 23209.2	Tokachi Otu 552
Tg Salonggaka 25198.5	Tg. Tambuntuiang 22471	Tokai 4700

589

Tok To 16548

2018년
PUB. NO. 112

독도의 명칭은 Dokto

1954년 건립된 독도등대가 울릉도와 함께 한국(KOREA)등대에 등재되었다.
독도등대의 소속국가인 KOREA로 등재.
독도등대의 미국등대번호는 16548, 국제등대번호는 F4440으로 등재되었다.
등대의 명칭은 Dokto로 등재되었다.

독도가 Dokto로 등재
한국의 로마자정책에 따라 표기

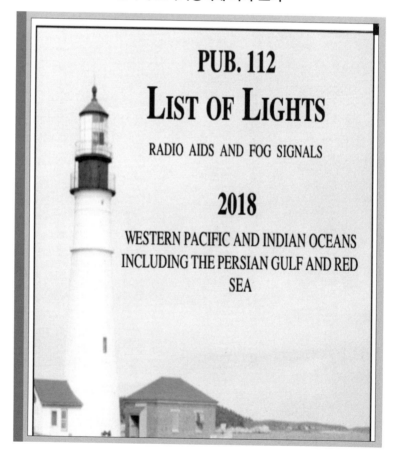

PUB. 112

LIST OF LIGHTS

RADIO AIDS AND FOG SIGNALS

2018

WESTERN PACIFIC AND INDIAN OCEANS
INCLUDING THE PERSIAN GULF AND RED
SEA

Dokto로 등재

16548	Dokto.	37° 14.4′ N	Fl.W.
M 4440		131° 52.2′ E	period 10s

16506	-S. breakwater.	37° 22.5 N	Fl.G.	46	6	White round concrete tower; 36.	
M 4434.7		129° 15.2 E	period 5s	14			
16508	**Imunae Hang.**	37° 14.1 N	Fl.W.	197	22	White round concrete tower; 33.	
M 4433.7		129° 21.3 E	period 8s	60			
16516	-N. breakwater, head.	37° 13.5 N	Fl.G.	43	8	White round concrete tower; 33.	
M 4433.8		129° 20.6 E	period 6s	13			
16518	--Breakwater, head.	37° 13.5 N	Fl.R.	52	6	Red round concrete tower; 33.	**AIS** (MMSI No 994403807).
M 4433.9		129° 20.7 E	period 4s	16			
	--RACON		G(– – •)		10		(3 & 10cm).
	ULLUNG DO:						
16520	-Hyongnangap.	37° 29.2 N	Fl.W.	381	26	White round concrete tower; 43.	Visible 183°-040°.
M 4446.2		130° 55.2 E	period 14s	116			**AIS** (MMSI No 994403582).
							Horn: 1 bl. ev. 60s (bl. 5s, si. 55s).
16524	--Jeodong Hang, N.	37° 29.9 N	Fl.R.	52	6	Red round concrete tower; 26.	
M 4445.7	breakwater, head.	130° 54.9 E	period 5s	16			
16528	---S. breakwater, head.	37° 29.8 N	Fl.G.	52	5	White round concrete tower; 26.	
M 4445.8		130° 54.8 E	period 5s	16			
16536	-Ch'onbu Hang, breakwater,	37° 32.5 N	Fl.G.	29	5	White round concrete column;	
M 4443	head.	130° 52.3 E	period 5s	9		26.	
16541	-Ssangjongcho.	37° 33.4 N	Fl.(2)W.	56	8	ISOLATED DANGER	**AIS** (MMSI No 994403583).
M 4446.4		130° 56.4 E	period 5s	17		BRB, beacon, topmark; 75.	
	-RACON		C(– • – •)		10		(3 & 10cm).
16542	-N. breakwater.	37° 31.8 N	Fl.R.	56	5	Red round concrete column; 33.	
M 4443.5		130° 49.7 E	period 5s	17			
16544	-Kanryong Mal.	37° 27.2 N	Fl.W.	69	19	White octagonal concrete tower;	Visible 270°-110°.
M 4445		130° 52.5 E	period 5s	21		49.	**AIS** (MMSI No 994403581).
16548	Dokto.	37° 14.4 N	Fl.W.	341	25	White round concrete tower; 49.	Visible 140°-117°.
M 4440		131° 52.2 E	period 10s	104			**Radar reflector.**
	RACON		K(– • –)		10		(3 & 10cm).
16551	Hosan Hang.	37° 10.5 N	Fl.R.	46	8	Red round tower; 33.	
M 4433.5		129° 21.1 E	period 5s	14			

217

341	25	White round concrete tower; 49.	Visible 140°-117°.
104			**Radar reflector.**

독도가 한국정부의 로마자 표기정책으로 Dokto로 등재되어 있다.
H.O. 112에 있는 한국(KOREA)의 등대에 ULLUNG DO가 등재되어 있고
독도 Dokto가 37° 14.4′N, 131° 52.2′E 위치에 미국 등대번호 16548와
독도의 국제번호인 F 4440로 등재되어 있다.
1954년 독도등대가 불을 밝힌후 독도가 Dokto로 등재되었다.

Dokto로 표기

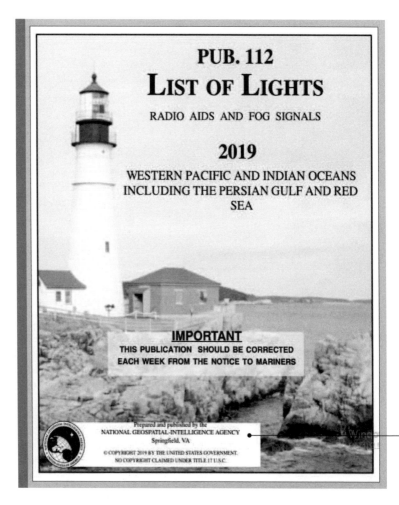

PUB. 112
LIST OF LIGHTS
RADIO AIDS AND FOG SIGNALS

2019

WESTERN PACIFIC AND INDIAN OCEANS
INCLUDING THE PERSIAN GULF AND RED
SEA

IMPORTANT
THIS PUBLICATION SHOULD BE CORRECTED
EACH WEEK FROM THE NOTICE TO MARINERS

Prepared and published by the
NATIONAL GEOSPATIAL-INTELLIGENCE AGENCY
Springfield, VA

© COPYRIGHT 2019 BY THE UNITED STATES GOVERNMENT.
NO COPYRIGHT CLAIMED UNDER TITLE 17 U.S.C.

미국 국립지리정보국 발행 ●

독도의 명칭은 Dokto

1954년 건립된 독도등대가 울릉도와 함께 한국(KOREA)등대에 등재되었다.
독도등대의 소속국가인 KOREA로 등재.
독도등대의 미국등대번호는 16548, 국제등대번호는 F4440으로 등재되었다.
등대의 명칭은 Dokto로 등재되었다

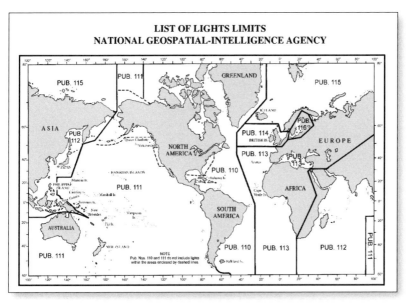

PUB 112에 한국 중국, 일본 인도와 동남아시아, 중동국가 등이 포함되어 있다.

2019 미국 등대표

Section 10에서 한국은 남북한으로 분리

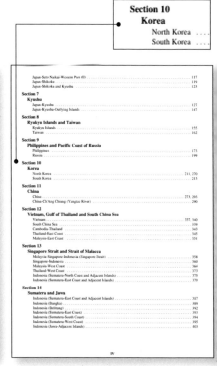

Section 10
Korea
North Korea . . . .
South Korea . . . .

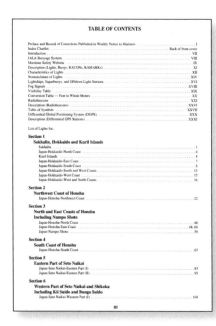

TABLE OF CONTENTS

Preface and Record of Corrections Published in Weekly Notice to Mariners I
Index Chartlet .... Back of front cover
Introduction VII
IALA Buoyage System VIII
Maritime Safety Website IX
Description (Lights, Buoys, RACONs, RAMARKs) XI
Characteristics of Lights XII
Nomenclature of Lights XIV
Lightships, Superbuoys, and Offshore Light Stations XVI
Fog Signals XVIII
Visibility Table XIX
Conversion Table — Feet to Whole Meters XX
Radiobeacons XXI
Description (Radiobeacons) XXVI
Table of Symbols XXVII
Differential Global Positioning System (DGPS) XXX
Description (Differential GPS Stations) XXXI

List of Lights for:

Section 1
  Sakhalin, Hokkaido and Kuril Islands
    Sakhalin 1
    Japan-Hokkaido-North Coast 4
    Kuril Islands 5
    Japan-Hokkaido-East Coast 7
    Japan-Hokkaido-South Coast 8
    Japan-Hokkaido-South and West Coasts 15
    Japan-Hokkaido-West Coast 15
    Japan-Hokkaido-West and North Coasts 16

Section 2
  Northwest Coast of Honshu
    Japan-Honshu-Northwest Coast 22

Section 3
  North and East Coasts of Honshu
  Including Nampo Shoto
    Japan-Honshu-North Coast 46
    Japan-Honshu-East Coast 48, 60
    Japan-Nampo Shoto 59

Section 4
  South Coast of Honshu
    Japan-Honshu-South Coast 63

Section 5
  Eastern Part of Seto Naikai
    Japan-Seto Naikai-Eastern Part (I) 83
    Japan-Seto Naikai-Eastern Part (II) 95

Section 6
  Western Part of Seto Naikai and Shikoku
  Including Kii Suido and Bungo Suido
    Japan-Seto Naikai-Western Part (I) 104

III

Japan-Seto Naikai-Western Part (II) 117
Japan-Shikoku 119
Japan-Shikoku and Kyushu 123

Section 7
  Kyushu
    Japan-Kyushu 127
    Japan-Kyushu-Outlying Islands 147

Section 8
  Ryukyu Islands and Taiwan
    Ryukyu Islands 155
    Taiwan 162

Section 9
  Philippines and Pacific Coast of Russia
    Philippines 173
    Russia 199

Section 10
  Korea
    North Korea 211, 270
    South Korea 213

Section 11
  China
    China 273, 293
    China-Ch'Ang Chiang (Yangtze River) 290

Section 12
  Vietnam, Gulf of Thailand and South China Sea
    Vietnam 337, 340
    South China Sea 339
    Cambodia-Thailand 343
    Thailand-East Coast 345
    Malaysia-East Coast 351

Section 13
  Singapore Strait and Strait of Malacca
    Malaysia-Singapore-Indonesia (Singapore Strait) 358
    Singapore-Indonesia 360
    Malaysia-West Coast 364
    Thailand-West Coast 373
    Indonesia (Sumatera-North Coast and Adjacent Islands) 375
    Indonesia (Sumatera-East Coast and Adjacent Islands) 379

Section 14
  Sumatera and Jawa
    Indonesia (Sumatera-East Coast and Adjacent Islands) 387
    Indonesia (Bangka) 389
    Indonesia (Belitung) 392
    Indonesia (Sumatera-East Coast) 393
    Indonesia (Sumatera-South Coast) 394
    Indonesia (Sumatera-West Coast) 395
    Indonesia (Jawa-Adjacent Islands) 403

IV

H.O. 112에 있는 한국(KOREA)의 등대에 ULLUNG DO가 등재되어 있고
독도가 Dokto로 37° 14.4'N, 131° 52.2'E 위치에 독도의
미국 등대번호 16548와 독도의 국제번호인 F 4440으로 등재되어 있다.
KOREA에 한국과 북한을 구별없이 등재하던 방식에서
KOREA를 South Korea와 North Korea로 나누어 등재하고 있다.

Section 10
Korea

(1) No	(2) Name and Location	(3) Position	(4) Characteristic	(5) Height	(6) Range	(7) Structure	(8) Remarks
			NORTH KOREA				
16200 M 4570	Nan Do.	42° 13.8 N 130° 31.7 E	Fl.W. period 5s	128 39	17	White square concrete tower: 36.	Visible 237°-169°. Siren: 1 bl. ev. 36s (bl. 7s, si. 29s).
16204 M 4592	Ogaram San, about 914 meters NNE. of Ogaram Dan.	42° 16.5 N 130° 38.2 E	F.G.	180 55	8	White metal tower: concrete base: 22.	Horn.
	SOSURA HANG.						
16208 M 4597	-E. breakwater, head.	42° 16.6 N 130° 35.8 E	Fl.W.	19 6	7	White metal column, concrete base: 16.	
16212 M 4594	-W. breakwater, head.	42° 16.5 N 130° 35.7 E	F.R.	19 6	6	Red metal column, concrete base: 16.	
	UNGGI MAN:						
16216 M 4578	-E. breakwater, head.	42° 19.9 N 130° 24.0 E	F.G.	33 10	4	Red metal column, concrete base: 16.	
16220 M 4574	-W. breakwater, head.	42° 20.0 N 130° 24.0 E	F.R.	20 6	6	White metal column, concrete base: 16.	
16224 M 4576	-Detached breakwater, W head.	42° 19.9 N 130° 24.1 E	F.R.	21 6	8	Red metal column, concrete base: 16.	
16228 M 4598	Kwak Tan	42° 15.0 N 130° 24.1 E	Fl.W. period 12s	200 61	13	White square concrete tower: 23.	Visible 198°-050°. Horn.
	NAJIN MAN:						
16232 M 4558	-Toech'o Do.	42° 09.0 N 130° 16.6 E	Fl.(3)W. period 25s	394 120	27	White square concrete tower: 43.	Visible 228°-142°. Siren: 1 bl. ev. 45s (bl. 5s, si. 40s).
16248 M 4594	-Oryong Am, NE. side of Injin Man.	42° 04.7 N 130° 27.6 E	Fl.(3)W. period 6s	60 18	12	Black round concrete tower: 56.	
16252 M 4540	Komalsan Dan.	41° 43.8 N 129° 50.8 E	L.Fl.W. period 6s	194 59	20	White hexagonal brick tower: 46.	Visible 222°-091°. Siren: 1 bl. ev. 45s (bl. 5s, si. 40s).
	CHONGJIN:						
16260 M 4542	-Dong Hang, breakwater, head.	41° 46.6 N 129° 49.3 E	F.G.	45 14	8	Red round concrete tower: 36.	
16262 M 4543	-SW. corner of W. pier.	41° 46.8 N 129° 49.2 E	Oc.R.				
16264 M 4544	-E. pier, head.	41° 46.7 N 129° 49.7 E	F.R.	23 7	2	Red metal column, concrete base: 16.	
16268 M 4546	-So Hang, breakwater, head.	41° 44.9 N 129° 46.1 E	F.G.	39 12	5	Green tower: 30.	
16269 M 4547	-Root.	41° 45.4 N 129° 46.1 E	F.R.	2			
16272 M 4594	Orang Dan.	41° 32.9 N 129° 48.2 E	Iso.W. period 4s	138 42	15	White round brick tower: 36.	Visible 125°-005°. Siren.

The existence and operation of all navigational aids should be considered unreliable on the east coast of North Korea.

211

독도는 South Korea에 등재

16548	**Dokto.**		37° 14.4′ N	**FLW.**
M 4440			131° 52.2′ E	period 10s

(1) No.	(2) Name and Location	(3) Position	(4) Characteristic	(5) Height	(6) Range	(7) Structure	(8) Remarks
			SOUTH KOREA				
16487 M 4437.2	Samchok Hang.	37° 26.3′ N 129° 11.4′ E	Dir.W.R.G.	105 32	W. 21 R. 17 G. 17	White metal tower, 102.	F.R. 318°48′-329°24′, F.W.-322°, F.G.-323°36′.
16488 M 4436	-S. breakwater, head.	37° 25.9′ N 129° 11.6′ E	Fl.G. period 4s	46 14	8	White round concrete tower, 33.	F.W. 14m spotlight, visible 122°-162°.
16492 M 4437	-N. breakwater, head.	37° 25.9′ N 129° 11.8′ E	Fl.R. period 5s	52 16	9	Red round concrete tower; 33.	
16496 M 4435	Pi Mal.	37° 22.6′ N 129° 15.4′ E	Fl.W. period 5s	249 76	10	White round concrete tower; 49.	AIS (MMSI No 994403805).
16502 M 4434.3	-Groin.	37° 17.3′ N 129° 18.9′ E	Fl.R. period 5s	36 11	6	Red round concrete tower; 33.	
16504 M 4434.2	-Breakwater, head.	37° 17.4′ N 129° 18.9′ E	Fl.G. period 5s	56 17	6	White round steel tower; 33.	
16504.5 M 4434.6	Chogok Hang.	37° 18.7′ N 129° 17.5′ E	Fl.G. period 5s	39 12	8	White quadrangular metal tower; 20.	
16505 M 4434.75	Toksan Hang, N. breakwater.	37° 22.5′ N 129° 15.3′ E	Fl.R. period 5s	52 16	6	Red round concrete tower; 33.	
16506 M 4433.7	-S. breakwater.	37° 22.5′ N 129° 15.2′ E	Fl.G. period 5s	46 14	6	White round concrete tower, 36.	
16508 M 4433.8	Imunae Hang.	37° 14.1′ N 129° 21.3′ E	Fl.W. period 8s	197 60	22	White round concrete tower; 33.	
16516 M 4433.8	-N. breakwater, head.	37° 13.5′ N 129° 20.6′ E	Fl.G. period 5s	43 13	8	White round concrete tower; 33.	
16518 M 4433.9	-Breakwater, head.	37° 13.5′ N 129° 20.7′ E	Fl.R. period 4s	52 16	6	Red round concrete tower; 33.	AIS (MMSI No 994403807).
	-RACON		G(- - •)			10	(3 & 10cm).
	ULLUNG DO:						
16520 M 4446.2	-Hyongnangap.	37° 29.2′ N 130° 55.2′ E	Fl.W. period 14s	381 116	26	White round concrete tower; 43.	Visible 183°-040°. AIS (MMSI No 994403582). Horn: 1 bl. ev. 60s (bl. 5s, si. 55s).
16524 M 4445.7	--Jeodong Hang, N. breakwater, head.	37° 29.9′ N 130° 54.9′ E	Fl.R. period 5s	52 16	6	Red round concrete tower; 26.	
16526 M 4445.8	---S. breakwater, head.	37° 29.8′ N 130° 54.8′ E	Fl.G. period 5s	52 16	5	White round concrete tower; 26.	
16536 M 4443	-Chonbu Hang, breakwater, head.	37° 32.5′ N 130° 52.3′ E	Fl.G. period 5s	29 9	5	White round concrete column; 26.	
16541 M 4446.4	-Ssangjongcho.	37° 33.4′ N 130° 56.4′ E	Fl.(2)W. period 6s	56 17	8	ISOLATED DANGER BRB, beacon, topmark; 75.	AIS (MMSI No 994403583).
	-RACON		C(- • - •)			10	(3 & 10cm).
16542 M 4443.5	-N. breakwater.	37° 31.8′ N 130° 49.7′ E	Fl.R. period 5s	56 17	5	Red round concrete column; 33.	
16544 M 4445	-Kanryong Mal.	37° 27.2′ N 130° 52.5′ E	Fl.W. period 8s	69 21	19	White octagonal concrete tower; 49.	Visible 270°-110°. AIS (MMSI No 994403581).
16548 M 4440	-Dokto.	37° 14.4′ N 131° 52.2′ E	Fl.W. period 10s	341 104	25	White round concrete tower; 49.	Visible 140°-117°. Radar reflector.
	RACON		K(- • -)			10	(3 & 10cm).
16551 M 4433.5	Hosan Hang.	37° 10.5′ N 129° 21.1′ E	Fl.R. period 5s	46 14	8	Red round tower; 33.	
16551.1 M 4433.6	-Hosan groin.	37° 10.5′ N 129° 21.0′ E	Fl.G. period 5s	46 14	8	White round tower; 33.	

217

341 104		25	White round concrete tower; 49.	Visible 140°-117°. Radar reflector.

CROSS REFERENCE인 INTERNATIONAL과
U.S. LIGHT NUMBER에는 F4440과 16548로 등재되어 있다.

M4440 .... 16548 •

CROSS REFERENCE - INTERNATIONAL vs. U.S. LIGHT NUMBER

Inter.	—	U.S.	Inter.	—	U.S.	Inter.	—	U.S.	Inter.	—	U.S.
M4385		16688	M4411.4		16626	M4434.7		16506	M4458.4		16409.5
M4388		16687	M4411.41		16627	M4434.75		16505	M4458.45		16410
M4389		16686	M4412		16624	M4435		16496	M4458.6		16412
M4390		16684	M4412.5		16632	M4436		16488	M4458.63		16396.5
M4394		16680	M4412.6		16628	M4437		16492	M4458.64		16397
M4394.5		16683	M4412.7		16634	M4437.2		16487	M4458.7		16376.7
M4395		16682	M4412.72		16633	M4440		16548	M4459		16380
M4396.5		16680.9	M4412.8		16642	M4443		16536	M4459.15		16385
M4396.6		16681.2	M4413		16620.5	M4443.5		16542	M4459.16		16384
M4396.7		16675.5	M4413.2		16620	M4445		16544	M4459.2		16386
M4396.8		16675	M4413.21		16621.1	M4445.7		16524	M4459.25		16386.1
M4397		16674	M4413.22		16621.2	M4445.8		16528	M4459.3		16378
M4397.1		16673.6	M4413.23		16621.3	M4446.2		16520	M4459.4		16379
M4397.3		16673.5	M4413.4		16921	M4446.3		16541	M4459.43		16377
M4397.4		16673	M4413.55		16612.5	M4446.5		16484	M4459.45		16376.5
M4397.5		16673.1	M4413.57		16612.3	M4446.6		16480	M4459.5		16388
M4397.7		16672.7	M4413.58		16612.2	M4446.65		16486.1	M4459.54		16396
M4397.77		16672.6	M4413.6		16612	M4446.7		16486	M4459.6		16392
M4397.85		16672.3	M4413.625		16611.9	M4446.8		16478	M4459.65		16387
M4397.86		16672.5	M4413.63		16611.8	M4447		16464	M4459.7		16376
M4398.2		16672.1	M4413.632		16611.7	M4447.5		16463	M4459.75		16374
M4399.2		16672.2	M4413.636		16611.65	M4447.51		16463.5	M4459.9		16369
M4399.5		16669	M4413.638		16611.6	M4447.6		16460	M4480		16365
M4400		16668	M4413.65		16611.5	M4448		16466	M4460.1		16365.1
M4401		16665	M4413.7		16609	M4448.4		16467	M4461		16364
M4402		16664	M4413.75		16610	M4448.5		16469	M4462		16359
M4403		16662	M4413.8		16611	M4449		16458	M4464		16360
M4403.3		16661.9	M4414		16604	M4449.05		16455	M4464.5		16362
M4403.5		16661.7	M4415		16600	M4449.06		16455.1	M4465		16358
M4403.6		16661.61	M4417		16596.5	M4449.1		16454	M4466		16356
M4403.8		16661.5	M4418		16596	M4449.2		16454.1	M4468		16352
M4403.85		16661.6	M4419		16595	M4449.25		16454.2	M4472		16332
M4403.88		16661.4	M4420		16588	M4449.3		16449	M4474		16328
M4403.9		16661.3	M4420.3		16594	M4449.35		16450	M4480		16340
M4404		16656	M4421		16592	M4449.4		16453	M4484		16348
M4404.1		16656.1	M4424		16584	M4449.5		16452	M4484.4		16344
M4404.3		16655.1	M4424.5		16597	M4449.6		16451.7	M4485		16326
M4404.4		16655	M4424.6		16598	M4449.65		16451.8	M4487		16325
M4404.6		16654	M4426		16572	M4449.7		16451.6	M4488		16324
M4405		16660	M4427		16574	M4449.75		16451.65	M4490		16323
M4405.5		16661	M4428.1		16581	M4449.8		16451	M4492		16316
M4405.6		16652.1	M4430		16580	M4449.85		16451.5	M4495		16322
M4406		16652	M4430.04		16576	M4449.9		16435.1	M4506		16312
M4408		16643	M4430.2		16571	M4450		16436	M4506.5		16308.5
M4408.5		16642.5	M4430.3		16569.7	M4452		16440	M4507		16310
M4408.55		16642.6	M4430.31		16569.9	M4452.5		16444	M4508		16309
M4408.6		16642.4	M4430.5		16569	M4453		16448	M4510		16308
M4408.8		16645	M4430.8		16569.1	M4455		16432	M4510.4		16306
M4409		16644	M4430.85		16569.5	M4455.4		16433	M4510.6		16307
M4410		16648	M4431		16568	M4455.5		16431	M4511.4		16306.1
M4410.1		16648.6	M4431.2		16566	M4455.6		16430	M4512		16304
M4410.2		16648.5	M4431.4		16566.2	M4456		16428	M4513		16303
M4410.5		16616	M4431.45		16565	M4456.2		16429	M4514		16301
M4410.52		16614.5	M4431.5		16564	M4456.5		16424	M4514.4		16302
M4410.54		16615	M4432		16562	M4456.8		16423.1	M4516		16284
M4410.6		16614	M4432.6		16556	M4456.85		16423	M4520		16296
M4410.65		16615.5	M4433		16560	M4456.9		16421	M4522		16288
M4410.8		16613	M4433.5		16551	M4456.93		16422	M4524		16292
M4410.9		16613.5	M4433.6		16551.1	M4457		16420	M4526		16300
M4410.94		16615.8	M4433.7		16508	M4458		16404	M4530		16280
M4410.95		16615.9	M4433.8		16516	M4458.1		16406	M4531		16277
M4410.96		16615.6	M4433.9		16518	M4458.15		16416	M4532		16278
M4410.97		16615.7	M4434.2		16504	M4458.18		16418	M4533		16276.5
M4411		16636	M4434.3		16502	M4458.2		16414	M4534		16272
M4411.2		16640	M4434.5		16504.5	M4458.3		16408	M4536		16276

667

2020년
Dokto
PUB. NO. 112

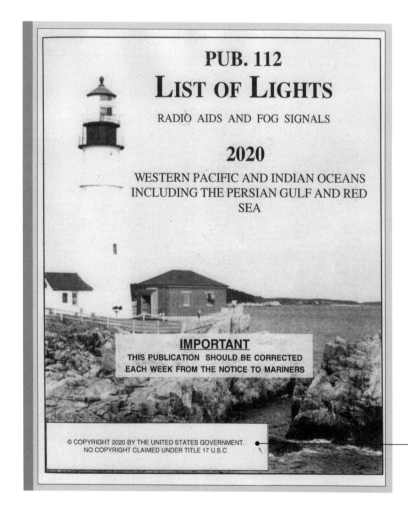

PUB. 112
LIST OF LIGHTS

RADIO AIDS AND FOG SIGNALS

2020

WESTERN PACIFIC AND INDIAN OCEANS
INCLUDING THE PERSIAN GULF AND RED
SEA

IMPORTANT
THIS PUBLICATION SHOULD BE CORRECTED
EACH WEEK FROM THE NOTICE TO MARINERS

미국 국립지리정보국 발행

독도의 명칭은 Dokto

1954년 건립된 독도등대가 울릉도와 함께 한국(SOUTH KOREA)등대로 등재되었다.

독도등대의 소속국가는 South Korea로 등재.

독도등대의 미국등대번호는 16548, 국제등대번호는 F4440으로 등재되었다.

등대의 명칭은 Dokto로 등재되었다.

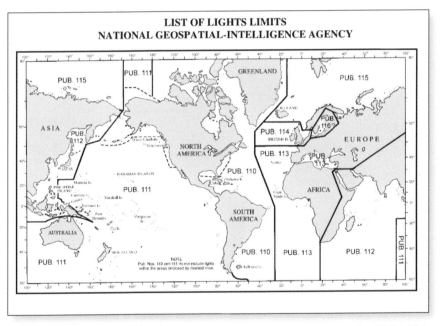

LIST OF LIGHTS LIMITS
NATIONAL GEOSPATIAL-INTELLIGENCE AGENCY

PUB 112에 한국 중국, 일본 인도와 동남아시아, 중동국가 등이 포함되어 있다.

Dokto로 등재

16548	**Dokto.**	37° 14.4′ N	**Fl.W.**
M 4440		131° 52.2′ E	period 10s

(1) No.	(2) Name and Location	(3) Position	(4) Characteristic	(5) Height	(6) Range	(7) Structure	(8) Remarks
			SOUTH KOREA				
16487 M 4437.2	**Samchok Hang.**	37° 26.3′ N 129° 11.4′ E	Dir.W.R.G.	105 32	W. 21 R. 17 G. 17	White metal tower; 102.	F.R. 318°46'-320°24', F.W.-322°, F.G.-323°36'
16488 M 4439	-S. breakwater, head.	37° 25.9′ N 129° 11.6′ E	F.G. period 4s	46 14	8	White round concrete tower; 33.	F.W. 14m spotlight, visible 122°-182°.
16492 M 4457	-N. breakwater, head.	37° 25.9′ N 129° 11.8′ E	F.R. period 4s	52 16	9	Red round concrete tower; 33.	
16496 M 4438	Pi Mal.	37° 22.0′ N 129° 15.4′ E	Fl.W. period 5s	249 76	10	White round concrete tower; 49.	AIS (MMSI No 994403805).
16502 M 4434.3	-Groin.	37° 17.3′ N 129° 18.9′ E	F.R. period 5s	36 11	6	Red round concrete tower; 33.	
16504 M 4434.2	-Breakwater, head.	37° 17.4′ N 129° 18.9′ E	F.G. period 5s	56 17	8	White round steel tower; 33.	
16504.5 M 4434.5	Chogok Hang.	37° 18.7′ N 129° 17.5′ E	F.G. period 5s	39 12	8	White quadrangular metal tower; 20.	
16505 M 4434.75	Toksan Hang, N. breakwater.	37° 22.5′ N 129° 15.3′ E	F.R. period 5s	52 16	6	Red round concrete tower; 33.	
16506 M 4434.7	-S. breakwater.	37° 22.5′ N 129° 15.2′ E	F.G. period 5s	46 14	8	White round concrete tower; 36.	
16508 M 4433.7	**Imunae Hang.**	37° 14.1′ N 129° 21.3′ E	Fl.W. period 8s	197 60	22	White round concrete tower; 33.	
16516 M 4433.8	-N. breakwater, head.	37° 13.5′ N 129° 20.6′ E	F.G. period 6s	43 13	8	White round concrete tower; 33.	
16519 M 4433.9	--Breakwater, head.	37° 13.5′ N 129° 20.7′ E	F.R. period 4s	52 16	6	Red round concrete tower; 33.	AIS (MMSI No 994403807).
	--RACON		G(- - •)		10		(3 & 10cm).
	ULLUNG DO:						
16520 M 4446.2	-Hyongnangap.	37° 29.2′ N 130° 55.2′ E	Fl.W. period 14s	381 116	26	White round concrete tower; 43.	Visible 183°-040° AIS (MMSI No 994403582). Horn: 1 bl. ev. 60s (bl. 5s, si. 55s).
16524 M 4446.7	-Jeodong Hang, N. breakwater, head.	37° 29.9′ N 130° 54.9′ E	F.R. period 5s	52 16	6	Red round concrete tower; 33.	
16528 M 4445.8	---S. breakwater, head.	37° 29.8′ N 130° 54.8′ E	F.G. period 5s	52 16	5	White round concrete tower; 26.	
16536 M 4443	-Ch'onbu Hang, breakwater, head.	37° 32.5′ N 130° 52.3′ E	F.G. period 4s	29 9	5	White round concrete column; 26.	
16541 M 4446.4	-Ssangjongcho.	37° 33.4′ N 130° 56.4′ E	Fl.(2)W. period 5s	56 17	8	ISOLATED DANGER BRB, beacon, topmark; 75.	AIS (MMSI No 994403583)
	-RACON		C(- • - •)		10		(3 & 10cm).
16542 M 4446.5	-N. breakwater.	37° 31.8′ N 130° 49.7′ E	F.R. period 5s	56 17	5	Red round concrete column; 34.	
16544 M 4445	-Kanryong Mal.	37° 27.2′ N 130° 52.5′ E	Fl.W. period 5s	69 21	19	White octagonal concrete tower; 49.	Visible 270°-110° AIS (MMSI No 994403561).
16548 M 4440	Dokto.	37° 14.4′ N 131° 52.2′ E	Fl.W. period 10s	341 104	25	White round concrete tower; 49.	Visible 140°-117°. Radar reflector.
	RACON		K(- • -)		10		(3 & 10cm).
16551 M 4433.5	Hosan Hang.	37° 10.5′ N 129° 21.1′ E	F.R. period 5s	46 14	8	Red round tower; 33.	
16551.1 M 4432.6	-Hosan groin	37° 10.5′ N 129° 21.0′ E	F.G. period 5s	46 14	8	White round tower; 33	

217

341 104	25	White round concrete tower; 49.	Visible 140°-117°. Radar reflector.

PUB 112에 있는 한국(SOUTH KOREA)의 등대에 등재되어 있고
독도 Dokto가 37° 14.4'N, 131° 52.2'E 위치에 미국 등대번호 16548와
독도의 국제번호인 F 4440로 등재되어 있다.
KOREA에 한국과 북한을 구별없이 등재하던 방식에서
KOREA를 South Korea와 North Korea로 나누어 등재하고 있다.

(1) No.	(2) Name and Location	(3) Position	(4) Characteristic	(5) Height	(6) Range	(7) Structure	(8) Remarks
			SOUTH KOREA				
17748 M 4206	Maldo.	35° 51.5' N 126° 18.9' E	Fl.W. period 10s	197 60	26	White octagonal concrete tower; 85.	Visible 324°-276°. AIS (MMSI No 994403664). Siren: 1 bl. ev. 55s (bl. 5s, si. 50s). Storm signal.
	RACON		C(- • - •)		10		(3 & 10cm).
17749 M 4206.1	-W. breakwater.	35° 51.2' N 126° 19.0' E	Fl.G. period 5s	59 18	9	White round concrete tower; 33.	
17749.5 M 4206.15	-E. breakwater.	35° 51.3' N 126° 19.0' E	Fl.R. period 5s	59 18	8	Red round concrete tower; 33.	
17751 M 4206.5	Solp'un-so.	35° 51.8' N 126° 21.0' E	Fl(2)W. period 10s	49 15	6	ISOLATED DANGER BRB, tower, topmark; 49.	
17752 M 4206.3	Sohoenggyong Do.	35° 51.3' N 126° 23.7' E	Fl.W. period 4s	98 30	8	White hexagonal concrete tower; 33.	Visible 270°-244°. AIS (MMSI No 994403655).
17753 M 4206.32	Golseo.	35° 49.5' N 126° 22.8' E	Fl(2)W. period 5s	62 19	8	ISOLATED DANGER BRB, tower, topmark; 72.	AIS (MMSI No 994403662).
17753.1 M 4206.33	Heukdo.	35° 49.6' N 126° 22.3' E	Fl(2)W. period 10s	62 19	8	ISOLATED DANGER BRB, tower, topmark; 49.	AIS (MMSI No 994403661).
17754 M 4206.35	-Hoenggan Do.	35° 51.3' N 126° 25.9' E	Fl.W. period 6s	177 54	8	White round concrete tower; 26.	
17756 M 4192	-AVIATION LIGHT.	35° 55.3' N 126° 36.9' E	Al.Oc.W.G. period 10s	125 38		39.	
17756.5 M 4190.715	Gaeyado Hang.	36° 02.0' N 126° 33.5' E	Fl.G. period 6s	39 12	9	White round steel tower; 30.	
17756.6 M 4192.52	Bieung Hong, E. breakwater.	35° 56.0' N 126° 31.8' E	Fl.R. period 5s	56 17	8	Red round concrete tower; 39.	AIS (MMSI No 004406102).
17756.7 M 4192.51	-W. breakwater.	35° 56.0' N 126° 31.6' E	Fl.G. period 5s	56 17	8	White round concrete tower; 39.	AIS (MMSI No 004406103).
	GUNSAN HANG:						
17757 M 4193.3	-Detached breakwater, S. head.	35° 58.7' N 126° 29.5' E	Fl(2)G. period 6s	79 24	9	White round concrete tower; 66.	AIS (MMSI No 004406104).
	-RACON		G(- - •) period 30s		10		(3 & 10cm).
17757.1 M 4193.35	-N. head.	35° 59.8' N 126° 30.9' E	Fl.Y. period 5s	79 24	9	Yellow round concrete tower; 66.	AIS (MMSI No 004406105).
17758.1 M 4193.2	-Gunjang Sinhang Man, S. breakwater, head.	35° 58.5' N 126° 30.8' E	Fl.R. period 6s	75 23	15	Red round concrete tower; 62.	AIS (MMSI No 004406109).
17758.5 M 4193.38	-Myeongam.	35° 59.3' N 126° 30.8' E	Fl(2)W. period 10s	62 19	7	ISOLATED DANGER BRB, tower, topmark; 82.	AIS (MMSI No 004406100).
17760 M 4191	-Yok'yong.	36° 02.2' N 126° 30.8' E	Fl.W. period 6s	66 20	8	White round concrete tower; 39.	
17760.4 M 4190.78	-Jukdo.	36° 02.5' N 126° 31.7' E	Q.W.	49 15	6	N. CARDINAL BY, tower, topmark; 49.	AIS (MMSI No 004406106).
17760.6 M 4190.75	-Cheonggangyeo.	36° 03.2' N 126° 32.5' E	Q.(9)W. period 15s	56 17	6	W. CARDINAL YBY, tower, topmark; 69.	AIS (MMSI No 004406107).
17760.8 M 4190.73	-Bakgeunyeo.	36° 03.0' N 126° 33.8' E	Q.W.	52 16	6	N. CARDINAL BY, tower, topmark.	AIS (MMSI No 004406108).
17761 M 4103.6	-No 6 wharf, A.	35° 58.5' N 126° 32.8' E	Fl(4)Y. period 8s	43 13	6	Yellow pillar; 26.	Horn: 1 bl. ev. 20s (bl. 5s, si. 15s).
17762 M 4103.63	--B.	35° 58.5' N 126° 33.8' E	Fl(4)Y. period 8s	39 12	5	Yellow round fiberglass tower; 20.	

259

Index에 Dokto가 없다.

INDEX – LIGHTS

DJIBOUTI	30988
Doang Doangan Besar	24986
Dobo	25884
Dododahohe	25222.5
Doga Saki	10356
Dogen Isi	8992
DOHA	29892
Dokai Wan	9912
Domiki Saki	4352
Dong Tou	19068
Dongbaekseom.	16726.4
Donghi	28064
Dongseon Hang.	16780.9
Dongtingshan	18936
Dongxiang Dao	19134
Donsol	14180
Doom Island	25964
Dopior	25968
Dotumari Am	16804
Double Island	26592
DOZEN	2092
Dumaguete	14732
Dumali Point	14468
Dumanjug	14768
Dunlop Shoals	24448
Duqm	28617
DURBAN	31974
Durnford Point	31964
Dwarka	28300

E

E. Saki	7648
E. ZEIT	30387
East Island	26552
EAST LONDON	32068
Eastern Channel Light Vessel	26842
Ebito Ko	11540
Eboshi Jima	12276
Echizen Misaki	2676
Echizen Sirahama Ko	2640
Edagosi Ko	8582
Egawa	6844
Egushi Ko	11236
Ei Ko	7960
Ei Marina	31084
Eikagasu Bitiku	9332
El Fraile	14276
EL GHARDAQA	30410
El Mallaha	30332
El Mugne	31148
Elat	30436
Elephanta Island	28008
Elephants	30940
Emeiyue Shi	20093.6
Emi Ko Mai Shima	4888
Ena Ko	6946
Ende	25632
Eno Shima	5404, 11904
Enome Ko	2984
Enotomari Ko	3016
Enu Island	25986.5
Era Ko	1004
Erimo Ko	584
Erimo Misaki	576
Emakulam	27544
Esaki Ko	1788

Esan Misaki	856
ESASHI KO	1032
Esasi	216
Escalante	14748
Escarceo Point	14452
Espina Point	14536
Essa reef	29402
Estancia	14656
Esu Zaki	6804
Eta Sima	8996
Eta Uchi	8977
ETANG SALE	32992
Etchu Ao Ko	3046
Etigo Sinkawa Ko	3350
ETOMO KO	1964
Ettyu Tomari Ko	0000
Eve Shoal	26216

F

Fakfak	25924
False Ras Gharib	30276
Fan Tsang Chau	19300
Fang-liao	13770
Fao	29076
Fasht ad-Dibal	29636
Fasht al Hadiba	29192
Fasht Buldani	29346
Fat Tau Chau	19358
Felidhu	27416
Fellowes Rocks	30471.3
FENERIVE	32456
Fengchao Yan	18900
Fengcheng Gang	18661.2
Fenshuitou	19872
Fernao Veloso	31628
Fisher's Rock	28608.2
Fiume Giuba	31156
FLORES	25629
Fo Yeuk Chau	19437
Fort Anjanwel	27892
FORT DAUPHIN	32556
Fort Hammenhiel	27208
Fort Point	22056
Fortaleza da Guia	19640
Fortune Island	14260
Foteo	27424
Frederick Hendrik	22860
Frontier	21200.7
Fu Tau Pyn Chau	19306
Fuding Yu.	19201
Fuji Jiao	19288
Fuka Shima	10632
Fukaya Suido	6392
Fuke Ko	7212
Fukuda Ko	7908
Fukue Ko	12864
Fukue Ko Ko-Nakayama	5844
Fu-kuei Chiao	13592
Fukura Ko	2792
Fukuro Ko	6788
Fukushima Ko	948, 10884
Fukuura Ko	5428
Funa Iso	7064
Funagata Ko	5020
Funaiso Ko	2260
Funakawa	3564

Funakoshi	10472
Funatosi Saki	2596
Funauke Ko	13564
Furana	27428
Furube Ko	851
Furubira Ko	1188
Furue Ko	10640
Fuseda	6408
FUSHIKI KO	3068
Futagami Shima	12704
Futami Ko	4960, 7676
Futaomote Shima	8252
Futtsu	5096
Futtsu Ko	5104

G

Gageodo.	12708
Gaja Shima	13100
Gamagori Ko	5866
Gamcheon Hang.	16768.1, 16768.2, 16768.3, 16768.4
Gamcheon.	16759.5, 16759.51
Gandara	15032
GANGGU HANG	16600
Ganno Shiri	11244
Ganyeo Am	17080
Gasan	14188
Gayam	23746
Genbei Syo	3830
General Elliot	22960
Genkai Jima	12320
Geomdungyeo.	17230.6
Geomun Do	17244
Gerita	21540
Geukuch	22312
Geziret Safaga	30471.4
Ghalilah	28696
Ghoghla Bandar	28176
Ghubrah	28598
Ghurab	30752
Gibson Reef	24580
Giftun el-Saghir	30409.5
Gili Dua	23716
Gili Petagan	25576
Gilimanuk	23791
Giliraja	23718
Gingoog	15108
Go Se	12698
GOA	27760
Goam Island	16874
Gobo Ko	6892
Gogsu Sao	16896
Goishi Saki	4208
Gokasho Ko	6456
Golo	14248
Gondoh	23573.53
Gonovra Ko	12688
Gopalpur	26948
Gopnath	28192
Gora Lysaya Golova	15312
Gorangyi Kyun	26704
Gorda	14568
Gorda Point	14875
Gordon Reef	30424
GORDONS BAY	32248
Gorio Ko	11476

617

CROSS REFERENCE인 INTERNATIONAL과 U.S. LIGHT NUMBER에는 F4440과 16548로 등재되어 있다.

CROSS REFERENCE - INTERNATIONAL vs. U.S. LIGHT NUMBER

Inter.	U.S.	Inter.	U.S.	Inter.	U.S.	Inter.	U.S.
M4378.1	16711.89	M4401	16665	M4413.638	16611.6	M4447.6	16460
M4378.2	16711.9	M4402	16664	M4413.85	16611.5	M4448	16466
M4378.3	16711.88	M4403	16662	M4413.7	16609	M4448.4	16467
M4379.2	16708	M4403.3	16661.9	M4413.75	16610	M4448.5	16469
M4379.4	16710	M4403.5	16661.7	M4413.8	16611	M4449	16456
M4379.45	16710.5	M4403.6	16661.61	M4414	16604	M4449.05	16455
M4379.48	16710.6	M4403.8	16661.5	M4415	16600	M4449.06	16455.1
M4379.5	16711	M4403.85	16661.6	M4417	16596.5	M4449.1	16454
M4379.6	16711.3	M4403.88	16661.4	M4418	16596	M4449.2	16454.1
M4379.65	16711.35	M4403.9	16661.3	M4419	16595	M4449.25	16454.2
M4379.7	16709	M4404	16656	M4420	16588	M4449.3	16449
M4381	16711.85	M4404.1	16656.1	M4420.3	16594	M4449.35	16450
M4381.12	16706	M4404.3	16655.1	M4421	16592	M4449.4	16453
M4381.14	16711.6	M4404.4	16655	M4424	16584	M4449.5	16452
M4381.15	16711.66	M4404.6	16654	M4424.5	16597	M4449.6	16451.7
M4381.151	16711.67	M4405	16660	M4424.6	16598	M4449.65	16451.8
M4381.16	16711.65	M4405.5	16661	M4426	16572	M4449.7	16451.6
M4381.18	16711.8	M4405.6	16652.1	M4427	16574	M4449.75	16451.65
M4381.19	16705	M4406	16652	M4428.1	16581	M4449.8	16451
M4381.2	16705.1	M4408	16643	M4430	16580	M4449.85	16451.5
M4381.21	16711.84	M4408.5	16642.5	M4430.04	16576	M4449.9	16435.1
M4381.3	16690	M4408.55	16642.6	M4430.2	16571	M4450	16436
M4381.301	16690.1	M4408.58	16642.3	M4430.3	16569.7	M4452	16440
M4381.302	16690.2	M4408.6	16642.2	M4430.31	16569.9	M4452.5	16444
M4381.303	16690.3	M4408.8	16645	M4430.5	16569	M4453	16448
M4381.304	16690.4	M4409	16644	M4430.8	16569.1	M4455	16432
M4381.305	16690.5	M4410	16648	M4430.85	16569.5	M4455.4	16433
M4381.306	16690.6	M4410.1	16648.6	M4431	16568	M4455.5	16431
M4381.307	16690.7	M4410.2	16648.5	M4431.2	16566	M4455.6	16430
M4381.308	16690.8	M4410.5	16616	M4431.4	16566.2	M4456	16428
M4381.36	16691	M4410.52	16614.5	M4431.45	16565	M4456.5	16429
M4381.38	16691.5	M4410.54	16615	M4431.5	16564	M4456.6	16424
M4381.4	16692	M4410.6	16614	M4432	16552	M4456.8	16423.1
M4381.5	16696	M4410.65	16615.5	M4432.6	16556	M4456.85	16423
M4381.6	16696.1	M4410.8	16613	M4433	16560	M4456.9	16421
M4381.8	16699.5	M4410.9	16613.5	M4433.5	16551	M4456.93	16422
M4382	16700	M4410.94	16615.8	M4433.6	16551.1	M4457	16420
M4382.5	16698	M4410.95	16615.9	M4433.7	16508	M4458	16404
M4382.7	16699	M4410.96	16615.6	M4433.8	16516	M4458.1	16406
M4383	16702	M4410.97	16615.7	M4433.9	16518	M4458.15	16416
M4383.2	16702.5	M4411	16636	M4434.2	16504	M4458.18	16418
M4385	16688	M4411.2	16640	M4434.3	16502	M4458.2	16414
M4388	16687	M4411.4	16626	M4434.5	16504.5	M4458.3	16408
M4389	16686	M4411.41	16627	M4434.7	16506	M4458.4	16409.5
M4390	16684	M4412	16624	M4434.75	16505	M4458.45	16410
M4394	16680	M4412.5	16632	M4435	16496	M4458.6	16412
M4394.5	16683	M4412.6	16628	M4436	16488	M4458.63	16396.5
M4395	16682	M4412.7	16634	M4437	16492	M4458.64	16397
M4396.5	16680.9	M4412.72	16633	M4437.2	16487	M4458.7	16376.7
M4396.6	16681.2	M4412.8	16642	M4440	16548	M4459	16380
M4396.7	16675.5	M4413	16620.5	M4443	16536	M4459.15	16385
M4396.8	16675	M4413.2	16620	M4443.5	16542	M4459.16	16384
M4397	16674	M4413.21	16621.1	M4445	16544	M4459.2	16386
M4397.1	16673.6	M4413.22	16621.2	M4445.7	16524	M4459.25	16386.1
M4397.3	16673.5	M4413.23	16621.3	M4445.8	16528	M4459.3	16378
M4397.4	16573	M4413.4	16621	M4446.2	16520	M4459.4	16379
M4397.5	16673.1	M4413.45	16617	M4446.4	16541	M4459.43	16377
M4397.7	16672.7	M4413.55	16612.5	M4446.5	16484	M4459.45	16376.5
M4397.77	16672.6	M4413.57	16612.3	M4446.6	16480	M4459.5	16388
M4397.85	16672.3	M4413.58	16612.2	M4446.63	16486	M4459.55	16396
M4397.86	16672.5	M4413.6	16612	M4446.7	16485	M4459.6	16392
M4398.2	16672.1	M4413.625	16611.9	M4446.8	16478	M4459.65	16387
M4399.2	16672.2	M4413.63	16611.8	M4447	16464	M4459.7	16376
M4399.5	16669	M4413.632	16611.7	M4447.5	16463	M4459.75	16374
M4400	16668	M4413.636	16611.65	M4447.51	16463.5	M4459.9	16369

667

M4440	....	16548

2021
미국 등대표

2021년
PUB. NO. 112

독도가 Dokto로 등재

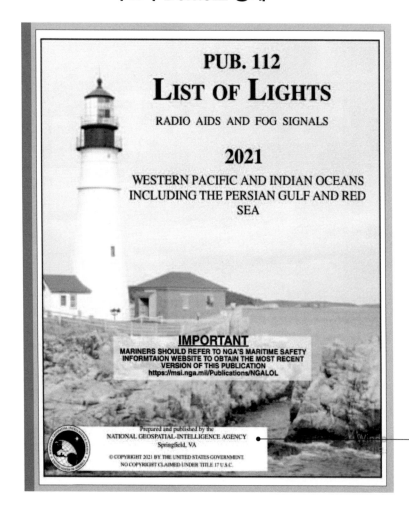

PUB. 112
LIST OF LIGHTS
RADIO AIDS AND FOG SIGNALS

2021

WESTERN PACIFIC AND INDIAN OCEANS
INCLUDING THE PERSIAN GULF AND RED
SEA

IMPORTANT
MARINERS SHOULD REFER TO NGA'S MARITIME SAFETY
INFORMTAION WEBSITE TO OBTAIN THE MOST RECENT
VERSION OF THIS PUBLICATION
https://msi.nga.mil/Publications/NGALOL

Prepared and published by the
NATIONAL GEOSPATIAL-INTELLIGENCE AGENCY
Springfield, VA

© COPYRIGHT 2021 BY THE UNITED STATES GOVERNMENT
NO COPYRIGHT CLAIMED UNDER TITLE 17 U.S.C.

미국 국립지리정보국 발행

독도의 명칭은 Dokto

1954년 건립된 독도등대가 울릉도와 함께 한국(SOUTH KOREA)등대에 등재되었다.
독도등대의 소속국가인 South Korea로 등재.
독도등대의 미국등대번호는 16548, 국제등대번호는 F4440으로 등재되었다.
등대의 명칭은 Dokto로 등재되었다.

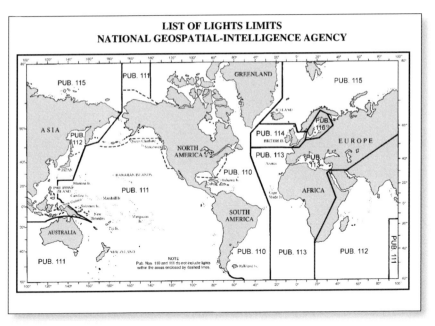

PUB 112에 한국 중국, 일본 인도와 동남아시아, 중동국가 등이 포함되어 있다.

2021 미국 등대표

H.O. 112에 있는 한국(KOREA)의 등대에 ULLUNG DO가 등재되어 있고
독도가 Dokto로 37° 14.4'N, 131° 52.2'E의 위치에 미국 등대번호 16548와
독도의 국제번호인 F 4444로 등재되어 있다.
KOREA에 한국과 북한을 구별없이 등재하던 방식에서
KOREA를 South Korea와 North Korea로 나누어 등재하고 있다.

TABLE OF CONTENTS

Index Chartlet .... Back of front cover
Preface and Introduction I
Description (Lights, Buoys, RACONs, RAMARKs) VI
Characteristics of Lights VII
Nomenclature of Lights X
Lightships, Superbuoys, and Offshore Light Stations XII
IALA Buoyage System XIV
Fog Signals XV
Visibility Table XVI
Conversion Table — Feet to Whole Meters XVII
Radiobeacons XVIII
Description (Radiobeacons) XXIII
Table of Symbols XXIV
Differential Global Positioning System (DGPS) XXVII
Description (Differential GPS Stations) XXVIII

List of Lights for:

Section 1
Sakhalin, Hokkaido and Kuril Islands
Sakhalin 1
Japan-Hokkaido-North Coast 4
Kuril Islands 5
Japan-Hokkaido-East Coast 7
Japan-Hokkaido-South Coast 8
Japan-Hokkaido-South and West Coasts 14
Japan-Hokkaido-West Coast 15
Japan-Hokkaido-West and North Coasts 16

Section 2
Northwest Coast of Honshu
Japan-Honshu-Northwest Coast 22

Section 3
North and East Coasts of Honshu
Including Nampo Shoto
Japan-Honshu-North Coast 46
Japan-Honshu-East Coast 48, 60
Japan-Nampo Shoto 59

Section 4
South Coast of Honshu
Japan-Honshu-South Coast 63

Section 5
Eastern Part of Seto Naikai
Japan-Seto Naikai-Eastern Part (I) 83
Japan-Seto Naikai-Eastern Part (II) 94

Section 6
Western Part of Seto Naikai and Shikoku
Including Kii Suido and Bungo Suido
Japan-Seto Naikai-Western Part (I) 104
Japan-Seto Naikai-Western Part (II) 117
Japan-Shikoku 119

III

Japan-Shikoku and Kyushu 123

Section 7
Kyushu
Japan-Kyushu 127
Japan-Kyushu-Outlying Islands 147

Section 8
Ryukyu Islands and Taiwan
Ryukyu Islands 155
Taiwan 162

Section 9
Philippines and Pacific Coast of Russia
Philippines 173
Russia 199

Section 10
Korea
North Korea 211, 270
South Korea 213

Section 11
China
China 273, 293
China-Ch'Ang Chiang (Yangtze River) 290

Section 12
Vietnam, Gulf of Thailand and South China Sea
Vietnam 337, 340
South China Sea 339
Cambodia-Thailand 343
Thailand-East Coast 345
Malaysia-East Coast 351

Section 13
Singapore Strait and Strait of Malacca
Malaysia-Singapore-Indonesia (Singapore Strait) 358
Singapore-Indonesia 360
Malaysia-West Coast 364
Thailand-West Coast 373
Indonesia (Sumatera-North Coast and Adjacent Islands) 375
Indonesia (Sumatera-East Coast and Adjacent Islands) 379

Section 14
Sumatera and Jawa
Indonesia (Sumatera-East Coast and Adjacent Islands) 387
Indonesia (Bangka) 389
Indonesia (Belitung) 392
Indonesia (Sumatera-East Coast) 393
Indonesia (Sumatera-South Coast) 394
Indonesia (Sumatera-West Coast) 395
Indonesia (Jawa-Adjacent Islands) 409

Section 15
Borneo
Including Sarawak, Sabah and Brunei
Malaysia (Sarawak) 418

IV

Section 10

Korea

(1) No.	(2) Name and Location	(3) Position	(4) Characteristic	(5) Height	(6) Range	(7) Structure	(8) Remarks
			NORTH KOREA				
16200 M 4570	**Nan Do.**	42° 13.8 N 130° 31.7 E	Fl.W. period 5s	128 39	17	White square concrete tower; 36.	Visible 237°-193°. Siren: 1 bl. ev. 36s (bl. 7s, si. 29s).
16204 M 4590	Ogaram San, about 914 meters NNE. of Ogaram Dan.	42° 16.5 N 130° 38.2 E	F.G.	180 55	8	White metal tower, concrete base; 20.	Horn.
	SOSURA HANG:						
16208 M 4592	-E. breakwater, head.	42° 16.6 N 130° 35.8 E	F.W.	19 6	7	White metal column, concrete base; 16.	
16212 M 4584	-W. breakwater, head.	42° 16.5 N 130° 35.7 E	F.R.	19 6	6	Red metal column, concrete base; 16.	
	UNGGI MAN:						
16216 M 4578	-E. breakwater, head.	42° 19.9 N 130° 24.3 E	F.G.	33 10	4	Red metal column, concrete base; 16.	
16220 M 4574	-W. breakwater, head.	42° 20.0 N 130° 24.0 E	F.R.	20 6	6	White metal column, concrete base; 16.	
16224 M 4576	-Detached breakwater, W. head.	42° 19.9 N 130° 24.1 E	F.R.	21 6	8	Red metal column, concrete base; 16.	
16228 M 4568	Kwak Tan.	42° 15.0 N 130° 24.1 E	Fl.W. period 12s	200 61	13	White square concrete tower; 23.	Visible 198°-050°. Horn.
	NAJIN MAN:						
16232 M 4556	-Tosch'o Do.	42° 09.0 N 130° 16.6 E	Fl.(3)W. period 25s	394 120	27	White square concrete tower; 43.	Visible 228°-142°. Siren: 1 bl. ev. 45s (bl. 5s, si. 40s).
16248 M 4556	-Onyong Am, NE. side of Injin Man.	42° 04.7 N 130° 07.6 E	Fl.(2)W. period 6s	60 18	12	Black round concrete tower; 56.	
16252 M 4540	**Komalsan Dan.**	41° 45.8 N 129° 50.8 E	L.Fl.W. period 8s	194 59	20	White hexagonal brick tower; 46.	Siren: 1 bl. ev. 45s (bl. 5s, si. 40s).
	CHONGJIN:						
16260 M 4542	-Dong Hang, breakwater, head.	41° 46.6 N 129° 49.3 E	F.G.	45 14	8	Red round concrete tower; 36.	
16262 M 4543	-SW. corner of W. pier.	41° 46.8 N 129° 49.2 E	Oc.R.				
16264 M 4544	-E. pier, head.	41° 46.7 N 129° 49.7 E	F.R.	23 7	2	Red metal column, concrete base; 16.	
16268 M 4545	-So Hang, breakwater, head.	41° 44.9 N 129° 46.1 E	F.G.	39 12	5	Green tower; 30.	
16269 M 4547	-Roof.	41° 45.4 N 129° 46.1 E	F.R.		2		
16272 M 4534	**Orang Dan.**	41° 22.9 N 129° 48.3 E	Iso.W. period 4s	138 42	15	White round brick tower; 26.	Visible 125°-005°. Siren.

The existence and operation of all navigational aids should be considered unreliable on the east coast of North Korea.

211

Dokto로 등재

16548	Dokto.	37° 14.4´ N	FL.W.		341
M 4440		131° 52.2´ E	period 10s		104

SOUTH KOREA

No.	Name	Position	Characteristic	Height	Range	Structure	Remarks
16487 M 4437.2	**Samchok Hang.**	37° 26.3´ N 129° 11.4´ E	Dir.W.R.G.		105 32	W. 21 R. 17 G. 17	White metal tower; 102.	F.R. 318°48´-320°24´, F.W.-322°, F.G.-323°36´.
16488 M 4436	-S. breakwater, head.	37° 25.9´ N 129° 11.6´ E	Fl.G. period 4s	46 14		9	White round concrete tower; 33.	F.W. 14m spotlight, visible 122°-162°.
16492 M 4437	-N. breakwater, head.	37° 25.9´ N 129° 11.8´ E	Fl.R. period 4s	52 16		9	Red round concrete tower; 33.	
16496 M 4435	Pi Mal.	37° 22.8´ N 129° 15.4´ E	Fl.W. period 5s	249 76		10	White round concrete tower; 49.	AIS (MMSI No 994403805)
16502 M 4434.3	-Groin	37° 17.3´ N 129° 18.9´ E	Fl.R. period 5s	36 11		6	Red round concrete tower; 33.	
16504 M 4434.2	-Breakwater, head.	37° 17.4´ N 129° 18.9´ E	Fl.W. period 5s	56 17		6	White round steel tower; 33.	
16504.5 M 4434.5	Chogok Hang.	37° 18.7´ N 129° 17.5´ E	Fl.G. period 5s	39 12		8	White quadrangular metal tower; 20.	
16505 M 4434.79	Toksan Hang, N. breakwater.	37° 22.5´ N 129° 15.3´ E	Fl.R. period 5s	52 16		6	Red round concrete tower; 33.	
16506 M 4434.7	-S. breakwater	37° 22.5´ N 129° 15.2´ E	Fl.G. period 5s	46 14		6	White round concrete tower; 36.	
16508 M 4433.7	**Imunae Hang.**	37° 14.1´ N 129° 21.3´ E	Fl.W. period 8s	197 60		22	White round concrete tower; 33.	
16516 M 4433.9	-N. breakwater, head.	37° 13.5´ N 129° 20.6´ E	Fl.G. period 6s	43 13		8	White round concrete tower; 33.	
16518 M 4433.9	--Breakwater, head.	37° 13.5´ N 129° 20.7´ E	Fl.R. period 4s	52 16		6	Red round concrete tower; 33.	AIS (MMSI No 994403807)
	--RACON		G(- - •)			10		(3 & 10cm).
	ULLUNG DO:							
16520 M 4446.2	-Hyongnangap.	37° 29.2´ N 130° 55.2´ E	Fl.W. period 14s	381 116		26	White round concrete tower; 43.	Visible 163°-040°. AIS (MMSI No 994403582). Horn: 1 bl. ev. 60s (bl. 5s, si. 55s).
16524 M 4445.7	--Jeodong Hang, N. breakwater, head.	37° 29.9´ N 130° 54.9´ E	Fl.R. period 5s	52 16		6	Red round concrete tower; 26.	
16528 M 4445.8	---S. breakwater.	37° 29.8´ N 130° 54.8´ E	Fl.G. period 5s	52 16		5	White round concrete tower; 26.	
16536 M 4443	-Ch'onbu Hang, breakwater, head.	37° 32.5´ N 130° 52.3´ E	Fl.R. period 4s	29 9		5	White round concrete column; 26.	
16541 M 4446.4	-Ssangjongcho.	37° 33.4´ N 130° 56.4´ E	Fl(2).W. period 5s	56 17		8	ISOLATED DANGER BRB, beacon, topmark; 75.	AIS (MMSI No 994403583)
	-RACON		C(- • - •)			10		(3 & 10cm).
16542 M 4443.8	-N. breakwater.	37° 31.8´ N 130° 49.7´ E	Fl.R. period 5s	56 17		5	Red round concrete column; 33.	
16544 M 4445	-Kanryong Mal.	37° 27.2´ N 130° 52.5´ E	Fl.W. period 5s	69 21		19	White octagonal concrete tower; 49.	Visible 270°-110°. AIS (MMSI No 994403581)
16548 M 4440	**Dokto.**	37° 14.4´ N 131° 52.2´ E	Fl.W. period 10s	341 104		25	White round concrete tower; 49.	Visible 140°-117°. **Radar reflector.**
	RACON		K(- • -)			10		(3 & 10cm).
16551 M 4433.5	Hosan Hang.	37° 10.5´ N 129° 21.1´ E	Fl.R. period 5s	46 14		8	Red round tower; 33.	
16551.1 M 4433.6	-Hosan groin.	37° 10.5´ N 129° 21.0´ E	Fl.G. period 5s	46 14		8	White round tower; 33.	

217

341	25	White round concrete tower; 49.	Visible 140°-117°.
104			**Radar reflector.**

Index에 Dokto가 없다.

INDEX – LIGHTS

DJIBOUTI	30988
Doang Doangan Besar	24986
Dobo	25884
Dododahohe	25222.5
Doga Saki	10356
Dogen Isi	8992
DOHA	29892
Dokai Wan	9912
Domiki Saki	4352
Dong Tou	19068
Dongbaekseom	16726.4
Donghri	28064
Dongseon Hang	16780.9
Dongtingshan	18936
Dongxiang Dao	19134
Donsol	14180
Doom Island	25964
Dopier	25968
Dotumari Am	16804
Double Island	26592
DOZEN	2092
Dumaguete	14732
Dumali Point	14468
Dumanjug	14768
Dunlop Shoals	24448
Duqm	28617
DURBAN	31974
Durnford Point	31964
Dwarka	28300

E

E. Saki	7648
E. ZEIT	30387
East Island	26552
EAST LONDON	32058
Eastern Channel Light Vessel	26842
Ebito Ko	11540
Eboshi Jima	12276
Echizen Misaki	2676
Echizen Sirahama Ko	2640
Edagosi Ko	8582
Egawa	6844
Egushi Ko	11236
Ei Ko	7960
Eil Marina	31084
Ekikagasu Bitiku	9332
El Fraile	14276
EL GHARDAQA	30410
El Mallaha	30332
El Mugne	31148
Elat	30436
Elephanta Island	28008
Elephants	30940
Emeiyue Shi	20093.6
Emi Ko Mai Shima	4888
Ena Ko	6946
Ende	25632
Eno Shima	5404, 11904
Enome Ko	2984
Enotomari Ko	3016
Enu Island	25886.5
Era Ko	1004
Erimo Ko	584
Erimo Misaki	576
Ernakulam	27544
Esaki Ko	1788

Esan Misaki	856
ESASHI KO	1032
Esasi	216
Escalante	14748
Escarceo Point	14452
Espina Point	14536
Essa reef	29402
Estancia	14656
Esu Zaki	6804
Eta Sima	8996
Eta Uchi	8977
ETANG SALE	32992
Etchu Ko	3046
Etigo Sinkawa Ko	3350
ETOMO KO	1964
Ettyu Tomari Ko	3036
Eve Shoal	26216

F

Fakfak	25924
False Ras Gharib	30276
Fan Tsang Chau	19300
Fang-liao	13770
Fao	29076
Fasht ad-Dibal	29636
Fasht al Hadiba	29192
Fasht Buldani	29346
Fat Tau Chau	19358
Felidhu	27416
Fellowes Rocks	30471.3
FENERIVE	32456
Fengchou Yan	18900
Fengcheng Gang	18861.2
Fenshuitou	19872
Fernao Veloso	31628
Fisher's Rock	28608.2
Fiume Giuba	31156
FLORES	25629
Fo Yeuk Chau	19437
Fort Anjanwel	27892
FORT DAUPHIN	32556
Fort Hammenhiel	27208
Fort Point	22056
Fortaleza da Guia	19640
Fortune Island	14260
Foteo	27424
Frederick Hendrik	22860
Frontier	21200.7
Fu Tau Pun Chau	19306
Fuding Yu	19201
Fuji Jiao	19288
Fuka Shima	10632
Fukaya Suido	6392
Fukie Ko	7212
Fukuda Ko	7908
Fukue Ko	12864
Fukue Ko Ko-Nakayama	5844
Fu-kuei Chiao	13592
Fukura Ko	2792
Fukuro Ko	6788
Fukushima Ko	948, 10884
Fukuura Ko	9320
Funa Iso	7064
Funagata Ko	5020
Funaiso Ko	2260
Funakawa	3564

Funakoshi	10472
Funatosi Saki	2596
Funauke Ko	13564
Furana	27428
Furube Ko	851
Furubira Ko	1188
Furue Ko	10640
Fuseda	6408
FUSHIKI KO	3068
Futagami Shima	12704
Futami Ko	4960, 7676
Futaomote Shima	8252
Futtsu	5096
Futtsu Ko	5104

G

Gageodo	17708
Gaja Shima	13100
Gamagori Ko	5866
Gamcheon Hang	16768.1, 16768.2, 16768.3, 16768.4
Gamcheon	16759.5, 16759.51
Gandara	15032
GANGGU HANG	16600
Ganno Shiri	11244
Ganyeo Am	17080
Gasan	14188
Gayam	23746
Geribei Syo	3830
General Elliot	22960
Genkai Jima	12320
Geomdungyeo	17230.6
Geomun Do	17244
Gerita	21540
Geukuch	22312
Geziret Safaga	30471.4
Ghalliah	28696
Ghogha Bandar	28176
Ghubrah	28598
Ghurab	30752
Gibson Reef	24580
Giftun el-Saghir	30409.5
Gili Dua	23716
Gili Petagan	25576
Gilimanuk	23791
Gilireja	23718
Gingoog	15108
Go Se	12698
GOA	27760
Goam Island	16874
Gobo Ko	6892
Gogsu Siao	16896
Goishi Saki	4208
Gokasho Ko	6456
Golo	14248
Gondoh	23573.53
Gonovra Ko	12688
Gopalpur	26948
Gopnath	28192
Gora Lysaya Golova	15312
Gorangyi Kyun	26704
Gorda	14568
Gorda Point	14875
Gordon Reef	30424
GORDONS BAY	32248
Gorio Ko	11476

617

PART IV
독도등대의 기원

1. 독도등대 건립사

1. 1953년 7월 8일 소집된 독도문제 해결을 위한 관계관회의

1952년 4월 28일 샌프란시스코 평화조약이 발효된 이후 한국과 일본은 샌프란시스코 평화조약 이후의 국제환경에 대응하기 위한 채비를 갖추었다.

그 당시 일본선박의 불법침범에 대응할 방책을 요구하는 목소리가 국회와 언론, 시민단체에서 제기되었다.

이런 상황에서 1953년 4월 15일부터 7월 13일까지 열린 제2차 한일회담에서 어업협상이 시작되자, 일본은 '한일어업협정요강'을 제시하면서 공해 자유항해 원칙을 존중하며, 연안국의 공해상 관할권을 인정하지 말자고 제안하면서, 평화선의 철폐를 제기했다.

한국은 인접수역에서 어업에 관한 연안국가의 관할권 개념은 국제적으로 인정되기 때문에 평화선철폐는 있을 수 없다고 주장했다.[15]

그런 가운데 일본은 한일회담과 어업협상을 진행하는 한편 독도에 대한 불법침입을 시도했던 것이다.

그래서 일본선박의 불법침범에 대응할 방책을 요구하는 목소리가 국회와 언론, 시민단체에서 제기된 것이었다.

---

15) 박진희, 『한일회담 : 제1공화국의 대일정책과 한일회담 전개과정』, 선인, 2008.

한국으로서는 새로운 해양환경에 대응하기 위한 실효적인 정책의 수립이 요구되었던 것이다.

그런 관점에서 6.25전쟁중인 1953년 7월 8일「관계관 대책회의」가 열리게 된 것이다.

한국 외무부 정무국이 간행한『(비) 독도문제개론』(외교문서총서 제11호)은 샌프란시스코 평화조약이 발효된 1952년이 '한일간에 치열한 각서외교전'이 벌어진 해였다면, 1953년은 '일본의 불법적 침범이 시작된 해'였다고 정의하고 있다.

2. 첫 독도등대 건설추진

외무부는 1953년 7월 8일 외무부·국방부·법제처·내무부 국장급으로 구성된「독도문제에 관한 관계관 대책회의」를 소집해 대책을 논의했다.

이 자리에는 외교부 정무국장 최문경, 제1과장 최운상, 제1보 문철순, 국방부 해군법무관 최병해중령, 해군법제위원회 위원 박관숙과 김주천, 법제처 제1국장 박일경, 내무부 치안국 부산분실장 등이 참석했다.

관계관 대책회의에서의 건의사항은 네가지 였는데,

1. 독도에 등대를 설치하기위하여 외무부가 책임지고 교통부와 교섭할 것.
2. 해군함정으로 하여금 일본관헌이 표식을 세웠나 여부를 확인케 할 것.
3. 해군수로부로 하여금 독도에 측량표를 세우도록 할 것.
4. 역사적 및 지리적조사를 비롯한 광범위한 조사를 행하여 그 조사결과를 외무부에서 일괄할 것.

이제까지 검토되지 않았던 독도등대 설치 등 실효적인 대응방안이 제시되었던 것이다. 독도등대는 어민들의 중대한 건의사항이었다.

이에 따라 국방부는 실태조사를 하기위해 7월 8일 해군함정 한척을 독도로 파견했고, 이 군함은 약 일주일간 조사활동을 전개했다.

7월 25일 외무부장관은 교통부장관에게 독도에 등대설치를 요청하는 동시에 국방부장관에게는 해군수로부를 통한 측량표 설치를 요청했다.[16]

3. 1953년 7월 10일의 경상북도의회의 건의서

7월 10일 경상북도 의회는 대통령에게 독도수호를 위한 적극적 조치를 건의했다. 경상북도의회는 미국기를 허위로 게양하고 독도에 무단 침입하여 독도에서 어로중인 한국어민을 축출하고 영토표식과 위령비 파괴행위를 규탄하고, 제7회 제4차 회의에서 만장일치로 건의서를 채택했다.

이 시기는 1953년 7월 독도에 등대와 측량표 설치에 대해 정책적으로 의견이 모아진 상황이었다고 할 수 있다. 이런 상황과 관계되는 문서들은 다음과 같다.[17]

---

16) 「일본관헌의 독도 불법침범에 관한 건」(외정 제 호, 1953년 7월 25일)(외무부장관으로부터 국방부장관·교통부장관에게), 「독도문제, 1952–53년」,
그러나 국방부는 측량표 설치가 내무부의 관할이라고 회신했고(1953년 8월 24일), 교통부는 유인등대와 무인등대의 설치가 예산, 거리, 직원배치, 물자보급 등의 측면에서 어렵다고 회신했다(1953년 8월 27일)[「일본관헌의 독도불법침범에 관한 건」(국방해외발 제20호, 1953년 8월 24일)(국방부장관으로부터 외무부장관에게);「일본관헌의 독도불법침범에 대한 회보에 관한 건」(교해 제953의 3호, 1953년 8월 27일)(교통부장관으로부터 외무부장관에게), 「독도문제, 1952–53년」. 정병준, 독도 1947, 돌베개, 2010, pp.844–845.].
17) 외교부 외교사료관, 「독도문제, 1952–53」, 분류기호 743. 11SA, 등록번호 4565.

첫 독도등대와 측량표의 설치와 관련한 첨부서류

외정 제7호

1953년 7월 25일

정무국장

장관

건명 : 일 관헌의 독도 불법침범에 관한 건

수제(首題)의 건 일본관헌의 독도불법침범의 건에 관하여 지난 7월 8일 외무부 국방부, 내무부, 법제처의 각 관계관 연석회의를 개최하였던바 전도(全島)가 아국 영토의 일부임을 명시하고 전도의 관리를 확고히하는 의미에서 우선 전도에 등대와 측량표를 설치함이 가하다는 결론을 얻었삽기로 좌기 각안에 의하야 교통부와 국방부에 각각 취지를 전달하고 전계획의 조속한 실현을 위하여 적극 노력할 것을 요청하고자 이에 결재하나이다.

제1안

외무부장관

교통부장관 귀하

전 건

수제의 건 금반 주일공사로부터 일본해상보안본부 순시선 2척이 아국영토인 독도를 불법 침범하여 전도에 「도근현 은지군 5개촌 죽도」라고 기입한 표주와 「한국인의 출어는 불법이다」라는 주의표(注意標)를 접하였사온 바 물론 일본 측의 불순한 야망에 기인하는 것이나 일방 아국정부가 전도를 실효적으로 관할하고 있다는 유형적인 증거가 없음에도 그 일국이 있다고 사료 되오므로, 전도가 아국 영토의 일부임을 내외에 천명하고 전도의 관리를 확고히 하는 의미에서 전도에 고정적인 시설로서 등대와 측량표를 설치함이 꼭 필요할 것으로 사료되오니, 국방부당국과 연락하시어 전도에 등대를 조속히 설치하여주심을 경망하오며 국방부당국에는 별도로 측량표의 설치를 의뢰하는 동시에 귀부의 등대설치에 적극 협력하여줄 것을 의뢰하였음을 첨언하나이다.

제2안

국방부장관 귀하

전 건

수제의 건 금차 일본관헌의 독도불법침범의 건에 관하여서는 주지하실 것으로 사료하는 바, 물론 일본측의 불순한 야망에 기인하는 것이나 일방 아국정부가 전도를 실효적으로 관리하고 있다는 유형적인 증거가 없음에도 그 일인이 있다고 사료되므로 전도가 아국영토의 일부임을 내외에 천명하는 전도의 관리를 확고히 하는 의미에서 전도에 고정적인 시설로서 측량표와 등대를 설치함이 꼭 필요 할 것으로 사료되오니 전도에 귀관관하의 해군수로부로 하여금 측량표를 조속히 설치케하여 주심을 경망하오며, 등대설치에 관하여서는 별도로 교통부장관에게 의뢰하였사오니 전 설치공사에 적극편의를 제공하여주심을 병이 앙망하오나이다.

이상

자료 : 외교부 외교사료관, 『독도문제, 1952-53』, 분류기호 743. 11SA, 등록번호 4565.

4. 독도 등대 설치 건의

1953년 7월 8일 「독도문제 해결을 위한 관계관 회의」가 열리고, 8월 20일에는 차관회의가 열렸다.

1953년 9월 9일에는 국방, 내무, 재무, 교통부장관, 법제처장이 참가한 가운데 '해양주권선 및 독도문제에 관한 관계관회의'가 열렸다. 이 회의는 1953년 7월 8일 개최된 「독도문제에 관한 관계관회의」에서 결정된 사항에 대한 전략회의였다고 할 수 있다. 장소는 외무부장관실로 토의사항은 첫째, 「클라크라인」철폐에 대한 조치에 관한 건. 둘째, 1953년 7월 8일 개최된『독도문제에 관한 관계관회의』시의 결정사항의 검토 및 추진책에 관한 건이었다.

1953년 9월1일

외정 제 호

국방 내무 교통부장관 법제처장 귀하

건명 해양주권 및 독도문제에 관한 관계관회의개최의 건

수제의 건 좌기와 여의 관계관회의를 개최코저 하오니

귀부 관계관을 참석케 하여주심을 경망하나이다.

기

1. 일시 : 1953년 9월 9일

장소 : 외무부장관실

토의사항

1. 크라크라인 철폐에 대한 조치에 관한 건

2. 1953년 7월 8일에 개최의 '독도문제에 관한 관계관 회의시의 결정사항의 검토 및 추진책에 관한 건

별첨 '독도문제에 관한 관계관회의'시의 결정사항

결정사항

1. 독도에 등대를 설치하기위하여 외무부가 책임지고 교통부와 교섭할 것

2. 해군함정으로 하여금 일본관헌이 표식을 세웠나 여부를 확인케 할 것

3. 해군수로부로 하여금 독도에 측량표를 세우도록할 것

4. 역사적 및 지리적조사를 비롯한 광범위한 조사를 행하여 그 조사결과를 외무부에서 일괄할 것

자료 : 외교부 외교사료관, 『독도문제, 1952-53』, 분류기호 743. 11SA, 등록번호 4565.

이 회의에서 독도에 등대를 설립하는 것이 필요하다는 결정이 내려졌다고 할 수 있다.

이와같은 정책적 결정속에서도 독도등대의 건립은 즉시 실행에 착수하지는 못하였다. 6.25전쟁중이어서 정전을 앞두고 총력전을 펼칠 때여서 즉각적인 실행에 착수하기에는 어려움이 있었던 것이다. 6.25전쟁으로 전 국토가 파괴되었을 뿐 아니라 국내의 등대도 많은 피해를 입고 있었고, 독도 등대를 건립 하는 데는 사전 준비가 필요 했던 것이다. 그렇지만 1953년에는 일단 좌절되었지만, 긴박했던 6.25전쟁 속에서도 1954년의 독도등대 건립을 위한 기반은 구축되었던 것이다.

5. 독도등대 건설 사전조사

독도등대를 건설하기 위해서는 정책적 판단뿐만 아니라 예산 및 건설정보가 필요하다. 이런 정보의 공백을 메워준 것이 1947년과 1953년의 독도조사단의 조사내용이었다 실제로 1954년 8월10일에 점등된 독도등대는 깎아지른 절벽을 피해 동도 북단 돌출부에 건립되었는데, 이는 한국산악회의 조사결과가 크게 기여한 것으로 보인다.

따라서 등대건설이 보다 용이한 서도보다 동도가 선정되었고, 동도 북단부 돌출부 부근에 선박이 접근 할 수 있었기 때문에 약 10여m 높이에 구조물을 건축하고, 그 위에 독도등대를 건립한 것으로 판단된다.

그러나 시계를 확보하기 위해서는 동도 정상부근으로 이동시켜야 하기 때문에 독도등대 건립 후 약 1년간 동도정상으로 이르는 통로를 개척하여 1955년 독도등대를 이동시킨 것으로 사료된다.

이사부의 울릉도, 독도 복속이후부터 울릉도와 독도에는 어부들과 개척민들이 진출하여 활동해 왔지만, 측량과 세밀한 조사활동을 할 수 있는 환경은 아니었다.

그러나 수차 레에 걸친 울릉도와 독도의 학술조사는 많은 기초적 정보를 제공하였다. 특히 1953년도 울릉도 독도 조사단은 독도에서

1박하는 등 보다 심층적으로 조사할 수 있었다.

6. 한국산악회의 독도 조사활동

1953년도 한국산악회 독도조사단(단장 홍종인 조선일보사 주필) 조사대원 38명은 1953년 10월 15일 오전 1시 해군 905경비정(정장 서덕균 대위)은 울릉도를 출발하여 새벽 5시 30분 독도에 상륙했다.

조사활동 중 중요한 목적중 하나는 독도측량작업과 조사였다. 측지조사로 참여한 박병주 교수는 메모와 기록들을 남겼다.[18]

측지반은 서도의 남쪽으로 이동했고, 등반대는 동도의 봉오리를 찾아 표석을 세웠다. 독도는 절벽으로 구성된 바위투성이인 데다 화산암이 풍화되어 쉽게 부서졌다.[19] 측지반은 오전, 오후로 서도에서 측량을 마치고 다시 동도로 이동했다. 측지반은 서도로 건너간 후, 동도의 등반대가 설치한 측량표식기를 기준으로 동도를 측량했던 것이다. 측량환경이 어려워 측지반과 등반대가 효율적으로 측량작업을 했던 것이다.

등반대도 동도 등반을 마치고 서도로 이동하기에는 시간적 여유가 없었다. 이런 연유로 독도에서 야영을 하게 되었다. 일행은 10월 16일 아침 6시부터 작업을 재개해 측지반은 동도에서 측량을 했고, 등반대는 서도로 건너가 다섯 명이 세 시간 가량 절벽을 등반했다. 그러나 서도의 중턱부터는 더 올라가기 어려웠다. 결국 12시 30분 모든 작업을 종료하고, 울릉도 저동항으로 6시에 귀환했다. 이상으로 독도조사단은 10월 13일부터 16일에 이르는 독도조사활동을 모두 종결했다. 실제로 독도에서 조사활동을 벌인 것은 10월 15일부터 16일 이틀간이었다. 이와 같은 조사활동은 독도에 최초로 등대를 건립하는데 큰 도움을 준 것으로 사료된다.

---

18) 박병주, 국회도서관, 『1952년-1953년 독도측량 : 한국산악회 울릉도 독도 학술단 관련 박병주 교수 기증자료』.
19) 홍종인, 「독도에 다녀와서(전4회)(2) 뜻않은 "전파"의 격려, 해가 뜨며, 본격적인 작업을 개시」, 조선일보, 1953년 10월 23일.

7. 등대제작 착수

항행선박의 안전운항을 위하여 필수적인 것이 등대를 비롯한 항로표지시설이다. 우리나라 영해에는 290개의 항로표지시설이 있었으나 전쟁으로 약 30%가 파괴되어 그 복구가 급선무였다. 인천상륙작전을 위해서도 항로표지가 꼭 필요했으나 전쟁으로 파괴되어 긴급히 팔미도등대가 수리되어 상륙작전이 성공하는데 기여하였던 것이다.

1953년 당시 운크라(UNKRA)원조계획으로 25만 달러의 표지(등대용품)가 도입되어 공사를 하고 있었다. 아무리 정부에서 계획을 수립한다고 해도 예산이 뒷받침되지 않으면 정부정책이 한발자국도 움직이지 못하는데 6.25전쟁 중에는 말할 필요도 없었다.

정부의 재정 외 이렇게 UNKRA원조자금으로 들어온 등대용품들이 조립되어 독도등대 등 시급을 요하는 등대들의 건립에 사용된 것으로 보인다. 이렇게하여 독도등대는 1954년 8월 10일 점등이 되고 울릉도 행남갑등대는 1954년 12월 처음으로 건설되었으며, 오동도등대는 1954년 9월, 홍도등대는 1954년 12월 19일에 각각 개축될 수 있었던 것이다. 이와 같은 1953년의 좌절은 한해가 지나면서 대외여건상 지체할 수 없을 정도로 시급한 문제로서 제기되었던 것이다. 그리고 예산과 기술적인 문제 역시 해결될 수 있는 전기가 마련되었다.

6.25전쟁 후 파괴된 한국을 복구하기 위한 국제적인 도움이 잇달았고, UNKRA의 원조자금이 본격적으로 지원되기 시작했던 것이다. UNKRA 자금은 전쟁으로 파괴된 시설들을 시급히 복구하기 위해 사용되었는데, 그 가운데 한국의 등대시설 복원에도 사용되기 시작하여 등대자재들이 도입되었고, 향후 연구가 필요하지만 이와같은 자재의 도입은 등대를 건설할 자재와 예산의 뒷받침이 필요한 독도등대에도 사용될 수 있었던 것으로 보인다.

8. 독도등대 건립

홍순칠 독도의용수비대장의 수기인 『이 땅이 뉘 땅인데!』[20]에 관련 사실이 나온다.

「8월 초순 어느 날 양산 쪽 수평선에서 우리나라 함정이 독도를 향해 다가오고 있었다….중략. 함장일행과 식사를 같이하는 자리에서 우리대원들의 애국심과 태도를 격찬하면서 815함이 독도에 온 목적은 등대를 설치하는 것이고, 장병 300여명이 동원되어 일주일이면 공사가 끝난다는 예기였다. 어려운 점이 있으면 우리 수비대도 같이 돕겠다고 하니 지원을 기꺼이 요청했다. 중식을 끝낸 함장일행은 본함으로 돌아가고 두척의 YTL과 우리수비대 전마선도 동원되어 모래와 시멘트, 그 외 등대가 설치되는데 필요한 자재가 300여명의 해군과 우리수비대원등에 의해 부산하게 운반되었다.

일주일 예정인 공사가 날씨 덕도 있었고, 우리대원들의 헌신적인 협조로 5일 만에 끝났고… 」

「오늘까지 독도등대는 독도주변을 내왕하는 모든 배들의 길잡이로서 그 소임을 다하고 있다. 당시 독도에서는 물이 귀했고, 함정에서 가져다 마시는 물도 공급이 모자라 갈증으로 쓰러지는 해군과 대원들도 있었다….

언젠가 동도와 서도가 연결되어 고깃배들이 쉴 새 없이 독도 항에 가득하고 독도의 등대가 지칠 정도로 불을 밝힐 때 독도는 명실상부한 황금어장으로 발전하리라….」

1954년 8월 초 한국 해군과 독도의용수비대, 독도경비대의 협력으로 독도등대가 5일만에 완성되고, 연이어 독도측량이 이루어졌던 것이다.

그러나 독도등대의 준공시기는 1954년 7월 29이라는 주장도 있다.

경북일보 취재팀 독도 등대터 탐사(조준호기자)에 의하면, 「독도 첫 등대터에 대한 자료를 확보하기 위해 취재를 한 결과 오랜 세월속에 자료 거의 없어 옛 언론 기사 등과 종합해 그때 당시를 짐작

---

20) 홍순칠, 『이 땅이 뉘 땅인데!』, 도서출판 혜안, 1997, pp.55-57.

할 수 있었다. 자료를 종합해보면 1954년 해무청(현 국토해양부)에서 동도 북쪽 해발 5m 되는 암반에 콘크리트 기초 위 10m 높이의 사각형 철탑으로 세워 1954년 7월 29일자로 준공, 8월 10일 첫 점등식을 가졌다.」[21]

따라서 독도 등대 건립과정에 대해서는 향후 추가적인 연구가 필요하다고 하겠다.

9. 독도측량표

1954년 9월 30일 우리나라 국가기관이 해방 후 독도주변 바다에 대한 조사를 처음으로 실시하였다. 당시 대한민국 해군 수로국(현 국립해양조사원)에서 시범적으로 수심을 측량하고 지형을 측정하였다.

우리국토인 독도에서 우리기술로 경위도천측, 지형측량, 수심측량, 조석관측을 동시에 실시하여 독도자료를 축적했다는데 큰 의의가 있다.

1) 기간 : 1954년 9월 30일~10월 23일(23일간)
2) 측량구역 : Lat. 37도 14분 00초N., ~37도15분18초N.
　　　　　　　Long. 131도 51분36초E., ~131도 52분26초E.
3) 축적 : 1/2,000
4) 도적 : 57.5cm x 62.9cm
5) 도법 : 평면도
6) 사업량 : 0.4M(시범측량)
7) 측량자 : 지휘관 소위 이각래 등 21명
8) 측량선 : 「죽호」(161톤)
9) 측심기기 : 천해용 음향측심의(SD-3형) 등
10) 측지원점 : 독도등대 (Lat. 37도14분55초N.,
　　　　　　　~Long. 131도52분 15초 E.)[22]

---

21) 경북일보, 2012년 10월 25일, 「독도 등대터 탐사, 한국 독도 전세계 알렸던 첫 등대 아시나요」.
22) 김동수, 「수로 측량과 해도 제작 고찰: 광복이후 독도를 중심으로」, 『독도 영유권과 독도실측 지도의 역사』, 동북아역사재단, 한국영토학회, 2013, pp.37-62.

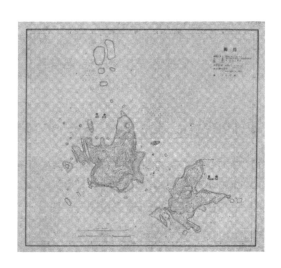

▲독도 수심측량 원도(1954년)

▲독도측량 출동명령서(1954년)

▲독도 측량 실적대장(1954년)

자료: 김동수, 「수로 측량과 해도 제작 고찰: 광복이후 독도를 중심으로」, 『독도 영유권과
독도실측 지도의 역사』, 동북아역사재단, 한국영토학회, 2013, pp.37-62.

10. 독도등대의 글로벌 스탠더드

20세기들어 세계는 다양한 표준(Standard)을 만들어 내었다. 새로운 제품이 표준을 장악하면 시장을 장악할 수 있었다.

기술을 먼저 개발한 기업이나 국가보다 국제표준을 선점하는쪽이 시장을 장악하는 시대가 된 것이다. 이 때문에 국제표준을 선점하려는 세계각국과 기업의 경쟁은 갈수록 치열해져있다.

그렇다면 글로벌 스탠더드가 무엇이기에 이처럼 많은 변화를 몰고 왔을까?

일단 글로벌 스탠더드(Global Standard)의 사전적인 의미는 세계적으로 보편타당한 원칙이라고 할 수 있다. 글로벌 스탠더드는 기본석으로 실리를 추구하는 합리주의를 바탕으로 한다고 할 수 있다.

우리가 살고 있는 이 세상을 지구촌이라고 부르며 이 시대를 글로벌시대라고 말한다. 즉 글로벌 시대를 살아가기 위한 원칙이 글로벌 스탠더드라고 할 수 있다.

독도등대가 동해의 중심등대로 시대를 주도하기 위해서는 전세계가 수긍할 수 있는 체계적으로 보편타당한 원칙과 방향을 세워야 했다.

초창기 독도등대는 무간수 등대였지만 2024년의 독도등대는 최첨단 장비를 장착한 등대로 동해일대의 선박의 안전항행에 기여하고 있다.

11. 국제사회에 점등사실을 통보

외교부는 미국, 중국, 영국, 프랑스, 교황청에 등대 건립사실을 통고하고, 세계 유수의 해운회사들에게 운항시에 독도등대를 적극 활용하도록 요망하였다.

주한 미국대사관은 한국정부로부터 통보를 받는 즉시 워싱턴으로 전문을 송부했다. 여기서 흥미로운 사실이 일어난다. 한국 정부가 처음으로 외국에 송부된 문서에서 독도를 Dok-To Islet로 명시한 사실이다.

그러나 주한 미국대사관은 본국으로 전문을 보낼 때, Tokto(Liancourt Rocks)를 사용하였다. 외국의 공식문서에 독도가 Tokto로 명시되었다는 사실이다.

그리고 프랑스에 있는 세계등대협회에도 통고하고, 가입을 승인한 이후 발행된 1963년 미국의 등대표(PUB. NO. 112)에서도 Tokto(Linancourt Rocks)가 사용되었다. 2004년에 발행된 미국등대표(PUB. NO. 112)에는 처음으로 Tok to가 사용되었다. 결국 한국은 처음으로 외교문서에 Tok-To Islet로 사용하고 70년이 지난 현재도 Dok Do를 사용하게된 것이다.

UN, NATO, IMF 등은 정부간 국제기구이며, 그린피스, 구세군 등은 비정부간의 국제기구이다. 혼합적 국제기구의 대표적인 예로는 국제노동기구(ILO)를 들 수 있다.

우리가 보통 국제기구라 부르는 것은 정부간 국제기구라 할 수 있다. 이는 각국정부로부터 일정한 권한을 위임받아 공식적으로 글로벌 거버넌스(한 집단의 행동을 통제하여 이를 어떤 방향으로 이끄는 공식적인 또는 비공식적인 절차와 제도를 의미한다)를 수행하는 기구라고 할 수 있다.

마치 정부가 국민들로부터 권한을 위임받아 거버넌스를 수행하는 것 처럼, 국제기구의 존재는 각국의 정부로부터 위임받는 권한에 기초한다.

12. 세계등대협회 가입

1) 세계등대협회의 활동 참여

한국의 1962년 세계등대협회의 가입은 독도등대의 위상에도 많은 영향을 미쳤다. 세계등대협회는 1990년에 국제항로표지협회 (IALA : Intrenational Association of Light House and Aids to Navigation Authority)로 바뀌었는데, 국제항로표지협회는 선박의 안전확보와 신속한 운항으로 능률향상을 도모하고, 적절한 기술 이전을 통한 항로표지의 계속적인 개량증진을 촉진하며, 효율적인 관리운영을 목적으로 항로표지에 관한 국제기구로 발전한 것이다. 원래 이 협회는 일부 서구제국 간에 항로표지에 관한 비정부간의 기구로서 1929년부터 1956년까지 지역적인 협력기구형태로 국제등대협회가 존재하였으나, 1957년 7월에 20개국으로 세계적인 기구로 정식발족하게 되었다.

이 협회의 운영은 협회사무국을 프랑스 파리에 영구적으로 설치하고, 항로표지에 관한 기술문제를 토의하며, 집행위원회는 역대 국제항로표지협회의 주최국으로 조직되었다.

현재 77개국이 국가회원으로 가입되어 있다. 한국은 2008년에 이사국으로 진출했다. 국제등대협회는 매 5년마다 회의주최를 희망하는 희망국별로 협회의 집행위원회의 동의를 얻어 총회를 개최하기로 되어 있다.

우리나라는 1962년 9월 19일 교통부 표지과 주도로 투표행사국인 A멤버(Member)국으로 이 협회에 정식으로 가입하였으며, B 멤버국은 투표행사를 하지 못한다. 우리나라가 가입할 당시의 A 멤버국은 40개국, B멤버국은 30개국으로 총 70개국이 회원국으로 이루어져 있었다.

국제항로표지협회의 분담금은 집행위원회에서 수시로 적정액을 결정하며, 우리나라는 가입시 7,000SF(스위스 프랑, 약 150만원)을 지불하였으며, 현재 12,200유로(1년 1회)를 외무부를 통하여 지불하여왔다.

1990년 벨트호벤 총회에서 정관이 개정되어 협회명이 국제등대협회에서 국제항로표지협회로 바뀌고, 집행위원회는 이사회(총회에서 선출하는 18개 선출이사국과 전회의 총회개최국과 차기 총회개최국의 20개국 이사로 구성 됨) 로 그 기능이 이양되고, 산업회원과 협력회원 및 개인 명예회원제가 도입되었고, 총회 개최도 매 4년마다로 변경되었다.

2) 한 · 일간 토의 의사록 교환

1991년 5월부터 한일간 토의 의사록 체결을 양국이 검토를 시작하여 문서 및 각종 회의를 통해 수차 협의하였다. 1992년 6월 한일 극동지역 LORAN-C전문가 회의에서 일본측이 협정을 토의 의사록으로 조정할 것으로 제안함에 따라 1992년 9월 28일 외무부 조약국에 토의 의사록으로 최종(안)의 검토를 요청하여 해운항만청이 체결주체가 되는 기관간 합의형식으로 추진하라는 회신(외무부 조약 25123JA-121, 1993년 3월 25일)에 따라 1993년 6월 24일 대한민국 해운항만청 개발국장 황호연과 일본국 해상보안청 등대부장 Kohei Kitada(北田紘平)간에 「대한민국 해운항만청과 일본국 해상보안청간의 LORAN-C 협력체인의 설치 및 운영에 관한 토의 의사록」(Record of Discussion on Maritime and Port Admimnstration of the Republic of Korea and the Maritime Safety Agency of Japan)을 교환하였다.

▲ 이승만 대통령 미국의회 연설 1954년 7월 28일. (자료: 이승만 기념관)

▲ 1954년 8월 28일 독도 경비 초사 및 표식제막기념.
(자료: 독도의용수비대 기념사업회)

13. 동해의 중심에 최초로 세워진 등대 문화유산

1954년 8월 10일 독도등대가 역사적으로 점등되었다. 그 당시에는 동해의 울릉도에도 등대가 없어서 동해해역을 항행하는 선박의 안전을 위해서는 독도등대의 건립이 절박한 상황이었다.

독도등대는 한국과 일본, 러시아, 중국 사이의 광대한 동해해역의 중심에 최초로 건립되어, '섬백광 매 5초에 1섬광'을 발하며, 광달거리는 10마일에 이르러, 상선과 어선 등 선박의 안전항행에 큰 도움을 주고 있었다. 그 뿐 아니라 동해해역의 안전한 항로를 지켜주는 나침반 역할을 하였다.

한편 등대(燈臺)와 등주(燈柱), 등간(燈竿)의 국제적 정의를 살펴보면 다음과 같다. 1953년 1월 발행된 대한민국 해군 수로국이 발행한 『등대표』에는 울릉도에는 「울릉도 도동항 방파제 등주(燈柱)」만 등재되었고, 1954년 10월 해군 수로국이 발행한 『등대표』(Pub No1251)에는 독도에 「독도등대」와 울릉도에 「울릉도 도동항 방파제 주등(柱燈)」을 각각 등재하고 있다. 1954년 8월 당시에 울릉도에는 「등대」가 설치되어 있지 않았다는 사실을 기록하고 있는 것이다. 여기서 1954년판 등대표 외 1953년, 1957년 등대표에는 「등주」로 표기하고, 1954년 판에도 나머지는 모두 「등주」로 표기된 것을 보면 1954년판의 「주등」은 「등주」의 오기로 보인다.

그렇다면 등대와 등주는 어떻게 다른가?

1954년 대한민국 『등대표』에서는 '항로표지에는 야표(夜標), 주표(晝標), 무신호(霧信號) 등이 있으며, 야표(夜標)에는 등대(燈臺), 등주(燈柱), 등선(燈船) 등'이 있다고 정의하고 있다. 또한 일본 등대국이 발행한 『일본 등대표』(1939년)에는 '항로표지의 종류로 등대(燈臺), 등간(燈竿), 도등(導燈) 등'을 정의하고 있다. 그리고 1939년 일본등대표에는 '울릉도에는 1938년 1월 「도동항 방파제 등간(燈竿)」이 설치되어 있다'고 등재하고 있다. 도동항 방파제 「등간」은 백색 8각 주형 콘크리트조(造)로, 등고는 평균수면상 9.3m이며, 광달거리는 3리로 되어 있다.

한편 울릉도에는 1954년 12월 행남갑등대가 처음으로 건설되었다.

등대표 관계구역 색인도의 변화과정

1954년 관계구역 색인도

동해에 울릉도와 독도가 표기
독도는 한자로 **獨島**로 한국 영토로 등재
숫자는 기재된 페이지

1957년 관계구역 색인도

울릉도(2)와 독도(2)가 함께 등재되어 있다.
북한의 등대도 함께 표기되어 있다.

1958년 관계구역 색인도

울릉도(2)와 독도(4)가 함께 등재되어 있으며,
독도가 독도(獨島)로 등재되어 있다.
북한의 등대도 함께 부기 되어 있다.

1982년 항로표지 색인도

울릉도, 독도, 제주도가 한국영토로 포함

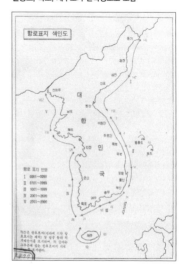

1998년 항로표지 색인도
울릉도, 독도, 제주도가 한국영토로 포함

2000년 항로표지 색인도
울릉도, 독도, 제주도가 한국영토로 포함

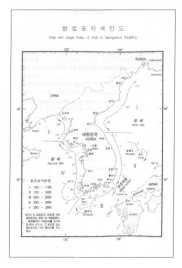

2010년 항로표지 색인도
울릉도, 독도, 제주도가 한국영토로 포함

2021년 Index Map of East Coast
동해에 울릉도, 독도가 한국영토로 포함

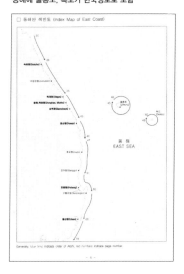

1954

2. 독도등대의 고시 및 공고

1900년 대한제국 칙령 제41호(1900년 10월 25일)
이후 1954년 8월 12일 교통부 고시 제372호로
독도가 처음 고시되었다.

건국 후 첫 독도고시

1900년 대한제국 칙령 제41호(1900년 10월 25일)
이후 1954년 8월 12일 교통부 고시 제372호로 독도등대가
처음 고시되었다.

교통부 고시 제372호
다음 항로표식을 신설하여점등하였기 이에 고시한다.

1954년 8월 12일
교통부장관 이종림

1. 등질(燈質) : 섬백광(閃白光), 매 5초 1섬광, 아세찌렝 와사등
2. 등고(燈高) : 수면상 50피트
3. 점등개시 : 1954년 8월 10일
4. 광달거리(光達距離) : 10마일
5. 위치 : 독도 북부 동단, 북위 37도 14분 55초, 동경 131도 52분 15초
6. 명호 : 109도 내지 305도, 250도 내지 234도

1955

1955년 7월 8일
독도동도 북단에서 동도의 정상으로
독도등대를 이전 개수

1954년 8월 10일 독도등대를 점등한 정부는 1년뒤
독도등대 위치 변경을 해무청 고시 제67호로 관보에 고시했다.

◎ **해무청 고시 제67호**
1955년 8월 5일

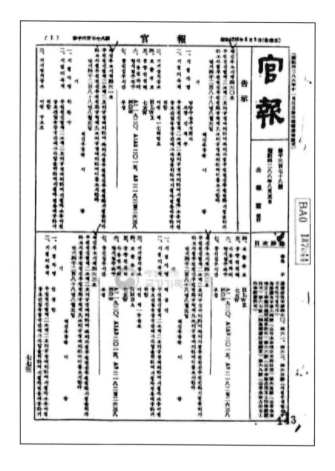

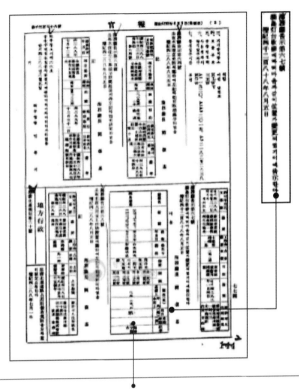

독도등대 위치변경

해무청 고시 제67호
관보 제1378호(1955년 8월 5일)

독도등대 개수에 따라 다음과 같이 위치가 변경되었기 이에 고시한다.

1955년 8월 5일
해무청장 민복기

다음
- 등대명 : 독도등대
- 위치 : N37도14분40초 E131도 52분20초
- 개수년월일 : 1955년 7월 8일
- 도색 및 구조 : 백색사각형 철탑조
- 등질 : 섬백광 매 5초 1섬광 아세치링 와사등
- 명호 : 140도~146도   150도~179도   180도~205도   210도~216도
- 등고(미터) : 기초상(2.9) 평균 수면상(126.9)
- 광력(촉) : 3/1
- 광달거리(리) : 15
- 기사 : 무간수 등대

1957

◎ 해무청 공고 제197호
1957년 5월 22일

해무청 공고 제197호로 독도등대가
고장으로 인하여 소등되었음을 공고했다.

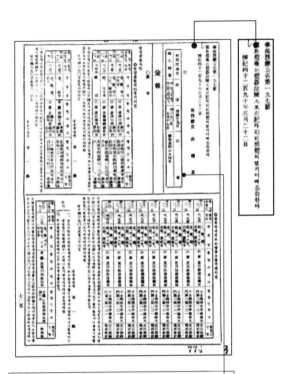

해무청 공고 제197호
독도등대 등기 고장 소등

관보 제1793호(1957년 5월 23일)
독도등대는 등기고장으로 좌기와
여히 소등되었기 이에 공고한다.
　　　　　　　　　1957년 5월 22일
　　　　　　　　　해무청장 홍진기

위치 : N37도14분40초
　　　 E131도 52분20초
소등년월일 : 1957년 5월 17일
기사 : 등기 고장으로 인함

1957

◎ 해무청 공고 제262호
1957년 11월 21일

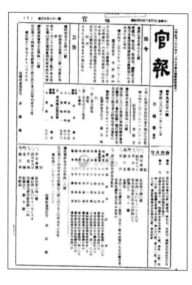

**해무청 공고 제262호
대화헌등대 및
독도등대 소등**

대하헌등대 및 독도등대는 좌기와
여히 소등되었기 이에 공고한다.
1957년 11월 21일
해무청장 홍진기

표식명 : 독도등대
위치 : N37도14분40초
E131도 52분20초
등질 : 섬백광 메5초 1섬광
아세찌링 와사등
소등년월일 : 1957년 11월 17일
기사 : 등기 고장

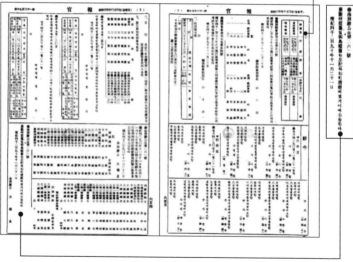

◎ **해무청공고 제279호**
1957년 12월 31일
1957년 12월 25일 독도등대를 전기식으로 변경

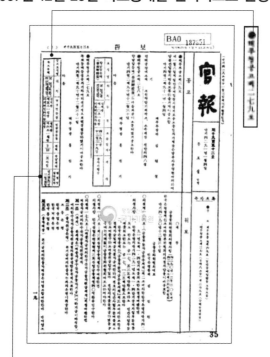

● **독도등대 등질변경**

관보 제1952호

해무청 공고 제279호
독도등질을 하기와 여히 전기식으로 변경 점등하였기 이에 공고한다.
1957년 12월 31일
해무청장 홍진기

- 표식명 : 독도등대
- 독도등대 위치 : N37도14분40초 E131도 52분20초
- 변경전 등질 : 섬백광 매 6초 1섬광 아세찌링 와사등
- 변경후 등질 : 섬백광 매 6초 1섬광 전등
- 광력 : 2/10
- 광달거리 : 13마일
- 변경 및 점등일자 : 1957년 12월 25일

1963

◎ **교통부 공고 제608호**
1963 5월 28일

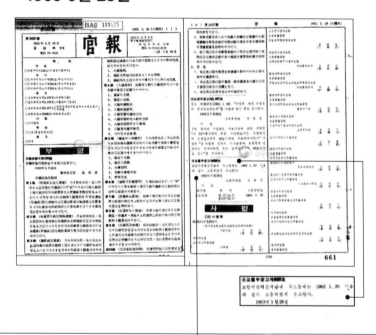

독도등대 소등

관보 제3452호(1963년 5월 28일)

교통부 공고 제608호 포항지방해운국 관리 독도등대는 1963년 5월 20일
다음과 같이 소등되었기 공고한다.

1963년 5월 28일
교통부장관 김윤기

다음

표지명	위치	소등년월일
독도 등대	N37도 14.7분 E131도 52.3분	1963년 5월 20일

◎ 교통부 공고 제650호
1963년 7월 16일

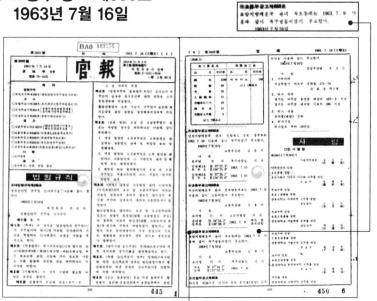

독도등대 복구 점등

관보 제3492호(1963년 7월 16일)

교통부 공고 제650호

포항지방해운국 관내 독도등대는 1963년 7월 9일 다음과 같이
복구되었음을 공고한다.

1963년 7월 16일

교통부장관 김윤기

다음

표지명	위치	소등년월일
독도 등대	N37도 14.7분 E131도 52.3분	1963년 7월 9일

1963

◎ 교통부 공고 제717호
1963년 9월 12일

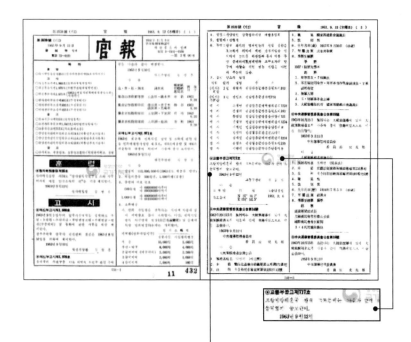

독도등대 소등

교통부 공고 제717호(관보 제3539호)

포항지방해운국 관내 독도등대는 다음과 같이 소등되었기 공고한다.

1963년 9월 12일

교통부장관 김윤기

다음

표지명	위치	소등년월일
독도 등대	N37도 14.7분 E131도 52.3분	1963년 9월 6일

◎ 교통부 공고 제756호
1963년 11월 12일

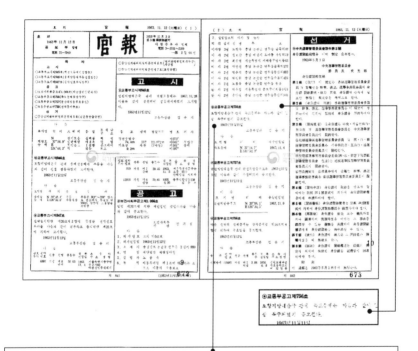

독도등대 원상 복구

교통부 공고 제756호
관보 제3587호(1963년 11월 12일)

포항지방 해운국 관내 독도등대는 다음과 같이 원상복구되었기 공고한다.

1963년 11월 11일
교통부장관 김윤기

다음

표지명	위치	복구년월일
독도 등대	N37도 14.7분 E131도 52.3분	1963년 11월 4일

1965

관보 4027호 1965.4.29

◎ 교통부 고시 제1076호
1965년 4월 28일

관보 4027호 1965.4.29

교통부 고시 제1076호 1965년 4월 28일

포항지방해운국 관내 다음등대는 1965년 4월 16일 각각 다음과 같이 등질, 촉광, 광달거리를 변경하였기 고시한다.

1965년 4월 29일

교통부장관 안경모

다음

표지명	위치	등질		촉광		광달거리		기사
		변경전	변경후	변경전	변경후	변경전	변경후	
독도 등대	N37도 14.7분 E131도 52.3분			112촉광	151촉광			등명기 개량으로 인함

1965

◎ **교통부 공고 제1274호**
1965년 7월 14일

독도등대 등질 부등

교통부 공고 제1274호
관보 제4092호(1965년 7월 14일)
포항지방 해운국 관내 독도등대는 1965년 7월 10일 다음과 같이 등질이
부동되었기 공고한다.

1965년 7월 14일
교통부장관 안경모

다음

표지명	위치	등질		부동년월일	기사
		부동전	부동후		
독도 등대	N37도 14.9분 E131도 52.3분	섬백광 매6초 1섬광	부동 백광	1965년 7월 10일	등명기 고장으로 인함

1965

◎ 교통부 공고 제1296호
1965년 8월 12일

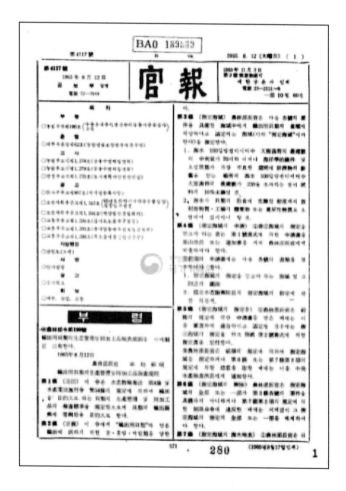

독도등대 등질 원상복구

교통부 공고 제1296호
관보 제 4117호(1965년 8월 12일)
포항지방 해운국 관내 독도등대는 1965년 8월 6일 다음과 같이 등징이
원상복구 되었기 공고한다.

1965년 8월 12일
교통부장관 안경모

다음

표지명	위치	등질	기 사
독도 등대	N37도 14.9분 E131도 52.3분	섬백광 매6초 1섬광	

◎ 교통부 공고 제1367호
1965년 11월 8일

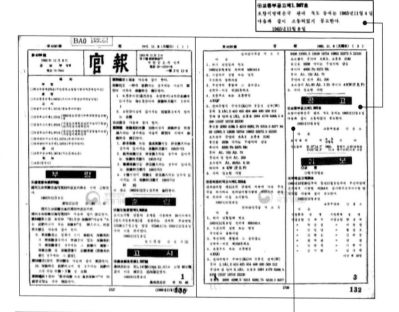

독도등대 소등

관보 제4190호(1965년 11월 8일)

포항지방 해운국 관내 독도등대는 1965년 11월 4일 다음과 같이
소등되었기 공고한다.

1965년 11월 8일
교통부장관 안경모

다음

표지명	위치	소등년월일	기 사
독도 등대	N37도 14.7분 E131도 52.3분	1965년 11월 4일	동명기 고장(전등 전열기 고장)으로 소등

◎ 교통부 공고 제1371호
1965년 11월 17일

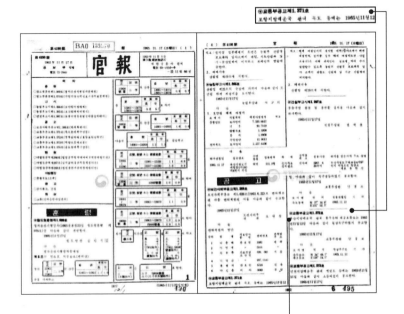

독도등대 복구점등

교통부 공고 제1371호
관보 제4198호(1965년 11월 17일)

포항지방 해운국 관내 독도등대는 1965년 11월 12일 다음과 같이 복구
점등하였기 공고한다.

1965년 11월 17일
교통부장관 안경모

다음

표지명	위치	점등년월일	기 사
독도 등대	N37도 14.9분 E131도 52.3분	1965년 11월 12일	

1967

◎ **교통부 공고 제1797호**
1967년 7월 21일

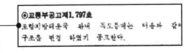

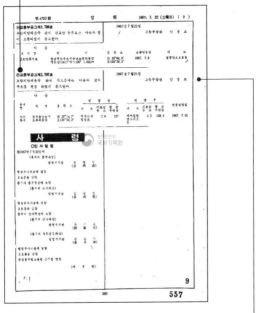

독도등대 구조변경

교통부 공고 제1797호
관보 제4703호(1967년 7월 22일)

포항지방 해운국 관내 독도등대는 다음과 같이 구조를 변경하였기 공고한다.

1967년 7월 21일
교통부장관 안경모

다음

표지명	위치	경위도	변경 전			변경 후			변경년월일
			구조	기초상 등고	평균 수면상	구조	기초상 등고	평균 수면상	
독도 등대	경북울릉둔 독도 북북동단	N37도 14.7분 E131도 52.3분	백색사각형 철조	2.9	127	백색원형 콘쿠리트조	4.3	128.4	1967. 7. 10

◎ 포항지방해운항만청 고시 제122호
1987년 10월 20일

BA0 195732

대한민국정부

발행 총무처 (편집실734-4331)
             (734-4332)

관보는 공문서로서의 효력을 갖는다.

관 ◉ 보

제10764호 1987. 10. 20 (화)

법령안입법예고
○과학기술처공고제87-117호 (산업기술시설기준사장개정령안) 3
○내무부공고제71호 (지방공무원임용령중개정령안)(지방공무원임용령안) 3

고 시
○법무부고시제87-153호 (회사정리결정공고) 4
○보건사회부고시제78호 (약정품제조시험조서시설관리기준공고령) 4
○교통부고시제11호 (운행지정) 5
○공업진흥청고시제1,860호·제87-1,861호 (한국공업규격제정) 5
○부산지방해운항만청고시제106호 (공용부고시) 5
○포항지방해운항만청고시제122호 (독도동서방향변경) 6

공 고
○총무처공고제42호 (제7회공개경쟁선발) 자격시험공고) 6
○노동부공고제43호 (법인해산공고) 6
○법무부공고제122호 (파산관리인공고사항공고) 6
○보건부공고제113호 (약무지정의 구역변경사항공고) 6
○공업진흥청공고제1,265호 (전기공업시설인취소) 8
○공업진흥청공고제1,266호 (KS표시허가취소) 8
○공업진흥청공고제1,267호·제87-1,268호 (KS표시허가승인사항공고) 8
○경상남도공업청공고제69호·제70호 (해철사항) 9
○부산지방체신청공고제50호 (개시사병모집) 10
○제주세무서공무소공고제88호 (KS표시사업개시) 10
○공업진흥청공고제89호 (자진상등록취소업공고) 10
○통일원기획관공고제87-11호 (사업자등록공고) 10

입찰공고
○조달청(서울공고제87-310호 (조달청시(내자)구매입찰공고) 11

                                    (이면 계속)

회람

288 ◆독도등대

독도등대 현상변경

포항지방해운항만청 고시 제122호
관보 제4703호(1987년 7월 20일)

포항지방 해운항만청 관내 독도등대가 아래와 같이 현상 변경되었기 항로표지법
제7조에 의거 고시한다.

1987년 10월 20일
포항지방해운항만청장

다음

구분	표지명	위치	등질	광달거리(마일)			등고(m)	도색 및 구조높이	연월일	기사	설치목적
				지리	광학	명특					
변경전	독도 등대	북위 37도 14.9분 동경 131도 52.3분	Fl. W6S	28	10	7	128	백색원형 콘쿠리트조 4.3		명호140도~146도 150도~179도 180도~205도 210도~116도	
변경후	상동	상동	Fl. W5S	28	27	17	128	상동	87.10.12	상동	독도부근을 항해 및 조업 선박의 안전도모

1995

◎ 포항지방해운항만청 고시 제1995-64호
   1995년 6월 16일

독도등대 기능정지(소등)

포항지방 해운항만청 고시 제1995-64호
관보 제13040호(1995년 6월 16일)

포항지방 해운항만청 관내 독도등대가
다음과 같이 기능정지(소등)되었기 항로표지법 제7조에 의거 고시합니다.

1995년 6월 16일
포항지방해운항만청장

다음

표지명	위치	광달거리(마일)				도색 및 구조높이(m)	소등일자	복구예정일	비고
		등질	지리	광학	명특				
독도등대	북위 37도 14.9분 동경 131도 52.5분	FIW 5s	28	27	17	백색원형 콘쿠리트조 4.3	1995년 6월 9일	1995년 11월 21일	○ 등탑개량으로 일시소등

◎ 포항지방해운항만청 고시 제1995-68호
1995년 6월 28일

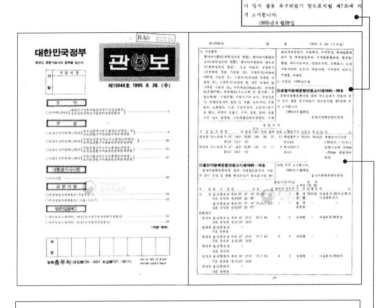

독도등대 점등 복구

포항지방 해운항만청 고시 제1995-68호
관보 제13049호(1995년 6월 28일)

포항지방 해운항만청 관내 독도등대가 다음과 같이 점등 복구되었기 항로표지법
제7조에 의거 고시합니다.

1995년 6월 28일
포항지방해운항만청장

다음

구분	표지명	위치	등고(m)	등질	광달거리(마일)			도색 및 구조높이(m)	소등일	점등일	비 고
					지리	광학	명릴				
변경전	독도 등대	북위 37도 14.9분 동경 131도 52.3분	128	FIW 5s	28		17	백색원형 콘크리트조 4.5	1995년 6월 8일	1995년 6월 21일	개량공사 기간중 (1995년 6월 21일) 동명기 교체 251mm~250mm 광달거리 변경
변경후	독도 등대	북위 37도 14.9분 동경 131도 52.3분	126	FIW 5s	28		8	백사각콘쿠 리트 2			

1998

◎ 포항지방해양수산청 고시 제1998호−9호
　1998년월 5월 8일

대한민국정부

관보는 공문서로서의 효력을 닮는다.

| 관 | 기 공 의 장 |
| 람 | |

BAO

관⊙보

제13900호 1998. 5. 8. (금)

관 문 시 행

○부·령당일자게재통보(교육부) ·······················6
○부·령당일자게재통보(감사원) ·······················6
○부·령당일자게재통보(정보통신부) ···················7
○부·령당일자게재통보(정보통신부) ···················7
○부·령당일자게재통보(전직업교육원) ·················10
○부·령당일자게재통보(특허청) ·······················10

인 사

○임면행병 ···11

고 시

○해양수산부고시제1998-26호(외국인투자지역환경규정지정) ········12
○법무부고시제1998-110호·제1998-111호(국적회복고시) ···········13
○과학기술부고시제1998-3호('98공공연구기관시설지정) ·········16
○산림자원부고시제1998-13호(특허대학교정시수조정론원지고시) ···18
○문화관광부고시제1998-13호(문화재명칭국문화) ················26
○산림자원부고시제1998-3호(국가항복방제확대경영지침방운개정) ···26
○환경부고시제1998-46호(소음·진동규제품·사업별개정)·········28
○환경부고시제1998-80호(광역지방자치단체종합폐기물처리시설부지) ···30
○환경부고시제1998-80호(환경표지대사건제품·시행개정) ·······42
○영유교통부고시제1998-135호(항공로변경수정)·················42
○영유교통부고시제1998-137호('98남녘시/유통기본방계수직시승증) ···42
○문화관광부고시제1998-7호(공익시설소유주재선강지등) ·········42

(이하 계속)

| 회 | | | | | | | | | |
| 람 | | | | | | | | | |

발행 행정자치부 (편집 ☎720-4331 보급 ☎727-0611)
서울 종로구 세종로 77−6 ☎(910-79)

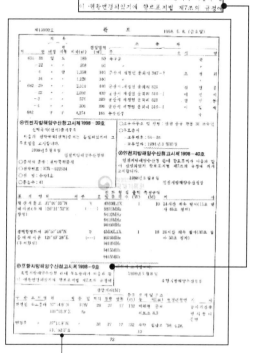

독도등대 현황변경

포항지방 해운항만청 고시 제1998-9호
관보 제13900호(1998년 5월 8일)

포항지방 해운항만청 관내 독도등대가 다음과 현황변경 되었기 항로표지법 제7조의
규정에 의하여 고시합니다.

1998년 5월 8일
포항지방해양수산청장

다음

구분	표지명	위치	등질	광달거리(마일)			등고(m)	도색 및 구조높이(m)	변경 연월일	기사
				지리	광학	명특				
변경전	독도 등대	북위 37도 14.9분 동경 131도 52.3분	FlW 5s	28	27	17	132	백색원형 콘쿠리트조 8.3		공사기간 중 일시등대운영
변경후	상동	북위 37도 14.9분 동경 131도 52.3분	FlW 5s	28	27	17	132	사각 철탑조 10	98.4.28	

1999

◎ **포항지방해양수산청 고시 제1999-5호**
1999년 3월 16일

대한민국정부

관보는 공문서로서의 효력을 갖는다.

선	기 안 의 장
람	

제14154호 1999. 3. 16. (화)

BA0588545

대통령지시사항
○지시사항 ···4

공 문 시 행
○불등관리진흥소모조회 (서울특별시지방경찰청) ···················4
○물출관리진흥소모조회 (경상남도) ·······························5

인 사
○인사발령 ···5

법령안입법예고
○정보통신부공고제1999-19호(우선양허기준에관한규칙개정예정안) ·····6
○정보통신부공고제1999-20호(국제특송우편취급규칙개정예정안) ·····6
○환경부공고제1999-20호(소음·진동규제법시행령개정예정안) ·····6
○환경부공고제1999-21호(소음·진동규제법시행규칙개정예정안) ·····7

고 시
○포건축부고시제1999-8호(권장일양심사기준) ··················9
○최양수산부고시제1999-21호(내수면어업면허일정·방법방식요소) ·····10
○대양수산부고시제1999-22호(목포신외항1단계(양측부두) 개발사업실시계획(변경)) ·····11
○중소기업청고시제1999-9호(중소기업형정지원협력유동동구경종사업) ·····11
○국립식물검역소고시제1999-1호(수출입식물소독처리규정변경(개정)) ·····12
○포항지방해양수산청고시제1999-4호(수산항표로호설) ········16
○포항지방해양수산청고시제1999-5호(독도등대명종변경) ·····16

[이면 계속]

회							
답							

발행 행정자치부 편집 ☎720-4331 보급 ☎727-0611 035-4A 1995.10.18. 승인
서울 종로구 세종로 77-6 ☎110-700 187×260 신문용지 48.8g/㎡

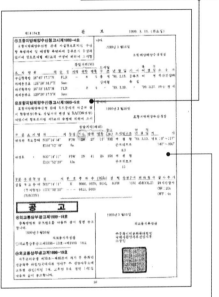

⊙포항지방해양수산청고시제1999-5호
 포항지방해양수산청 관내 독도등대가 다음과 같
이 현황변경(등질, 광달거리 변경 및 RACON신설)
되었기에 항로표지법 제7조의 규정에 의하여 고시

독도등대 현황변경

포항지방 해운항만청 고시 제1999-5호
관보 제14154호(1999년 3월 16일)

포항지방 해운항만청 관내 독도등대가 다음과 같이
현황변경(등질, 광달거리변경 및 RACON(신설)되었기에 항로표지법 제7조의 규정에 의하여 고시

1999년 3월 16일
포항지방해양수산청장

다음

구분	표지명	위치	광달거리(해리)			등고(m)	도색 및 구조	변경 연월일	기사
			등질	지리	광학	명특				
변경전	독도 등대	북위 37도14분54초 동경 131도 52분18초	FlW 5s	28	27	17	132	백원형 콘쿠리트조 8.3	99.3.10	명호 : 0도~117도 140도~360도
변경후	독도 등대	북위 37도14분11초 동경 131도 52분20초	FlW 10s	25	41	25	104	백원형 콘쿠리트조 15		

구분	무선국명	위치	부호	주파수(MHz)	전력	측정구역	전파형식	발사주기
신설	독도등대 (무지향성) (RACON)	북위 37도14분11초 동경 131도 52분20초	K ─ ∙ ─	3050, 9375, 9410, 9415, 9445	0.6W	10M	4MOOLID	24시간 발사 ON : 20s OFF: 4s

1999

◎ 포항지방해양수산청 고시 제1999-19호
1999년 7월 20일

독도등대 레이콘 기능정지

포항지방 해운항만청 고시 제1999-19호
관보 제14258호(1999년 7월 20일)

포항지방 해운항만청 관내 독도등대 레이콘이
다음과 같이 기능정지되었기에 항로표지법 제7조의 규정에 의하여 고시합니다.

1999년 7월 20일
포항지방해양수산청장

다음

무선국명	위치	부호	전파형식 및 주파수(MHz)	공중선 전력 (W)	통상방위 측정구역 (M)	발사주기	년월일	기사
독도등대 (무지향성) (RACON)	북위 37도14분11초 동경 131도 52분20초	K —·—	3050 9375, 9410. 9415, 9445	0.6W	10M	24시간 발사 ON : 20s OFF: 40s	1999.7.7	기능정지로 업무휴지

◎ 포항지방해양수산청 고시 제1999-32호
1999월 9월 10일

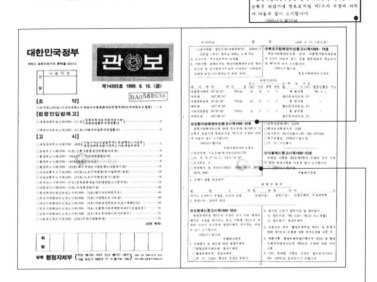

독도등대 레이콘 기능복구

포항지방 해운항만청 고시 제1999-32호
관보 제14303호(1999년 9월 10일)

포항지방 해양수산청 관내 독도등대 레이콘이
기능복구되었기에 항로표지법 제7조의 규정에 의하여 다음과 같이 고시합니다.

1999년 9월 10일
포항지방해양수산청장

다음

○ 무선국명 : 독도등대(무지향성)RACON
○ 위치 : N37도14분11초 E131도52분20초
○ 표지부호 : K - · -
○ 전파형식 및 주파수(MHZ) : 3050, 9375, 9410, 9415, 9445
○ 공중선 전력(W) : 0.6W
○ 통상 방위측정구역 : 10M
○ 발사주기 : 24시간발사 ON : 20s, OFF : 40s
○ 복구년월일 : 1999년 9월 2일
○ 기사 : 기능복구

3. 독도관련 법령

「문화재 보호법」 제6조에 근거하여 천연기념물 제336호(1982. 11. 4) 해조류 보호구역으로 지정하여 1999년 12월 10일 독도 천연 보호 구역으로 변경하였으며, 「독도 등 도서 지역 생태계 보전에 관한 특별법('97. 12. 31)」에 근거하여 독도 등 48개 도서를 "특정도서"로 지정(2000. 9. 5)하여 관리하고 있다. 독도 관련 법령은 다음과 같다.

[독도관련 법령]

- 독도의용수비대 지원법 시행령
- 문화재위원회 규정
- 해저광물자원 개발법
- 해양과학조사법 시행규칙
- 영해 및 접속수역법
- 배타적 경제수역에서의 외국인어업 제한위반 선박 등에 대한 사법 절차에 관한 규칙
- 배타적 경제수역에서의 외국인어업 등에 대한 주권적 권리의 행사에 관한 법률
- 배타적 경제수역 및 대륙붕에 관한 법률
- 무인도서의 보전 및 관리에 관한 법률
- 독도의 지속가능한 이용에 관한 법률
- 독도 등 도서지역의 생태계보전에 관한 특별법
- 어업자원보호법
- 특정도서 고시
- 국토의 계획 및 이용에 관한 법률
- 문화재보호법
- 국유재산법 시행령

(자료 : 외교부 홈페이지)

PART V
독도등대 점등의 순간

1. 독도등대의 점등과 고시

1. 하와이에서 점등결정

1954년 8월 초 독도등대가 완성된 사실을 이승만 대통령이 미국 순방 중에 보고받은 것으로 알려지고 있다.

『이승만대통령 방미일기』(이승만, 코러스, 2011), 『이승만 현대사 위대한 3년』(인보길, 도서출판 기파랑, 2004), 『이대통령각하 방미 수행기』(갈홍기, 1955) 등에 따르면 독도등대 건립현황을 보고받고 점등을 지시한 것은 하와이 방문 때인 것으로 판단된다.

1954년 7월 26일 이승만 대통령은 미국 방미 길에 오른다. 워싱 턴과 뉴욕순방을 마치고 하와이를 방문하고 웨이크섬을 경유하여 귀 국길에 오르는 방문일정이었다. 귀국길에 이 대통령이 하와이 호놀 룰루공항에 도착한 것은 8월 8일 오후 6시로 한국시간으로 9일 오 후 1시 경이었다. 숙소에 도착한 것은 오후 11시였다. 다음날인 8월 9일 오전 9시 20분 하와이 기자단과 회견을 가졌다. 그 이후 오후 5 시(한국시간으로 10일 12시) 사이에 독도등대 건립을 보고받고 독도 등대의 점등을 결정한 것으로 보인다.

그리고 8월 10일 오전 9시 20분 하와이 킹 지사를 예방하고, 태 평양국립묘지를 참배한 다음 2시 30분에는 하와이 교포들을 면담 하고, 연이어 5시 30분 환영회에 참석하고 10시 30분 숙소로 귀환 한다.

다음날인 8월 11일 오전 9시에 기자회견을 하고, 오후 2시 하와이 를 출발하게 된다. 귀국 중간 기착지인 웨이크 섬을 경유하여 한국 시간으로 8월 13일 오전 11시 여의도공항으로 귀국했다.

2. 1954년 8월 11일 차관회의에 독도등대 보고

1954년 8월 11일 하오 4시 중앙청 내무부 회의실에서 제28회 차관회의가 열렸다. 참석부서는 내무, 외무, 국방, 사회, 보건, 교통, 체신, 총무, 공보, 법제, 외자구매처, 외자관리청, 전매, 관재, 합 14인이었다. 보고사항은 8건이었는데, 교통부 차관이 여섯 번째로「독도에 등대설치의 건」이 보고되었다

3. 독도 등대 교통부 고시 제372호 고시

1954년 8월 12일 교통부 고시 제372호로 독도등대 신설과 점등사실이 고시되었다. 이종림 교통부장관이 고시한 교통부 고시 제372호는 512년 이사부가 독도를 울릉도와 함께 복속시킨 후, 1900년 대한제국 칙령 제41호로 독도를 대한제국 영토로 선포하고, 1952년 평화선이 선포된 이래 독도가 대한민국 관보에 한국영토로 고시된 것이다. 독도등대의 위치는 북위 37도14분55초, 동경 131도52분15초, 점등개시일은 1954년 8월 10일이었다. 동해중심에 최초로 불을 밝힌 국제적 등대였다.

등질은 섬백광, 매5초 1섬광, 아세찌렝 와사등이며, 등고는 수면상 50피트이고 광달거리는 10마일이었다.

1953년 7월 8일 열린 관계관회의에서 독도문제의 실효적 해결을 위한 독도등대 건립문제가 처음 논의된지 1년 만이었다.

4. 1954년 8월 13일 개최된 국무회의에서 의결

미국순방에서 귀국한 이승만 대통령은 당일 오후 3시 경무대 관저에서 제39회 국무회의를 주재하였다. 출석자는 대통령, 국무총리, 내무, 외무, 재무, 법무, 문교, 농림, 상공, 사회, 보건, 교통, 체신,

총무, 공보, 법제, 기획 (합 16인). 국방부장관은 결석하고 외자구매처장관과 국방부차관이 배석하였다. 대통령 유시이후 국무총리의 보고에 이어 교통부장관의 「독도등대 설치에 관한 보고」가 있었다. 이승만 대통령 귀국 후 독도등대 설치가 국무회의에서 의결된 것이다.

5. 국제적으로 독도등대 점등사실 밝혀

독도등대를 점등한 사실은 국내뿐만 아니라 국제적으로 중요한 문제라고 할 수 있었다. 국내언론에는 13일부터 독도등대의 점등사실이 보도되기 시작했다.[23] 이에 앞서 1954년 8월 12일 교통부장관은 외무부장관에게 1954년 8월 10일 12시를 기하여 독도에 항로표지(독도등대)를 설치하고 점등하였음을 주한 외국공관에 통고해 줄 것을 요망하였다.[24]

우선 주한 대사관을 통하여 미국, 중국, 영국, 프랑스, 교황청에 정식으로 통보되었다.[25]

미국대사관은 즉시 본국으로 통보하고, 국무성의 후속조치를 기다렸다. 주한 교황 사절관에서는 독도등대 점등을 축하하는 공한(Proto No. 112/54)을 한국정부로 보내왔다.

한국정부는 독도등대 건립과 점등사실을 외국공관들에 통보하고, 각국의 해도에 독도등대를 기재하여 선박의 항행안전을 도모하였던 것이다.

6. 미국 외교문서에 첫 기록된 Tok To Islet

1954년 8월 18일 대한민국은 주한미국대사관에 독도등대설치 사실을 통고했다. 이때 외교문서에 사용된 독도는 'Dok-To Islet' 였

---

23) 경향신문, 1954년 8월 13일, 조선일보, 동아일보, 1954년 8월 14일.
24) 독도항로표지(등대)설치통고 공한(교해 제1053호).
25) 조선일보, 1954년 8월 24일.

고, 한국정부로부터 통고받은 주한 미국 대사관이 미 국무성에 송부한 문서에는 'Tokto(Liancourt Rocks)'였다.

이때 사용된 'Tokto(Liancourt Rocks)'는 1963년판 미국에서 발행한 등대표인 PUB NO. 112에 그대로 사용되었다.

한편 'Dokdo'는 현재 대한민국이 사용하고 있는 독도의 영문 표기이다

7. 주한 교황사절관의 축하공한

주한 교황사절관에 대해 1954년 8월 18일 독도등대 점등사실을 통고했다. 이때 외교문서에 사용된 독도의 명칭은 Dok-To Islet였다. 여기에 대해 8월 20일 주한 교황사절관에서 독도등대 건립을 축하한다는 공한[26]이 수교되었다. 이때 주한교황사절관이 사용한 독도의 명칭은 Dok-To Island였다. 이 공한은 독도등대 설치 후 처음으로 접수된 외국의 축하 공식문서였다.

8. 일본에 독도 항로표지 설치 통고

1954년 8월 23일 독도의 북북서 약 700미터 해상으로 침투한 일본 순시선 오키호에 대한 총격사건이 발생했다.[27]

당시 오키호의 보고는 다음과 같다.

첫째, 동도 북측의 돌출부에 높이 약 6미터 가량되는 백색타워형 철골조립 등대가 건설되어 있으며, 점등하고 있었음.

둘째, 서도 남측 절벽에 한국 문자가 써있었 음.

셋째, 동도 서안에 재본(材本) 수십톤이 쌓여져 있음.

넷째, 독도에는 점차 영구적인 설비가 이뤄지고 있으며, 서도 동굴 안에 어느 정도 정비가 완료되어 약 10명 가량의 경비원이 기거

---

26) Proto No. 112/54.
27) 「일본 외무성 구술서(Note Verbale)」(1954.8.26.)
　　(田村清三郎,『島根縣竹島の新研究』報光社 , 1965, pp.125-126.

하고 있는 것으로 추측. [28]

일본외무성은 8월 26일 주일한국대표부에 항의했고[29], 한국외무부는 8월 28일 일본측이 독도에 상륙하려는 의도로 한국영해내로 침입했다고 비판했다. [30]

9월15일자로 주일대표부에서는 독도등대설치에 관한 통고서를 주재국에 전달하였던바 이에 대하여 9월 24일 전기 외무성으로부터 차(此)를 승임할 수 없다는 항의서가 래도하였다. [31]

9. 독도정상으로 이동 건축

독도 동도 북단에 위치한 독도등대는 서도와 동도에 일부가 가려져서 광범위한 조명을 위해 독도 정상으로 개축하게 된다.

1954년의 독도등대 등고가 15.2m에 불과한 반면, 독도정상으로 이전한 독도등대의 등고는 126.9m에 이른다. 이 위치에서는 동,서,남,북으로 등대 불빛의 조명이 가능해진 것이다.

1956년에 촬영된 사진들이 남아있지만 지형적으로 분석한 결과 1954년의 첫 등대는 아닌 것으로 추측된다.

그러나 등대의 높이, 등질(섬백광 매 5초에 1섬광, 아세찌렝 와사등)과 백색 도색 및 구조(백사각형철탑조)가 같기 때문에 1954년과 1955년 등대가 위치만 정상으로 옮겨진 것으로 보인다. 그러나 1954년 등대의 기초가 손상되었기 때문에 1955년 등대는새로 조립되거나 새로운 등대로 건설되고 첫 등대는 파기된 것으로 보인다. 이 등대는 1975년 백원형콘크리트로 바뀔 때 까지 계속 사용된 것으로 조사되었다.

이 등대는 1975년 높이 4.3m로 개축되었다가 1998년까지 8.3m 높이의 백원형콘크리트로 건축되었고 1998년 유인등대가 되면서

---

28) 田村淸三郎, 『島根縣竹島の新硏究』報光社 , 1965, pp.125-126 :정병준, 「1953~1954년 독도에서의 한일충돌과 한국의 독도수호정책」, 『한국독립운동사연구』, 제4집, 2011, pp. 419-420.
29) 『讀賣新聞』, 1954. 8.27.
30) 『讀賣新聞』, 1954. 8.29.
31) 「독도문제설치에 관한건」(주일공사로부터 외무부장관에게) (한일대제 제7296호, 1954년 9월 29일), 『독도문제, 1954』.

독도 등대 위치의 변화과정

1954년
- 백사각노형철조
- 무간수등대
- 수면에서 15.2m
- 통달거리 10마일

2024년
- 백원형콘크리트
- 유인등대
- 수면에서 104m
- 통달거리 25해리

15m 높이의 백원형콘크리트조로 등고는 104m로 건축되어 오늘에 이르고 있다.

1998년 12월에 준공된 유인등대는 모두 6명의 민간인 직원이 파견되어 3명이 1개조로 1개월씩 교대근무하여 오고 있다. 독도와 울릉도 사이의 87.7km 가운데 양쪽섬의 등대불빛이 보이지 않는 18km의 구간에 조명이 비치게 되어 선박운행에 큰 도움이 되고 있다.

현재 독도등대는 태평양과 동아시아를 연결하는 선박과 항공기의 안전한 항행을 위한 나침반 역할을 하고 있으며, 국제적으로 선박과 어선, 항공기에 최첨단 항행정보를 제공하고 있다.

1953
독도등대
관련문서편

2. 독도등대 관련문서

1953년 7월 8일

1953년 7월 8일 열린 관계관 회의에서 독도문제의
실효적 해결을 위한 독도등대 건립 문제가
처음으로 논의 되었다.

독도문제에 관한 관계관회의 소집

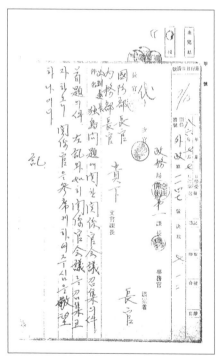

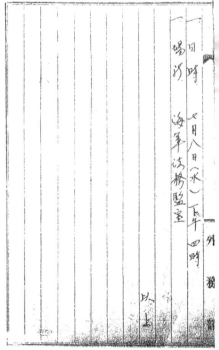

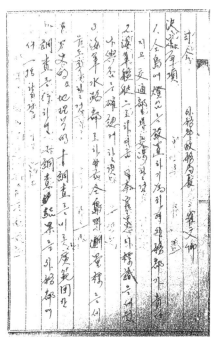
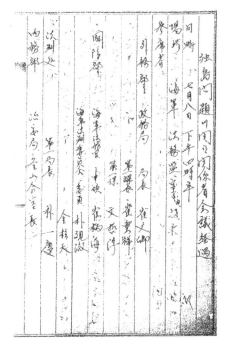

(자료 : 외교부 외교사료관,
『독도문제, 1952-53』 분류기호 743. 11SA, 등록번호 4565).

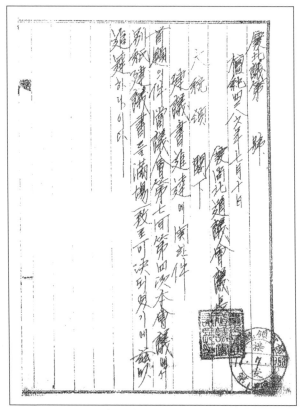

1953
독도등대
관련문서편

1953년 7월 10일
경상북도의회가 대통령에게 건의서 전달
독도는 한국영토임을 내외에 선포하고
일본의 침략행위에 대하여 강력한 조치를 취할 것을 건의.

(자료 : 외교부 외교사료관,
『독도문제, 1952-53』 분류기호 743. 11SA, 등록번호 4565).

건의서

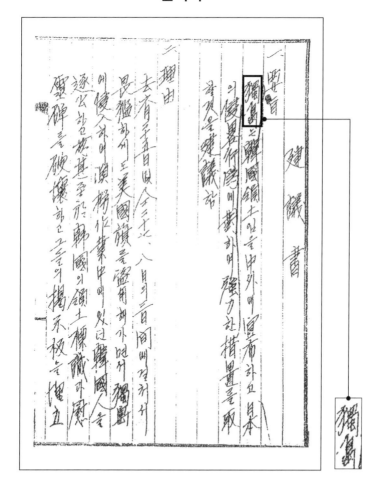

1954
독도등대
관련문서편

1954년 8월 11일

1954년 8월 11일 개최된 28회 차관회의에서
독도등대 설치에 관한 보고가 이루어졌다(교통부).

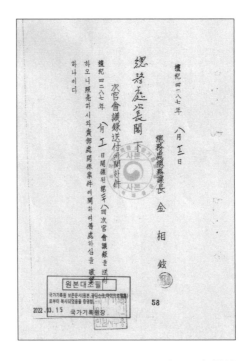

(자료 : 국가기록원)

1954년 8월 11일 개최된 28회 차관회의

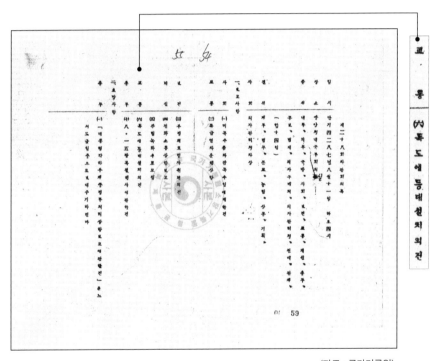

(자료 : 국가기록원)

**1954년 8월 13일 오후 3시 경무대에서 개최된
제39회 국무회의에서 독도등대 건립이 의결되었다.**

참석: 대통령(사회), 국무총리, 내무, 외무, 재무, 법무, 문교, 농림,
상공, 사회, 보건, 교통, 체신, 총무, 공보, 법제, 기획(합 16인
(국방부장관 불참), 외자구매처장, 국방부차관(배석)

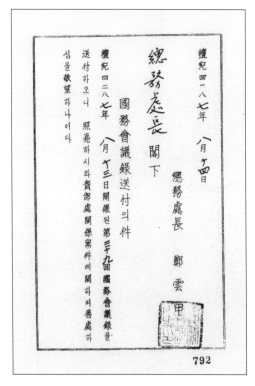

1954년 8월 13일 개최된 39회 국무회의록 송부

(자료 : 국가기록원)

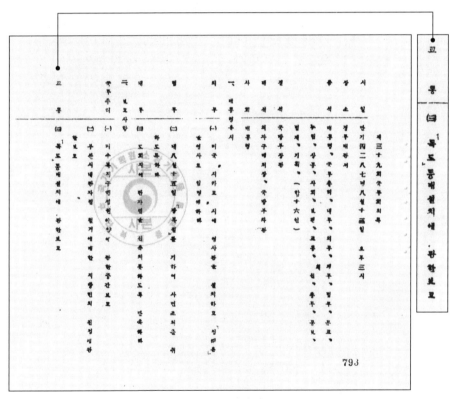

제39회 국무회의록
(자료 : 국가기록원)

3. 독도등대의 글로벌화

1954년 8월 12일
교통부장관이 외무부장관에게
1954년 8월 10일 12시를 기하여 독도에 항로표식(등대)을
설치하고 점등하였음을 주한외국공관에 통고해 줄 것을 요망.
독도 항로표식(등대)설치 통고 공한(교해 제1053호)

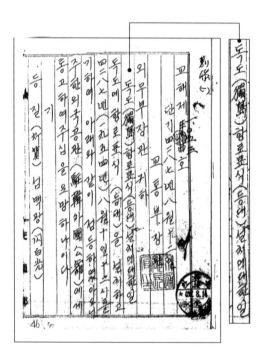

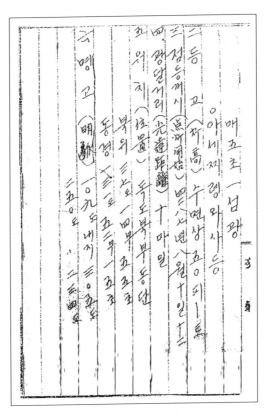

(자료 : 외교부 외교사료관)

외교부 외교사료관, 『독도문제, 1954』 분류번호 743.11JA, 등록번호, 4566.

1954년 8월 18일
주한 교황사절관에 통고한 외교문서.
독도를 Dok-To Islet로 표기.

the Korean Government on Dok-To

The Ministry of Foreign Affairs of the Republic of Korea presents its compliments to the Her Britannic Majestys Legation in Korea and has the honour to inform the latter that a light-house has been established by the Korean Government on Dok-To Islet, its territory in the eastern sea of Korea and that the said light-house commenced lighting on August 10, 1954.

Particulars of the light-house are as follows:

1. Character of the light: Acetylene gas light (Flashing white colour) – flashing every five seconds

2. Height of the light: Fifty feet above sea-level.

3. Visible range: 10 miles

4. Location of the light: North-eastern point of Dok-To 37°14'55" North Latitude and 131°52'15" East Longitude

5. Arcs. of light: 109 degrees to 305 degrees, and 250 degrees to 274 degrees

The Ministry will appreciate if the Legation will transmit the information contained in this note to appropriate authorities of its Government, so that the establishment of the new light-house may be noted on their charts.

August 18, 1954

SEOUL

(자료 : 국가기록원)

1954년 8월 20일 주한 교황사절관의 독도등대 설치
축하 공한(Proto No. 112/54).
독도를 Dok-To Island로 표기함.
이 공한은 독도등대 설치 후 처음으로 접수된 외국의 공식문서이다.

Government of Korea, of a light-house on Dok-To island.

駐 韓 敎 皇 使 節 館

DELECATIO APOSTOLICA
IN COREA

Proto No. 112/54.

The Apostolic Delegation presents itscompliments to the Ministry of
Foreign Affairs of the Republic of Korea and has the honour to acknowledge
its kind Communication of 18th inst.   It notes with pleasure the contents
and tenders its sincere congratulations on the establishment,by the
Government of Korea, of a light-house on Dok-To island.

The Apostolic Delegation takes this opportunity to renew
to the Ministry of Foreign Affairs the assurance of its its high esteem
and knidest consideration.

2o August 1954.

(자료 : 국가기록원)

1954년 8월 18일

대한민국은 1954년 8월 18일 주한 미국대사관에 독도등대
건립을 통고하고, 해도에 독도등대를 표기해줄 것을 요청.
독도를 Dok-To Islet로 표기.

the Korean Government on Dok-To islet,

Page _____ of
Desp. No._____ Encl. No. 1
From_____ LIMITED OFFICIAL USE Desp. No. 38
(Classification) From_____

COPY

REPUBLIC OF KOREA

Ministry of Foreign Affairs

The Ministry of Foreign Affairs of the Republic of Korea presents its
compliments to the Embassy of the United States of America in Korea and has
the honour to inform the latter that a light-house has been established by
the Korean Government on Dok-To islet, its territory in the eastern sea of
Korea and that the said light-house commenced lighting on August 10, 1954.

Particulars of the light-house are as follows:

1. Character of the light: Acetylene gas light (Flashing white
colour) - flashing every five seconds

2. Height of the light: Fifty feet above sea-level.

3. Visible range: 10 miles

4. Location of the light: North-eastern point of Dok-To 37°14'55"
North Latitude and 131°52'15" East
Longitude

5. Arcs of light: 109 degrees to 305 degrees, and
250 degrees to 234 degrees

The Ministry will appreciate if the Embassy will transmit the information
contained in this note to appropriate authorities of its Government, so that
the establishment of the new light-house may be noted on their charts.

August 18, 1954

SEOUL.

LIMITED OFFICIAL USE

(자료 : 국가기록원)

미국 대사관의 문서에 Tokto(Liancourt Rocks)로 명기

1954년 8월 18일 대한민국 정부가 미국 대사관에 독도등대 건립을
통고하며 해도에 독도등대를 등재해줄 것을 요청받고,
1954년 8월 20일 주한 미국 대사관에서 본국으로 송부한 문서에
독도를 Tokto(Liancourt Rocks)로 명기하였다.

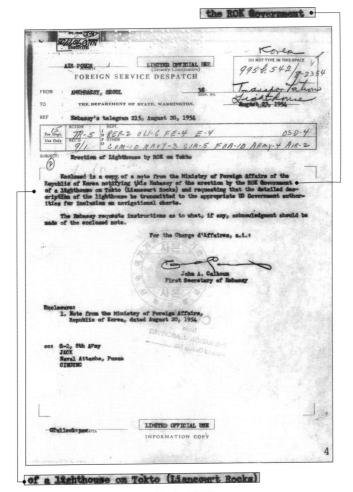

(자료 : 국가기록원)

PART VI
세계등대표에 등재된 독도등대

1. 독도등대의 글로벌표준화

1. 한국등대표와 독도등대

독도등대를 세계에서 가장 정확하게 정의하고 있는 것은 한국에서 발간되는 등대표일 것이다. 선박의 안전한 항해목적을 달성하기 위해서는 바다의 길을 안내하는 해도와 해도상에 구체적으로 표현할 수 없는 항해목표물, 항로, 해양 현상 등에 대한 내용을 자세히 수록한 항해서지를 함께 사용해야 종합적인 효력을 발휘할 수 있다.

다양한 항해서지중 등대표는 해도에 상세하게 표현할 수 없는 육상이나 해상의 구조물에 설치된 항로표지의 자세한 정보를 수록한 간행물로 항해시 해도에 표기된 각종 등화, 음파 및 전파신호를 파악하는데 유용하게 사용될 수 있다.

등대표에는 설치기간이 1년 이내이거나 공사구역 변경등에 의해 잦은이동이 있는 항로표지를 제외하고, 우리나라 연안에 설치된 항로표지에 관한 정보를 수록하고 있다. 다만 북한연안의 항로표지는 국내외 관련 자료를 참조하여 수록하였으므로 실제와 차이가 있을 수 있기 때문에 사용에 주의해야 한다.

한국 등대표에 수록된 전파에 의한 항로표지중 위성항법보정시스템 항공무선 표지국, 로란국은 한국에 설치되어 있는 것만 수록하고 있다.

항로표지의 번호는 이용자의 편의를 위하여 한국 동, 남, 서해안 순서로 정리하고 있으며, 외국선박들을 위하여 항로표지의 명칭을 한국과 영문으로 병기하고 있다.

한국 등대표는 한국 해양수산부의 각 지방해양수산청에서 수집된 정보를 근거로 수록하고 있으며, 등대표의 최신화를 위하여 항행통보를 참고하여 변경사항을 반영하고 있다.

대한민국 국립해양조사원에서 발행된 2021년판 등대표는 현재「시각에 의한 항로표지」4개,「전파에 의한 항로표지」1개,「특수항로표지」1개 등 6개의 독도항로표지가 세분화되어 등재되어 있다.

「시각에 의한 항로표지」중 첫 번째 독도등대는 영문으로 Dokdo로 표기하고 있으며, 등대번호는 1278, 국제등대번호는 M4440이다. 위치는 37도 14.36분N, 131도 52.19분E이다. 등질은 Fl W 10s, 등고는 104m, 광달거리는 25 해리(해상마일 M)이다.

두 번째 독도등대 명칭은 독도 해양과학기술원 해양관측 등부표 Dokdo로 위치는 37도 14.58N, 131도 52.48분E이며, 등대번호는 1278.1로 되어 있으며, 등질은 Fl(5) Y 20s이며, 광달거리는 5이다. 해양관측용(ODAS)이다.

세 번째 독도등대 명칭은 독도파고부이 Dokdo이며, 위치는 37도 14.24분N, 131도 52.17E이며, 등대번호는 1278.2로 되어있고, 국제번호는 없으며, 황구형이다.

네 번째 독도등대 명칭은 독도 기상청파고관측부표 Dokdo이며, 위치는 37도 14.32분N, 131도 52.28분E이며, 등대번호는 1278.3이며, 국제등대번호는 없으며, 역시 황구형이다.

다섯 번째인「전파에 의한 항로표지」의 독도등대(Dokdo)는 1개이며, 등대번호는4104, 국제등대번호는 M4440이며, 위치는 37도 14.36N,131도 52.19분E이며, 측정구역은 10M이다.

여섯 번째인「특수항로표지의 독도등대」(Dokdo)는 자동위치식별신호표지(AIS) 1개이며, 등대번호는 4451.36이며, 국제등대번호는 M4440이다. 위치는 37도 14.36N, 131도 52.19분E이며, 측정구역은 25M이다.

6개 독도항로표지의 명칭은 각각 다르지만 독도의 영문표기 Dokdo는 모두 같고, 국제등대번호도 같다. 즉 1954년의 독도등대는 1개가 건립되었지만 현재 독도항로표지(독도등대)는 6개이고, 위치가 극히 조금씩 차이가 있으며, 기능도 각각 다른 첨단 표지들로 이루어져 있다.

2. 미국 등대표의 독도등대

2021년 미국 국립지리정보원에서 발행된 미국 등대표에는 하나의 독도등대가 등재되어 있다.

미국등대번호는 16548이며, 국제번호는 M4440이다. 독도의 영문표기는 Dokto로 되어있으며, 위치는 37도14.5분N, 131도 52.2E로 되어있다.

Dokto란 독도의 명칭은 한국의 로마자 정책에 따라 Dokto를 사용하고 있음을 알 수 있다.

3. 일본 등대표의 독도등대

2021년 일본 해상보안청에서 발행된 일본등대표 서지 제411호 제1권 북서안에 있는 동해에서 독도등대는 찾을수 없었다. 또한 등대표(서지 제412호, PUB. NO. 412) 제2권 (추가표)의 조선반도 동안(Korean Peninsula · East Coast)에는 Ulleungdo(등대번호 0567)가 국제등대번호(M4444)로 37도31.1N, 130도 47.9E 위치에 등재되어 있지만, 독도등대에 대해서는 어떤 것도 찾을 수가 없다. 일본(1권), 한국, 러시아(2권)에서 모두 독도등대는 등재되어 있지 않은 것이다. 독도가 위치한 지점에는 어떤 표지도 표시되어 있지 않다.

4. 영국 등대표의 독도등대

영국에서 발행된 2021년판 등대표(ADMIRALTY List of Lights and Fog Signals)의 북태평양서쪽지역(Western Side of North Pacific Ocean)에 독도가 등재되어 있다. 북태평양 지역에서 한

국등대를 한국서해안(Yellow Sea-Korea), 한국남해안(Korea-South Coast), 한국동해안(Korea-East Coast)으로 나누어 등재하고 있는데, 한국동해안(Korea-East Coast)에 독도를 등재하고 있다.

대한민국 소속으로 독도를 4개의 표지로 등재하고 있다. 국제등대번호 M4440과 한국소속과 한국관할을 나타내는 kr과 한국독도등대번호인 1278을 사용한 kr.410.1278과 Kr. 410. 4104, 410. 4451.36(Racon)의 3개 표지와 번호가 없는 AIS(MMSI No 994403584)의 4개의 표지로 등재되어 있다. 그러나 독도등대의 명칭은 Liancourt Rocks(Dokdo/Take-shima)로 되어 있다. 위치는 37도 14.36분 N, 131도 52.19분 E이다. 한국소속을 나타내는 kr을 사용하고 한국이 사용하는 명칭인 Dokdo를 등재하고 있지만 미국 등대표와는 달리 Dokdo를 단독명칭으로 사용하고 있지 않은 것이다.

그러나 영국 등대표의 일본 혼슈 서해안 부분에는 독도를 찾을 수 없다. 즉 독도가 한국 소속(kr)으로 등재된 것이다. 한편 인덱스에는 Dokdo와 Dokto로 독도를 2개 등재하고 Liancourt Rocks, Take shima의 4개가 동일한 국제등대번호(M4440)로 함께 기재되어 있다.

등대표
(한국연안)

등 대 표
(한국연안)
LIST OF LIGHTS AND FOG SIGNALS
(2021. EDITION)

해양수산부
국립해양조사원

대한민국 국립해양조사원의 등대표는 총 1권으로 간행되고 있으며,
북한 동해안, 북한 서해안, 한국 동해안, 남해안 및 서해안까지
지리적으로 적절히 분할되어 있다.
또한 사용자의 색인을 돕기 위하여 색인도를 수록하고 있다.

등대표 색인도(INDEX MAP)

Index Map of East Coast
동해안 색인도(울릉도, 독도)

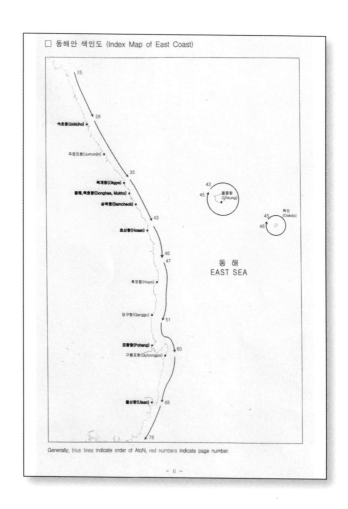

Dokdo로 명기된 독도등대
Dokdo(37° 14.26'N, 131° 52.19'E)
독도 등대번호 : 1278 국제등대번호 : M4440

시각에 의한 항로표지

1278	독도	37-14.36N	Fl W 10s
M4440	등대	131-52.19E	
	Dokdo		

제2장
시각에 의한 항로표지

한국연안 - 동해안 (East Coast of S. Korea)

번호	명칭	위치	등질	등고	광달거리	도색구조 높이	기 사
1276.2 M4445.55	사동1리항 남파제조사동 Sadong Hang	37-28.49N 130-53.74E	F W	9.5		조사등 6	
1276.3	통구미 울릉군A호동부표 Tonggumi	37-27.50N 130-51.45E	Fl(2) Y 6s		7	황 양대형	
1276.4	통구미 울릉군B호동부표 Tonggumi	37-27.57N 130-51.37E	Fl(2) Y 6s		7	황 양대형	
1276.5	울릉사동항 북방파제등대 Ulleungsadong Hang	37-27.88N 130-53.07E	Fl R 4s	11	8	홍 원형 강관조 7.5	
1276.8 M4445.3	울릉사동항 동방파제등대 Ulleungsadong Hang	37-27.88N 130-53.28E	Fl G 4s	21	10	백 원형 콘크리트조 10.8	
1276.9 M4445.4	울릉사동항 방파호안등주 Ulleungsadong Hang	37-27.65N 130-52.80E	Fl R 4s	11	9	홍 원형 철조 7	
1276.10	울릉사동항 기상청파고관측부표 Ulleungsadong Hang	37-28.28N 130-54.02E				황 구형	
1276.11 M4444.5	남양항 남방파제등대 Namyang Hang	37-27.94N 130-50.08E	Fl G 5s	20	8	백 원형 콘크리트조 10	
1276.12 M4444.5	남양항 남방파제조사동 Namyang Hang	37-27.94N 130-50.08E	F W	20		조사등	
1277 M4445	가두봉 등대 Gadubong	37-27.21N 130-52.45E	Fl W 5s	21	20	백 8각 콘크리트조 15	명호 : 270°~110° 함께 목표등 표지
1277.1	통구미 A호등부표 Tonggumi	37-27.28N 130-52.03E	Fl(4) Y 8s		8	황 양대형	특수표지
1277.2	통구미 B호동부표 Tonggumi	37-27.38N 130-52.05E	Fl(4) Y 8s		8	황 양대형	특수표지
1277.3	울릉도 남서방기상청파고부표 Ulleungdo	37-26.53N 130-29.99E				황 구형	
1278 M4440	독도 등대 Dokdo	37-14.36N 131-52.19E	Fl W 10s	104	25	백 원형 콘크리트조 15	명호 : 140°~117° 레이콘(No.4104)

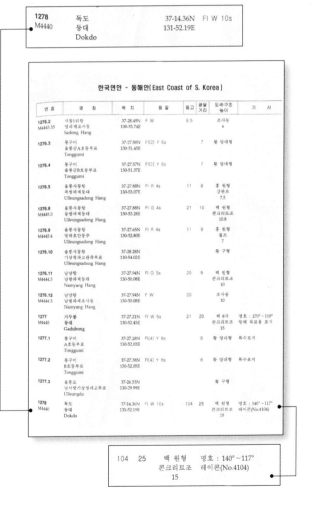

104	25	백 원형 콘크리트조 15	명호 : 140°~117° 레이콘(No.4104)

독도 Dokdo
한국해양과학기술원
해안관측등부표
파고부이
기상청 파고 관측부표

1278.1	독도 한국해양과학기술원 해양관측등부표 Dokdo	37-14.58N 131-52.48E	Fl(5) Y 20s
● 1278.2	독도 파고부이 Dokdo	37-14.24N 131-52.17E	
1278.3	독도 기상청파고관측부표 Dokdo	37-14.32N 131-52.28E	

한국연안 - 동해안(East Coast of S. Korea)

번호	명칭	위치	등질	등고	광달거리	도색구조 높이	기 사
1278.1	독도 한국해양과학기술원 해양관측등부표 Dokdo	37-14.58N 131-52.48E	Fl(5) Y 20s		5	황 망대형	해양관측용(ODAS)
1278.2	독도 파고부이 Dokdo	37-14.24N 131-52.17E				황 구형	
1278.3	독도 기상청파고관측부표 Dokdo	37-14.32N 131-52.28E				황 구형	
1278.4	울릉도 북동해양관측부이 Ulleungdo	38-00.44N 131-33.16E	Fl(5) Y 20s		2	황 원추형	해양관측용(ODAS)
1278.5	울릉도 북서해양관측부이 Ulleungdo	37-44.56N 130-36.07E	Fl(5) Y 20s		2	황 원추형	해양관측용(ODAS)
1278.6 M4431.7	울긔항 울릉파제등대 Goljang Hang	37-01.89N 129-24.92E	Fl R 5s	14	8	홍 원형 강관조 10	
1279 M4432	죽변 등대 Jukbyeon	37-03.49N 129-25.77E	Fl W 20s	49	21	백 8각 콘크리트조 16	선호 162°~352° Horn(No.4334)
1280 M4432.6	죽변항 내죽남방파제등대 Jukbyeon Hang	37-03.23N 129-25.28E	Fl(2) R 8s	7	8	홍 원형 강관조 6	
1280.5 M4432.3	죽변항 동방파제등대 Jukbyeon Hang	37-02.98N 129-25.27E	Fl R 4s	17	8	홍 원형 콘크리트조 8.65	
1280.6	울진 한국해양과학기원관측 장부표 Uljin	37-05.06N 129-31.32E	Fl(5) Y 20s		5	황 망대형	
1280.9	죽변항 북컨시스호등부표 Jukbyeon Hang	37-03.11N 129-25.29E	Fl(2) Y 6s		7	황 망대형	
1280.12 M4432.4	죽변항 남방파제등대 Jukbyeon Hang	37-03.08N 129-25.19E	Fl Q 4s	16	8	백 원형 콘크리트조 8.6	
1281 M4433	죽변항 내죽남방파제등대 Jukbyeon Hang	37-03.31N 129-25.23E	Fl(2) G 6s	7	8	백 원형 강관조 6	
1281.3 M4431.95	죽변항 레드랜드파인등주 Jukbyeon Hang	37-02.57N 129-24.90E	Fl(4) Y 8s	0.4	2	황 원형 철조 5.7	

- 46 -

5	황 망대형	해양관측용(ODAS)
	황 구형	
	황 구형	

전파에 의한 항로표지

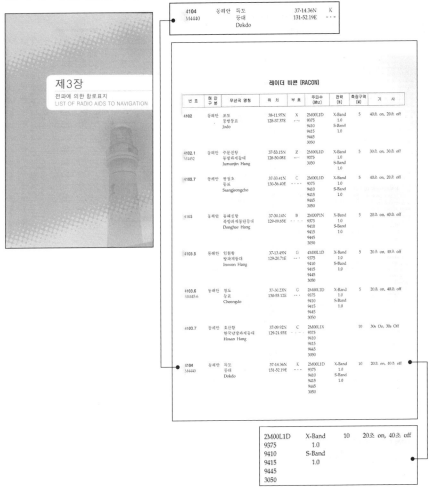

제3장
전파에 의한 항로표지
LIST OF RADIO AIDS TO NAVIGATION

4104	동해안	독도	37-14.36N	K
M4440		등대	131-52.19E	- - -
		Dokdo		

레이더 비콘 (RACON)

번 호	해 안 구 분	무선국 명칭	위 치	부 호	주파수 (Mhz)	전력 (W)	측등구역 (M)	기 사
4102	동해안	교도 동방동표 Jodo	38-11.97N 128-37.37E	X - - -	2M00L1D 9375 9410 9415 9445 3050	X-Band 1.0 S-Band 1.0	5	40초 on, 20초 off
4102.1 M4452	동해안	주문진항 동방파제등대 Jumunjin Hang	37-53.15N 128-50.08E	Z - - -	2M00L1D 9375 3050	X-Band 1.0 S-Band	5	30초 on, 30초 off
4102.7	동해안	쌍정초 등표 Ssangjeongcho	37-33.41N 130-56.40E	C - - - -	2M00L1D 9375 9410 9415 9445 3050	X-Band 1.0 S-Band 1.0	5	40초 on, 20초 off
4103	동해안	동해신항 북방파제등단등대 Donghae Hang	37-30.14N 129-09.65E	B - - -	2M00P1N 9375 9410 9415 9445 3050	X-Band 1.0 S-Band 1.0	5	20초 on, 40초 off
4103.5	동해안	임원항 방파제등대 Imwon Hang	37-13.49N 129-20.71E	G - - -	4M00L1D 9375 9410 9415 9445 3050	X-Band 1.0 S-Band 1.0	5	20초 on, 40초 off
4103.6 M4445.6	동해안	청도 등표 Cheongdo	37-30.23N 130-55.12E	G - - -	2M00L1D 9375 9410 9415 9445 3050	X-Band 1.0 S-Band 1.0	5	20초 on, 40초 off
4103.7	동해안	호산항 한국남방파제등대 Hosan Hang	37-09.92N 129-21.93E	C - - -	2M00L1X 9375 9410 9415 9445 3050		10	30s On, 30s Off
4104 M4440	동해안	독도 등대 Dokdo	37-14.36N 131-52.19E	K - - -	2M00L1D 9375 9410 9415 9445 3050	X-Band 1.0 S-Band 1.0	10	20초 on, 40초 off

2M00L1D	X-Band	10	20초 on, 40초 off
9375	1.0		
9410	S-Band		
9415	1.0		
9445			
3050			

특수 항로표지

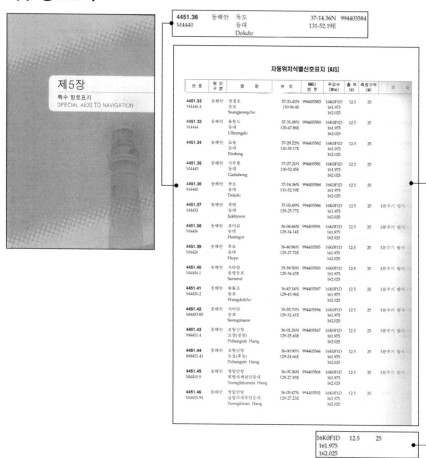

4451.36	동해안	독도	37-14.36N	994403584
M4440		등대	131-52.19E	
		Dokdo		

자동위치식별신호표지 [AIS]

번 호	항안구분	명 칭	위 치	WGS1번 호	주파수(Mhz)	출 력(W)	측정구역(M)	기 사
4451.32 M4446.4	동해안	상정초 등표 Sangjeongcho	37-33.41N 130-56.4E	994403583	16K0F1D 161.975 162.025	12.5	25	
4451.33 M4444	동해안	울릉도 등대 Ulleungdo	37-31.08N 130-47.86E	994403580	16K0F1D 161.975 162.025	12.5	25	
4451.34	동해안	도동 등대 Dodong	37-29.22N 130-55.17E	994403582	16K0F1D 161.975 162.025	12.5	25	
4451.35 M4445	동해안	가두봉 등대 Gadubong	37-27.21N 130-52.45E	994403581	16K0F1D 161.975 162.025	12.5	25	
4451.36 M4440	동해안	독도 등대 Dokdo	37-14.36N 131-52.19E	994403584	16K0F1D 161.975 162.025	12.5	25	
4451.37 M4432	동해안	죽변 등대 Jukbyeon	37-03.49N 129-25.77E	994403586	16K0F1D 161.975 162.025	12.5	25	3분주기 발사
4451.38 M4406	동해안	호미곶 등대 Homigot	36-04.66N 129-34.14E	994403591	16K0F1D 161.975 162.025	12.5	25	3분주기 발사
4451.39 M4426	동해안	후포 등대 Hupo	36-40.86N 129-27.72E	994403585	16K0F1D 161.975 162.025	12.5	25	3분주기 발사
4451.40 M4404.1	동해안	사라말 봉방등표 Saramal	35-59.50N 129-34.43E	994403593	16K0F1D 161.975 162.025	12.5	25	3분주기 발사
4451.41 M4430.2	동해안	왕돌초 등표 Wangdolcho	36-43.14N 129-43.94E	994403587	16K0F1D 161.975 162.025	12.5	25	3분주기 발사
4451.42 M4403.85	동해안	서마암 등표 Seongmaam	35-55.73N 129-32.41E	994403594	16K0F1D 161.975 162.025	12.5	25	3분주기 발사
4451.43 M4411.4	동해안	포항신항 도등(전등) Pohangsin Hang	36-01.26N 129-25.43E	994403567	16K0F1D 161.975 162.025	12.5	25	3분주기 발사
4451.44 M4411.41	동해안	포항신항 도등(후등) Pohangsin Hang	36-00.90N 129-24.66E	994403566	16K0F1D 161.975 162.025	12.5	25	3분주기 발사
4451.45 M4410.9	동해안	영일만신항 북방파제남단등대 Yeongilmansin Hang	36-05.36N 129-27.83E	994403568	16K0F1D 161.975 162.025	12.5	25	3분주기 발사
4451.46 M4410.94	동해안	영일만항 남방파제북단등대 Yeongilman Hang	36-05.47N 129-27.23E	994403592	16K0F1D 161.975 162.025	12.5	25	

16K0F1D	12.5	25
161.975		
162.025		

제5장

특수 항로표지
SPECIAL AIDS TO NAVIGATION

외교문서상의 독도표기의 변화

미국

대한민국은 1954년 8월 18일 주한 미국대사관에 독도등대 건립을 통고하고, 해도에 독도등대를 표기해줄 것을 요청. 독도를 Dok-To Islet로 표기.

1954년 8월 20일 미국 대사관에서 본국으로 송부한 문서의 독도명칭은 Tokto(Liancourt Rocks).

교황사절관

1954년 8월 18일 대한민국은 주한 교황사절관에 통고한 문서에 독도를 Dok-To Islet로 표기.

1954년 8월 20일 주한 교황사절관의 독도등대 건립을 축하하는 공한에 독도를 Dok-To Island로 표기.

한국 등대표상 독도 영문 명칭의 변화과정

Tok Do	Tok To	Tokto	Dog do	Tokto	Dokto	Dokdo
1954년	1957년	1964년	1975년	1996년	2001년	2010년

미국 등대표상의 독도명칭의 변화

1959년	Take Shima(Liancourt Rocks)
1961년	Take Shima(Liancourt Rocks)(Japan)
1963년	Tok to(Liancourt Rocks)
2004년	Tok To
2018년	Dokto

3. 미국 등대표

2021년
PUB. NO. 112
Dokto로 등재

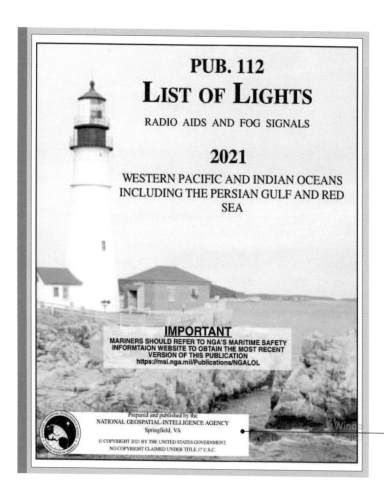

미국 국립지리정보국 발행 ●

독도의 명칭은 Dokto

1954년 건립된 독도등대가 울릉도와 함께 대한민국(SOUTH KOREA)등대로 등재되었다.
독도등대의 소속국가인 Korea로 등재.
독도등대의 미국등대번호는 16548, 국제등대번호는 F4440으로 등재되었다.
등대의 명칭은 Dokto로 등재되었다.

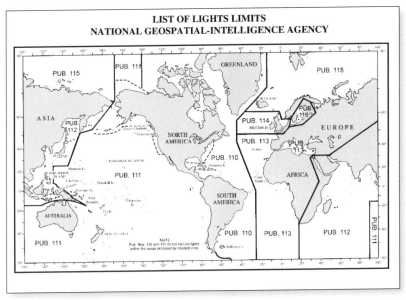

PUB 112에 한국 중국, 일본 인도와 동남아시아, 중동국가 등이 포함되어 있다.

2021
미국 등대표

PUB. No. 112에 있는 한국(KOREA)의 등대에 ULLUNG DO가 등재되어 있고
독도가 Dokto로 37° 14.4'N, 131° 52.2'E의 위치에 미국 등대번호 16548와
독도의 국제번호인 M4440으로 등재되어 있다.
KOREA에 한국과 북한을 구별없이 등재하던 방식에서
KOREA를 South Korea와 North Korea로 나누어 등재하고 있다.

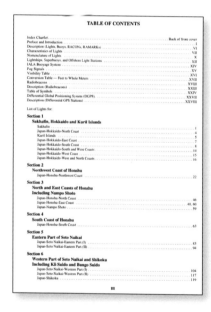

TABLE OF CONTENTS

Index Chartlet .... Back of front cover
Preface and Introduction I
Description (Lights, Buoys, RACONs, RAMARKs) VI
Characteristics of Lights VII
Nomenclature of Lights X
Lightships, Superbuoys, and Offshore Light Stations XII
IALA Buoyage System XIV
Fog Signals XV
Visibility Table XVI
Conversion Table — Feet to Whole Meters XVII
Radiobeacons XVIII
Description (Radiobeacons) XXIII
Table of Symbols XXIV
Differential Global Positioning System (DGPS) XXVII
Description (Differential GPS Stations) XXVIII

List of Lights for:

Section 1
  Sakhalin, Hokkaido and Kuril Islands
    Sakhalin 1
    Japan-Hokkaido-North Coast 4
    Kuril Islands 5
    Japan-Hokkaido-East Coast 7
    Japan-Hokkaido-South Coast 8
    Japan-Hokkaido-South and West Coasts 14
    Japan-Hokkaido-West Coast 15
    Japan-Hokkaido-West and North Coasts 16
Section 2
  Northwest Coast of Honshu
    Japan-Honshu-Northwest Coast 22
Section 3
  North and East Coasts of Honshu
  Including Nampo Shoto
    Japan-Honshu-North Coast 46
    Japan-Honshu-East Coast 48, 60
    Japan-Nampo Shoto 59
Section 4
  South Coast of Honshu
    Japan-Honshu-South Coast 63
Section 5
  Eastern Part of Seto Naikai
    Japan-Seto Naikai-Eastern Part (I) 83
    Japan-Seto Naikai-Eastern Part (II) 94
Section 6
  Western Part of Seto Naikai and Shikoku
  Including Kii Suido and Bungo Suido
    Japan-Seto Naikai-Western Part (I) 104
    Japan-Seto Naikai-Western Part (II) 117
    Japan-Shikoku 119

III

Japan-Shikoku and Kyushu 123
Section 7
  Kyushu
    Japan-Kyushu 127
    Japan-Kyushu-Outlying Islands 147
Section 8
  Ryukyu Islands and Taiwan
    Ryukyu Islands 155
    Taiwan 162
Section 9
  Philippines and Pacific Coast of Russia
    Philippines 173
    Russia 199
Section 10
  Korea
    North Korea 211, 270
    South Korea 213
Section 11
  China
    China 273, 293
    China-Ch'Ang Chiang (Yangtze River) 290
Section 12
  Vietnam, Gulf of Thailand and South China Sea
    Vietnam 337, 340
    South China Sea 339
    Cambodia-Thailand 343
    Thailand-East Coast 345
    Malaysia-East Coast 351
Section 13
  Singapore Strait and Strait of Malacca
    Malaysia-Singapore-Indonesia (Singapore Strait) 358
    Singapore-Indonesia 360
    Malaysia-West Coast 364
    Thailand-West Coast 373
    Indonesia (Sumatera-North Coast and Adjacent Islands) 375
    Indonesia (Sumatera-East Coast and Adjacent Islands) 379
Section 14
  Sumatera and Jawa
    Indonesia (Sumatera-East Coast and Adjacent Islands) 387
    Indonesia (Bangka) 389
    Indonesia (Belitung) 392
    Indonesia (Sumatera-East Coast) 393
    Indonesia (Sumatera-South Coast) 394
    Indonesia (Sumatera-West Coast) 395
    Indonesia (Jawa-Adjacent Islands) 403
Section 15
  Borneo
  Including Surawak, Sabah and Brunei
    Malaysia (Sarawak) 418

IV

Section 10
대한민국

Section 10

Korea

(1) No.	(2) Name and Location	(3) Position	(4) Characteristic	(5) Height	(6) Range	(7) Structure	(8) Remarks
			NORTH KOREA				
16200 af 4570	**Nan Do.**	42° 13.8 N 130° 31.7 E	Fl.W. period 5s	128 39	17	White square concrete tower. 36.	Visible 237°-193°. Siren: 1 bl. ev. 36s (bl. 7s, si. 29s).
16204 af 4580	Ogaram San, about 914 meters NNE. of Ogaram Dan.	42° 16.5 N 130° 38.2 E	F.G.	180 55	8	White metal tower, concrete base. 20.	Horn.
	SOSURA HANG.						
16208 af 4582	-E. breakwater, head.	42° 16.6 N 130° 35.8 E	Fl.W.	19 6	7	White metal column, concrete base. 15.	
16212 af 4584	-W. breakwater, head.	42° 16.5 N 130° 35.7 E	F.R.	19 6	6	Red metal column, concrete base. 15.	
	UNGGI MAN.						
16216 af 4578	-E. breakwater, head.	42° 19.9 N 130° 24.3 E	F.G.	33 10	4	Red metal column, concrete base. 16.	
16220 af 4574	-W. breakwater, head.	42° 20.0 N 130° 24.0 E	F.R.	20 6	6	White metal column, concrete base. 16.	
16224 af 4576	-Detached breakwater, W. head.	42° 19.9 N 130° 24.1 E	F.R.	21 6	8	Red metal column, concrete base. 16.	
16228 af 4588	Kwak Tan.	42° 15.0 N 130° 24.1 E	Fl.W. period 12s	200 61	13	White square concrete tower. 23.	Visible 198°-050°. Horn.
	NAJIN MAN.						
16232 af 4558	-Toech'o Do.	42° 09.0 N 130° 16.6 E	Fl.(3)W. period 25s	394 120	27	White square concrete tower. 43.	Visible 228°-142°. Siren: 1 bl. ev. 45s (bl. 5s, si. 40s).
16248 af 4552	-Ongrong Am, NE. side of Injin Mal.	42° 04.7 N 130° 27.6 E	Fl.(2)W. period 6s	60 18	12	Black round concrete tower. 56.	
16252 af 4540	**Komalsan Dan.**	41° 45.8 N 129° 50.8 E	L.Fl.W. period 6s	194 59	20	White hexagonal brick tower. 46.	Visible 222°-091°. Siren: 1 bl. ev. 45s (bl. 5s, si. 40s).
	CHONGJIN.						
16260 af 4542	-Dong Hang, breakwater, head.	41° 46.6 N 129° 49.3 E	F.G.	45 14	8	Red round concrete tower. 35.	
16262 af 4549	--SW. corner of W. pier.	41° 46.8 N 129° 49.2 E	Oc.R.				
16264 af 4544	-E. pier, head.	41° 46.7 N 129° 49.7 E	F.R.	23 7	2	Red metal column, concrete base. 16.	
16268 af 4546	-So Hang, breakwater, head.	41° 44.9 N 129° 46.1 E	F.G.	39 12	5	Green tower. 30.	
16269 af 4547	--Root.	41° 45.4 N 129° 46.1 E	F.R.			2	
16272 af 4534	**Orang Dan.**	41° 22.9 N 129° 48.3 E	Iso.W. period 4s	138 42	15	White round brick tower. 26.	Visible 125°-005°. Siren.

The existence and operation of all navigational aids should be considered unreliable on the east coast of North Korea.

211

Dokto로 등재

16548	Dokto.	37° 14.4′ N	FLW.		341
M 4440		131° 52.2′ E	period 10s		104

SOUTH KOREA

16467 Samchok Hang. M 4437.2	37° 26.3′ N 129° 11.4′ E	Dir.W.R.G.	105 32	W. 21 R. 17 G. 17	White metal tower; 102.	F.R. 318°48′-320°24′, F.W.-322°, F.G.-323°36′.
16488 -S. breakwater, head. M 4436	37° 25.9′ N 129° 11.6′ E	FLG. period 4s	46 14	8	White round concrete tower; 33.	F.W. 14m spotlight, visible 122°-162°.
16492 -N. breakwater, head. M 4437	37° 25.9′ N 129° 11.8′ E	FLR. period 4s	52 16	9	Red round concrete tower; 33.	
16496 Pi Mai. M 4438	37° 22.8′ N 129° 15.4′ E	FLW. period 5s	249 76	10	White round concrete tower; 49.	AIS (MMSI No 994403805).
16502 -Groin. M 4434.3	37° 17.3′ N 129° 18.9′ E	FLG. period 5s	36 11	6	Red round concrete tower; 33.	
16504 -Breakwater, head. M 4434.2	37° 17.4′ N 129° 18.9′ E	FLR. period 5s	56 17	6	White round steel tower; 33.	
16504.5 Chogok Hang. M 4434.5	37° 18.7′ N 129° 17.5′ E	FLG. period 5s	39 12	8	White quadrangular metal tower; 20.	
16505 Toksan Hang, N. breakwater. M 4434.75	37° 22.5′ N 129° 15.3′ E	FLR. period 5s	52 16	6	Red round concrete tower; 33.	
16506 -S. breakwater. M 4434.7	37° 22.5′ N 129° 15.2′ E	FLG. period 5s	46 14	6	White round concrete tower; 36.	
16508 Imunae Hang. M 4433.7	37° 14.1′ N 129° 21.3′ E	FLW. period 8s	197 60	22	White round concrete tower; 33.	
16516 -N. breakwater, head. M 4433.8	37° 13.5′ N 129° 20.6′ E	FLG. period 5s	43 13	8	White round concrete tower; 33.	
16518 --Breakwater, head. M 4433.9	37° 13.5′ N 129° 20.7′ E	FLR. period 4s	52 16	6	Red round concrete tower; 33.	AIS (MMSI No 994403807).
--RACON		G(- - •)	10			(3 & 10cm).
ULLUNG DO:						
16520 -Hyongnangap. M 4446.2	37° 29.2′ N 130° 55.2′ E	FLW. period 14s	381 116	26	White round concrete tower; 43.	Visible 183°-040°. AIS (MMSI No 994403582). Horn: 1 bl. ev. 60s (bl. 5s, si. 55s).
16524 --Jeodong Hang, N. M 4445.7 breakwater, head.	37° 29.9′ N 130° 54.9′ E	FLR. period 5s	52 16	6	Red round concrete tower; 26.	
16528 ---S. breakwater, head. M 4445.8	37° 29.8′ N 130° 54.8′ E	FLG. period 5s	52 16	5	White round concrete tower; 26.	
16536 -Ch'onbu Hang, breakwater. M 4443 head.	37° 32.5′ N 130° 52.3′ E	FLG. period 5s	29 9	5	White round concrete column; 26.	
16541 -Ssangjongcho. M 4446.4	37° 33.4′ N 130° 56.4′ E	FL(2)W. period 5s	56 17	8	ISOLATED DANGER BRB, beacon, topmark; 75.	AIS (MMSI No 994403583).
-RACON		C(- • - •)	10			(3 & 10cm).
16542 -N. breakwater. M 4443.5	37° 31.6′ N 130° 49.7′ E	FLR. period 5s	56 17	5	Red round concrete column; 34.	
16544 -Kanryong Mai. M 4446.3	37° 27.2′ N 130° 52.5′ E	FLW. period 5s	69 21	19	White octagonal concrete tower; 49.	Visible 270°-110°. AIS (MMSI No 994403581).
16548 Dokto. M 4440	37° 14.4′ N 131° 52.2′ E	FLW. period 10s	341 104	25	White round concrete tower; 49.	Visible 140°-117°. Radar reflector.
RACON		K(- • -)	10			(3 & 10cm).
16551 Hosan Hang. M 4433.5	37° 10.5′ N 129° 21.1′ E	FLR. period 5s	46 14	8	Red round tower; 33.	
16551.1 -Hosan groin. M 4433.6	37° 10.5′ N 129° 21.0′ E	FLG. period 5s	46 14	8	White round tower; 33.	

217

341		25	White round concrete tower; 49.	Visible 140°-117°.
104				Radar reflector.

CROSS REFERENCE인 INTERNATIONAL과 U.S. LIGHT NUMBER인 M4440과 16548로 등재되어 있다.

CROSS REFERENCE - INTERNATIONAL vs. U.S. LIGHT NUMBER

Inter.	U.S.	Inter.	U.S.	Inter.	U.S.	Inter.	U.S.
M4378.1	16711.89	M4401	16665	M4413.638	16611.6	M4447.6	16460
M4378.2	16711.9	M4402	16664	M4413.65	16611.5	M4448	16466
M4378.3	16711.88	M4403	16662	M4413.7	16609	M4448.4	16467
M4379.2	16708	M4403.3	16661.9	M4413.75	16610	M4448.5	16469
M4379.4	16710	M4403.5	16661.7	M4413.8	16611	M4449	16456
M4379.45	16710.5	M4403.6	16661.61	M4414	16604	M4449.05	16455
M4379.48	16710.6	M4403.8	16661.5	M4415	16600	M4449.06	16455.1
M4379.5	16711	M4403.85	16661.6	M4417	16596.5	M4449.1	16454
M4379.6	16711.3	M4403.88	16661.4	M4418	16596	M4449.2	16454.1
M4379.65	16711.35	M4403.9	16661.3	M4419	16595	M4449.25	16454.2
M4379.7	16709	M4404	16656	M4420	16598	M4449.3	16449
M4381	16711.85	M4404.1	16656.1	M4420.3	16594	M4449.35	16450
M4381.12	16706	M4404.3	16655.1	M4421	16592	M4449.4	16453
M4381.14	16711.6	M4404.4	16655	M4424	16584	M4449.5	16452
M4381.15	16711.66	M4404.6	16654	M4424.5	16597	M4449.6	16451.7
M4381.151	16711.67	M4405	16660	M4424.6	16598	M4449.65	16451.8
M4381.16	16711.65	M4405.5	16661	M4426	16572	M4449.7	16451.6
M4381.18	16711.8	M4405.6	16652.1	M4427	16574	M4449.75	16451.65
M4381.19	16705	M4406	16652	M4428.1	16581	M4449.8	16451
M4381.2	16705.1	M4408	16643	M4430	16580	M4449.85	16451.5
M4381.21	16711.84	M4408.5	16642.5	M4430.04	16576	M4449.9	16435.1
M4381.3	16690	M4408.55	16642.6	M4430.2	16571	M4450	16436
M4381.301	16690.1	M4408.58	16642.4	M4430.3	16569.7	M4452	16440
M4381.302	16690.2	M4408.6	16642.3	M4430.31	16569.9	M4452.5	16444
M4381.303	16690.3	M4408.8	16645	M4430.5	16569	M4453	16448
M4381.304	16690.4	M4409	16644	M4430.8	16569.1	M4455	16432
M4381.305	16690.5	M4410	16648	M4430.85	16569.5	M4455.4	16433
M4381.306	16690.6	M4410.1	16648.6	M4431	16568	M4455.5	16431
M4381.307	16690.7	M4410.2	16648.5	M4431.2	16566	M4455.6	16430
M4381.308	16690.8	M4410.5	16616	M4431.4	16566.2	M4456	16428
M4381.36	16691	M4410.52	16614.5	M4431.45	16565	M4456.2	16429
M4381.38	16691.5	M4410.54	16615	M4431.5	16564	M4456.5	16424
M4381.4	16692	M4410.6	16614	M4432	16552	M4456.8	16423.1
M4381.5	16696	M4410.65	16615.5	M4432.6	16556	M4456.85	16423
M4381.6	16696.1	M4410.8	16613	M4433	16560	M4456.9	16421
M4381.8	16699.5	M4410.9	16613.5	M4433.5	16551	M4456.93	16422
M4382	16700	M4410.94	16615.8	M4433.6	16551.1	M4457	16420
M4382.5	16698	M4410.95	16615.9	M4433.7	16508	M4458	16404
M4382.7	16699	M4410.96	16615.6	M4433.8	16516	M4458.1	16406
M4383	16702	M4410.97	16615.7	M4433.9	16518	M4458.15	16416
M4383.2	16702.5	M4411	16636	M4434.2	16504	M4458.18	16418
M4385	16688	M4411.2	16640	M4434.3	16502	M4458.2	16414
M4388	16687	M4411.4	16626	M4434.5	16504.5	M4458.3	16408
M4389	16686	M4411.41	16627	M4434.7	16506	M4458.4	16409.5
M4390	16684	M4412	16624	M4434.75	16505	M4458.45	16410
M4394	16680	M4412.5	16632	M4435	16496	M4458.6	16412
M4394.5	16683	M4412.6	16628	M4436	16488	M4458.63	16396.5
M4395	16682	M4412.7	16634	M4437	16492	M4458.64	16397
M4396.5	16680.9	M4412.72	16633	M4437.2	16487	M4458.7	16376.7
M4396.6	16681.2	M4412.8	16642	M4440	16548	M4459	16380
M4396.7	16675.5	M4413	16620.5	M4443	16536	M4459.15	16385
M4396.8	16675	M4413.2	16620	M4443.5	16542	M4459.16	16384
M4397	16674	M4413.21	16621.1	M4445	16544	M4459.2	16386
M4397.1	16673.6	M4413.22	16621.2	M4445.7	16524	M4459.25	16386.1
M4397.3	16673.5	M4413.23	16621.3	M4446.8	16528	M4459.3	16378
M4397.4	16673	M4413.4	16621	M4446.2	16520	M4459.4	16379
M4397.5	16673.1	M4413.45	16617	M4446.4	16541	M4459.43	16377
M4397.7	16672.7	M4413.55	16612.5	M4446.5	16484	M4459.45	16376.5
M4397.77	16672.6	M4413.57	16612.3	M4446.6	16480	M4459.5	16388
M4397.85	16672.3	M4413.58	16612.2	M4446.63	16486	M4459.54	16396
M4397.86	16672.5	M4413.6	16612	M4446.7	16485	M4459.6	16392
M4398.2	16672.1	M4413.625	16611.9	M4446.8	16478	M4459.65	16387
M4399.2	16672.2	M4413.63	16611.8	M4447	16484	M4459.7	16376
M4399.5	16669	M4413.632	16611.7	M4447.5	16463	M4459.75	16374
M4400	16668	M4413.636	16611.65	M4447.51	16463.5	M4459.9	16369

667

M4440	16548

4. 일본 등대표

일본 등대표에 독도등대는 없다
LIST OF AIDS TO NAVIGATION
독도가 위치한 지점에는 독도등대는 물론
어떤 표지도 표시되어 있지 않다.

書誌第 411 号
Pub. No. 411

灯　台　表
LIST OF AIDS TO NAVIGATION

第　1　巻
Vol. 1

令和 2 年 3 月
March, 2020

海　上　保　安　庁
Japan Coast Guard

일본등대표 기재구역 일람도

일본국 해상보안청에서는 일본국 제도와 인접국의 모든 해안을
포함하여 총 2권의 등대표를 간행하고 있다. 제1권의 등대표는
일본국 제국의 항로표지를 기재하고, 제2권에서는 일본과 인접한
국가의 연안의 항로표지를 기재하고 있다.

灯台表各巻記載区域一覧図 Coverage of each Lists (Vol.1,2)

제1권 (일본), 제2권(일본외)에 독도등대는 등재되지 않았다.

일본 본주 북서안에 있는 등대
제1권
여기에 독도등대는 찾을 수 없다.

本州北西岸 Honshu-Northwest Coast

航路標識番号 名称・位置・灯質	灯高	光達距離	構造・高さ	備考
1221.2 中能登農道橋橋梁灯 (P1 灯) Nakanoto 37 08.2N F Y 136 54.3E 不動黄光	4.9	4		明弧 314° ～276°
1221.21 中能登農道橋橋梁灯 (P2 灯) Nakanoto 37 08.2N F Y 136 54.3E 不動黄光	4.9	4		明弧 245° ～207°
1221.22 中能登農道橋橋梁灯 (P3 灯) Nakanoto 37 08.2N F Y 136 54.3E 不動黄光	3.6	4		明弧 65° ～9°
1221.23 中能登農道橋橋梁灯 (P4 灯) Nakanoto 37 08.2N F Y 136 54.3E 不動黄光	3.6	4		明弧 152° ～96°
1221.24 中能登農道橋橋梁灯 (P5 灯) Nakanoto 37 08.2N F Y 136 54.2E 不動黄光	3.6	4		明弧 350° ～262°
1221.25 中能登農道橋橋梁灯 (P6 灯) Nakanoto 37 08.1N F Y 136 54.2E 不動黄光	3.6	4		明弧 289° ～171°
1221.26 中能登農道橋橋梁灯 (P7 灯) Nakanoto 37 08.1N F Y 136 54.0E 不動黄光	3.6	4		明弧 79° ～351°
1221.27 中能登農道橋橋梁灯 (P8 灯) Nakanoto 37 08.1N F Y 136 54.0E 不動黄光	3.6	4		明弧 170° ～82°
1221.28 中能登農道橋橋梁灯 (C1 灯) Nakanoto 37 08.2N F W 136 54.3E 不動白光	16	4		明弧 81° ～261°
1221.29 中能登農道橋橋梁灯 (C2 灯) Nakanoto 37 08.2N F W 136 54.3E 不動白光	16	4		明弧 261° ～81°
1221.3 中能登農道橋橋梁灯 (C3 灯) Nakanoto 37 08.1N Iso W 4s 136 54.1E 等明暗白光 明2秒暗2秒	21	4		明弧 81° ～261°
1221.31 中能登農道橋橋梁灯 (C4 灯) Nakanoto 37 08.1N Iso W 4s 136 54.1E 等明暗白光 明2秒暗2秒	21	4		明弧 261° ～81°
1221.5 能登中ノ島灯台 Noto-nakanoshima 37 09.5N Fl W 4s 136 54.8E 単閃白光 毎4秒に1閃光	7	5	白塔形 6	
1222 祖母ケ浦漁東防波堤灯台 Bagaura Ko 37 10.1N Fl G 4s 137 02.1E 単閃緑光 毎4秒に1閃光	10	3	白塔形 9	
1223 鰀目漁第1防波堤灯台 Enome Ko 37 09.2N Fl (2) R 5s 137 03.2E 群閃赤光 毎5秒に2閃光	13	5	赤塔形 10	
1224 勝尾埼烏帽子岩照射灯 Katsuosaki 37 09.0N F W 137 03.2E 不動白光	11		白塔形 9	灯光は本灯の東北東方約340mの烏帽子岩を照らす
1224.8 鵜浦漁防波堤灯台 Unoura Ko 37 06.1N Fl R 3s 137 03.2E 単閃赤光 毎3秒に1閃光	8	3	赤塔形 6	
1225 M7172 能登観音埼灯台 Noto-kannonsaki 37 06.4N Fl W 8s 137 03.5E 単閃白光 毎8秒に1閃光	32	16	白塔形 12	明弧 155° ～5°
1226 七尾港第1号灯浮標 Nanao Ko 37 06.9N Fl (2) G 6s 137 03.2E 群閃緑光 毎6秒に2閃光		5	緑色円筒形頭標1個 付緑やぐら形	
1227 七尾港第2号灯浮標 Nanao Ko 37 07.0N Fl (2) R 6s 137 03.1E 群閃赤光 毎6秒に2閃光		4	赤色円すい形頭標1 個付赤やぐら形	
1228 七尾港第4号灯浮標 Nanao Ko 37 06.9N Fl R 3s 137 02.6E 単閃赤光 毎3秒に1閃光		4	赤色円すい形頭標1 個付赤やぐら形	
1229 七尾港第5号灯浮標 Nanao Ko 37 06.7N Fl G 3s 137 02.2E 単閃緑光 毎3秒に1閃光		4	緑色円筒形頭標1個 付緑やぐら形	
1230 七尾港第7号灯浮標 Nanao Ko 37 06.7N Fl (2) G 6s 137 02.0E 群閃緑光 毎6秒に2閃光		4	緑色円筒形頭標1個 付緑やぐら形	

-49-

2020년 일본 등대표
제2권

조선반도동안
울릉도는 있지만 독도등대는 찾을 수 없다.

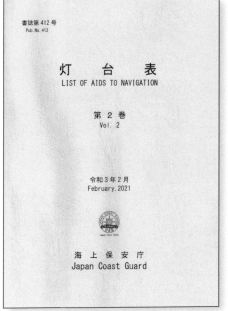

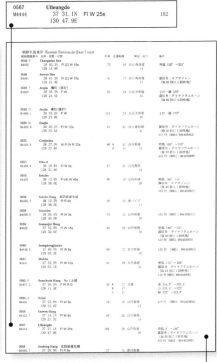

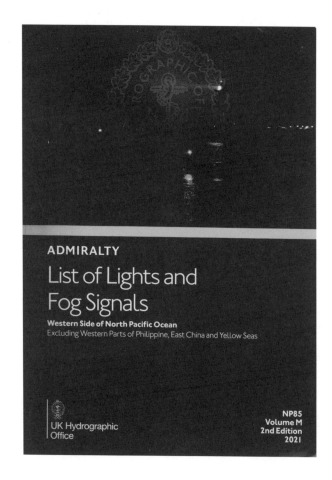

– Korea—South Coast .... M4239·5
– Yellow Sea—Korea (*continued*) .... M4247·5
– Korea—South Coast (*continued*) M4248
– East China Sea—Korea...................... M4252
– Jejudo—Korea M4254
– Korea—South Coast (*continued*) .... M4274·65
– – East Coast............................. M4375·5

영국등대표에는 독도등대를
대한민국(Korea, Republic of)
등대로 등재.

LIGHTS – LOCATION AND LIGHT NUMBERS

Location	Light Numbers
North Pacific Ocean—Yellow Sea—Korea.......	M4100
– Korea—South Coast	M4239·5
– Yellow Sea—Korea (*continued*)	M4247·5
– Korea—South Coast (*continued*)	M4248
– East China Sea—Korea	M4252
– Jejudo—Korea	M4254
– Korea—South Coast (*continued*)	M4274·65
– – East Coast	M4375·5
– East China Sea—Nansei Shoto—Japan	M4727
– Philippine Sea—Nansei Shoto—Japan	M4748·5
– East China Sea—Nansei Shoto—Japan (*continued*)	M4762·9
– Philippine Sea—Nansei Shoto—Japan (*continued*)	M4765·1
– East China Sea—Nansei Shoto—Japan (*continued*)	M4765·2
– Philippine Sea—Nansei Shoto—Japan (*continued*)	M4792
– Philippine Sea—Nansei Shoto—Japan (*continued*)	M4800·4
– East China Sea—Nansei Shoto—Japan (*continued*)	M4802
– (P)—Kyushu—West Coast—Japan	M4805
– Philippine Sea—Kyushu—East Coast—Japan	M4839
– Bungo Suido—Kyushu—North-East Coast—Japan	M4909·8
– Seto Naikai—Kyushu—North-East Coast—Japan (*continued*)	M4946
– Philippine Sea—Bungo Suido—Kyushu—North-East Coast—Japan (*continued*)	M4947-04
– Seto Naikai—Kyushu—North-East Coast—Japan (*continued*)	M4947-06
– East China Sea—Koshiki Shima Retto—Japan	M4992
– Danjo Gunto—Japan	M4998
– Goto Retto—Japan	M5002
– Korea Strait—Tsu Shima—Japan	M5038
– Eastern Channel—Okino Shima—Japan	M5076
– East China Sea—Korea Strait—West Coast—Japan	M5082
– Koshiki Shima Retto—Japan	M5092
– Kyushu—West Coast—Japan (*continued*)	M5093
– Kyushu—West Coast—Japan	M5193
– North—West Coast—Japan	M5250-4
– Korea Strait—Eastern Channel—Japan	M5258
– Kyushu—North-West Coast—Japan (*continued*)	M5265
– Kanmon Kaikyo—Approaches—Japan	M5295
– Seto Naikai—Kanmon Kaikyo—Japan	M5297
– Kanmon Kaikyo—Approaches—Japan (*continued*)	M5322
– Seto Naikai—Kanmon Kaikyo—Approaches—Japan	M5332
– Kanmon Kaikyo—Approaches—Japan (*continued*)	M5334
– Seto Naikai—Kanmon Kaikyo—Japan	M5335-2
– Honshu—South Coast—Japan	M5366
– Shikoku—North Coast—Japan	M5424
– Seto Naikai—Shikoku—Japan	M5551-1
– Philippine Sea—Shikoku—East Coast—Japan	M5577-06
– – South Coast—Japan	M5602
– Bungo Suido—Shikoku—West Coast—Japan	M5612-14
– Seto Naikai—Honshu—South Coast—Japan (*continued*)	M5626
– Kii Suido—Awaji Shima—Japan	M5811-4
– Seto Naikai—Honshu—South Coast—Japan (*continued*)	M5818-4
– Kii Suido—Honshu—Japan	M5959
– Philippine Sea—Honshu—South Coast—Japan	M5974
– Nampo Shoto—Japan	M6272
– Nanpo Shoto—Japan	M6280
– Philippine Sea—Honshu—South Coast—Japan (*continued*)	M6290
– Honshu—South Coast—Japan (*continued*)	M6296
– – Tokyo Wan	M6354
– – East Coast—Japan	M6456
– – North Coast—Japan	M6630
– Hokkaido—South Coast—Japan	M6684
– – South—East Coast—Japan	M6802-2
– Sea of Okhotsk—Hokkaido—North-East Coast—Japan	M6840
– Hokkaido—West Coast—Japan	M6906
– Honshu—West Coast—Japan	M7048
– Russia	M7420
– Tatarskiy Proliv—Russia	M7618
– Sea of Okhotsk—Ostrov Sakhalin—West Coast—Russia	M7679
– Tatarskiy Proliv—Ostrov Sakhalin—Russia	M7700
– Sea of Okhotsk—Ostrov Sakhalin—Russia	M7800
– – East Coast—Russia	M7847
– – West Coast—Russia	M7904
– – East Coast—Russia (*continued*)	M7920
– – Russia	M7982
– Kuril'skiye Ostrova (Kurile Islands)	M8041
– Russia—Poluostrov Kamchatka	M8062
– Russia—Poluostrov Kamchatka (*continued*)	M8063
– Russia—Poluostrov Kamchatka (*continued*)	M8063-7
– Bering Sea—Russia	M8108
– Anadyrskiy Zaliv—Russia	M8150
– Bering Sea—Russia (*continued*)	M8190
– Bering Strait—Russia	M8208
– Philippine Sea—Island Groups—Nanpo Shoto—Japan	M8346
– Philippine Sea—Island Groups—Nanpo Shoto—Japan	M8361
– Philippine Sea—Island Groups—Nanpo Shoto—Japan (*continued*)	M8362
– Mariana Islands—Northern Mariana Islands (US)	M8364
– – Guam (US)	M8382
– Palau Islands—Republic of Palau	M8408
– Caroline Islands—Federated States of Micronesia	M8425
– Island Groups—Caroline Islands—Federated States of Micronesia	M8428
– Marshall Islands—Republic of the Marshall Islands	M8465
– Wake Islands (US)	M8496
– Kiribati (Gilbert Islands)—Republic of Kiribati	M8496
– Line Islands—Republic of Kiribati	M8528
Oil and Gas Production Installations	
– North Pacific Ocean—East China Sea	M9653-5
– Tartarskiy Proliv—Ostrov Sakhalin—Russia	M9840
– Ostrov Sakhalin—East Coast—Russia	M9841
Index	Page 405
National LL Lookup Table	Page 427

iv

ABBREVIATIONS AND GLOSSARY

MAINTENANCE AUTHORITY ABBREVIATIONS AND COUNTRY TWO LETTER CODES

The authorities responsible for maintaining lights are indicated by the following abbreviations/ISO Country 2-letter codes in column 2. ISO Country 2-letter codes are also used in National Light Numbers - see page x.

FM	Federated States of Micronesia	MH	Marshall Islands, Republic of the
JP	Japan	PW	Palau, Republic of
KI	Kiribati, Republic of	RU	Russia
KP	Korea, Democratic Peoples Republic of	US	United States of America
KR	Korea, Republic of		

ABBREVIATIONS USED IN ADMIRALTY LIST OF LIGHTS

AHP	Above Head of Passes (in miles)	Mo	Morse Code light or fog signal
AIS.	Automatic Identification System Station	MV	Mercury vapour discharge lamp greenish-white in colour
Al.	Alternating	N	North
ALL	ADMIRALTY List of Lights and Fog Signals	NE	North-East
AtoN	Aid(s) to Navigation	NNE	North-North-East
bl	Blast	NNW	North-North-West
Bu	Blue	NW	North-West
CALM	Catenary Anchor Leg Mooring	Oc	Occulting
Dia	Diaphone	Oc(.)	Group occulting
Dir Lt	Direction Light	Occas.	Occasional
E	East	(P)	Preliminary
Ec	Eclipse (phase)	PA	Position approximate
ED	Existence Doubtful	Q	Quick flashing
ENE	East-North-East	R	Red
ESE	East-South-East	Racon	Radar responder beacon
Explos	Explosive fog signal	Ramrk.	Radar beacon (continuous)
F	Fixed	RCC	Reinforced Concrete Cement
FDPSO	Floating Drilling Production Storage and Offloading facility	RDB	Right Descending Bank
FFl	Fixed and flashing	RTE	Radar Target Enhancer
FFl(.)	Fixed and group flashing	S	South
Fl	Flashing	s	Seconds
Fl(.)	Group flashing	SALM	Single Anchor Leg Mooring
fl	Flash (phase)	SBM	Single Buoy Mooring
Fog Det Lt	Fog Detector Light	SE	South-East
FPSO	Floating Production Storage and Offloading facility	si	Silence
FSO	Floating Storage and Offloading facility	SPM	Single Point Mooring (Fixed) (SALM Type)
FSU	Floating Storage Unit	SPM	SPM Point Mooring (Floating) (CALM Type)
G	Green	SSE.	South-South-East
GRP	Glass Reinforced Plastic	SSW	South-South-West
gt	Gross Tonnage	St	Saint (and other foreign variations)
HFPB	High Focal Plane Buoy	SV	Sodium vapour discharge lamp orange in colour
(hor)	Horizontal	SW	South-West
Intens.	Intensified sector	Sync	Synchronized
Ireg	Irregular	(T)	Temporary
Iso	Isophase	TALM	Taut Anchor Leg Mooring
Lanby	Large Automatic Navigational Buoy	TD	Temporarily discontinued (non-light AtoN)
LDB	Left Descending Bank	Te	Temporarily extinguished
Lat	Latitude	TSS.	Traffic Separation Scheme
Ldg Lts	Leading Lights	Unintens	Unintensified sector
LED	Light Emitting Diode	UQ	Ultra quick flashing
LFl	Long flash	V-AIS	Virtual Automatic Information System Station
Lit	Light (no details known)	(var)	Varying
Long.	Longitude	(ver)	Vertical
lt	Light (phase)	Vi.	Violet
Lt B	Light Boat	Vis	Visible
Lt V	Light vessel	VQ	Very quick flashing
Lts in line	Lights in line	W	West
M	Sea miles	Whis	Whistle
m	Metres	WNW	West-North-West
min.	Minutes	WSW.	West-South-West
		Y	Yellow, amber or orange

xxi

KR	Korea, Republic of

독도등대를 북태평양 대한민국 동해안에 등재
North Pacific Ocean – Korea – East Coast

M4440	Liancourt Rocks.	37 14·36 N	Fl W 10s
KR, 410, 1278	(Dokdo/Take-shima)	131 52·19 E	
KR, 410, 4104			
KR, 410, 4451·36	- -	. .	Racon
	- -	. .	AIS

North Pacific Ocean — Korea — East Coast

				m	M		
M4440	Liancourt Rocks.	37 14·36 N	Fl W 10s	104	25	White round concrete	W140°-117°(337°)
KR, 410, 1278	(Dokdo/Take-shima)	131 52·19 E				tower	
KR, 410, 4104						15	
KR, 410, 4451·36	- -	. .	Racon	. .	. . . .		ALRS Vol 2 Station 82940
	- -	. .	AIS	. .	. .		MMSI No 994403584
	ULLEUNGDO						
M4443	- Cheonbu Hang.	37 32·42 N	Fl G 4s	9	8	White round metal	. .
KR, 410, 1270	Breakwater. Head	130 52·17 E				tower	
						9	
M4443·5	- Hyeonpo Hang. N	37 31·77 N	Fl R 5s	17	8	Red round concrete	. .
KR, 410, 1272	Breakwater	130 49·66 E				tower	
						10	
M4443·8	- - E Breakwater	37 31·82 N	Fl G 5s	14	8	White round concrete	. .
KR, 410, 1131·4		130 49·71 E				tower	
						8	
M4444	.	37 31·08 N	Fl W 25s	182	26	White round concrete	W002°-246°(244°)
KR, 410, 1269		130 47·86 E				tower	
KR, 410, 4451·33						20	
	-	. .	Horn 50s	. .	. .		Iel 5
		. .	AIS	. .	. .		MMSI No 994403580
M4444·3	Malpbawi	37 29·01 N	Q(9)W 12s	16	9	Ⅹ on yellow post,	. .
KR, 410, 1269·3		130 48·02 E				black band	
						19	
	ULLEUNGDO						
M4444·5	- Namyang Hang. N	37 27·94 N	Fl G 5s	20	8	White round concrete	Floodlit
KR, 410, 1276·11	Breakwater. Head	130 50·07 E				tower	
KR, 410, 1276·12						10	
M4445	- Ganryeongmal. Gadubong	37 27·20 N	Fl W 5s	21	20	White 8-sided	W270°-110°(200°)
KR, 410, 1277		130 52·46 E				concrete tower	
KR, 410, 4451·35		. .	AIS	. .	. .	15	MMSI No 994403581
M4445·3	- Sadong Hang. E	37 27·88 N	Fl G 4s	21	10	White round metal	. .
KR, 410, 1276·4	Breakwater	130 53·28 E				tower	
						11	
		. .	Racon	. .	. .		ALRS Vol 2 Station 82944
M4445·4	- .	37 27·65 N	Fl R 4s	11	9	Red round metal	. .
KR, 410, 1276·9		130 52·80 E				tower	
						7	
M4445·55	- Sadong-1ri Hang	37 28·49 N	Fl G 5s	9	9	White round metal	. .
KR, 410, 1276·1		130 53·74 E				column	
KR, 410, 1276·2	-	. .	F W	9	. .	6	
M4445·6	- Cheongdo	37 30·23 N	Fl(2)W 5s	16	7	Ⅹ on black concrete	. .
KR, 410, 1274·1		130 55·16 E				tower, red band	
KR, 410, 4104·6		. .	Racon	. .	. .	15	ALRS Vol 2 Station 82943
M4445·7	- Jeodong Hang. N	37 29·87 N	Fl R 5s	27	15	Red round concrete	. .
KR, 410, 1273	Breakwater. Head	130 54·85 E				tower	
						19	
M4445·8	- - S Breakwater. Head	37 29·79 N	Fl G 5s	27	15	White round concrete	. .
KR, 410, 1274		130 54·81 E				tower	
						19	
M4446·2	- Haengnammal	37 29·22 N	Fl W 14s	116	26	White round concrete	W183°-040°(217°)
KR, 410, 1275		130 55·16 E				tower	
						13	
	- .	. .	Horn 60s	. .	. .		Iel 5
		. .	AIS	. .	. .		MMSI No 994403582
M4446·4	- Ssangjeongcho	37 33·41 N	Fl(2)W 5s	17	10	Ⅹ on black 4-sided	. .
KR, 410, 1270·5		130 56·40 E				beacon, red band	
KR, 410, 4451·35						23	
		. .	Racon	. .	. .		ALRS Vol 2 Station 82945
		. .	AIS	. .	. .		MMSI No 994403583

m	M		
104	25	White round concrete	W140°-117°(337°)
		tower	
		15	
. .	. . . .		ALRS Vol 2 Station 82940
. .	. . . .		MMSI No 994403584

독도등대의 등대명칭은 Liancourt Rocks(Dokdo/Take-shima)로 등재.
하나의 M4440(독도의 국제등대번호)와 3개의 KR(한국)번호로 표기.
인덱스에 Dokdo와 Dokto의 2개와 Liancourt Rocks와 Take-Shima로 등재.

Dokdo M4440

Name	No.
Chuuk Islands	M8447
Chyeryepakha, Mys	M8050-5
Cosmo Sea Berth	M6097
Cosmo Sekiyu Sea Berth	M6434-7

D

Name	No.
D' = of. See proper name	
Dadaepo	M4354-8
Daebang Hang	M4320-3
Daebo Hang	M4410
Daebongangot	M4272-75
Daebon Hang	M4397-796
Daebyeongdaedo	M4331-75
Daebyeonggpangdo	M4296-7
Daebyeon Hang	M4375-9
Daecheon	M4189-75
Daecheon Hang	M4186
Daecho	M4325-4
Daedan	M4308-98
Daedo	M4308-8
Daedongbue Hang	M4408
Daedaeyeokseo	M4300-6
Daegilsando	M4189-75
Daegokdo	M4230
Daegueulbido	M4332-2
Daegyo = Bridge. See proper name	
Daehan	M4174-5
Daehang	M4325-5
Daehangdo	M4223-5
Daehang co Hang	M4323-?
Daehoonggando	M4308-4
Daeheuksando	M4222-1
Daehuksan Gundo	M4222-5
Daehwasado	M4189-8
Daeil Mal	M4347-3
Daejangdo	M4223-9
Daejin Hang	M4459-7
Daejin Hang (Kyongsangbuk-Do)	M4424-5
Daemoindo	M4206-85
Daenorogdo	M4210
Daepo Hang	M4331-55
Daepyeong Hang	M4274-6
Daeri Hang	M4206-95
Daesan Hang	M4156-57
Daeseo (Jaran Man)	M4321-54
Daeseo (Soando)	M4279-6
Daeyeojido	M4305-445
Dagjin Hang	M4158-7
Dai = Large, Great.	
Daiba Quay	M5107-5
Daiga Hana	M7104
Daiho Ko	M5002-5
Daikoku	M6407
Daikoku Shima (Akkeshi)	M6828
Daikyo	M6097
Daimaru Iso	M7011
Daini Kaiho	M6368
Daio Saki	M6036
Daio Shoto	M4765-1
Dakseom (Cheollipo)	M4154-75
Dakseom (Gogunsan Gundo)	M4206-362
Dallido	M4217-6
Dal'niy, Mys	M7581
Dalseo	M4269-5
Damchuseo	M4249-91
Dan = Cape, Point. See proper name	
Dangdong Hang	M4340-974
Danghang	M4340-995
Dangjeo Hang	M4321-66
Dangjin Hang	M4158-601
Dangjin Power Station	M4162
Dongsado	M4282
Dangsa Hang	M4397-2
Danjo Gunto	M4992
Dapodo	M4335-7
Dasado Hang	M4106
Dashi = Shoal. See proper name	
Date Ko	M6744-5
Datta, Mys	M7670

Name	No.
Davidova, Mys	M7675
Degera, Mys	M7421-5
De-Kastri	M7676
Dentaro Hana	M5664-4
Deoguda	M4283-7
Deokam	M4184-25
Deokchon Hang	M4281-741
Deokdo (Taedong Gong)	M4119
Deokjeokbukri	M4149
Deokjeokdo	M4149-1
Deoksan Hang	M4434-7
Deukon Kang	M4281-56
Deuksaenggot	M4271-5
Deungdaesum	M4218
Deungmudari	M4360
Deungryangman	M4299-67
Devyatyy	M8054-2
Dionisiya	M8166
Do (Korean) = Island, Islands, Province. See proper name	
Dō (Japanese) = Temple, Hall, Church. See proper name	
Dochinyeo	M4343
Dodu Hang	M4265-7
Dodusan Hang	M4265-85
Doenduji	M4281-65
Dogen Ishi	M5689
Dogo	M7319-5
Dohang Sudo	M4149-1
Dokdo	M4440
Dokgeodo	M4243
Dokto	M4440
Dolkkaechyeo	M4330-3
Dolsando	M4309
Dolsan Hang	M4265-8
Domiki Saki	M6545
Donam Hang	M4325-5
Dongam Hang	M4375-81
Dongbaekdo	M4168
Dongbaekeo Hang	M4377-7
Dongbin Bridge	M4413-4
Dongbok Hang	M4269-6
Dongdo	M4323
Dongdornal	M4352
Donggang	M4321-52
Donggimnyeong Hang	M4269-7
Dongwoi Hang	M4264-5
Donghaedaejin	M4449-05
Donghae Hang	M4446-5
Dong Hang	M4542
Dong Hang	
Dongho Hang (Jungnimpo)	M4330-45
Dongho Hang (Tongyeong)	
Haeman)	M4325-85
Dongjin	M4340-99
Dongsandong oe Hang	M4356-2
Dongsan Hang	M4254-15
Donoura	M5552-6
Donseo	M4234-6
Dorido	M4159
Doryongnangdo	M4281-5
Do Saki	M5618
Dosonoorido	M4206-36
Dotumariam	M4346
Dougen Ishi	M5689
Douzaki Ko	M5182-8
Doxen	M7321-7
Dudo	M4355
Duga-Vostochnaya	M8008-2
Duha Hang	M4376-58
Dumido	M4322-37
Dumo Hang	M4256-3
Dunpyeongtan	M4310-63
Duryangseo	M4247-6
Duuri	M4208-8
Dyuanka, Ostrov	M7667
Dzhuuse, Mys	M7982-3

E

Name	No.
Ebi Ko	M5724-9
Ebisano Hana	M5980-9
Ebisu Shima	M6294
Ebito Ko	M5158
Eboshi Shima	M5262
Echigo Sinkawa Ko	M7116-8
Echizen Ko	M7242-6
Echizen Misaki	M7242
Echizen Shirahama Ko	M7243-7
Edagoshi Ko	M5479-5
Edo Kawa	M6428
Egawa	M5980
Egershel'da, Mys	M5137-35
Egushi Ko	M5137-4
Eigashima Ko	M5781
Ei K.	M5802
Eirineiskiy	M8008-1
Eisei	M6178
Ejiri Basin	M6255
Ekikagasu Hana	M4947-1
Ekizavetay, Mys	M7902
Eni Ko	M6465
Eno Ko (Honshu S Coast)	M5068-5
English Harbour	M8528
Enome Ko	M7173
Eno Shima (Honshu)	M6332
Eno Shima (Naikai)	M5681
Enotamari Ko	M7171-4
Enoura Ko	M5504-5
Enyu	M8471
Eocheongdo	M4188
Eocheongdo Hang	M4188-7
Eodal	M4447-51
Eomsudo	M4311-4
Eorang Dan	M4534
Eoranjin Hang	M4279
Eoryongdo	M4278
Eosa Hang	M4185-56
Eoyudo	M4233-5
Eoyujeong Hang	M4146-55
Eru Ko	M7034
Erimo Ko	M6797
Erimo Misaki	M6802
Eroji Island	M6465
E Saki (Awaji Shima)	M5796
E Saki (Kanzaki Wan)	M6027
Esaki Ko	M7358
Esandomari Ko	M6905-2
Esan Ko	M6726-5
Esan Misaki	M6729
Esashi Ko (Hokkaido W Coast)	M7028
Esu Saki	M5989
Etchu Ao Ko	M6997
Etchu Miyazaki Ko (Honshu W Coast)	M7136-8
Etchu Tomari Ko	M7168
Ettomo	M7325
Etomo Ko	M7325
Etsumi Ko	M7103-3
Eulho	M4196
Eulsukdo	M4353-97
Eulsukdo Bridge	M4353-961
Eumjido	M4355-4
Eumjido. Bridge	M4321-493
Eumjeom Hang	M4397-77
Eupcheon	M4397-7
Eupcheon Hang	M4397-7

F

Name	No.
Falalop	M8428
Fanning Island	M8528
Firsova, Mys	M7436
Fort. See proper name	
Fubushino Seto	M5615
Fude Iwa	M4739
Fudosan	M7283-8
Fuemai Ko	M8679
Fuguri Iwa	M5651-7
Fuji Kosan Osaki Seaberth	M5966-6

407

Dokto M4440

PART VII
독도가 일본에서 제외된 일본법령

1. 왜 독도등대가 한국에는 있고 일본에는 없나?

1952년 4월 28일 샌프란시스코 평화조약 발효를 앞두고 일본은 기민하게 움직였다. 가장 중요한 문제는 영토조항과 정치적 및 경제적조항, 그리고 청구권과 재산, 분쟁의 해결조항 등이었다.

그중에서도 신속히 처리하고자 한 것이 영토조항이었다. 이를 위해서는 영토와 관련 있는 일본의 법령들을 정비하는 문제가 시급했다. 패전후 연합국의 지령에 의해 '명령'으로 제정된 각종 포츠담 정령의 정비가 시급했던 것이다.

따라서 우리의 관심을 집중시키는 것은 1952년 샌프란시스코 평화조약 발효전에 개최된 제13회 일본국회에서 정확하게 법안을 통과시키거나 삭제, 실효 또는 개정을 시킨 기록의 분석이다.[32]

이 당시 처리되었던 기록을 살펴보면 포츠담칙령으로 제정된 포츠담명령은 277개인 것으로 분석되었다. 이 중 37개 포츠담정령들이 존속하여 계속 효력을 발휘하는 법률로 통과되었다. 그리고 평화조약 발효일로부터 기산하여 180일간에 한하여 법률로서의 효력을 가지는 포츠담명령이 19개가 통과되었다.

또한 포츠담정령 중에서 독도를 일본의 영토에서 제외시키거나 외국으로 분리하는 포츠담명령은 모두 17개로 조사되었다. 즉 포츠담칙령에 의해 제정된 포츠담명령 277개 중 17개가 독도를 일본의 부속섬에서 제외시키거나 외국으로 규정하고 있었던 것이다.

일본정부는 샌프란시스코 평화조약 발효전인 1952년 4월 28일까지 이들 법령을 전부 철폐시키려고 시도했지만, 2개 포츠담정령과 1개 법률이 일본국회 중의원과 참의원을 통과하여 샌프란시스코 평

---

32) 김 신, 『독도를 지키는 법』, 지영사, 2018, pp. 176-177.

화조약 발효후에도 계속 효력을 가진 법률로 확정되었다.

1. 현행법률로 존속된 정령 제40호

그 중 울릉도, 제주도와 함께 독도를 일본의 영토에서 제외시킨 포츠담정령은 계속 존속되어 현재도 유효하게되었다. 「조선총독부 교통국공제조합의 일본내 재산의 정리에 관한 정령」(정령 제40호, 1951년 3월 6일)이 샌프란시스코 평화조약이 발효된 뒤에 법률 제16호(1952년 3월 28일)로 존치하여 지금까지 계속 효력을 발휘하게 되었던 것이다.

2. 독도를 제외시켰다가 삭제된 법령

「구 일본점령지역에 본점을 둔 회사의 본방 내에 있는 재산의 정리에 관한 정령」(1949년 8월 1일, 정령 제291호)[33]은 법률 제43호(1952년 3월 31일)로 일본국회를 통과하여 샌프란시스코 평화조약 최초의 효력발생일 이후에도 법률로서의 효력을 가지게 되었다. 그러나 이 법령은 독도등대가 건설되기 직전인 1954년 5월 15일 울릉도, 독도, 제주도를 일본에서 제외한다는 조항을 삭제시켰다.

3. 잔존한 법률 제256호

「구령에 의한 공제조합 등으로부터의 연금수급자를 위한 특별조치법」(1950년 12월 12일 법률 제256호)을 시행하기 위한 대장성령 제4호(1951년 2월 13일)는 제4조 제3항에 기초한 일본의 부속도서

---

33) 김 신, 『독도를 지키는 법』, 지영사, 2018, pp.131-201.

에서 울릉도, 독도, 제주도를 제외시켰다.[34]

이 법률 역시 샌프란시스코 평화조약 발효 뒤인 1953년 8월 1일 법률 제158호로 계속 존치되었다. 즉 독도와 울릉도, 제주도를 일본의 영역에서 제외시키는 법률이 일본 국회를 통과하여 함께 현재까지 존속하고 있는 것이다.

4. 독도등대 건립 전에 새로 제정된 독도법령

샌프란시스코 평화조약 발효 후에도 효력을 계속 가지는 법률들을 기반으로 법률이 새로 제정되었는데, 「접수귀금속 등의 수량 등의 보고에 관한 법률」(1952년 8월 5일, 법률 제298호)의 시행에 관한 대장성령 제99호에서 독도를 일본의 부속섬에서 제외시켰다.[35]

일본은 샌프란시스코 평화조약에서 한국으로 반환해야할 섬에서 제주도, 거문도, 울릉도만 명시되고 독도가 빠졌기 때문에 독도가 한국으로 반환되지 않았다고 주장해왔다. 그러나 샌프란시스코 평화조약이 이미 발효되었음에도 새로운 법령을 제정하여 독도를 일본의 부속섬에서 제외시킴으로써 독도가 샌프란시스코 평화조약의 한국으로 반환해야 할 섬 중에 독도가 포함되어 한국으로 반환되었음을 증명하는 것이라고 할 수 있다. 그러나 이법 역시 수년 뒤 독도가 삭제된다.

5. 일본방공식별구역에서 독도 제외

반면 독도등대 건립직전인 1954년 6월 9일 제정된 법률 제165호 (자위대법)는 일본방공식별구역을 명시하고 있는데, 1969년 8월 29일 「방공식별권에 있어서 비행요령에 관한 훈령」에서 울릉도, 독도,

---

34) 김 신, 『일본법이 증명하는 한국령 독도』, 피앤씨미디어, 2015, pp.317-318.
35) 김 신, 『독도를 지키는 법』, 지영사, 2018, pp.317-318..

제주도를 일본방공식별구역에서 제외시켰다. 반면에 제주도, 독도, 울릉도는 2007년 제정된 한국방공식별구역(2007년 법률 제8547호)에 속해 있다.[36]

샌프란시스코 평화조약이 발효되면서 일본은 제주도, 독도, 울릉도, 거문도를 한국으로 반환하면서 독도를 제외시키려고 시도하였으나 독도영유권의 법률로서의 효력을 가지는 것을 저지하는데 좌절한 것으로 사료된다. 이러한 환경에서 1954년 8월 10일 독도등대가 점등되고, 연이어 8월 12일 대한민국 교통부 고시 제372호로 독도등대가 국내외에 고시되었던 것이다.

그리고 21개 독도등대 관련 고시와 공고가 대한민국 관보에 고시되었던 것이다.

---

36) 김 신, 『일본법이 증명하는 한국령 독도』,, 피앤씨미디어, 2015, pp.334-337.

2. 독도가 일본에서 제외된 현행 일본법령

1951년 2월 13일 대장성령 제4호
울릉도, 독도, 제주도가 일본에서 제외

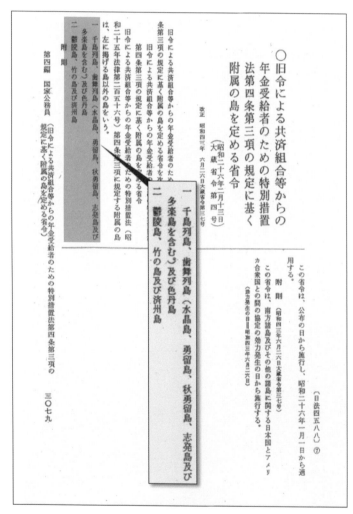

○旧令による共済組合等からの
年金受給者のための特別措置
法第四条第三項の規定に基く
附属の島を定める省令

（昭和二十六年二月十三日）
（大蔵省令第四号）

改正　昭和四三年　六月二六日大蔵省令第三七号

旧令による共済組合等からの年金受給者のための特別措置
法第四条第三項の規定に基く附属の島を定める省令を次の
ように定める。

旧令による共済組合等からの年金受給者のための特別措置
法第四条第三項に規定する附属の島
は、左に掲げる島以外の島をいう。

一　千島列島、歯舞列島（水晶島、勇留島、秋勇留島、志発島及び
　多楽島を含む）及び色丹島

二　鬱陵島、竹の島及び済州島

一　千島列島、歯舞列島（水晶島、勇留島、秋勇留島、志発島及び
　多楽島を含む）及び色丹島

二　鬱陵島、竹の島及び済州島

この省令は、公布の日から施行し、昭和二十六年一月一日から適
用する。

附　則
（昭和四三年六月二六日大蔵省令第三七号）

この省令は、南方諸島及びその他の諸島に関する日本国とアメリ
カ合衆国との間の協定の効力発生の日から施行する。
〈効力発生の日＝昭和四三年六月二六日〉

（日法四五八八）⑦

和二十五年法律第二百五十六号）第四条第三項に規定する附属の島

第四編　国家公務員
　　（旧令による共済組合等からの年金受給者のための特別措置法第四条第三項の
　　規定に基く附属の島を定める省令）

三〇七九

▲1951년 2월 13일 대장성령 제4호

1951년 6월 6일 총리부령 제24호
울릉도, 독도, 제주도가 일본에서 제외

第四十九編　外事

○朝鮮総督府交通局共済組合の本邦内にある財産の整理に関する政令の施行に関する総理府令

（朝鮮総督府交通局共済組合の本邦内にある財産の整理に関する総理府令）

改正　昭和三〇年　七月　八日大蔵省令第四号

（昭和二十六年六月六日総理府令第二十四号）

朝鮮総督府交通局共済組合の本邦内にある財産の整理に関する政令（昭和二十六年政令第四十号）を実施するため、朝鮮総督府交通局共済組合の本邦内にある財産の整理に関する政令の施行に関する総理府令を次のように定める。

第一条　この府令において、「政令第二百九十一号」「整理計画書」「決定整理計画書」、「組合」及び「組合員」とは、それぞれ朝鮮総督府交通局共済組合の本邦内にある財産の整理に関する政令（昭和二十六年政令第四十一号、以下「令」という。）第二条第一項、令第十四条の規定、特殊整理計画書、組合及び組合員をいう。

第二条　令第十四条の規定に基き、政令第二百九十一号、第二条第一項第二号の規定を準用する場合においては、階属島とは、左に掲げる島しよ以外の島しよをいう。

一　千島列島、歯舞群島（水晶、勇留、秋勇留、志発及び多楽島

四一八八

二　小笠原諸島及び硫黄列島
三　鬱陵島、竹の島及び済州島
四　北緯三十度以南の南西諸島（琉球列島を除く。）
五　大東諸島、沖の鳥島、南鳥島及び中の鳥島

第三条　令第十四条の規定に基き、政令第二百九十一号第四条第一項但書の規定を準用する場合においては、整理財産に属する資産を所持し、又は管理する人は、整理により、主務大臣又は都道府県令第六百三十六号）第二条の規定により、土地工作物使用令、主務大臣又は都道府県知事が組合又は国に対し金品の要求を充足するため当該資産に係る止

一　千島列島、歯舞群島（水晶、勇留、秋勇留、志発及び多楽島
を含む。）及び色丹島
二　小笠原諸島及び硫黄列島
三　鬱陵島、竹の島及び済州島
四　北緯三十度以南の南西諸島（琉球列島を除く。）
五　大東諸島、沖の鳥島、南鳥島及び中の鳥島

二　小笠原諸島及び硫黄列島
三　鬱陵島、竹の島及び済州島
四　北緯三十度以南の南西諸島（琉球列島を除く。）
五　大東諸島、沖の鳥島、南鳥島及び中の鳥島

二　償務の弁済についての、左に掲げる事項
令第七条の規定に掲げる順位により、債権者の住所、氏名又は名称及び組合との関係、債務の種類、金額及び最低支払子定金額並びに支払に弁済、担保その他の方法により債務を免がれる額並びに支払の時期及び方法

の時期及び方法

（日改二四〇三）巻

▲1951년 6월 6일 총리부령 제24호

1969년 8월 29일 방공식별권에 있어서 비행요령에 관한 훈령 제36호
울릉도, 독도, 제주도가 일본에서 제외

○防空識別圏における飛行要領に関
する訓令
（昭和四十四年八月二十九日）
（防衛庁訓令第三十六号）

改正　昭和四十七年　五月一〇日防衛庁訓令第二一号
　　　同　四八年　六月二〇日　　同　第三一号
　　　平成一四年　三月二〇日　　第　六号

防空識別圏における飛行要領に関する訓令を次のように定める。

防空識別圏における飛行要領に関する訓令

第１章　（目的）

第１条　この訓令は、防空識別圏における自衛隊の使用する航空機の飛行要領を定めることにより、わが国の周辺を飛行する航空機の識別を容易にし、もって自衛隊法（昭和29年法律第165号）第84条に規定する領空侵犯に対する措置の有効な実施に資することを目的とする。

（防空識別圏の範囲）

第２条　防空識別圏は、次の各号に掲げる外側線によって囲まれる空域から本邦の外側線（第４項の外側線により変更されたときは、変更後の内側線）によって囲まれる空域を除いた空域とする。

2　外側線は、次の(1)から(23)までの地点を順次直線（(22)の地点と(23)の地点との間及び(23)の地点と(1)の地点については、北海道、本州の海岸線から沖合１３海里の線）で結ぶ線とする。

第四十八編　防衛　（防空識別圏における飛行要領に関する訓令）

(1)　北緯45度45分7秒　東経138度49分47秒
(2)　北緯40度40分9秒　東経132度59分50秒
(3)　北緯36度11分　　　東経130度29分51秒
(4)　北緯36度11分　　　東経130度29分51秒
(5)　北緯35度13分11秒　東経129度47分52秒
(6)　北緯33度12分　　　東経126度59分53秒
(7)　北緯33度12分　　　東経124度59分54秒
(8)　北緯30度13分　　　東経124度59分54秒
(9)　北緯28度14分　　　東経122度59分54秒
(10)　北緯23度15分　　　東経122度59分55秒
(11)　北緯23度16分　　　東経131度59分52秒
(12)　北緯30度13分　　　東経134度59分50秒
(13)　北緯31度40分9秒　東経140度59分49秒
(14)　北緯33度10分13秒　東経140度20分49秒
(15)　北緯35度13分12秒　東経143度13分48秒
(16)　北緯35度13分12秒　東経144度20分47秒
(17)　北緯42度47分9秒　東経144度53分45秒
(18)　北緯42度16分9秒　東経168度22分45秒
(19)　北緯43度16分9秒　東経168度13分45秒
(20)　北緯43度20分9秒　東経145度51分45秒
(21)　北緯43度23分10秒　東経145度49分45秒
(22)　北緯43度26分9秒　東経145度35分15秒
(23)　北緯43度24分9秒　東経145度34分45秒

七一

▲1969년 8월 29일 방공식별권에 있어서 비행요령에 관한 훈령 제36호

- 한국방공식별구역 내 울릉도, 독도, 제주도
  2007년 법률 제8547호
- 일본방공식별구역 외 울릉도, 독도, 제주도
  1954년 6월 9일 법률 제165호

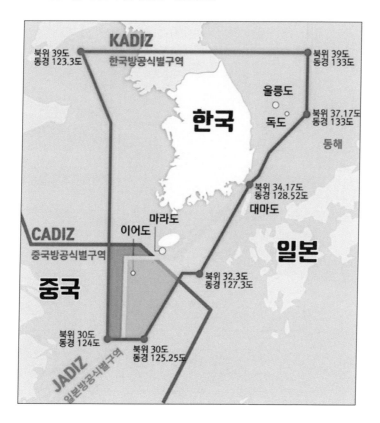

[부록] 일본법령과 독도 영유권 모델

정령 제40호에서 울릉도, 독도, 제주도가 일본에서 제외되는 과정

1952년 4월 28일 법률 제116호
샌프란시스코 평화조약 발효일부터 시행하며, 현재 울릉도, 독도,
제주도를 일본의 부속섬에서 제외하고 있다

1952년 4월 28일 샌프란시스코 평화조약 발효

1952년 3월 28일 법률 제16호
포츠담선언의 수락에 수반하여 발한 명령에 관한 건에 의한
배상청관계 제명령의 조치에 관한 법률
(조선총독부교통국공제조합의 본방 내에 있는 재산의 정리에 관한
정령의 일부개정 : 샌프란시코 평화조약 이후 계속 존속하는 법률)
일본의 부속섬에서 울릉도, 독도 및 제주도를 제외

1952년 제13회 일본국회에서 장래 계속 존치하고 유효한 법률로 통과

1951년 6월 6일 총리부령 제24호
조선총독부 교통국공제조합의 본방내에 있는 재산의 정리에 관한정령의
시행에 관한 총리부령
일본의 부속섬에서 울릉도, 독도 및 제주도를 제외

1951년 3월 6일 정령 제 40호
조선총독부 교통국공제조합의 본방내에 있는 재산의 정리에 관한정령

1949년 3월 8일 SCAPIN 1965

1945년 9월 20일 칙령 제542호
포츠담선언의 수락에 수반하여 발한 명령에 관한 건

1945년 7월 26일 포츠담선언

「구령에 의한 공제조합 등으로부터의 연금수급자를 위한 특별조치법」에 의한 독도 주권 모델

현행법률로 계속 존치하여 현재 시행되고 있다
일본의 부속섬에서 울릉도, 독도 및 제주도를 제외

1968년 6월 26일 대장성령 제37호
일본의 부속섬에서 울릉도, 독도 및 제주도를 제외

1954년 6월 24일 법률 제197호
원남서제도 관공서 직원의 신분, 은급등의 일부를 개정하는 법률
부속섬에 유황도 및 이평옥도 및 북위 27도
이남의 남서제도(대동제도를 포함)을 포함시킴

1953년 8월 1일 법률 제158호
구령에 의한 공제조합 등에서의 연금수급자를 위한 특별조치법의 일부를 개정하는 법률
일본의 부속섬에서 울릉도, 독도 및 제주도를 제외

샌프란시스코 평화조약 발효 1952년 4월 28일

1952년 4월 15일 대장성 고시 제 678호
구령에 의한 공제조합 등으로부터의 연금수급자를 위한 특별조치법에 의해
외지 관계조합으로 조선총독부교통국공제조합으로 지정

1951년 2월 13일 대장성령 제4호
구령에 의한 공제조합 등으로부터의 연금수급자를 위한 특별조치법
제4조 제3항의 규정에 의거한 부속의 섬을 정한 성령
일본의 부속섬에서 울릉도, 독도 및 제주도를 제외

1950년 12월 12일 법률 제256호
구령에 의한 공제조합 등으로부터의 연금수급자를 위한 특별조치법
연금을 지급받는자는 호적법의 규정을 적용받는 자로 단 본방(본주, 사국, 구주,
북해도 및 대장성에서 정한 부속섬)내에 주소 또는 거소를 가진자에 한한다

구일본점령지역에 본점을 가진 회사의 본방내에 있는 재산의 정리에 관한 정령상의 독도의 변천과정

포츠담선언 1945년 7월 26일

일본의 주권은 본주, 북해도, 구주, 사국과 연합국이 결정한 작은 섬들로 제한

↓

포츠담칙령 제542호 1945년 9월 20일

포츠담선언의 수락에 수반하여 발한 명령에 관한 건

↓

정령 제291호 1949년 8월 1일
구일본점령지역에 본점을 둔 회사의 본방내에 있는 재산의 정리에 관한 정령

법무 외무 대장 농림 후생통산 운수성령 제1호
1949년 8월 1일
울릉도 독도 제주도를
일본의 부속섬에서 제외

↓

법률 제43호 1952년 3월 31일

장래 존속하는 명령으로 울릉도, 독도, 제주도를 일본의 부속섬에서 제외

↓

샌프란시스코 평화조약 발효 1952년 4월 28일

울릉도, 독도, 거문도, 제주도를 대한민국으로 반환

↓

법률 제268호 1952년 7월 31일

법무부 설치등의 일부를 개정하는 법률로 울릉도 독도 제주도를 일본의 부속섬에서 제외

↓

법률 제259호 1953년 9월 1일

정령 제291호의 일부를 개정 울릉도, 독도, 제주도를 일본의 부속섬에서 제외

↓

법률 제107호 1954년 5월 15일

법무 외무 대장 후생 농림 통상산업 운수성령 제1호 1954년 5월 15일

일본의 부속섬에서 제외되는 섬에 울릉도 독도 제주도를 삭제하고 소립원제도, 유황열도, 유황조도, 이평옥도 및 북위 27도 이남의 남서제도(대동제도를 포함), 충조도, 남조도를 새로 넣는 것으로 개정

[참고문헌]

- 갈홍기, 『이대통령각하 방미 수행기』, 1955.
- 곽진오, 「한일회담 단절을 통해서 본 독도등대설치와 일본」, 한국일어일문학회, 일어일문학연구, 제76집, 2011.
- 김동수, 「수로측량과 해도제작 고찰」, 『독도영유권과 독도 실측지도의 역사』, 동북아역사재단, 한국영토학회, 2013.
- 김순일, 구한국의 등대건축에 관한 연구, 도시연구보, Vol.7No.1, 1999.
- 김 신, 『독도를 지키는 법』, 지영사, 2018.
- 김 신, 『일본법이 증명하는 한국령 독도』, 피앤씨미디어, 2015.
- 김 신, 『독도 학술탐사 보고서』, 피앤씨미디어, 2013.
- 내무부 치안국, 『경찰 10년사』, 백조사, 1958.
- 수로국, 『한국 수로사』, 1982.
- 박병주, 국회도서관, 『1952년-1953년 독도측량 : 한국산악회 울릉도 독도 학술단 관련 박병주 교수 기증자료』.
- 박진희, 『한일회담 : 제1공화국의 대일정책과 한일회담 전개과정』, 선인, 2008.
- 신용하, 『독도영유권에 대한 일본주장 비판』, 서울대 출판부, 2002.
- 이충렬, 『국제법학자, 그 사람 백충현』, 김영사, 2017.
- 인보길, 『이승만 현대사 위대한 3년』, 도서출판 기파랑, 2004.
- 정병준, 『독도』, 2010, 돌베개.
- 주강현, 등대(제국의 불빛에서 근대의 풍경으로), 생각의 나무, 2007.
- 홍순칠, 『이땅이 뉘땅인데』, 도서출판 혜안, 1997.
- 홍종인, 「독도에 다녀와서(전4회)(2) 뜻않은 "전파"의 격려, 해가 뜨며, 본격적인 작업을 개시」, 조선일보, 1953년 10월 22일.

- 국립해양조사원, 「연안 항로지(동해안) 및 등대표 개선연구」, 2016.
- 국립해양조사원 『등대표』 1998.
- 국가기록원.
- 외교부 외교사료관, 『독도문제, 1952년-1953년』, 분류번호 743.11JA, 등록번호 4565.

[참고문헌]

- 외교부 외교사료관, 『독도문제, 1954』, 분류번호 743.11JA, 등록번호 4566.
- 외교부 외교사료관, 『독도문제, 1955-1959』, 분류번호 743.11JA, 등록번호 4567.
- 외무부 정무국, 1955, 『독도문제개론』.
- 외무부, 1977, 『독도관계 자료집 Ⅰ: 왕복외교문서』, 1952-76』.
- 해양수산부, 대한민국등대 100년사, 2004.
- 해양수산부, 항로표지업무편람, 2006.
- 해양수산부, 2006년 항로표지연보, 2007.
- 해양수산부, 번영의 바다 천년의 빛 대한민국의 등대, 2003.
- 해군수로국, 『등대표』 1954.

- 국립등대박물관, 국립등대박물관 소장품도록-광파표지, 2005.
- 등대문화유산지정(2006.12.18. 해양수산부).
- 마산지방해양수산청, 도남항 동방파제 조형등대 실시설계보고서, 2006.
- 미국 등대사진작가 William A.Britten의 홈페이지 :lighthousegetaway.com
- 부산지방해양수산청, 영도등대 해양문화공간 조성공사 설계용역보고서, 2002.
- "아름다운등대 16경" 선정(2007.10.25. 해양수산부.
- 유인등대 무인화 및 야간 퇴근제 타당성 검토 결과 통보(2006.10.19. 해양수산부).
- 유인등대 및 항로표지시설에 대한 개념(2003.9.2. 해양수산부).
- 유인등대 해양문화공간 조성계획(2000.4.4. 해양수산부).
- 위성항법보정시스템(DGPS)구축 및 항로표지 업무량증가에 따른 운영인력 확보.
- 한국항로표지기술협회, 역사적 가치가 있는 등대의 보존, 홍보 및 관람개방에 관한 연구보고서, 2001.
- 항로표지 조직과 인력운영 개선방안 알림(2004.11.19. 해양수산부).
- 항로표지 중장기개발 기본계획 수립 통보(2004.11.10. 해양수산부).
- 경북일보.
- 경향신문.
- 동아일보.

- 조선일보.
- 중앙일보.
- LynnF.Pearson, Lighthouses, shirebooks, 2003.
- IALA, IALA AidstoNavigationGuide, 2006.
- 19.IALA,IALA LighthouseConservationManual, 2006.
- IALA, InternationalDictionaryofAidstoNavigation,1993.
- 국제항로표지협회 : www.iala-aism.org
- 미국 국립공원관리소 : www.cr.nps.gov
- 영국 트리니티하우스 : www.trinityhouse.co.uk
- 캐나다 연방유적심의소 : www.pc.gc.ca
- National Geospatial-Intelligency, Pub 112, List of Lights Radio Aids and Fog Signals, 2020.
- UK Hydrographic Office, Admiralty, List of Lights and Fog Signals, NP 85, Volume M, 2nd Edition, 2021.
- www.google.com
- www.naver.com
- www.daum.net
- www.mofa.go.kr
- www.nga.mil
- https//msi.nga.mil//NGAPortal/MSI.portal

- 일본 해상보안청, 등대표, 제1권, 제2권, 2020.
- 毎日新聞.
- 讀賣新聞.
- 田村淸三郎, 『島根縣 竹島の 新研究』, 報光社, 1965.

[색인]

가

간행물 number110 140
경무대 12,26
경북일보 256
경상북도의회 건의서 7,248,308
공고 7
관계관 대책회의 21,25
관계관 대책회의 건의사항 247
관계관회의 251
관계구역 색인도 59
광달거리 7,49
교통부 고시 제 372호 353
교통부 고시 제1076호 278
교통부 고시 제372호 6,10,37
제39회 국무회의 301
교통부 고시372호 266
교통부 공고 제1274호 280
교통부 공고 제1296호 282
교통부 공고 제1367호 284
교통부 공고 제1371호 285
교통부 공고 제1797호 286
교통부 공고 제608호 274
교통부 공고 제650호 275
교통부 공고 제717호
교통부장관 김윤기 276
교통부공고 제756호 277
교통부장관 12
교통부장관 김윤기 274,276,277
교통부장관 안경모 279,281,283,
284,285,287
교통부장관 이종림 268
교해 제1053호 12

교황청 9
구령에 의한 공제조합등으로 부터의
연금수급자를 위한특별조치법 20
구일본 점령지역에 본점을 가진
회사의 본방내에 있는 재산의정리에
관한 정령 20
국립등대박물관 262,264
국립의료원 43
국립해양조사원 323
국무원 고시 제41호 35
국무회의 23
국제번호 48
국제연합 42
국제연합 한국재건단 8,42,43
국제적 원조 7
국제항로표지협회 13,260
국회의원단의 독도시찰 22
국회의원들의 현지조사 7
군정법령 제86호 41
글로벌표준화과정 23
기상청파고브이 323
김동수 257
김동욱 의원 22
김상돈 의원 23
김주천 247
김진성 경위 22

나

내무부의 문서 7

다

대외사업 44
대일평화조약 19
대장성령 제4호 354
대통령령 제26호 42
대한민국 141

대한민국 관보제155호	23	독도의용수비대원	22
대한민국 법률 제8547호	357	독도측량 실적대장	257
대한민국 해양조사원	11	독도측량 출동명령서	257
대한제국 칙령 제41호	28	독도측량표	256
도감	28	독도학술조사	7
독도	34	등고	7,49
독도 등대	5	등대높이	10
독도 수심측량 원도	257	등대명칭	50
독도 영유권	5	등대박물관	27
독도경비대	8	등대설치 장소	7
독도국재등대번호 F44408	78	등대시설	8
독도등대	8	등대위치의 변화	50
독도등대 건립사	246	등대표	6,11,26
독도등대 건립프로젝트	12	등대표 보는법	48
독도등대 모델	36	등대형태의 변화	51
독도등대 점등	37	등질	26,49
독도등대번호	141	등화범위도표	138
독도등대번호 01468	78	**라**	
독도등대설치에 관한 통고서	23	로마자정책	20
독도등대의 관리국가	20	**마**	
독도등대의 관할국가	140	마쓰시마	30
독도등대의 글로벌 스탠더드	258	마이니찌신문	18
독도등대의 글로벌표준화	13	맥아더 라인	21
독도등대의 기원	5	명칭	48
독도등대의 소속국가	140	명호	26
독도등대의 재원, 위치, 성능	26	무선시설	24
독도등대의 좌표	7	문철순	247
독도등대의위치	141	미국 국립지리정보국	11
독도문제에 관한 관계관회의	306	미국 해군수로국	5,13
독도문제해결을 위한관계관회의	246	미국국립지리정보국	139
독도의 글로벌화	12	미국대사관 13	13
독도의 명칭	10	미국등대번호	324
독도의용수비대	8,25	미국등대표	10,13,52,138,334
독도의용수비대 기념사업회	27,264	미국등대표 구역도	139

미국등대표 보는법 138

미국등대표의 독도등대 142

미국해군수로국 20

미군정청 41

바

박병주 253

박진희 246

방위청 훈령 제36호 356

백색노형철조 26

백색사각형철조 52

백색사각형철조등대 8

백색원형 콘크리트조 11,26,51,52

법률 제165호 352

법률 제252호 20

법률 제298호 352

북방 4개섬 9

비고 49

비정부간 국제기구 259

사

사각철탑조 51

산악전문사진가 김근원 263

샌프란시스코 평화조약 9,19,21

샌프란시스코 평화조약 발효 37

서지 제1251호 54,70

석도(독도) 18

세계등대협회 20,140,141,260

소속국가명 5

순라반 22

시각에 의한 항로표지 132

시마네현 고시 18

시마네현 고시 제40호 6,30

심흥택 보고서 29

아

아마미제도 9

아세찌렝 와사등 26

연합국최고사령부 40

염우양 의원 22

영국 수로국 11

영국등대표 344

영국수로국 138

영토표석 253

오동도 등대 8,44

오키나와 9

외무부장관 12

외자관리처 차장 12

우리나라 번호 48

운크라 43

운크라 원조계획 44,254

울도 18,28

울릉도 18,28,34

울릉도경찰서 22

원조자금 25

웨이크 섬 300

유인등대 305

이대통령 각하 방미 수행기 300

이땅이 뉘땅인데 254

이승만 대통령 9,12,25,300

이승만 대통령 미국의회 연설 265

이승만 현대사 위대한 3년 300

이승만대통령 방미일기 300

이종림 301

인천상륙작전 8

인천판유리공장 43

인천해관등대국	40
일본 해상보안청	11
일본등대표	10,324,340
일본방공식별구역	37
일본법령과 독도영유권모델	358

자

전파에 의한 항로표지	135
점등개시	26
점등일시	7
점령기 법령	19
정령 제291호	20,351
정령 제40호	19
정전협정	8
제1차 한일협약	18
제28회 차관회의	9,12,301,310
제39회 국무회의	12
제39회 국무회의 교해제1053호	314
제주도	34
조선총독부 교통국장	41
조선총독부교통국공제조합의 본방내에 있는 재산의 정리에 관한 정령	20
조준호	255
주일공사	23
주일대표부	23
주한 교황사절관	10,13,303
주한 외교사절	10
주한교황사절관에 통고한 외교문서	316
주한외국공관	9,12
지리적 방위표	138

차

차관회의	250
차용득 순경	22

첫독도등대번호	56
총리부령 제24호	355
최운상	247
최문경	247
최병해	247
최현식 경사	22
축하공한(Proto No. 112/54)	317
측량표	248
칙령 제41호	18

카

크라크라인	252

타

타케시마	31
트호벤총회	261
특수항로표지	135

파

평화선	19,21
평화선 선포	34
포경선	18
포츠담명령	350
포츠담법령	19
포츠담칙령	350
포항지방해양수산청 고시제1998호-9호	292
포항지방해양수산청 고시제1999-19호	296
포항지방해양수산청 고시제1999-32호	297
포항지방해양수산청 고시제1999-5호	294
포항지방해운항만청 고시제122호	288
포항지방해운항만청	

고시제1995-64호 290
포항지방해운항만청
고시제1995-68호 291
표지수의 변화 53

하

한국등대표 10, 46, 52, 326
한국등대표 목차 55
한국방공식별구역 36
한국의 등대표 45
한일간 토의의사록 261
항로표식 12
항로표지 44, 322
항법시스템 보조장치 138
항해서지 322
항해표지시설 8
해군 8.15함 8, 25
해군본부 수로관실 46
해군소령 김제욱 46
해군수로국 등대표 27
해무청 고시 제67호 269
해무청 공고 제197호 270
해무청 공고 제262호 272
해무청 공고 제279호 273
해무청장 민복기 270
해무청장 홍진기 271, 272, 273
해안항로표지 138
홍도 등대 8
홍순칠 255
홍종인 253
화성호 22
황호연 261

123

1954년 한국등대표 54
1954년 항로표시색인 57
1954년 항로표시색인도 55

1955년 미국등대표 172
1957년 한국등대표 58
1958년 미국등대표 142
1958년 한국등대표 62
1959년 미국등대표 144
1961년 미국등대표 148
1962년 한국등대표 70
1963년 미국등대표 158
1966년 미국등대표 158
1972년 미국등대표 162
1994년 미국등대표 166
1996년 등대표 76
1999년 등대표 84
2000년 등대표 90
2000년 미국등대표 180
2001년 등대표 94
2004년 미국등대표 186
2005년 미국등대표 194
2007년 미국등대표 202
2008년 미국등대표 210
2009년 미국등대표 216
2010년 등대표 100
2010년 미국등대표 218
2015년 등대표 106
2018년 미국등대표 224
2019년 등대표 114
2019년 미국등대표 226
2020년 등대표 122
2020년 미국등대표 232
2021년 등대표 130
2021년 미국등대표 238
37개일본법령 19
6.25전쟁 7
8.15함 265

[영문 색인]

A

A Member　13

ADMIRALTY List of Lights
and Fog Signals　11

AIS　120

D

Dogdo　50

Dok-To Island　10,303

Dok-To Islet　10,316

Dokdo　11,50,112

Dokto　141,242,335

E

East Coast of Korea　78,118

F

F4440　142

FOA　44

G

Global Standard　258

I

IALA　260

INDEX OF AIDS TO
NAVIGATION　129

J

JADIZ　357

K

KADIZ　357

Kohei Kitada　261

Korea　6

KOREA　20

Korea South Coast　325

KR　346

L

Liancourt Rocks
(Dokdo/Take-shima)　325

LIST OF LIGHTS PUB112　11

LORAN-C　261

LST 815　6

M

M4440　324

N

NGA　139

North Korea　205

P

Proto No. 112/54	317
PUB 112	13
PUB 112 제2판(1961년)	6
PUB 31	2,20,139
PUB NO 112	152,259
Pub No 1251	58
PUB NO 410	80

R

Racon	93

S

SCAPIN 1033	33
SCAPIN 677	32,37
South Korea	205
Supreme Commander for Allied Power	41

T

Take Shima (Liancourt Rocks)(Japan)	6,13,140
Take Shima(Liancourt Rocks)	5
Takeshima(Liancourt Rocks)	20
The Admiralty	133
Tok Do	10
Tok to	13
Tok To	6,20,177,195,222
Tok to(Liancourt Rocks)	6,13
Tok To(Liancourt Rocks)	24,180
Tok-To(Liancourt Rocks)	13
Tokto	51,83,141,148,173
Tokto(Liancourt Rocks)	6,10,141, 318,319

U

ULLUNG DO	240
Ullung Do	506
United kingdom Hydrographic Office	138
United Nations Korean Reconstruction Agency	43
UNKLA	8,27

Y

Yellow Sea-Korea	324

지은이 약력

고려대학교 상과대학 경영학과
고려대학교 대학원 경영학박사
경희대학교 경영대학 교수
컬럼비아대 객원교수
한국국제경영학회 회장
한국경영사학회 회장
한국기업경영학회 회장
한국인터넷비즈니스학회 회장
한국애서가클럽 회장
경영신문 편집국장
동해포럼 회장
(현) 사단법인 동해학술원 원장
    경희대학교 경영대학 명예교수

주요저서

일본법이 증명하는 한국령 독도
독도학술탐사보고서
독도를 지키는법
잃어버린 동해를 찾아서
동해연구
동해와 국제수로기구
동해의 범위와 명칭
탐험의 역사

해양의 탐험가
한국무역사
EAST SEA
The Limit and Name of the East Sea
Limits of Pacific Ocean
Limits of Indian Ocean
Limits of Atlantic Ocean

독도등대

초판인쇄 2024년 1월 15일
초판발행 2024년 2월 5일

지은이 김 신
펴낸이 이기봉
펴낸곳 도서출판 좋은땅
주 소 서울특별시 마포구 양화로12길 26 지월드빌딩 (서교동 395-7)
전 화 02)374-8616~7
팩 스 02)374-8614
이메일 gworldbook@naver.com
홈페이지 www.g-world.co.kr

ISBN   979-11-388-2706-5 (03300)